中国犯罪构成理论的现代展开

欧锦雄　著

中国人民公安大学出版社
·北　京·

图书在版编目（CIP）数据

中国犯罪构成理论的现代展开／欧锦雄著. —北京：中国人民公安大学出版社，2021.6

ISBN 978-7-5653-4184-7

Ⅰ.①中… Ⅱ.①欧… Ⅲ.①犯罪构成-研究-中国 Ⅳ.①D924.114

中国版本图书馆 CIP 数据核字（2021）第 059144 号

中国犯罪构成理论的现代展开

欧锦雄 著

出版发行：中国人民公安大学出版社
地　　址：北京市西城区木樨地南里
邮政编码：100038
经　　销：新华书店
印　　刷：北京市科星印刷有限责任公司

版　　次：2021 年 6 月第 1 版
印　　次：2021 年 10 月第 2 次
印　　张：23.75
开　　本：787 毫米×1092 毫米　1/16
字　　数：437 千字

书　　号：ISBN 978-7-5653-4184-7
定　　价：78.00 元

网　　址：www.cppsup.com.cn　www.porclub.com.cn
电子邮箱：zbs@cppsup.com　zbs@cppsu.edu.cn

营销中心电话：010-83903991
读者服务部电话（门市）：010-83903257
警官读者俱乐部电话（网购、邮购）：010-83901775
公安业务分社电话：010-83906108

目录

第三编
中国犯罪构成基本要件的地位

第四编
中外犯罪构成理论的优劣比较

第五编

中国犯罪构成理论的拓展

第六编
中国犯罪构成理论的发展走向及立法展望

绪 论

犯罪构成理论是关于犯罪成立的、系统化的理性认识体系，它是用以判别罪与非罪、此罪与彼罪的理论。在刑法学里，犯罪构成理论居于非常重要的地位，它对刑法立法和刑事司法具有重大指导作用。

在近现代，刑法学者们对犯罪构成理论进行了激烈的争论，并创造了各种各样的犯罪构成理论。当今世界具有较大影响的犯罪构成理论共有三种：一是以中国和俄罗斯为代表的“四要件犯罪构成理论”；二是以德国和日本为代表的“犯罪三阶层理论”；三是以英国和美国为代表的“犯罪构成双层次理论”。这三大犯罪构成理论均历经了漫长的学术发展历史，其学术发展史和研究现状各具特色。

在19世纪初的欧洲大陆，德国著名学者费尔巴哈（P. V. Feuerbach）首先明确地把构成要件（Tatbestand）作为实体刑法上的概念使用[①]，但是，系统的犯罪构成理论的建构是在20世纪初由德国刑法学家贝林（Beiling）完成的。德国犯罪构成理论（又称犯罪论体系理论）在学术发展史上经历了古典的犯罪论体系[以贝林（Beiling）和李斯特（Franzv. liszt）为代表]、新古典的犯罪论体系[以梅茨格尔（E. Mezger）为代表]、目的行为论的犯罪论体系[以韦尔策尔（H. Welzel）为代表]和现代新古典的犯罪论体系[以加拉斯（Wilhelm Gllas）和耶赛克（Hans-Heinrich Jescheck）为代表]的发展历程，之后，罗克辛（Roxin）等学者的目的理性犯罪论体系在德国产生了较大的影响[②]。在德国犯罪构成理论里，许多学者构建的犯罪论体系一般由三阶层组成，但是，这些犯罪论体系各阶层的内容是有较大区别的。目前，德国犯罪构成理论的通说为现代新古典的犯罪论体系理论，该犯罪论体系由三阶层组成：一是构成要件该当性。其内容包括：行为、因果关系、构成要件的故意或过失等。二是违法性。其内容包括：正当化事由（违法阻却事由）、违法性本质等。三是有责性。其内容包括：责任能力、违法性认识及其可能性、期待可能性等。日本刑法学师从于德国，因此，其犯罪构成理论的研究内容与德国相似。德日犯罪构成理论的研究现状是：许多学

① 参见何秉松，[俄]科米萨罗夫、科罗别耶夫主编：《中国与俄罗斯犯罪构成理论比较研究（中文版）》法律出版社，2008年10月第1版，第214页。

② 参见蔡桂生：《构成要件论》中国人民大学出版社，2015年6月第1版，第91—171页。

者以现代新古典的犯罪论体系理论为基础展开研究，但是，也有不少学者支持前述另外几种犯罪论体系理论。在犯罪论阶层划分上，犯罪三阶层体系为通说，但是，二阶层体系（不法和责任）也是有力的学说，此外，也有人支持四阶层体系、五阶层体系等。德日犯罪构成理论有许多子理论，如行为理论、构成要件理论、社会相当性理论、客观归责理论、可罚违法性理论、行为无价值与结果无价值理论、期待可能性理论等。德日刑法学者对这些子理论也有较大的纷争。

英国法是英美法系各国法律的源头。英国和美国刑法是英美法系国家最具代表性的刑法。在古代和近代，英美刑法曾以普通法（判例法）为主要渊源，其刑法理论并不发达，更未形成系统的犯罪构成理论。自 19 世纪 60 年代起，英美国家制定了许多成文刑法规范，制定法逐渐占主导地位，英美现代刑法学也开始发展起来①，其犯罪构成理论同时也得到了较大的发展。英美刑法学者常用“犯罪要件”“刑事责任要件”等来说明犯罪成立要件，其相应的理论实际上就是犯罪构成理论。目前，在英美法系犯罪构成理论里，其学者对犯罪构成体系存在较大的争论，格兰威尔·威廉姆斯（Glanville Williams）等学者认为，犯罪构成体系仅包括犯罪行为和犯罪心态两要件，“无辩护理由”不是犯罪构成要件，因而，其主张“犯罪行为——犯罪心态”两要件体系②，而法官兰哈姆（Lanham）等学者认为，犯罪构成体系包括犯罪基本要件（犯罪行为和犯罪心态）和“无辩护理由”，即双层次犯罪构成体系③。英美刑法学界对犯罪构成中的构成要素“犯罪行为”“犯罪心态”“辩护理由”的理解也存在较大的分歧。在英美法系国家的刑事法里，其刑事实体法和刑事程序法的内容并不是截然分开的，因此，英美刑法学者对犯罪构成理论中的各要件举证责任分配和诉讼程序性的辩护理由问题也存在着较大的争论。

苏联的犯罪构成理论是在沙俄时期犯罪构成理论的基础上发展起来的，经过苏联刑法学者们的不懈努力，四要件犯罪构成理论成为其通说。苏联解体后，俄罗斯刑法学仍以四要件犯罪构成理论作为其通说。我国古代和近代并没有系统的犯罪构成理论。自清末制定《大清新刑律》以来，我国刑法学引进了德日犯罪构成理论，至新中国成立前，我国犯罪构成理论深受德日犯罪构成理论影响。新中国成立后，中国刑法学转而引进新的犯罪构成理论——苏俄四要件犯罪构成理论。在这一犯罪构成理论影响下，新中国犯罪构成理论逐渐形成和发展，至今，

---

① 钱弘道：《英美法讲座》，清华大学出版社，2004 年 10 月第 1 版，第 320—330 页。

② 参见赖早兴：《英美法系国家犯罪构成要件之辨正及其启示》，《法商研究》2007 年第 4 期，第 116 页。

③ ［英］J·C·史密斯和 B·霍根著：《英国刑法》法律出版社，2000 年 9 月第 1 版，第 40 页。

四要件犯罪构成理论依然是我国的通说。四要件犯罪构成理论认为，犯罪构成由犯罪客体、犯罪客观要件、犯罪主体和犯罪主观要件组成，若某一行为缺少其中一要件，即不能构成犯罪。近些年来，我国一些刑法学者对四要件犯罪构成理论提出了质疑。陈兴良教授提出，我国应将四要件犯罪构成理论“推倒重来”，并以德日犯罪成立理论取而代之①；周光权教授等学者则借鉴德日犯罪构成理论分别建立了各自的犯罪构成理论体系②；赖早兴教授、贾凌教授等学者则主张，我国应借鉴英美法系双层次犯罪构成理论③；何秉松等教授主张应改良四要件犯罪构成理论，他们提出了“不要犯罪客体的‘三要件说’”（朱建华教授和肖中华教授等的观点）④、“不要犯罪主体的‘三要件说’”（胡学相教授等的观点）⑤、“二要件说”（杨兴培教授的观点）⑥ 以及“动态的犯罪构成系统论”（何秉松教授的观点）⑦ 等理论。与此同时，高铭暄教授、赵秉志教授、冯亚东教授、黎宏教授等学者在为“四要件犯罪构成理论”辩护⑧。张明楷教授则对四要件犯罪构成理论一统中国大陆刑法领域的状况进行了批评，他提出了在学术研究和司法实践上让犯罪构成理论多元化⑨。

自20世纪80年代至今，我国刑法学者在犯罪构成理论研究方面取得了丰硕的成果。学者们撰写了大量的论文和专著，对犯罪构成理论中的各种各样问题进行了深入研究，提出了大量的真知灼见，并为中国犯罪构成理论的发展作出了巨大的贡献。

目前，我国刑法学者们对犯罪构成理论是否已研究得非常透彻，我国犯罪构成理论的发展是否已尽善尽美，是否还有必要进行深入研究呢？犯罪构成理论是实践性较强的理论，在纷繁复杂并变化发展的社会里，犯罪现象复杂多变，而国家治理和防控犯罪的策略并非一成不变的。在现代法治社会里，罪刑法定原则是

---

① 陈兴良主编：《刑法学》，复旦大学出版社，2005年3月第1版，第48—52页。

② 周光权：《犯罪论体系的改造》，中国法制出版社，2009年11月第1版，第239—293页，以及参见付立庆：《犯罪构成理论——比较研究与路径选择》，法律出版社，2010年11月第1版，第107—142页。

③ 赖早兴：《英美法系国家犯罪构成要件的辨正及其启示》，《法商研究》2007年第4期，第118页，以及贾凌著：《中美犯罪成立体系比较研究》，人民出版社，2014年4月第1版，第185—186页。

④ 朱建华：《犯罪客体不是犯罪构成要件》，《广东社会科学》2005年第3期，第179—184页。

⑤ 胡学相：《要件挑送原则与犯罪主体》，《政治与法律》1988年第4期，第17—20页。

⑥ 杨兴培：《犯罪构成的反思与重构（上）》，《政治论坛》1999年第1期，第47—54页。

⑦ 何秉松：《犯罪构成系统论》，中国法制出版社，1995年5月第1版。

⑧ 高铭暄：《论四要件犯罪构成理论的合理性暨对中国刑法学体系的坚持》，《中国法学》2009年第2期；赵秉志和王志祥：《中国犯罪构成理论的发展历程和未来走向》，《刑法论丛》2009年第19卷；冯亚东、胡东飞：《犯罪构成模型论》，《法学研究》2004年第1期，第72—81页；黎宏：《我国犯罪构成体系不必重构》，《法学研究》2006年第1期，第50页。

⑨ 参见张明楷：《构建犯罪论体系的方法论》，《中外法学》2010年第1期，第32—37页。

世界各国始终坚持的法治原则。犯罪构成理论是在罪刑法定原则制约下建立和发展的，然而，随着社会的变迁，罪刑法定原则的内涵也出现了不同的理解。罪刑法定原则的变异势必会影响到对犯罪概念的理解，影响到对犯罪构成的认识，影响到犯罪种类范围的确定，从而导致犯罪构成理论的变化。从犯罪构成理论发展历史看，刑法学者对罪刑法定原则内涵理解会在一定程度上影响到对犯罪概念的理解，继而影响到其犯罪构成理论体系的内在构造的变化。社会是永远在变化发展的，理论是服务于社会实践的知识体系，社会变化到一定的程度，势必引发理论的改良和变动，所以，永世不变的犯罪构成理论是不存在的。犯罪构成理论是区分罪与非罪、此罪与彼罪的实践理论，而区分罪与非罪、此罪与彼罪是刑事司法实践的永恒主题。因此，犯罪构成理论的研究应永远在路上。

法国哲学家勒内·笛卡儿在《第一哲学沉思集》中写道："我意识到如果我希望在科学中确立任何稳固的持久的东西，那么，就有必要在我有生之日彻底清除一切东西，再从根本上重新开始。""我在这里独自生活，我将全身心地、毫无保留地对我的旧信念进行全面的清理。"① 在科学研究中，笛卡儿这种普遍怀疑的方法是确有必要的。我们对以前信以为真的四要件犯罪构成理论（或犯罪三阶层理论，或双层次犯罪构成理论，或其他犯罪构成理论）以及犯罪构成理论中的相关理论，要大胆地加以怀疑，但是，怀疑并不是否定，"怀疑"的"最终目的是要发现确定性，找到可以在知识重构中充当可靠基础的命题"②。之后，确立犯罪构成理论的理想模型，以及与犯罪构成相关的各种科学观点。

10余年来，笔者以犯罪构成理论为研究重点，对国内外的犯罪构成理论进行了深入研究。在研究中，笔者对先前刑法学者们关于犯罪构成理论的各种观点进行了普遍怀疑，通过对犯罪构成理论的普遍怀疑和批判，笔者在新的认识基础上产生了一个基本立场：我国通说四要件犯罪构成理论具有基本合理性，但是，这一理论也存在不足，需要进一步完善。

应当肯定，晚近几十年来，我国刑法学界在犯罪构成理论研究领域已取得了令人瞩目的研究成果，但是，也仍存在不少问题：在我国现有犯罪构成理论研究成果里，人们对犯罪构成理论的基础概念和哲学基础研究仍显得肤浅；对犯罪构成体系的研究还没有达到应有的深度和广度，对中外犯罪构成体系进行的比较研究还显得粗糙；对一些属于犯罪构成理论的内容没有给予足够的关注，在犯罪构成理论中尚有许多内容需要补充和深化；在研究方法上主要是在刑法实体法范围

---

① ［法］勒内·笛卡儿著：《第一哲学沉思集》，徐陶译，江西教育出版社，2014年1月第1版，第15页。

② ［美］加勒特·汤姆森著：《笛卡儿》，中华书局2014年第2版，王军译，第45页。

内考虑解决问题的方案；所提出的犯罪构成理论改革或发展方案尚存在欠缺。这些问题的存在导致了我国一些刑法立法和刑事司法问题尚未得到很好的解决。

为了建立科学的中国现代犯罪构成理论体系，促使我国刑法立法和刑事司法的理性发展，更好地保护社会和保障人权，笔者对我国通说四要件犯罪构成理论、德日犯罪构成理论、英美犯罪构成理论以及其他犯罪构成理论进行了深入的研究，并撰写了本专著。本专著的总体框架包括六大部分：

第一部分　中国四要件犯罪构成理论的理性评价

目前，四要件犯罪构成理论是我国居于通说地位的犯罪构成理论，对我国四要件犯罪构成理论的学术史进行研究并反思，这有助于从历史的维度分析其是否科学，从而更好地促进中国犯罪构成理论的健康发展。长期以来，我国刑事司法的定罪领域主要是在通说四要件犯罪构成理论指导下进行的，因此，该理论的基本合理性需要进一步论证，通过对我国通说四要件犯罪构成理论进行理性评价，解决我国犯罪构成理论研究的方向问题，确立正确的学术基本立场。

第二部分　中国犯罪构成理论的基础

犯罪构成属性的基本学术立场，关系到犯罪构成概念和犯罪构成理论是否科学的重大问题，因此，有必要对犯罪构成属性进行深度研究。犯罪构成概念是犯罪构成理论中的基础概念，但是，我国现有犯罪构成概念存在缺陷，需进行深入反思。犯罪概念对犯罪构成边界具有限制功能，只有搞清这一问题，才能建立科学的犯罪构成理论。犯罪构成理论哲学基础的科学性会影响犯罪构成理论的科学性，探究中国犯罪构成理论的哲学基础具有重要意义。

第三部分　中国犯罪构成基本要件的地位

四要件犯罪构成理论是否科学，其争论的焦点之一是：犯罪客体和犯罪主体是否是构成要件。这两要件是否属于犯罪构成的必要要件需更深入、更全面地论证。我国有刑法学者认为，正当防卫、紧急避险等正当行为在四要件犯罪构成体系中的缺失，是四要件犯罪构成理论的缺陷，因此，正当行为在四要件犯罪构成中缺失的合理性问题需要论证。

第四部分　中外犯罪构成理论的优劣比较

我国有学者主张将通说四要件犯罪构成理论推倒重来，并以德日犯罪构成理论取而代之，因此，有必要对中国四要件犯罪构成理论与德日犯罪阶层理论进行比较研究，找出各自优点和缺点。我国也有学者尖锐地批判四要件构成理论，并提出应借鉴英美犯罪构成理论，因此，中国四要件犯罪构成理论与英美犯罪构成理论也应进行比较研究。

第五部分　中国犯罪构成理论的拓展

我国犯罪构成理论的内容需要充实和丰富。在现代法治文明的普世价值视野下，犯罪构成理论是一种中性的法律理论工具，对各种学术政治背景史下的犯罪构成理论应有理性的认识。同一个具体罪名下的“犯罪构成群”问题是关系到具体犯罪的立法科学性问题，以及刑事司法实践和刑法理论发展的问题，应对这一问题进行研究。在罪刑法定原则制约下，各种犯罪构成均具有固有的缺陷，许多缺陷需通过刑事程序法或其他程序规范予以解决。因此，我国犯罪构成理论研究应关注“犯罪构成固有缺陷及其程序救济”的问题。

第六部分　中国犯罪构成理论的发展走向及立法展望

中国现代犯罪构成理论的建构或改良应在正确的理念引导下开展。在当今世界，犯罪构成理论存在专家型理论和平民型理论两类，犯罪构成理论是走平民型理论之道还是专家型理论之道，这是一个方向性问题。目前，犯罪构成理论众多，犯罪构成理论是多元化抑或一元化，也是一个值得关注的方向性问题。应罚性与需罚性的界限划分是关系到犯罪构成边界划定的重大实践问题，也是关系到犯罪构成理论体系建构的重大理论问题，我国要加强对这一问题的研究。在未来，中国犯罪构成理论应借鉴现代各国犯罪构成理论的合理内容，建构出独具特色的中国现代犯罪构成理论，并在其指导下对我国犯罪构成进行科学化立法。

本专著相对于国内已有研究成果所具有的学术价值是：（1）对我国通说四要件犯罪构成理论进行了较为系统而中肯的评价；（2）对犯罪构成的属性、基本概念、犯罪概念与犯罪构成的关系以及哲学基础等问题进行了深入研究，夯实了犯罪构成理论的基础；（3）以新的视角和分析方法对中国与德日犯罪构成理论、中国与英美犯罪构成理论进行细致入微的比较研究，从而准确地把握中外犯罪构成理论的优劣；（4）拓展犯罪构成理论范畴，增加了“学术政治背景史下犯罪构成理论的理性认识”“同一罪名下‘犯罪构成群’质疑”和“犯罪构成固有缺陷及其程序救济”等理论内容；（5）在研究方法上跳出刑法实体法相对封闭的研究空间，对于犯罪构成固有的缺陷，考虑在刑事程序法中寻求解决方案；（6）在坚持我国通说四要件犯罪构成理论的基本框架基础上，提出了建构独具特色的中国犯罪构成理论的改良方案，同时，提出了中国犯罪构成科学化立法的理论设想。

应当指出，由于晚近十多年来，我国犯罪构成理论之争的主旋律是四要件犯罪构成理论与德日犯罪阶层理论之争。因此，在本书中，笔者在对犯罪构成理论相关问题进行比较研究时，主要是针对四要件犯罪构成理论与德日犯罪阶层理论进行比较研究的。另外，应注意的是，尽管我国通说四要件犯罪构成理论具有基本合理性，但是，这一理论也存在瑕疵。因此，在本书许多部分的学术讨论中不可避免地会涉及对通说四要件犯罪构成理论瑕疵的评论，这样，本书难免会出现一些内容重复的评论。

第一编

中国四要件犯罪构成理论的理性评价

第一章 新中国犯罪构成理论的发展历史

在古代的刑事法制发展史里，中国没有出现过犯罪构成理论。自清朝末年变法修律后至国民党统治时期，中国仿效日本和德国的刑法制定了自己的刑法，从而转向了大陆法系，正因如此，在新中国成立之前，旧中国广泛适用的犯罪构成理论是德日犯罪成立理论。自新中国废除了旧法统的“六法全书”（其中包括刑法）之后，德日犯罪成立理论随之被废弃。后来，新中国开始引进苏俄犯罪构成理论。当前，我国的通说犯罪构成理论是以原苏俄犯罪构成理论为基础而逐渐发展起来的。自20世纪80年代以来，我国犯罪构成理论研究出现了百花齐放、百家争鸣的可喜现象，有的学者提出应以德日犯罪成立理论取代传统的四要件犯罪构成理论；有的提出应引进英美法系犯罪构成理论来完善传统四要件犯罪构成理论；不少学者提出了新的犯罪构成学说；为传统四要件犯罪构成理论辩护者也甚众。犯罪构成理论研究的繁荣促进了刑法科学的发展，但是，犯罪构成理论仍存在诸多问题，尚需刑法学界和实务界进一步研究。为了更好地促进中国犯罪构成理论的健康发展，我们有必要回顾新中国犯罪构成理论的发展历程，并对其进行反思。

一、新中国犯罪构成理论的发展历程

从新中国成立至今，我国犯罪构成理论历经了四个发展阶段：一是引进和传播阶段，即新中国成立至1979年刑法典制定前。二是实践和巩固阶段，即1979年刑法典颁布实施至1993年何秉松教授的犯罪构成系统论纳入法学本科教材阶段。三是发展和困顿阶段，即1993年至2009年。四是新争鸣阶段，即自2009年德日犯罪三阶层理论被编入全国司法考试大纲及统编辅导资料并引起学术争鸣至今。

（一）新中国犯罪构成理论的引进和传播

1949年3月31日董必武同志签署的“废除国民党六法全书及其一切法律”的训令发布，明确提出各级人民政府的司法审判不得再援引其条文，由此宣告国民党统治下的中华民国法统在中国大陆的终结。随着旧法统的终结，依附其身上的旧法学，包括刑法学也完全终止[①]。旧刑法学中的德日犯罪成立理论自然也终

① 陈兴良：《刑法知识论》，中国人民大学出版社，2007年9月第1版，第40页。

止使用。为了填补刑法理论的“真空”，在新中国成立后，我国开始引进当时的苏俄刑法理论，于是，一批苏联的刑法专家来到中国担任政法部门的顾问，到大学讲学，为中国培养青年教师，重要的苏联论著陆续被译成中文出版①。

当时翻译出版的苏联刑法论著主要有：孟沙金任总编辑、苏联司法部全苏法学研究所主编的《苏维埃刑法总论》，契希克瓦节主编、苏联司法部全苏法学研究所集体编著的《苏维埃刑法总则》，苏联司法部法学研究所编《苏维埃刑法总则》，盖尔采宗编《苏联和苏俄刑事立法史料汇编》、《苏维埃刑法论文选择》（第一、二、三辑），特拉伊宁著《犯罪构成的一般学说》等②。自此，新中国正式播下了苏俄犯罪构成理论的种子，在苏俄刑法理论的影响下，1956年中国人民大学刑法教研室和北京政法学院刑法刑诉法教研室编印了《中华人民共和国刑法教学大纲》，1957年2月中国人民大学法律系刑法教研室编印了《中华人民共和国刑法总则讲义（初稿）》，1957年4月东北人民大学出版了《中华人民共和国刑法》（张中庸编），1957年9月中央政法干部学校刑法教研室编著和出版了《中华人民共和国刑法讲义》，1957年10月西南政法学院刑法教研室编印了《中华人民共和国刑法总则讲义（初稿）》。这些教材里的犯罪构成理论几乎是苏俄犯罪构成理论的翻版③。这表明苏俄犯罪构成理论已被我国刑法学消化吸收，并在新中国正式生根、发芽。

苏俄犯罪构成理论认为，每一犯罪构成系由以下四个基本因素形成起来的：(1) 犯罪的客体；(2) 犯罪的客观因素；(3) 犯罪的主体；(4) 犯罪的主观因素。这四个犯罪构成的要件缺一种，即不能成立犯罪④。在这一犯罪构成理论的影响下，新中国犯罪构成理论逐渐形成和发展。

1957年整风“反右”之后，犯罪构成理论受到了尖锐的批判和全面否定，直到1978年十届三中全会以前，整个刑法界无人再谈犯罪构成理论，这整整沉寂了20多年⑤。但是，新中国成立初期引进并传播的苏俄犯罪构成理论已在中国大陆播种、生根，为我国1979年刑法典的制定和实施提供了知识储备。

---

① 参见何秉松，［俄］科米萨罗夫、科罗别耶夫主编：《中国与俄罗斯犯罪构成理论比较研究（中文版）》，法律出版社，2008年10月第1版，第228页。

② 参见何秉松，［俄］科米萨罗夫、科罗别耶夫主编：《中国与俄罗斯犯罪构成理论比较研究（中文版）》，法律出版社，2008年10月第1版，第228页。

③ 参见何秉松，［俄］科米萨罗夫、科罗别耶夫主编：《中国与俄罗斯犯罪构成理论比较研究（中文版）》，法律出版社，2008年10月第1版，第230页。

④ 苏联司法部全苏法学研究所主编（B·Д孟沙金总编辑）：《苏联刑法总则（下册）》，彭仲文译，上海大东书局，1950版，第315页。

⑤ 何秉松：《犯罪构成系统论》，中国法制出版社，1995年5月第1版，第46页。

在这一时期里，苏俄犯罪构成理论仅为极少数刑法学界人士所掌握，在刑法学界有一定影响。新中国刑法起草准备工作始于1950年，由前中央人民政府法制委员会进行，从1950年到1954年9月写出了两个稿子：《中华人民共和国刑法大纲草案》（共157条）和《中华人民共和国刑法指导原则草案（初稿）》（共76条）。1954年冬全国人大常委会办公厅法律室又负责刑法起草工作，至1963年10月已写出33稿①。由于种种原因，我国刑法典在这一阶段一直未能产生。但是，由于参与立法的不少人员受过苏俄犯罪构成理论影响，因此，在制定33稿刑法草稿过程中，苏俄犯罪构成理论在立法者的脑海里应或多或少地产生着影响。因为我国刑法典在这一阶段并未产生，因此，可以说，在这一时期，苏俄犯罪构成理论对我国刑事立法并未产生重大的实质影响。从现在掌握的资料看，苏俄犯罪构成理论对那一时期的刑事司法也未产生过实质影响。

（二）新中国犯罪构成理论的实践和巩固

五届人大一次会议之后，谈民主、谈法制的空气逐渐浓厚起来了。邓小平同志在1978年10月作了一次关于民主和法制建设的谈话后，中央政法小组召开了法制建设问题座谈会。从10月下旬开始，组成刑法草案的修订班子，对刑法草案第33稿进行修订工作，先后搞出2个稿子，在十届三中全会的精神的指导和强有力的推动下，1979年2月下旬，全国人大常委会法制委员会宣告成立，在彭真同志主持下，从3月中旬开始对立法工作抓得很紧。刑法草稿以第33稿为基础，根据新的经验和情况、问题，征求了中央有关部门的意见，作了较大的修改。先后搞了3个稿子。之后，经作了一些修改补充后，于1979年7月10日在全国人民代表大会审议中获得一致通过②。

新中国第一部刑法典（即1979年刑法典）的制定是以1963年10月写出的刑法草案第33稿为基础修订的，而在制定这33稿的立法起草者以及于1979年参与制定我国第一部刑法典的立法起草者中，不少人是深受苏俄犯罪构成理论影响的，因此，可以认为，苏俄犯罪构成理论对我国1979年刑法典制定起到了一定的作用。

1979年刑法典颁布后，为了培养刑法理论和实务人才和指导刑法的适用，我国参考了苏俄刑法教材并开始编写自己的刑法学教材。这些教材里的犯罪构成理论是以我国1979年刑法典的规定为素材，对来自苏联的犯罪构成理论加以补充修改而形成的。其中，最有代表性、影响最大的是1982年5月法律出版社出

① 参见高铭暄：《中华人民共和国刑法的孕育和诞生》，法律出版社，1981年7月第1版，第2—3页。

② 参见高铭暄：《中华人民共和国刑法的孕育和诞生》，法律出版社，1981年7月第1版，第3—4页。

版的司法部统编教材《刑法学》，该书是我国第一部统编刑法学教材，由高铭暄教授任主编、马克昌教授和高格教授任副主编，先后印刷 23 次，印数达 100 多万册。这本书所论述的犯罪构成理论是以原苏俄犯罪构成理论为蓝本建立起来的，这一犯罪构成理论长期在整个刑法学界占据统治地位，成为中国犯罪构成理论的通说①。这一犯罪构成理论认为，犯罪构成由犯罪客体、犯罪客观要件、犯罪主体和犯罪主观要件所组成。这一教科书建立的刑法学体系（包括犯罪构成理论体系）为后来各种刑法论著和教科书所接受，成为各种同类著作的母本②。虽然从 20 世纪 80 年代中期开始陆续有刑法学者对传统犯罪构成理论提出批评，但是，直至 1993 年何秉松教授主编的、由中国法制出版社出版的《刑法教科书》发行前，传统的四要件犯罪构成理论在我国一直居于绝对的主导地位。这一犯罪构成理论在广大司法实务者的脑海中形成了深刻的烙印，在我国刑事司法实践中得到了广泛采用，为我国的刑事法治建设作出了巨大的贡献。

（三）新中国犯罪构成理论的发展和困顿

自从 1979 年刑法典颁布实施以后，我国刑法学研究逐渐走向繁荣，从 20 世纪 80 年代中后期开始，有的刑法学者开始对传统犯罪构成理论的科学性提出质疑。随着刑法学研究的不断深入，随着大量外国刑法学的著作和论文的翻译和出版，以及大量在外国留学的刑法学者学成归来，我国犯罪构成理论研究出现了百花齐放的可喜现象。批判传统四要件犯罪构成理论的主张越来越多，主要代表性观点有：（1）不要犯罪客体的“三要件说”③。（2）不要犯罪主体的“三要件说”④。（3）犯罪构成仅包括客观要件和主观要件的“二要件说”⑤。（4）动态的“犯罪构成系统论”⑥。（5）德日犯罪成立理论取代说⑦。（6）英美法系国家双层次犯罪构成理论完善说⑧。面对猛烈的批判声浪，许多学者竭力为传统犯罪构成进行理论辩护⑨。

---

① 参见何秉松，［俄］科米萨罗夫、科罗别耶夫主编：《中国与俄罗斯犯罪构成理论比较研究（中文版）》，法律出版社，2008 年 10 月第 1 版，第 230—231 页。

② 参见陈兴良：《刑法知识论》，中国人民大学出版社，2007 年 9 月第 1 版，第 42 页。

③ 朱建华：《犯罪客体不是犯罪构成要件》，《广东社会科学》2005 年第 3 期，第 180—184 页，以及白雪峰：《犯罪客体不是犯罪构成要件》，《延安大学学报》（社会科学版）2005 年第 4 期，第 82—83 页。

④ 胡学相：《要件挑送原则与犯罪主体》，《政治与法律》1988 年第 4 期，第 17—20 页。

⑤ 杨兴培：《犯罪构成的反思与重构》（上），《政治论坛》1999 年第 1 期，第 47—54 页。

⑥ 何秉松：《犯罪构成系统论》，中国法制出版社，1995 年 5 月第 1 版。

⑦ 陈兴良主编：《刑法学》，复旦大学出版社，2005 年 3 月第 1 版，第 48—52 页。

⑧ 赖早兴：《英美法系国家犯罪构成要件的辨正及其启示》，《法商研究》2007 年第 4 期，第 118 页。

⑨ 冯亚东、胡东飞：《犯罪构成模型论》，《法学研究》2004 年第 1 期，第 72—81 页。黎宏：《我国犯罪构成体系不必重构》，《法学研究》2006 年第 1 期，第 50 页。

中国犯罪构成理论研究的繁荣促进了中国刑法学的发展。但是，自1993年7月何秉松教授将其创制的犯罪构成系统论写进其主编的《刑法教科书》并广为传播后，中国传统犯罪构成理论受到了很大的冲击。这一教材的出版标志着传统四要件犯罪构成理论的绝对主导地位受到了挑战。2003年法律出版社出版了张明楷教授著的《刑法学》教材，该教材采用的犯罪构成理论是由犯罪客观要件、犯罪主观要件和犯罪主体要件组成的“三要件说”，同时，其内容充满了德日刑法学的理论内容。2003年复旦大学出版社出版了陈兴良教授主编的《刑法学》教材，这一教材完全用德日大陆法系犯罪论体系来编写。有的司法考试培训机构也完全采用德日大陆法系犯罪论体系来编写刑法学教材。这些刑法学教材在国内也产生了很大的影响。这几本刑法学教材主要适用于广大的法律专业本科生和参加司法职业资格考试的考生，而深受这些犯罪构成理论影响的法科学生和参加司法职业资格考试的考生许多已成为了法律实务工作者。

从1993年7月至2009年，中国犯罪构成理论研究得到了快速发展，出现了多种多样的犯罪构成理论，随着何秉松教授的犯罪构成系统论编入《刑法教科书》以及张明楷教授著《刑法学》、陈兴良教授主编《刑法学》的出版并广泛传播，传统四要件犯罪构成理论受到了很大的冲击，但是，在这一时期，传统四要件犯罪构成理论在刑法学界依旧是主流的刑法理论，在司法实践中依然占绝对的主导地位。

在这时期，中国犯罪构成理论研究已取得丰硕成果，这五花八门的犯罪构成理论是否均可随意编入用于中国法学本科教育的刑法学教材之中，在中国刑事司法实务中可否任意将一种犯罪构成理论运用到公诉、辩护和审判业务中，中国犯罪构成理论的空前发展与其研究成果应如何转化为法律实务之用的问题，引起了人们的困惑。

（四）新中国犯罪构成理论的新争鸣

2009年全国司法统一考试大纲和统编《国家司法考试辅助用书》直接采用德日犯罪三阶层理论，这在全国引起了一场轩然大波，引发了人们对四要件犯罪构成理论和德日犯罪阶层理论孰优孰劣的大争论。自2009年至今，我国刑法学者们在学术刊物上发表了大量的关于犯罪构成理论的论文和出版了相当数量的、与犯罪构成理论相关的学术专著，他们比较分析了四要件犯罪构成理论和德日犯罪构成理论的异同，论述了这两类犯罪构成理论的优点和缺陷，研究了它们的历史发展脉络、文化背景、哲学基础、刑法的立法基础等内容。许多刑法学者通过召开研讨会、到全国各地高校或者司法实务部门作学术报告等方式宣传自己的学术主张。在学术论争中，有的学者主张，我国犯罪构成理论应以犯罪阶层理论取而代之；有的学者认为，通说四要件犯罪构成理论具有内在的合理性和自洽性，我国应坚持四要件犯罪构成理论的学术传统；有的学者对四要件犯罪构成理论的基本科学性表示肯定，但是认为这一理论存在缺陷，应予以改良；有的学者则提倡犯罪构成理论多元化，主张在我国刑法理论领域和刑事司法实践领域让多种犯罪构成理论并存。

经过了晚近10余年的学术争论，我国刑法学者对德日犯罪阶层理论有了深刻的认识，对通说四要件犯罪构成理论有了更全面的理解。这一场“四要件犯罪构成理论和三阶层理论之争”是晚近20年中国刑法学史上的最重要事件①。确实，经过了这一场声势浩大的学术争论之后，中国犯罪构成理论的知识增量猛增，中国刑法学者对于通说四要件犯罪构成理论和德日犯罪阶层理论曾有的难题和未解之题进行了揭示，并展现了各种解决问题的方案，这些研究成果对中国犯罪构成理论的未来发展和立法司法实践大有裨益。目前和将来，四要件犯罪构成理论和德日犯罪阶层理论之争仍将继续，百花齐放、百家争鸣的学术范围将进一步促进我国犯罪构成理论的发展。这一时期具有代表性的论著有：高铭暄的《论四要件犯罪构成理论的合理性暨对中国刑法学体系的坚持》（《中国法学》2009年第2期）和《对主张以三阶层犯罪成立体系取代我国通行犯罪构成理论者的回应》（《刑法论丛》2009年第19卷），赵秉志和王志祥的《中国犯罪构成理论的发展历程和未来走向》（《刑法论丛》2009年第19卷），马克昌的《简评三阶层犯罪论体系》（《刑法论丛》2009年第19卷），陈兴良的《转型中的中国犯罪论体系》（《现代法学》2010年第1期）和《犯罪论体系的位阶性研究》（《法学研究》2010年第4期），张明楷的《以违法与责任为支柱建构犯罪论体系》（《现代法学》2009年第6期）和《构建犯罪论体系的方法论》（《中外法学》2010年第1期），周光权的《犯罪论体系的改造》（中国法制出版社2009年版），付立庆的《犯罪构成理论：比较研究与路径选择》（法律出版社2010年版），冯亚东、胡东飞、邓君韬的《中国犯罪构成体系完善研究》（法律出版社2010年版），李洁、王志远、王充、王勇的《犯罪构成的解构与结构》（法律出版社2010年版），赖早兴的《证据法视野中的犯罪构成研究》（湘潭大学出版社2010年版），蔡桂生的《构成要件论》（中国人民大学出版社2015年版），龙长海的《犯罪构成理论问题研究》（法律出版社2015年版），等等。

从2009年至今，我国犯罪构成理论之争的主旋律是，四要件犯罪构成理论与德日犯罪阶层理论之争。但是，在这一时期，我国一些刑法学者也在关注英美

① 车浩：《阶层犯罪论的构成》，法律出版社，2017年9月第1版，第10页。

犯罪构成理论和其他犯罪构成理论，他们对英美犯罪构成理论进行了深入研究，并与我国四要件犯罪构成理论进行比较研究。通过研究，有些学者主张我国应借鉴英美犯罪构成理论重构我国犯罪构成理论。在英美犯罪构成理论的研究中，我国的刑法学者也取得了令人瞩目的研究成果。在这一时期，我国学者翻译了大量的德日刑法学者、英美刑法学者和其他国家刑法学者的刑法论著，这些译著让我国刑法学者对德日、英美等国的犯罪构成理论的研究动态有了更广阔的认识，拓展了我国犯罪构成理论研究的新视野。

二、新中国犯罪构成理论发展的评价

新中国犯罪构成理论的引进和发展，促进了中国刑法学的发展，为新中国刑法立法和刑事司法作出了贡献，但是，其发展过程中也存在一些值得深思的问题。

（一）新中国犯罪构成理论发展对中国刑法学科建设的贡献

新中国刑法理论的引进和发展与我国政权的更迭及刑事法制建设具有密切关系。新中国在推翻旧政权后即宣布废除旧法统，旧中国刑法被废除后，指导其刑法立法和司法的德日犯罪成立理论随之被废弃。新中国需要民主法制建设，需要刑法立法和刑事司法，同时，也需要刑法理论的指导，因此，新中国成立后引进新的犯罪构成理论也就成为了历史的必然。由于当时世界形成了两大对立阵营，而中国与苏联具有亲如兄弟的紧密关系，因此，新中国成立之初即引进苏俄犯罪构成理论也就成为顺理成章之事。苏俄犯罪构成理论和德国的犯罪成立理论都是以费尔巴哈的 Tatbestand（即构成要件）理论为基础发展起来的，但是，却形成两种完全不同的理论体系。苏俄犯罪构成理论是在俄国资本主义和苏联社会主义两个发展时期的优秀刑法学者渐进和接续研究而形成的理论成果①。这一研究成果具有相当的科学性。因此，我国在 20 世纪 50 代初引进和传播苏俄犯罪构成理论，既是历史的必然，也是合理的选择。我国 1979 年刑法典颁布后，人们对早已引进的苏俄犯罪构成理论进行了深入的研究，经过消化和吸收，已形成适合我国刑法立法和刑事司法需要的犯罪构成理论，成为了被广泛适用的犯罪构成理论。这一犯罪构成理论虽然以原苏俄犯罪构成理论为基本框架，但是，在我国刑法学者的努力下该理论已被赋予新的内容，有些表述与苏俄犯罪构成理论已有不同。

① 参见何秉松，［俄］科米萨罗夫、科罗别耶夫主编：《中国与俄罗斯犯罪构成理论比较研究》，法律出版社，2008 年 10 月第 1 版，第 217—218 页。

犯罪构成理论是刑法学的重要理论，近70年来，中国传统四要件犯罪构成理论已得到了长足的发展，在传统四要件犯罪构成理论的指导下刑法学的其他相关理论也得到较快发展，从而为中国刑法学科的发展作出了重大贡献。目前，中国刑法学科已经成为一门较为完善的法律学科。

晚近40年来，德日大陆法系犯罪成立理论、英美法系双层犯罪构成理论，以及其他国家的犯罪构成理论在我国得到了广泛传播，我国许多刑法学者经过孜孜不倦的努力也提出了各自独特的犯罪构成理论。我国犯罪构成理论研究呈现出非常繁荣的景象。这些研究成果对于我国犯罪构成理论的发展具有重大的意义。

（二）新中国犯罪构成理论的发展对我国刑法立法和刑事司法的影响

20世纪50年代初至1979年刑法制定前，苏俄犯罪构成理论仅为我国极少部分的刑法学精英所掌握。在这段时间的一些刑法立法起草活动中，苏俄犯罪构成理论会有一定的影响，但是，由于此时的刑法草稿均未能成为法律，因此，在这一时期里，苏俄犯罪构成理论对我国刑法立法未产生过实质性影响。在1979年刑法制定过程中，不少参与刑法立法的起草者曾学习和研究过苏俄犯罪构成理论，当时，我国的犯罪构成理论的知识储备为苏俄犯罪构成理论，这样，当时的刑法起草活动自然会受到苏俄犯罪构成理论影响，因此，对于我国1979年刑法典立法活动，苏俄犯罪构成理论是具有影响力的。自从1979年刑法典颁布实施后，我国刑法学者消化和吸收了苏俄犯罪构成理论，根据自身的研究，建立了中国四要件犯罪构成理论。我国1997年刑法典的立法活动，也是在中国传统四要件犯罪构成理论的影响下开展的。

20世纪50年代，苏俄犯罪构成理论被我国引进和传播，但是，由于苏俄犯罪构成理论在1957年整风“反右”前未对我国刑法立法产生实质性影响，在1957年整风“反右”之后犯罪构成理论又被批判和全盘否定，因此，在1979年刑法典颁布实施前，苏俄犯罪构成理论对我国刑事司法几乎未产生过积极的影响。自从1979年刑法典颁布实施后，我国刑法学吸收和消化了原苏俄犯罪构成理论而形成了中国四要件犯罪构成理论，这一犯罪构成理论在中国刑法学教育中被广泛传播，并在全国刑事司法实践中被普遍适用。传统犯罪构成理论具有较高的科学性，且简单易懂、易操作，已被广大刑事司法工作者普遍接受，成为侦查、公诉、审判和辩护等诉讼活动的普遍适用理论。实践证明，这一理论是可行的，这一犯罪构成理论为我国刑事法治建设作出了不可磨灭的贡献。从刑事司法实践看，许多疑难、热点案件的争论主要不涉及犯罪构成的基本理论框架，引发争论的主要涉及刑法理念、刑法基本原则、立法缺陷等问题，涉及犯罪构成的理论缺陷的争论主要是犯罪构成四大要件之下的构成要素，如刑法因果关系、认识因素等。

晚近40年来，许多刑法学者对德日犯罪成立理论、英美法系双层犯罪构成理论以及其他犯罪构成理论进行了深入研究，这些研究成果对于我们科学地认识四要件犯罪构成理论有了更多的比较参照理论，这些研究成果在刑事司法实践中也产生一定影响，尽管如此，四要件犯罪构成理论依然是主流犯罪构成理论，并为广大刑事法律实务工作者广泛适用。

（三）中国犯罪构成理论发展现状的理性思考

新中国犯罪构成理论发展对我国刑法科学的发展、刑法立法和刑事司法的发展无疑起到巨大的作用。目前，对中国犯罪构成理论发展的现状应如何理性认识呢？

1. 对中国通说四要件犯罪构成理论的理性思考

自20世纪50年代起，经过几代刑法学人的努力，我国消化和吸收了苏俄犯罪构成理论，形成了中国语境下的中国四要件犯罪构成理论。四要件犯罪构成理论认为，犯罪构成由犯罪客体、犯罪客观要件、犯罪主体和犯罪主观要件四要件组成。犯罪构成四要件是认定犯罪成立的必要条件。

四要件犯罪构成理论强调犯罪构成是刑法规定的，行为要完全符合这四个要件才能定罪，其确定的犯罪类型界限较为明确，这符合了罪刑法定原则的要求；它将行为是否符合犯罪构成四个要件的证明责任交由控诉方，这体现了人权保障优先的理念。四要件犯罪构成理论认为，犯罪构成的四个要件是定罪的必要条件，这体现其具有较强的定罪逻辑性。四要件犯罪构成理论将所有的犯罪构成要件置于一个平面上比较分析，非常直观，它让问题显得简单、明了，在实践中具有易操作性。四要件犯罪构成理论认为，犯罪构成由犯罪客体、犯罪客观要件，犯罪主体和犯罪主观要件组成，它包括了主观和客观两方面的内容，包含了事实评价和价值评价的内涵，这不会导致主观归罪。由于只要不具备其中一要件就不构成犯罪，因此，它体现了无罪推定的理念。由于每个罪的犯罪构成四要件是根据刑法规范分析出来的，分析某行为是否符合某罪的犯罪构成，其实是在进行规范判断，不存在规范缺失问题。正因为四要件犯罪构成理论简单、易操作，且具有较强的科学性，因此，被我国法律实务工作者普遍接受，并将这一犯罪构成理论普遍运用到刑事司法实践中。中国近40年刑事司法实践证明，传统四要件犯罪构成理论具有可行性。

当今世界上任何一种犯罪构成理论均可能存在缺陷，中国四要件犯罪构成理论也不能例外。我国许多刑法学者对四要件犯罪构成理论进行了批判。有学者提出“刑法知识去苏俄化”，其认为，我国刑法学承续的基本上是斯大林时代形成的刑法学说，其政治上与学术上具有陈旧性，苏联犯罪构成体系仍然统治着我国刑法学，苏俄犯罪构成理论存在逻辑缺陷①，并认为，我国现行的犯罪构成体系应推倒重来，除了以大陆法系的犯罪论体系取而代之，别无出路②。笔者认为，这一观点是值得商榷的。我国的刑法学确实是以苏俄刑法学为蓝本建构的，但是，经过我国消化、吸收和发展后已形成中国语境下的刑法学。笔者认为，犯罪构成理论是刑法学的中性理论，对于科学的犯罪构成理论，我们不能因为其所来源的国家曾存在过社会制度和意识形态的问题而否认其科学性。正如人造卫星和宇宙飞船，我们不能因它们是苏联首先制造而否认其技术的先进性。我们也应明确一点，具有科学的犯罪构成理论并不一定具有良好的刑事法治。这只是实现良好法治的一个重要理论工具。因此，我们不能因为我国四要件犯罪构成理论是师从苏俄犯罪构成理论而形成的，而对它全盘否定。四要件犯罪构成理论具有相当的科学性，对于其存在的不足，只要加以改造，就可让其更具科学性。对于中国四要件犯罪构成理论，笔者在后文还将用专章进行全面的评价。

2. 对当今琳琅满目的犯罪构成理论的深思

当前，我国刑法学界曾留学或正留学德国、日本、意大利、法国、英国、美国等国家的学者众多，翻译的外国刑法学著作也逐渐增多。学者们往往会根据自身的特殊经历或好恶，主张中国犯罪构成理论应采用某国的犯罪构成理论，或者以某国犯罪构成理论为蓝本创造自己的犯罪构成理论。不少刑法学者还提出了新的犯罪构成理论或对传统犯罪构成理论进行了改造。面对林林总总的犯罪构成理论，我们应持什么态度呢？

当前，世界正呈全球化发展之趋势，法律也呈现有全球化的特点，因此，学习和研究外国刑法及其犯罪构成理论对于完善我国刑法立法和促进我国刑事司法是大有裨益的。法学研究需要创新，创新研究犯罪构成理论将有助于人们对这一理论的深化，为刑法立法和刑事司法的发展储备将带来可借鉴的研究成果。因此，我国对犯罪构成理论研究的繁荣景象是非常可喜的。

刑法学者将其创建的犯罪构成理论或其主张的某国犯罪构成理论发表于法学研究刊物上或出版专著，这是学术争鸣的常规做法。然而，我国一些刑法学者将尚未得到广大刑法学者和刑事实务界认同的、尚存在争议的外国犯罪构成理论、新创建的犯罪构成理论编入刑法学教科书，并用于培养法律实务人才，使中国法律实务教育出现了以四要件犯罪构成理论为主流的刑法学实务教育，以及以德日犯罪成立理论或其他创新犯罪构成理论为辅的刑法学实务教育的局面。在不同犯

① 参见陈兴良：《刑法知识论》，中国人民大学出版社，2007年9月第1版，“代跋”第Ⅺ—Ⅻ页。
② 参见陈兴良：《刑法知识论》，中国人民大学出版社，2007年9月第1版，第51页。

罪构成理论指导下所形成的刑法理论体系和刑法观点将有所不同，多种差异较大的刑法理论同时应用于中国法律实务教育的最终结局将是：中国刑事司法没有基本统一的法言法语，这必然会出现司法中的理论迷局。可以设想，“在法庭审理中，如果没有基本统一的法言法语，就可能会出现这样的现象：检察官以英美法系刑法理论来阐明其指控理由，律师以我国通说刑法理论来进行辩护，法官以德日大陆法系刑法理论来说明判决理由。由于法官受教育的背景不一，因而，各法官所制作的刑事判决书也可能采用不同法系的刑法理论来阐释判决的理由。这样，刑事司法领域将出现混乱不堪的图景”①。由此可见，中国众多的犯罪构成理论研究成果应如何转化为实践所用是非常值得深思的问题。

因为刑法条文的规定不可能做到绝对明确，因此，刑法理论在一些有争议的“灰色地带”具有巨大的影响作用。在某种程度上讲，刑法学家的论著已成为了刑法的间接渊源。当前，我国的犯罪构成理论众说纷纭。在司法实践中，法律实务者会按照各自的理解运用不同的理论办案，这就可能对同一种案件的处理得出截然不同的结果。为了保证刑法在全国适用的相对统一，我们应确立一种犯罪构成理论为主流的犯罪构成理论，并树立其权威。目前，中国法律职业资格统一考试已成为全国法律实务教育的指挥棒，我国应选调全国资深刑法学者以主流犯罪构成理论为基础编写一本全国法律职业资格统一考试专用的中国刑法学教材，规范司法中的法言法语，引领全国刑法学实务教育的方向，从而保证我国刑法适用的相对统一。

① 参见欧锦雄著：《刑法的辩护与批判》，中国检察出版社，2008年12月第1版，“序言”第3—4页。

第二章　中国四要件犯罪构成理论的基本评价

在研究犯罪构成理论时，应有强烈的中国问题意识，并有明确的研究目标。我国犯罪构成理论研究的目标是：建立科学的犯罪构成理论，解决中国犯罪构成的立法和司法问题。目前，中国犯罪构成理论的通说是四要件犯罪构成理论，而我国通说的犯罪构成理论面临着各种批判。因此，目前我国研究中国犯罪构成理论的主要问题是：中国通说的四要件犯罪构成理论是否合理，是否有缺陷，如果说四要件犯罪构成理论有着非常重大的缺陷，不能够适应中国的刑事立法和司法实践，那么，只有考虑推倒重来，并用另外的犯罪构成理论来替代它。反之，如果四要件犯罪构成理论是合理的，能适应刑事立法和司法实践的需要，那么，就要保留它，对于它存在的一些不足，可以予以完善。在本章里，笔者将对我国通说四要件犯罪构成理论进行理性评价，解决我国犯罪构成理论研究的方向问题。通过深入研究后，笔者确立的基本立场是：中国通说四要件犯罪构成理论具有较强的科学性，但也存在不足，我国应继续坚持四要件犯罪构成理论的基本框架，对其存在的瑕疵予以清除。

一、中国四要件犯罪构成理论面临的批判

我国四要件犯罪构成理论认为，犯罪构成是刑法规定的、构成某种犯罪所必需的一切主客观要件的有机整体，犯罪构成由犯罪客体、犯罪客观要件、犯罪主体和犯罪主观要件组成。但是，我国一些学者对这一理论进行了猛烈批判，他们主要从犯罪构成体系、结构及其功能等几方面对四要件犯罪构成理论进行了批判，指出四要件犯罪构成理论存在各种缺陷。在这些批判意见中，许多观点是偏激的，但是，也存在一些中肯的意见。在此，有必要先讨论四要件犯罪构成理论的缺陷问题。经概括，目前，我国刑法学者认为四要件犯罪构成理论存在缺陷主要有：

（一）犯罪构成的构成要件数量过剩

我国一些刑法学者对四要件犯罪构成理论提出了质疑，他们对四要件犯罪构成的构成要件数量提出异议。朱建华教授和肖中华教授等学者认为，犯罪客体不是犯罪构成的必要要件，主张“不要犯罪客体的‘三要件说’”；胡学相教授等学者认为，犯罪主体不是犯罪构成的必要要件，主张“不要犯罪主体的‘三要

件说'"；而杨兴培教授认为，犯罪客体和犯罪主体都不是犯罪构成的必要要件，主张"二要件说"。

"犯罪客观要件和犯罪主观要件是犯罪构成的必要要件"，这已成为我国刑法学界的共识，而关于犯罪客体和犯罪主体是否是犯罪构成的必要要件，人们争议很大。学者们反对将犯罪客体作为犯罪构成必要要件的批判观点较多，归纳起来主要有以下几个方面：（1）犯罪客体属于犯罪概念的内容，不是犯罪构成的要件①。（2）犯罪客体是事物的本质，它不能与犯罪主体、犯罪客观要件、犯罪主观要件（即现象）一起成为犯罪构成的要件②。（3）犯罪客体是精神现象，它不能使犯罪性质变样③。（4）犯罪客体由犯罪客观要件、主体要件和主观要件以及符合这些要件的事实综合决定，主张犯罪客体不是犯罪构成要件不会给犯罪认定带来困难④。（5）绝大部分罪的犯罪客体不具有法定性，存在理解上的随意性，从而违背了罪刑法定原则⑤。（6）犯罪客体不能起到决定此罪与彼罪界限的作用⑥。（7）将犯罪客体作为犯罪构成的要件，有偷换概念之嫌⑦。

而学者们反对将犯罪主体作为犯罪构成必要要件的批判观点主要有：（1）犯罪主体作为犯罪构成要件在命题结论上存在逻辑错误⑧。（2）犯罪主体作为犯罪构成要件将出现对司法实践顺序的概括错误⑨。（3）犯罪主体作为犯罪构成要件是对法律规范的理解错误⑩。（4）犯罪主体不能起到确定罪与非罪、此罪与彼罪之间界限的作用⑪。（5）犯罪主体作为犯罪构成要件会混淆犯罪和刑罚的关系⑫。（6）犯罪构成就是"行为"的构成⑬。（7）从犯罪构成四个要件之间关系看，犯罪主体不能作为犯罪构成的要件⑭。

---

① 参见张明楷《法益初论》，中国政法大学出版社，2009年5月第1版，第249—250页。

② 朱建华：《犯罪客体不是犯罪构成要件》，《广东社会科学》2005年第3期，第180—181页。

③ 杨兴培：《犯罪客体——一个巨大而空洞的价值符号》，《中国刑事法杂志》2006年第6期，第4—9页。

④ 参见张明楷《法益初论》，中国政法大学出版社出版，2000年5月第1版，第251页。

⑤ 唐世月：《犯罪客体不应作为犯罪构成要件》，《法学杂志》1998年第6期，第28页。

⑥ 参见朱建华：《犯罪客体不是犯罪构成要件》，《广东社会科学》2005年第3期，第183—184页。

⑦ 参见张明楷《刑法学（第四版）》，法律出版社，2011年7月第4版，第103页。

⑧ 参见杨兴培：《犯罪主体的重新评价》，《法学研究》1997年第4期，第86—87页。

⑨ 参见杨兴培：《犯罪主体的重新评价》，《法学研究》1997年第4期，第87页。

⑩ 参见杨兴培：《犯罪主体的重新评价》，《法学研究》1997年第4期，第87页。

⑪ 傅家绪：《犯罪主体不应是犯罪构成的一个要件》，《法学评论》1984年第2期，第67页。

⑫ 傅家绪：《犯罪主体不应是犯罪构成的一个要件》，《法学评论》1984年第2期，67页。

⑬ 参见李守芹：《论犯罪构成的要件》，《河北学刑》1983年第3期，第107页。

⑭ 傅家绪：《犯罪主体不应是犯罪构成的一个要件》，《法学评论》1984年第2期，第68页。

（二）事实和价值相混淆

我国四要件犯罪构成理论是引进苏俄四要件犯罪构成理论后而逐渐本土化的，因此，与苏俄犯罪构成理论基本相同。有学者在主张中国犯罪构成理论去苏俄化时指出："在犯罪认定过程中，事实和价值是存在区分的：事实是评价的前提，因而首先要查明的是事实。这里的事实包括客观上的行为事实与主观上的心理事实。只有在事实的基础之上，才能对这一事实是否违法及有责进行评价。但苏俄的犯罪构成体系，将事实要素与评价要素混为一谈，未作切割，由此带来的问题是：某一构成要件的性质难辨。例如，犯罪故意，是心理事实还是包含规范评价要素？"① 据此，该学者认为，事实和价值相混淆是我国通说四要件犯罪构成理论的缺陷。

（三）犯罪构成的平面化

有学者认为，犯罪构成平面化是四要件犯罪构成理论的缺陷。他认为，大陆法系的犯罪论体系各个犯罪成立条件呈现出递进的逻辑关系：有前者未必有后者，有后者则必有前者。因此，各个犯罪构成要件之间存在明确的位阶关系。司法工作者在进行犯罪认定的时候，必须严格地按照犯罪构成要件之间的位阶关系依法判断。并且，这一判断过程也是去罪化过程，为辩护留下了广阔的空间。根据这一犯罪论体系，有罪抑或无罪，结论存在于判断的终点。但在苏俄的犯罪构成体系中，各个犯罪构成要件之间的位阶关系是不存在的，其顺序是可以根据不同标准随意分拆组合的②。因此，他认为，依据这一犯罪构成体系判定犯罪成立与否是不符合认定犯罪的司法逻辑的。该学者还指出："苏俄的犯罪构成体系是在犯罪成立这一逻辑前提下对犯罪结构进行分析的理论，更合乎有罪推定的思维习惯。与此相反，大陆法系的犯罪论体系是从无罪到有罪的逻辑推演过程，更合乎无罪推定的思维习惯。"③

（四）存在逻辑缺陷

有学者提出："日本学者曾经指出评价一个犯罪论体系的两个标准：一是逻辑性，二是实用性。这里的逻辑性，是指犯罪构成体系的自洽性、合理性，因而也具有科学性、实用性，同时也是犯罪构成体系在认定犯罪应用上的便利性。就这两个评价指标而言，逻辑性是第一位的，逻辑性的考量应当优于实用性。"④

---

① 陈兴良：《刑法知识论》，中国人民大学出版社，2007 年 9 月第 1 版，"代序" 第 XIV 页。
② 陈兴良：《刑法知识论》，中国人民大学出版社，2007 年 9 月第 1 版，"代序" 第 XV 页。
③ 陈兴良：《刑法知识论》，中国人民大学出版社，2007 年 9 月第 1 版，"代序" 第 XV 页。
④ 陈兴良：《刑法知识论》，中国人民大学出版社，2007 年 9 月第 1 版，"代序"，第 XII 页。

该学者认为，德日犯罪三阶层论具有逻辑性和实用性，这一犯罪论体系是符合认定犯罪的司法逻辑的。首先，通过构成要件该当性以解决事实之是否存在的基本前提，然后从客观（违法性）与主观（有责性）这两方面解决评价问题，两者之间存在逻辑上的位阶关系。而犯罪构成四要件说没有事实与评价之间的逻辑关系，一切犯罪成立的要素都塞入构成要件这一概念之中，将德日犯罪三阶层论中只具有事实性质的构成要件这一要件，提升为犯罪成立要件的总和①。因而，该学者认为，四要件犯罪构成理论不具有逻辑性。

（五）主观要件和客观要件没有严格顺序，可能导致主观判断先于客观判断

有学者认为，按照犯罪认定过程的逻辑排列，在犯罪论体系中，客观要件应先于主观要件。在四要件构成体系中四要件并没有逻辑上的位阶关系，因此，在司法活动中可以随便先去判断哪一个，后去判断哪一个，没有逻辑上的要求。我们现在四要件犯罪构成体系，一般是按照犯罪客体、犯罪客观方面、犯罪主体、犯罪主观方面这样的顺序来判断的，但是，在司法实践活动中不一定按要求的顺序来认定犯罪。实际上，在理论上还有学者认为应当按犯罪主体、犯罪主观方面、犯罪客观方面、犯罪客体这样的顺序排列。由此可见，四个要件之间的位置不是固定的，它是可以随意排列的，在这种情况下，往往容易找判断为有罪的要素来考虑，因此，容易得出有罪的结论。主观判断和客观判断的先后顺序的安排对定罪结论的影响是十分重大的。我们在定罪中，没有严格地按照客观判断先于主观判断来从事定罪活动，就容易用主观判断来代替客观判断，因此，造成定罪的混乱。这主要由于四要件犯罪构成体系内在的混乱造成的②。据此，该学者认为，“主观要件和客观要件没有严格顺序”是四要件犯罪构成理论的另一缺陷。

（六）正当行为在四要件犯罪构成中的缺失

有学者认为，在我国及苏联的犯罪构成体系中，正当防卫和紧急避险行为是在犯罪构成之外研究的。正当防卫、紧急避险等行为被描述为形式上符合犯罪构成而实质上不具有犯罪构成的情形。正当防卫、紧急避险等行为之所以不构成犯罪，并不是根据犯罪构成所得出的结论，而是根据行为不具有社会危害性这一实质判断的结果。因此，形式上符合犯罪构成与实质上不符合犯罪构成的矛盾（即

---

① 参见陈兴良：《刑法知识论》，中国人民大学出版社，2007 年 9 月第 1 版，“代序”，第 XIII—XIV 页。

② 参见陈兴良《刑法知识论》，中国人民大学出版社，2007 年 9 月第 1 版，第 317—319 页，以及陈兴良：《犯罪构成及其方法论》，2009 年在南京师范大学所作的学术讲座，http：//hengzhao. fyfz. cn/art/499863. htm，2009 年 7 月 23 日登录。

形式与实质存在矛盾）是犯罪构成四要件说的又一缺陷[①]。简言之，该学者认为，正当行为在四要件犯罪构成中的缺失是四要件犯罪构成理论的又一缺陷。

（七）不能胜任对复杂疑难案件的解决

有学者认为，犯罪构成四要件说具有通俗易懂性，但是，该理论在一些复杂疑难问题的解决上显然是不能胜任的，甚至可以说是破绽迭出，容易造成错案。该学者以“邵建国教唆或帮助自杀案”为例，分别以犯罪的构成四要件犯罪构成理论和德日犯罪三阶层理论分析该案，其结论是，若以犯罪构成四要件说分析，邵建国教唆或帮助自杀的行为构成故意杀人罪，而若以德日犯罪三阶层论分析，邵建国的行为不构成犯罪。言外之意，德日犯罪三阶层论才能胜任复杂疑难问题的解决[②]。

（八）不能妥善处理共犯论的问题

有学者认为，共犯论是中国刑法学中最为薄弱的一章。把犯罪构成四要件说的犯罪客观要件、犯罪主观要件、犯罪主体要件的理论借用到共犯论上，大概只能解决共犯成立的条件问题，且对此问题的解决也并不彻底和深入。例如，对两个正犯，在犯罪客观要件和犯罪主观要件有相同或者交叉之处，但并不绝对相同的场合，是否可以成立共犯？例如，甲和乙共谋“教训”丙，甲有杀人故意，到现场后实施故意杀人行为，乙仅有伤害故意，并实施了故意伤害行为，甲和乙是否成立共犯？按照四要件犯罪构成理论，难以得出他们是共犯的结论。四要件犯罪构成理论在讨论共犯的成立条件时，名义上是在分析共同故意、共同行为，但实质上沿用了讨论单独犯的故意、行为的简单套路，对很多复杂问题采用“绕开走”的办法，导致对很多问题的讨论只能是浅尝辄止[③]。又如，未满13岁的甲组织并控制了一个由多名已满18岁的成年人组成的抢劫团伙并实施抢劫行为，抢得的钱物都得交给这13岁的人，他们这些人的行为可否构成共同犯罪？对几名成年人可否按从犯或胁从犯处理？按德日犯罪阶层理论可解释为甲与多名已满18岁的成年人一起抢劫构成共同犯罪，对这多名已满18岁的成年人可按从犯或胁从犯处理。而我国四要件犯罪构成理论不能妥善解释这一问题[④]。

（九）四要件犯罪构成体系下应罚性与需罚性界限划分不合理

在我国通说四要件犯罪构成理论视野下，由于我国刑法第37条规定了免予

---

① 参见陈兴良《刑法知识论》中国人民大学出版社，2007年9月第1版，第322—324页。
② 参见陈兴良《刑法知识论》中国人民大学出版社，2007年9月第1版，第336—341页。
③ 周光权：《犯罪构成四要件说的缺陷：实务考察》，《现代法学》2009年第6期第83页。
④ 参见肖吕宝：《犯罪内涵的多元化与刑法条文的适用》，《中国刑事法杂志》2010年第8期第42页。

刑事处罚的制度，因此，其应罚性范畴是四要件犯罪构成，而其需罚性范畴涉及“无免予刑事处罚事由或无免除处罚事由”。我国通说四要件犯罪构成理论下的应罚性（四要件犯罪构成体系）与需罚性界限划分受到有的学者批判。有学者提出，我国刑法规定的免除处罚（或免予刑事处罚）使我国刑法中应罚性与需罚性界限划分不合理。在我国刑法里，免除处罚意味着行为已成立犯罪，但是不给予具体刑罚，这是一种定罪免刑的刑事责任方式。定罪免刑的规定存在众多弊端，为此，他主张我国刑法在应罚性与需罚性界限问题上，根据以刑制罪的观念采取免刑免罪的方式，即凡是行为不需要处以刑罚的，一律属于无罪。他主张将“预防必要性”纳入犯罪论体系。其观点与德国刑法学者罗克辛的主张是一致的①。

二、中国四要件犯罪构成理论的基本合理性

我国一些学者对四要件犯罪构成理论进行了猛烈的批判，其批判理由貌似有理，但是，只要理性地思考，就会发现其前面的批判理由大有商榷的余地。在深入分析各种批评观点后，笔者认为，中国四要件犯罪构成理论具有基本合理性。

（一）犯罪构成四要件都是犯罪成立必不可少的要件

我国一些刑法学者对四要件犯罪构成的构成要件数量提出异议，认为犯罪客体和犯罪主体不是犯罪构成的必要要件，对此，笔者表示反对。笔者认为，犯罪客体、犯罪客观要件、犯罪主体和犯罪主观要件都是犯罪构成必要要件。关于犯罪客体是犯罪构成必要要件的理由是：（1）犯罪客体既属于犯罪概念的内容，也属于犯罪构成的内容。（2）反对者运用本质与现象间相互关系原理说明犯罪客体不是犯罪构成的要件时，存在着方法论上的错误。（3）犯罪客体是一个价值评价要件，具有客观实在性，对犯罪性质的确定具有重要意义。（4）犯罪客体是认定犯罪必不可少的要件，离开犯罪客体就会给犯罪认定带来困难。（5）犯罪客体具有一定的法定性，符合相对罪刑法定原则。（6）犯罪客体是区分此罪与彼罪的重要要件。（7）犯罪客体符合了犯罪构成要件的七个必需条件。关于犯罪主体是犯罪构成必要要件的理由是：（1）犯罪主体作为犯罪构成必要要件在命题结论上不存在逻辑错误。（2）犯罪主体作为犯罪构成必要要件不存在对法律规范的理解错误。（3）犯罪主体作为犯罪构成必要要件不会混淆犯罪与刑罚关系。（4）犯罪主体不应与罪过（故意和过失）心理活动合并在一个构

① 参见姜涛：《从定罪免刑到免刑免罪：论刑罚对犯罪认定的制约》，《政治与法律》2019 年第 4 期，第 18—30 页。

成要件里。(5) 犯罪主体具有区分罪与非罪、此罪与彼罪界限的功能。(6) 犯罪主体符合犯罪构成要件必备的所有条件。关于犯罪客体和犯罪主体均是犯罪构成的必要要件之论证，笔者在后文专门用两个专章进行详细分析。

(二) 四要件犯罪构成组成的“事实与价值”有机体具有合理性

有学者认为，犯罪构成体系应坚持事实判断和价值相分离的原则。在德日犯罪三阶层论中，事实与价值始终是相分离的。在构成要件该当性、违法性和有责性这三个要件中，构成要件该当性是事实判断，而违法性和有责性是价值判断，也可以说是规范判断，因而，具有合理性。而在犯罪构成四要件说中，事实判断和价值评价同时地、一次性地完成，在这样一种犯罪构成体系中，必然出现重事实判断轻价值评价，甚至以事实判断代替价值评价。这是其重大缺陷①。

对于“事实与价值相混淆是四要件犯罪构成理论的缺陷”的观点，笔者不认同。笔者认为，在刑法中，犯罪是一个既包含有事实特征也带有价值评价的概念，因此，在刑法规范中蕴含了事实特征和价值评价的内容，有的刑法条文甚至直接描述了犯罪的事实特征和价值评价的内容。同样，在犯罪构成理论体系里也应包含有事实特征和价值评价的内容。由于犯罪构成是由诸多要素组成的，而这诸多要素组合成几个大要件（或阶层）时，因其内在的复杂性，在犯罪构成要件（或犯罪阶层）划分时，很难做到让某一要件（或阶层）是纯粹的“事实要件”，而另一要件是“价值评价要件（或阶层）”。这种清晰划一的划分是很难做到的，事实判断和价值评价混同于一个构成要件（或阶层）是难免的。德日犯罪三阶层论不能将“事实要件（或阶层）”和“价值评价要件（或阶层）”清晰地划分，犯罪构成四要件说也不能做到。德日犯罪三阶层论的“构成要件该当性”要件被该学者认为是事实判断要件，但是，在犯罪认定过程中，对构成要件该当性进行事实判断的同时，也进行着价值评价。

在构成要件该当性中一般包括以下构成要素：(1) 行为；(2) 法益侵害的结果；(3) 因果关系。

对于“行为”要素而言，德日犯罪三阶层论除了对其进行事实判断，也进行价值评价。德国著名刑法学者威尔泽尔（Welzel）创造的社会相当性理论被广泛用于解释构成要件该当性的行为要素，如果行为具有社会相当性，该行为就被否定具有违法性，这是在构成要件该当性中进行的实质违法性的判断②。

对于因果关系而言，德日犯罪三阶层论也存在既进行事实判断，也进行价值

① 陈兴良：《刑法知识论》，中国人民大学出版社，2007年9月第1版，第319—322页。

② 参见于改之：《社会相当性理论的体系地位及其在我国的适用》，《比较法研究》2007年第5期，第23—34页。

评价的情况。在日本，相当因果关系说是阐释因果关系的通说；在德国，客观归责理论取代了相当因果关系说而成为通说。但是无论是相当因果关系说，还是客观归责理论，在阐释因果关系时均进行了事实判断和价值评价。由于客观归责理论的归责判断是一种实质判断、规范的判断，因而它在一定程度上取代了实质违法的判断，这曾引起了该学者对犯罪构成体系的反思：到底是二阶层体系科学还是三阶层体系科学[①]？如果将构成要件该当性与违法性合二为一变成二阶层论，这也许比三阶层论更科学。当前，许多德日刑法学者就采用二阶层论，若采用二阶层论，更不可能出现一个纯种“事实判断”的要件。

对于法益侵害的结果而言，由于法益是具有价值评价的概念，因此，它不是一个纯事实判断问题。对于古典犯罪论体系以外的其他三阶层论而言，主观的违法要素是放在构成要件该当性之中的，这些主观违法要素具有价值评价也是不言而喻的。在我国刑法分则罪状中，关于“非法”或者“违反法律规定”之类的规定在不少于50个罪种中有体现，这些规定是对某一犯罪行为的违法性的一种确认[②]。

这些罪状内容放到德日犯罪三阶层论时，自然应属于构成要件该当性的内容，关于“非法”或“违反法律规定”的判断，当然带来价值评价。

综上所述，在德日犯罪三阶层论中，构成要件该当性并不是一个单纯的事实判断要件，它也是具有价值评价的要件。可见，构成要件该当性、违法性和有责性均是具有价值评价功能的。犯罪认定时，事实判断和价值评价的分离应是针对构成要件该当性、有责性之中的某一具体要素认定而言的。例如，对“行为”要素的认定，要先对其客观出现的事实判断，之后才通过社会相当性理论对其进行价值评价。

在我国，四要件犯罪构成理论的犯罪客体要件是一个价值评价要件，犯罪客观要件、犯罪主体和犯罪主观要件则属于既有事实（包括心理事实）判断也有价值评价的要件。其中，犯罪客观要件近似于古典的德国犯罪论体系的构成要件该当性，犯罪客体近似于其违法性，犯罪主体和犯罪主观要件相加近似于其有责性。根据通说四要件犯罪构成理论，犯罪成立必须同时具备犯罪客体、犯罪客观要件、犯罪主体和犯罪主观要件，缺一不能成立犯罪，这一判断同时包括了事实判断和价值评价内容。犯罪客体虽然是价值评价要件，但是，在犯罪认定过程中，它也是以客观发生的各种事实判断为基础而进行价值评价的。

综上所述，在犯罪构成体系中，德日犯罪三阶层论和我国犯罪构成四要件

① 陈兴良：《从归因到归责：客观归责理论研究》，《法学研究》2006年第2期，第70—86页。
② 陈兴良：《违法性理论：一个反思性检讨》，《中国法学》2007年第3期，第16—163页。

说，在构成要件或阶层划分上无法将事实判断和价值评价进行整齐划一的区分，因此，以“事实与价值相混淆”为理由主张以德日犯罪三阶层论取代四要件犯罪构成理论是不妥当的。

（三）四要件犯罪构成的平面化具有基本合理性

有学者将德日犯罪三阶层体系称为递进式的犯罪构成体系，而将犯罪构成四要件体系称为耦合式的犯罪构成体系（即平面化犯罪构成体系）①，并对前述“犯罪构成的平面化”持批判观点。笔者认为，位阶化（即阶层化）与否并不是判断犯罪构成体系科学与否的依据。其实，某一犯罪构成体系是阶层的或平面的，是学者在自身脑海中塑造的。对于同一犯罪构成体系，有的学者可能认为它是阶层的，另外的学者可能认为是平面的。例如，对于常说的德日犯罪三阶层体系，也可以说它是平面的递进三要件体系（或三阶段体系），而犯罪构成四要件体系也可以说是犯罪构成四阶层体系。笔者认为，判断某一犯罪构成体系是否科学的关键标准是：这一犯罪构成体系是否已完全包含了构成犯罪所必备的要素，同时这些要素的排列组合是否符合形式逻辑和指导刑法立法和司法的认知习惯。我国犯罪构成四要件体系各大要件中所包含的构成犯罪所必备的要素分别是：犯罪客体（大体相当于德日犯罪三阶层论的违法性要件）、犯罪客观要件中的危害行为、危害结果、因果关系、犯罪时间、地点、方法等（大体相当于德日古典的犯罪三阶层论的构成要件该当性要件）、犯罪主体中的刑事责任年龄、刑事责任能力、身份等（相当于德日古典犯罪三阶层论的有责性要件的一部分）以及犯罪主观要件的故意（包括违法性认识）、过失、犯罪目的、动机（相当于德日古典犯罪三阶层论的有责性要件的一部分）。这些构成犯罪的必备要素与德日犯罪三阶层论的构成犯罪的必备要素几乎一致，德日犯罪三阶层论有责性要件中的期待可能性并非立法上明文规定的要素，而是超法规责任阻却事由，这是一个有争议的要素，其相关的理论内容可在四要件犯罪构成理论中的犯罪客体或犯罪主观要件或犯罪主体或犯罪豁免理论中讨论。可见，我国通说犯罪构成四要件体系基本上已包含了构成犯罪所必备的要素。我国犯罪构成的通说是按犯罪客体、犯罪客观要件、犯罪主体和犯罪主观要件的顺序排列的，这种排列表明了由客观到主观的一般认识习惯。在这种排列中，犯罪客体之所以排在前面是有合理的理由的，若从刑法立法指导和理解刑法立法的角度看，这有助于立法者根据该罪所侵害的社会关系（法益或法秩序）合理进行犯罪分类，构建科学的刑法分则体系；若从司法实践认定犯罪过程中看，将犯罪客体放在首位将有助于出罪，有助于人

① 陈兴良：《犯罪构成的体系性思考》，《法制与社会发展》2000年第3期，第53—55页。

权保护。在司法实践中，司法人员在审查案件时，如果发现被告人的行为未侵犯到这种犯罪中刑法所保护的利益，或者其行为侵害的利益很小（被告人的行为不具有犯罪客体），就可对被告人的行为出罪。可见，犯罪客体是保护被告人人权的第一道屏障，它可以让社会上的绝大部分行为（合法行为和一般违法行为）避免进入犯罪的评价中。可见，将犯罪客体放在四要件首位是有优越性的。

我国通说四要件犯罪构成理论要求，只有全部具备犯罪客体、犯罪客观要件、犯罪主体和犯罪主观要件四要件后，才可以定罪。这四个要件组成的犯罪类型是一个较完整的犯罪类型，这种类型可以将此罪与彼罪区别开来，也可以将犯罪与合法行为区别开来。在这四要件中，缺一要件就不构成犯罪，这体现了无罪推定的理念，能较好地保障人权。

综上所述，我国四要件犯罪构成理论已包含了构成犯罪类型的全部要素，在四大要件排列及其内部各构成要素的组合上未违反形式逻辑，也符合人们的认识习惯，此外，这一体系能较好地保障人权。因此，这种“耦合”且“平面”的犯罪构成体系是比较科学的。可见，我国四要件犯罪构成体系的“平面化”并不是四要件犯罪构成理论的缺陷。

（四）四要件犯罪构成理论并不存在“存在逻辑缺陷”

日本刑法学者大塚仁提出，评价一个犯罪论体系是否妥当必须根据逻辑性和实用性两个标准来评价①。有学者认为，犯罪构成四要件体系具有逻辑缺陷，而德日犯罪三阶层论是符合认定犯罪的司法逻辑的。对此，笔者认为值得商榷。

下面笔者将对“四要件犯罪构成理论存在逻辑缺陷”的观点进行应答。笔者认为，对“逻辑”一词的理解应是从定罪的思维规则或者说从定罪的思维习惯的角度来理解。“犯罪论体系应符合认定犯罪的司法逻辑”② 应是指认定犯罪的司法思维习惯。因为“逻辑”是指思维的规律，而“规律”是指事物之间内在的本质联系。这种联系不断重复出现，在一定条件下经常起作用，并且决定着事物必然向着某种趋向发展。规律是客观存在的，是不以人的意志为转移的③。犯罪构成体系具有无数个体系，谁也不便说某一体系才是符合思维规律的。因此，用定罪的司法思维习惯“来代替”定罪的司法“逻辑”可能更妥当些。

---

① 参见［日］大塚仁：《刑法概说》（总论）（第三版），冯军泽中国人民大学出版社，2003 年 1 月第 1 版，第 121—124 页。

② 参见陈兴良：《刑法知识论》，中国人民大学出版社，2007 年 9 月第 1 版，“代跋”第 XⅢ页。

③ 中国社会科学院语言研究所词典编辑室编：《现代汉语词典》（第 5 版），商务印书馆，2005 年 6 月第 5 版，第 900 页、第 514 页。

犯罪认定的过程是司法者在审查各种证据、掌握了犯罪事实的基础上进行的，它是司法者将各种犯罪事实与刑法条文以及犯罪构成体系比对后认定行为人是否构成犯罪、构成何罪的过程。哪一种犯罪构成体系更符合定罪的认知习惯呢？这是一个仁者见仁、智者见智的问题。司法者定罪的认知习惯受各国的文化、学者的理论、个人学识等影响。可见，在掌握各种犯罪事实后，司法者的定罪认知习惯是多种多样，学者所构建的犯罪构成理论体系对于司法者的定罪认知习惯的形成具有重大作用。司法者的定罪认知习惯在无大家公认的犯罪构成理论体系前是五花八门的，人们并无共同的定罪认知习惯。因此，所谓犯罪构成体系应符合定罪认知习惯，这一说法是值得商讨的。

笔者认为，合理的犯罪构成体系的判断标准应有以下三个：（1）该体系已将构成犯罪必备的所有要素全部包括其中；（2）该体系各个构成要件或具体要素的排列组合无违反形式逻辑的情况；（3）该体系各个构成要件或具体要素依据一定的理由排列组合，具有科学的说理性。合理的犯罪构成体系可以是多个。例如，对于德日犯罪三阶层体系而言，它也可以成为一种合理的犯罪构成体系。有学者认为，德日犯罪三阶层体系中先事实判断后价值评价的要件排列体系是符合定罪的司法逻辑（笔者注——实为认知习惯）的，即构成要件该当性是事实判断要件，违法性和有责性为价值评价要件，但是，在前文，笔者已论述在构成要件该当性阶层也是存在价值评价的，因此，在犯罪构成体系各要件排列中，并非一定要有一个纯种的事实要件划分出来并放到前面，犯罪构成体系中各要件均存在事实判断和价值评价也没有违反定罪的认识习惯。又例如，我国通说犯罪构成四要件体系是按犯罪客体、犯罪客观要件、犯罪主体和犯罪主观要件顺序排列的。这是按从客观到主观排列的，同时，在这一体系里，它是将事实和价值进行复合评价的，具有较强的说理性。又如，有学者提出，犯罪构成四要件应按犯罪行为产生发展过程排列，具体为：犯罪主体、犯罪主观要件、犯罪客观要件和犯罪客体①。这也是一种很有说理性的体系。由于司法者在定罪之前已审查和掌握大量的犯罪事实，因此，犯罪构成体系并非一定从先客观后主观来排列，先主观后客观的判断也不能看成主观归罪。由于犯罪是事实和价值的复合行为，只要对行为进行全面的事实和价值的评价，是先事实判断，后价值评价，或先价值判断，后事实判断，或事实和价值同时复合判断，均不会影响对行为的定性，这几种判断顺序也都符合定罪的司法认知习惯。综上，笔者认为，犯罪构成四要件体系并不存在违反定罪司法逻辑的缺陷。

① 赵秉志：《论犯罪构成要件的逻辑顺序》，《政法论坛》2003 年第 6 期，第 16—24 页。

（五）通说四要件犯罪构成的构成要件在排列顺序上具有基本合理性

有学者认为，“主观要件和客观要件没有严格顺序，可能导致主观判断先于客观判断”是四要件犯罪构成体系的缺陷。对此，笔者不认同。

陈兴良教授认为，在犯罪论体系中客观要件应先于主观要件。在四要件犯罪构成体系中，四要件并没有逻辑上的位阶关系，主观要件和客观要件没有严格顺序，可能主观判断先于客观判断，容易用主观判断来代替客观判断，造成定罪的混乱。而德日三阶层论具有位阶关系，客观判断是要先于主观判断的①。其实，德日三阶层体系并非绝对都是客观判断先于主观判断的，德日目的论体系和现代新古典论体系均将故意和过失置于构成要件该当性阶层，由于违法性是客观的，而构成要件该当性中的主观要素先于违法性客观阶层，因此，这两个体系也不都是客观要件先于主观要件的位阶的。

我国四要件犯罪构成的通说按犯罪客体、犯罪客观要件、犯罪主体和犯罪主观要件的顺序排列。这种排列基本表明了由客观到主观的一般认识习惯。我国有学者则主张，犯罪构成四要件的排列顺序应为：犯罪主体——犯罪主观要件——犯罪客观要件——犯罪客体。这一排列顺序是从犯罪行为的发生、发展过程考虑来排列的，其基本逻辑是：“符合犯罪主体要件的人，在其犯罪心理态度支配下，实施一定的犯罪行为，危害一定客体即社会主义社会关系。”② 这一排列顺序体现了犯罪行为形成过程和发展规律，也便于认定与处罚犯罪。前面两种四要件体系以刑法分则和刑法总则的规定为依据来找寻一个完整的犯罪构成类型，它们都是符合司法定罪思维的一种方法。

四要件体系从正面上说明犯罪应具备的四个必不可少的构成要件，并将四个构成要件置于一个平面上分析，让各种完整的犯罪构成要件清清楚楚、明明白白。在司法实践中，只要将所有的犯罪构成要件要素都判断了，就可全面评价行为是否构成犯罪，主观要件和客观要件的判断顺序并不会最终影响到行为定性，但是，科学的犯罪构成理论应具有自身的内在逻辑性。通说的犯罪构成四要件排列顺序采取的是以果溯因的方法来排列的，它具有内在的逻辑性，因此，通说四要件犯罪构成理论具有基本合理性。

（六）正当行为在四要件犯罪构成中缺失具有合理性

我国有学者认为，在我国及苏联的犯罪构成体系中，正当防卫和紧急避险行

---

① 参见《陈兴良教授谈“犯罪构成及其方法论”（录音整理）》，20009 年 7 月陈兴良教授在南京师范大学所作的学术报告，http：//hengzhao. fyfz. cn/art/499863. htm，2009 年 7 月 23 日登录。

② 参见赵秉志：《论犯罪构成要件的逻辑顺序》，《政法论坛》2003 年第 6 期，第 19 页。

为是在犯罪构成之外研究的，四要件犯罪构成理论存在形式与实质的矛盾，这是四要件犯罪构成理论的缺陷。

笔者认为，四要件犯罪构成理论不存在形式与实质的矛盾，恰恰相反，它是形式和实质的统一。从形式上犯罪构成包括了四大要件，从实质上，它要求犯罪构成具有社会危害性，而犯罪构成的社会危害性是体现在每个构成要件之中的。

四要件犯罪构成理论认为，犯罪客体是刑法所保护而为犯罪行为所侵害的社会关系（或法益）。在正当行为的情况下，刑法对不法侵害人的人身等方面利益暂时不予保护，允许他人在必要限度内损害不法侵害人的一定利益，以更好地保护其他利益，因此，在这一情况下，正当行为人损害不法侵害人人身等方面利益的行为没有侵害到刑法所保护的社会关系（或法益），因此，不具备犯罪客体。行为缺乏了犯罪客体，自然无犯罪社会危害性，当然也就不构成犯罪。犯罪客观要件同样体现了社会危害性的实质，在犯罪客观要件中同样也可以阐释清楚正当防卫等正当行为是不成立犯罪的。正当防卫、紧急避险等正当行为属于合法行为，并没有社会危害性。因此，它们不是危害行为，从而否定其犯罪的成立。在犯罪构成四要件体系中，犯罪主观要件体现了社会危害性中主观恶性的一面。正当防卫等正当行为也完全可以在犯罪主观要件中阐明其不成立犯罪。犯罪的故意和犯罪的过失均包含有心理事实和价值评价因素两部分，缺一即不具有主观恶性，因而不构成犯罪。在正当行为中，由于行为人是在为了使合法权益免受不法侵害的正当目的支配下去实施的，正当行为人不具有故意危害社会的心态（即无违法的意识），缺乏犯罪故意中的价值评价因素，从而缺乏了犯罪主观要件，因而不成立犯罪。笔者认为，在社会危害性视角下，四要件犯罪构成理论可以在四要件体系内阐明正当行为是不成立犯罪的。但是，在犯罪构成四要件体系下，由于正当行为属于排除犯罪的社会危害性行为，它与四要件犯罪构成具有结构性的排斥关系，因此，正当行为没有必要纳入犯罪构成四要件体系之内，而应当在犯罪构成之外作为独立的部分专门判断和研究。

（七）四要件犯罪构成理论能够正确处理复杂疑难案件

四要件犯罪构成理论和德日犯罪三阶层论具有相同的入罪要素和犯罪构成雏形。因此，一般情况下，不论以哪一种理论体系分析某一已构成犯罪的行为，其所成立的罪名应该是相同的。两者的显著区别在于出罪要素上，即德日犯罪三阶层论具有犯罪豁免性质的超法规违法阻却事由和超法规责任阻却事由（如“无期待可能性”等）；而四要件犯罪构成理论没有超法律的犯罪豁免事由之出罪要素。德日犯罪三阶层论具有大量的超法规阻却事由，这明显违反了法治精神，它在处理复杂疑难案件上并不比四要件犯罪构成理论更有优势，对于复杂疑难案件，四要件犯罪构成理论同样能够正确处理。在我国，对于许多复杂疑难案件，并非更换犯罪构成体系即可解决问题，它们可能需从刑法解释论、罪数形态论、认识错误论、共同犯罪论、违法实质论等其他相关理论来探求解决问题之道，而有的复杂疑难案件需由最高司法机关作出司法解释，或由立法机关作出明确的立法才能从根本上来解决。

（八）四要件犯罪构成理论能妥善处理共犯论问题

一个人单独犯罪和共同犯罪在行为构成形态和主观心理结构上是具有重大区别的。犯罪构成理论首先要解决的是普遍存在的一个人单独犯罪的问题。共同犯罪形态比较复杂，在刑法规定和犯罪构成理论的解释上，它与一个人单独犯罪的形态是应有所区别的。例如，在因果关系上，教唆犯的教唆行为对危害结果是具有因果关系的，在解释上就不能按一个人单独犯罪的方式来解释，而应将教唆犯和实行犯作为一整体看待。对于未满 13 岁的人教唆或强迫多名已满 18 岁的成年人一起抢劫可否构成共同犯罪，在我国刑法规定的“共同犯罪”一词里，具有很大的解释空间。但是，在解释上应符合罪刑法定原则和符合刑法规定，也要符合逻辑。应当指出，德日各种共犯从属说是否科学，这仍是有待论证的问题。四要件犯罪构成理论体系在解释共犯问题上并无障碍。目前，我国刑法对共同犯罪的规定是非常简单的，共同犯罪领域出现的复杂疑难案件，其实是由于刑法立法不具体、不明确导致的。对于前述的疑难案件，我国刑法学界也会存在多个不同的说法。笔者认为，解决这类案件可参考两个方案：方案一，是按我国通说阐释我国刑法第 25 条的共同犯罪概念，即二人以上共同犯罪，是指完全达到刑事责任年龄的共同犯罪。据此，共同犯罪的主体要件要求二人以上的主体均达到刑事责任年龄。在前述案件中，未满 13 岁的甲教唆或强迫多名已满 18 岁的成年人一起抢劫可否构成共同犯罪？对这多名已满 18 岁的成年人可否按胁从犯处理？若按方案一，我国刑法理论不可解释为甲与多名已满 18 岁的成年人一起抢劫构成共同犯罪，因为甲未达到刑事责任年龄，其行为不是犯罪。对这多名已满 18 岁的成年人也不可按胁从犯处理，而应按这多名已满 18 岁的成年人共同犯罪来酌情从轻处理，若酌情从轻处理仍过重，我国还有酌情减轻处罚制度的规定，从而能妥善解决这一问题。方案二，是对我国刑法第 25 条的共同犯罪概念进行扩张解释。（1）将二人以上中的“人”解释为“所有的人”，包括未达到刑事责任年龄的人；（2）将“共同犯罪”解释为“一起参与犯罪”。若此，在前述案例中，未满 13 岁的甲教唆或强迫多名已满 18 岁的成年人一起抢劫可构成共同犯罪，对这多名已满 18 岁的成年人可按胁从犯处理。由于我国刑法在共同犯罪立法上存在着疏漏，因此，前述两种解释均有一定合理性，为了司法统一，我国刑法在共同犯罪方面应予以立法完善。

（九）四要件犯罪构成体系下应罚性与需罚性界限划分具有一定的合理性

在我国通说四要件犯罪构成理论视野下，我国基于定罪免刑方式将定罪界定在应罚性范畴，让其犯罪构成体系限定在传统刑法理论的犯罪论范畴，而免刑则限定在刑罚论范畴。我国基于定罪免刑方式而划分的应罚性与需罚性界限具有一定的合理性：定罪免刑可以让司法机关灵活处理一部分具有特别情节的犯罪；定罪免刑可以较为明晰地划分应罚性与需罚性界限；定罪免刑可以实现刑罚的目的。当然，我国通说四要件犯罪构成理论仍存在不足，如果在对我国通说四要件犯罪构成理论进行完善后，那么，我国基于定罪免刑方式而划分的应罚性与需罚性界限将更显其合理性。

三、中国四要件犯罪构成理论的总体评论

我国许多刑法学者极力批判四要件犯罪构成理论，认定这一理论在犯罪构成体系、结构及其功能等方面存在严重缺陷，但是，通过前述分析可知，其主要批判理由并不客观，并不中肯。

中国四要件犯罪构成理论发展对我国刑法科学的发展、刑法立法和刑事司法的发展无疑起到巨大的作用。目前，对中国四要件犯罪构成理论应如何理性评价呢？对这一问题的正确理解将有助于我们正确认识中国犯罪构成理论的未来发展。

（一）中国通说四要件犯罪构成理论具有较强的科学性

中国四要件犯罪构成理论是以苏俄犯罪构成理论为基础发展起来的。四要件犯罪构成理论认为，犯罪构成由犯罪客体、犯罪客观要件、犯罪主体和犯罪主观要件四要件组成。该理论具有以下优点：四要件犯罪构成理论强调犯罪构成是刑法规定的，行为要完全符合这四个要件才能定罪，其确定的犯罪类型界限较为明确，这符合了罪刑法定原则的要求；在中国刑事诉讼中，它将行为是否符合犯罪构成四个要件的证明责任交由控诉方，这体现了人权保障优先的理念；在运用该理论判断某行为是否构成犯罪时，只要该行为不具备其中一要件就不构成犯罪，它体现了无罪推定的理念；四要件犯罪构成的平面化具有基本合理性，符合定罪的思维逻辑，它让问题显得简单、明了，具有易操作性；四要件犯罪构成组成的“事实与价值”的有机体具有合理性，它包括了主观和客观两方面的内容，包含了事实评价和价值评价的内涵，这不会导致主观归罪，也不会导致客观归罪；通说犯罪构成四要件的排列顺序具有基本合理性，不会导致定罪结论的错误；正当

行为在四要件犯罪构成体系中的缺失具有基本合理性；四要件犯罪构成理论能正确处理复杂疑难案件，也能妥善处理共犯论的问题；通说四要件犯罪构成理论视野下应罚性与需罚性界限划分具有基本合理性。正因为四要件犯罪构成理论具有前述优点，显现出较强的科学性，因此，近40年来，这一犯罪构成理论被我国法律实务工作者在刑事司法实践中普遍运用，长期实践证明，通说四要件犯罪构成理论是切实可行的、实践性较强的理论。

（二）中国通说四要件犯罪构成理论具有一定的瑕疵

任何一部法律均蕴含有若干法律原则和法律制度，均需要协调和平衡，任何一种法律理论均不可能十全十美，均会存在或多或少的缺陷。可以肯定地说，目前世界上任何一种犯罪构成理论均可能存在缺陷，只要换一个观察视角，就会发现其缺陷的所在。中国四要件犯罪构成理论同样也不能例外。我国许多刑法学者对四要件犯罪构成理论进行了批判，在其批判意见中，许多观点是偏激的。笔者认为，我国通说四要件犯罪构成理论在总体上具有科学性，但是，它也具有瑕疵。我国通说的四要件犯罪构成理论的基本瑕疵是：其犯罪构成体系不周延。根据我国通说四要件犯罪构成理论，犯罪构成是刑法规定的、犯罪成立要件的有机整体，犯罪构成由犯罪客体、犯罪客观要件、犯罪主体和犯罪主观要件组成，行为符合犯罪构成是行为人承担刑事责任的唯一依据。但是，犯罪概念是犯罪构成的基础，犯罪构成是犯罪概念的具体化，犯罪概念和犯罪构成的范围具有同一性。犯罪构成应受犯罪概念制约，我国刑法第13条规定的犯罪概念包括严重社会危害性、刑事违法性和应受刑罚处罚性三个特征，而由于刑法第37条规定了免予刑事处罚的制度（即行为已成立犯罪，但是不给予具体刑罚的制度），因此，我国刑法规定的犯罪概念的三个基本特征是：严重的社会危害性、刑事违法性和应受有罪宣告性。据此，犯罪构成体系应与犯罪概念规定的三个基本特征的范围一致。传统犯罪构成四要件主要体现了“刑事违法性”这一特征，在一般情况下，行为符合犯罪构成四要件即可认定其构成犯罪，但是，在有的情况下，行为符合犯罪构成四要件还是不能认定其构成犯罪的，还需综合判断其行为的社会危害性是否达到严重程度以及应否受到刑罚处罚。例如，在故意非法伤害他人致人轻伤的场合，行为已符合刑法第234条故意伤害罪的犯罪构成基本原型，但是，如果被害人存在严重过错或者存在其他让其社会危害性总量未达到犯罪程度的情形，该行为就不属于我国刑法第13条所规定的犯罪行为。可见，一定量（即达到犯罪程度的量）的综合社会危害性（即罪量要件）是犯罪构成体系必不可少的宏观要件，这要件也是犯罪行为与治安违法行为（即违反《治安管理处罚法》的行为）区别的必要要件。但是，我国通说犯罪构成体系并没有将“综合的严重社会危害性”作为该体系的必要要件，这是该体系的一个瑕疵。我国刑法第 13 条规定的犯罪概念（结合刑法第 37 条规定的免予刑事处罚）还包括“应受有罪宣告性”（即无免罪事由）特征。因此，对于刑法规定的例外免罪事由的情形出现后，该行为也不成立犯罪。例如，《全国人民代表大会和地方各级人民代表大会代表法》第 31 条规定，代表在人民代表大会各种会议上的发言和表决，不受法律追究。又如，刑法第 201 条第 4 款（逃税罪的条文）规定，“经税务机关依法下达追缴通知后，补缴应纳税款，缴纳滞纳金，已受行政处罚的，不予追究刑事责任”。该条文规定，在出现“税务机关下达追缴通知后，补缴应纳税款或滞纳金并已受行政处罚”的免罪事由时，行为不成立犯罪。可见，“应受有罪宣告性”（无免罪事由）也应是我国犯罪构成体系必不可少的要件，但是，我国通说四要件犯罪构成体系并没有这一要件，这也是其瑕疵。

综上所述，我国通说的四要件犯罪构成理论的基本瑕疵是：其犯罪构成体系没有将一定量的综合社会危害性（即罪量要件）和“应受有罪宣告性”（即无免罪事由）纳入其中，致使其犯罪构成体系不周延。对于这一问题后文还有进一步的论述。

通过对中国四要件犯罪构成理论进行理性分析，本书得出的基本结论是：中国通说四要件犯罪构成理论具有较强的科学性，但也存在不足，我国应继续坚持四要件犯罪构成理论的基本框架，对其存在的瑕疵予以清除，改良后我国犯罪构成体系包括三大部分：“犯罪基本原型”（即四要件犯罪构成）、“综合的严重社会危害性”（即罪量要件）和“应受有罪宣告性”（即无免罪事由）。本书的内容都是围绕着这一基本结论进行论证的。具体而言，本书各章以本章的基本观点为基础，对我国通说四要件犯罪构成理论的基本合理性予以进一步的论证，同时，对我国通说四要件犯罪构成理论的不足进行更深入的研究，并找到解决问题的方案。

第二编

中国犯罪构成理论的基础

第三章　犯罪构成的属性及其概念的新阐释

犯罪构成理论是刑法学的重要理论，而“犯罪构成”是犯罪构成理论的基石性概念。由于人们对犯罪构成属性理解的不同，犯罪构成概念具有多义性。在不同语境下，犯罪构成的含义是有区别的，犯罪构成概念的不同必定使各种犯罪构成理论呈现出各自的独特特点。关于犯罪构成的属性，刑法学界存在着较大的争议。犯罪构成属性的基本立场是关系到犯罪构成概念和犯罪构成理论是否科学的重大问题，也是关系到刑法立法和刑事司法的重大基础问题，因此，有必要对犯罪构成属性进行深度研究，在此基础上，应科学地界定犯罪构成的概念。

一、犯罪构成属性的新阐释

（一）犯罪构成属性的争论与评析

一般而言，属性是指事物所具有的性质、特点①，而刑法学界讨论的犯罪构成属性一般指犯罪构成的性质。我国刑法学界对犯罪构成属性的问题进行了激烈的争论，其主要主张有以下几种：（1）法定说。持这种主张的学者认为，犯罪构成是刑法规定的或根据刑法确定的、犯罪成立的标准和规格。换言之，犯罪构成是法定的成罪条件。（2）理论说。持这种观点的学者认为，犯罪构成是在刑法明文规定的基础上，较系统、较详尽地概括和阐明刑法条文中规定的构成犯罪的各种条件的理论概念，即犯罪构成是犯罪成立的理论模型。（3）折中说。持这种主张的学者认为，犯罪构成既是理论学说，又是法律规定。或者说，犯罪构成既是法定的成罪条件，也是犯罪成立的理论模型。（4）事实说。持该观点的学者认为，犯罪构成既不是法律，也不是理论，而是刑法所规定或依照刑法确定的某种犯罪成立必须具备的要件事实，即犯罪构成是事实的本身②。简言之，犯罪构成是指符合法定的成罪条件的事实本身。下面，笔者对这些观点逐一予以评析。

1. 对“犯罪构成法定说”的评论

依犯罪构成法定说，犯罪构成的属性是法律的规定，具体而言，其属性是刑

① 中国社会科学院语言研究所词典编辑室编：《现代汉语词典》，商务印书馆，2005 年 6 月第 5 版，第 1267 页。

② 肖中华：《犯罪构成及其关系论》，中国人民大学出版社，2000 年 11 月第 1 版，第 70—76 页。

法规定。该说的观点是，根据罪刑法定原则的要求，犯罪概念要由法律明文规定，犯罪种类应由法律明文规定，每一种犯罪的构成要件应由法律明文规定，犯罪构成是区分罪与非罪、此罪与彼罪的具体标准。既然犯罪构成是区分犯罪的标准，它的属性就只能是法律规定。犯罪构成法定说从罪刑法定原则出发，推导出了犯罪构成的属性是法律的规定。

对此，持“犯罪构成理论说”观点的学者从以下三方面提出批驳：

(1) 犯罪构成的表现形式繁多，它们均出自学者们的理论加工，而非法律的明文规定。同一法域内，有多少刑法学家，就有多少个犯罪构成，但是始终只有一个法律规定。

(2) 古今中外均有刑法，但很难指称任何时代刑法中均有犯罪构成，犯罪构成在存在形式上只同近代刑法与刑法学相关。

(3) “法定说”在论证上存在循环论证的缺陷：由于犯罪构成是法律规定(这本身有待证明)，所以，它是区分犯罪的标准。反过来，由于犯罪构成是区分犯罪的标准，所以，它只能是法律规定①。

这些批判意见是有一定道理的。确实，刑法学家们创造了数不清的犯罪构成理论，每一种犯罪构成理论中的犯罪构成之构造千差万别，这种类繁多的犯罪构成很难说是法律的规定。在古代的刑法并没有出现过犯罪构成的词语，在近现代世界，绝大多数国家的刑法也没有出现过“犯罪构成”一词，更没有在条文上明文具体规定犯罪构成包括哪些要素。因此，批判者的意见是需要持“法定说”的学者进一步来说明的。

尽管“犯罪构成法定说”受到批判，但是，它坚持罪刑法定原则和强调犯罪构成法治标准的立场是值得称道的。

2. 对“犯罪构成理论说”的评说

根据犯罪构成理论说，犯罪构成的属性是理论的，犯罪构成只是学者们对刑法规定进行解读而形成的一种有助于区分犯罪的理论分析工具，犯罪构成是法学理论对法学成罪条件的揭示、解释和排列，而非“法定条件”本身。因此，犯罪构成并不是区分罪与非罪、此罪与彼罪的标准，它是由法律规范到事实的过渡桥。区分罪与非罪、此罪与彼罪的标准只能是刑法的明文规定的本身②。

持“法定说”观点的学者对“理论说”进行了批判，其主要观点是：犯罪

---

① 冯亚东、胡东飞、邓君韬：《中国犯罪构成体系完善研究》，法律出版社，2010年7月第1版，第29—30页。

② 冯亚东、胡东飞、邓君韬：《中国犯罪构成体系完善研究》，法律出版社，2010年7月第1版，第29—46页。

构成的法定性是我国罪刑法定原则的必然要求和归宿。罪刑法定之法定，首先是罪之法定，即对于何谓犯罪、犯罪成立需要具备什么样的条件，必须由刑法明文规定。刑法规定的每一种犯罪的成立要件是法律规定。犯罪构成具有法定性，它具有区分罪与非罪、此罪和彼罪的基本功能。首先，犯罪构成应是法律规定，然后才是对这种法律规定的“犯罪构成”进行理论抽象而得出理论概念。犯罪构成概念在学者之间存在分歧的问题，与犯罪构成是不是法律规定没有任何关联性①。

上述批评意见是有一定道理的。根据犯罪构成理论说，犯罪构成属于理论范畴，不属于法律规定，因此，犯罪构成不是区分罪与非罪、此罪与彼罪的标准。根据其观点，区分罪与非罪、此罪与彼罪的标准只能是“刑法的明文规定本身”。而“刑法的明文规定本身”是法定的成罪条件。而法定的成罪条件体系实际上就是“法定说”所称的“犯罪构成”。据此可知，持“法定说”学者和持“理论说”学者在犯罪构成概念的理解上是不同的。前者所说的犯罪构成是基于刑法规定而总结出来的理论犯罪构成，它不是区分犯罪的标准，后者所说的犯罪构成是刑法规定的成罪条件体系，它是区分犯罪的标准。概念不同一，从而导致两者的理解分歧。但是，“理论说”没有发现“刑法的明文规定本身”实际上是法定犯罪构成，这确实是其存在的不足。

尽管“理论说”存在一定问题，但是，其所提出的一定观点是有道理的。它提出，在一些国家的刑法制定之前就已有了犯罪构成理论，并在这理论的犯罪构成概念指导下确立各种犯罪；在刑法学界制定的千姿百态的犯罪构成理论里，各自的犯罪构成的构成形态千差万别；古代并无犯罪构成之说，现代绝大多数国家的刑法典并无犯罪构成的语词，据此，“理论说”肯定犯罪构成的属性是理论。确实，在一定语境下，“理论说”的观点是合理的。

3. 对“犯罪构成折中说”的评价

按照“犯罪构成折中说”，犯罪构成的属性既属于理论，也属于法律规定。犯罪构成可分为规格的犯罪构成和理论的犯罪构成，前者是法律规定，后者属于理论范畴。

“折中说”肯定犯罪构成具有理论属性的重要理由是，从我国 20 世纪 50 年代以来的刑法立法史来看，犯罪构成是先于刑法规定而提出的理论概念，犯罪构成的理论概念和理论体系是从苏联传入我国的，在我国许多犯罪种类立法前，犯罪构成的理论概念和理论体系指导着我国的刑法立法。其肯定犯罪构成具有法律

① 肖中华：《犯罪构成及其关系论》，中国人民大学出版社，2000 年 11 月第 1 版，第 77—79 页。

属性的重要依据是，按照我国刑法规定的罪刑法定原则要求，行为构成犯罪必须完全符合刑法规定才能成立，刑法总则和分则已逐渐将犯罪构成的概念和理论用法律条文形式确定下来①。

笔者认为，“折中说”实际上说明在不同语境下犯罪构成的属性是有区别的，在有的语境下，犯罪构成的属性是法律规定，而在另一些语境下，其所称的犯罪构成的属性则属于理论范畴，这种分析问题的方法是符合实际的。

4. 对“犯罪构成事实说”的评点

根据“犯罪构成事实说”的主张，犯罪构成的属性是具体行为事实的本身，具体而言，犯罪构成是指符合刑法成罪条件规定的具体行为事实的本身。

持“犯罪构成法定说”观点的学者对此持有异议。其认为，犯罪构成是刑法规定的成罪条件的有机整体。它的属性是法律规定，对于符合法定的犯罪构成的具体案情事实，应称之为“犯罪构成事实”。笔者认为，在实践中的一些语境下，将犯罪构成理解为符合刑法规定的成罪条件的具体行为事实，这也是无可厚非的，因为在一些日常语境下，人们对这种理解是可以完全接受的。

综上所述，笔者认为，在不同语境下，人们所称的犯罪构成是具有不同的属性的。有时，其所称的犯罪构成具有法定的属性，有时其所称的犯罪构成具有理论的属性，而有时其所称的犯罪构成同时兼有法定的属性和理论的属性。此外，在有的语境下，其所称的犯罪构成特指具体行为事实的本身，它具有事实的属性。因此，犯罪构成法定说、理论说、折中说和事实说均具有合理性。由于犯罪构成是一个多义词，人们应该根据说话的语境来辨别其当时的意思。

（二）犯罪构成法定说的科学论证

虽然在不同的语境下，犯罪构成的属性可有多种理解，但是，我们应特别关注“犯罪构成法定说”。“犯罪构成法定说”是我国刑法学的通说，我国通说的犯罪构成理论就是以犯罪构成法定说为基础而建立起来的，但是，犯罪构成法定说遭到了我国刑法学者的猛烈的批判。犯罪构成法定说的基本观点是，犯罪构成是刑法规定的、犯罪成立的有机整体，它的属性应归属于法律范畴。然而，我国刑法没有“犯罪构成”的词语，那么，法定的犯罪构成实际是指什么？它是否真正存在呢？法定的犯罪构成是否可能以法律形式明确确定下来呢？犯罪构成法定说存在着诸多的疑问，其科学性需要论证。我国通说的犯罪构成理论是基于犯罪构成法定说而建构，如果“犯罪构成法定说”不科学，那么，我国通说的犯罪构成理论也将是不科学的，为此，应对犯罪构成法定说的科学性进行论证。笔

① 杨兴培：《犯罪构成原论（修订版）》，北京大学出版社，2014年11月第1版，第43—46页。

者认为，犯罪构成法定说具有科学性，通说的犯罪构成理论的基本主张也是合理的。为了阐明犯罪构成法定说的科学性，笔者将从法治理念、哲学基础和立法现实等方面对犯罪构成法定说进行系统的论证。

1. 犯罪构成法定性之法治意义

在欧洲中世纪时期，在教会法的笼罩下，在国王绝对权力的统治下，人们的权益没有得到保障，在这一时期，犯罪是一个虚无缥缈的概念。在封建专制下，罪刑擅断，司法专横，刑罚残酷。随着工业革命的兴起，资本主义逐渐发展，新兴资产阶级开始产生，新兴资产阶级在财富增长的同时，希望其财产权和其他权利得到保护，其参加政治的欲望增强。资产阶级启蒙思想家成为新兴资产阶级的代言人，他们发表了大量的政治、经济、文化、哲学、法学等方面的论著，宣扬自由、平等、民主、博爱、天赋人权、法治等进步思想，为反对封建专制统治提供了理论基础。在《社会契约论》《论法的精神》等著作影响下，他们主张国家之治为法治之治。西方国家在推翻封建专制统治以后普遍建立了法治国家，并将法治文明推广到了世界各地。近现代世界各国的法治实践证明，在现代社会里，文明的国家必然是法治国家，只有建立民主法治国家，人们的利益才能得到保护，人民的福祉才有保障。

现代文明法治国家强调良法之治，推崇法律至上，并建立起完备的法律体系，让立法、司法、执法、守法达到高度文明。在现代法治国家里，法治原则要求：其制定的法律应具有稳定性，并具有明确性。稳定而明确的法律可以让人们清楚哪些行为可以做，哪些行为不可以做，可以让国家机关及其工作人员知道其权利受到哪些限制。法律确定的权利和义务明晰，就可以让人们安居乐业，让其权益有保障，就可以让国家机器能更健康地运转。在刑法领域，罪刑法定原则是法治原则在刑法中的体现，罪刑法定原则的基本内涵是：法无明文规定者，不为罪；法无明文规定为犯罪者，不处罚①。罪刑法定原则在正面上强调罪之法定和刑之法定。其“罪之法定”要求：犯罪概念要由法律明文规定，有多少种犯罪要由法律明文规定，每一种犯罪的犯罪构成（成罪的条件）要由法律明文规定。罪刑法定的明确性原则还要求前述法律规定的内容应明确，模糊者无效。由此可见，在罪刑法定原则之下，刑法应明确规定每一种犯罪的法定的犯罪构成（即成罪条件），若一种犯罪无法定的犯罪构成（即成罪条件），那么，该种犯罪无效，若该种行为无罪，就不能处以刑罚。换言之，在罪刑法定原则下，每一种犯罪必须有法定的犯罪构成（即成罪条件），可见，法定犯罪构成的确立是法治国家的

① 甘雨沛、何鹏：《外国刑法学（上册）》，北京大学出版社，1984年第1版，第215页。

应有之义。

2. 犯罪构成法定性的哲学基础

（1）法定犯罪构成存在的哲学根基。

有学者在批判“犯罪构成法定说”时指出，我国刑法并没有规定犯罪构成的概念。学者们所认为的犯罪构成在形式、内容上和内在结构方面千差万别，种类繁多，犯罪构成并非法律规定，而是学者们理论加工的产物。确实，刑法的规定只有一个，而学者们根据这一刑法规定所分析出的犯罪构成在文字表达、形式上是各不相同的。难道“法定的犯罪构成”真的不存在吗？难道刑法无法明文规定犯罪构成吗？

笔者认为，刑法中是存在法定的犯罪构成的，刑法是可以明确用文字描写犯罪构成的。下面，笔者将从哲学的视角对这一问题进行分析。

根据唯物辩证法原理，在现实中，任何事物均存在内容和形式两个方面，都是由内容和形式形成的有机统一体。事物的内容是构成事物的一切要素，它是事物的各种内在矛盾以及由这些矛盾所决定的事物的特性、成分、运动过程、发展趋势等的总和；而事物的形式是指把内容的各种要素组合起来的结构或者表现这些内容的方式。内容是事物存在的基础，形式是事物存在和表现的方式。①

在刑法里，犯罪构成是存在于刑法规范之中的成罪条件，属于刑法规范范畴，而刑法规范是立法者根据其立法意志以语言文字形式表达出来的定罪量刑的法定准则。立法意志和刑法条文的语言文字的关系是内容和形式的关系，立法意志为内容，语言文字为形式。

法律的立法意志就是人民推选出来的立法者在立法时的立法意志，这种立法意志推定为国家意志。在我国，全国人民代表大会是刑法的立法机关，因此，由全国人民推选出来的全国人民代表大会的代表是行使刑法立法权的立法者，他们依法定程序在《刑法》投票通过期间的立法意志，即为《刑法》里的立法意志，代表们的整体立法意志应推定为国家意志。在投票中，有部分立法者是投反对票或弃权票，根据投票程序法律规定，只要符合法定人数获得通过，就可推定整体立法意志通过。但是，对于刑法典的每一条条文而言，每一个立法者（即立法代表）对其理解是有区别的，那么，每一条刑法条文的立法意志如何能统一呢？由于形式和内容是对立统一的，两者是相互依存的，因此，对于每一条刑法条文中的立法意志，在一般情况下，刑法条文的语言文字的普遍性意思即被推定为立法意志的意思。

① 李秀林、王于、李淮春主编：《辩证唯物主义和历史唯物主义原理（第4版）》，中国人民大学出版社，1995年5月第4版，第216—217页。

立法者在制定刑法时，其确立的各种犯罪的成罪条件体系实际上就是各罪的犯罪构成，尽管刑法里并没有使用“犯罪构成”这一词语，但是，在实际上确实存在犯罪构成，当然，这种成罪条件体系可以用诸如“犯罪成立构成”“犯罪条件”等词语来取代。不管用什么词语表述，其所指的意思是同一的。在立法上，立法者立法意志中的犯罪构成（思想内容）应与刑法文字意思一致，刑法所规定的实质犯罪构成只有一个（即刑法的规定只有一个），它是区分犯罪的标准。然而，由于刑法条文的简约性，学者们为了把刑法规定的实质犯罪构成解析得更加清晰，运用各种逻辑方法、各种理论术语对刑法规定的实质犯罪构成在形式和内容上进行深入细致的分析，从而使其学理上的犯罪构成呈现千姿百态。学者们分析出来的犯罪构成形态当然是理论形态的，但是，其实质内容必须符合刑法规定的实质犯罪构成（即法定的犯罪构成），否则，这种学理上的犯罪构成就是错误的。可见，法定的犯罪构成只有一个，即刑法规定的实质犯罪构成。由于它体现的是立法意志，也可称“立法意志的犯罪构成”，而学者们所创造的学理犯罪构成则可以数不胜数。若这些数不胜数的犯罪构成理论所称的犯罪构成与立法意志的犯罪构成一致，在运用它们分析案件时，它们得出的结论应是同一的。

综上所述，法定犯罪构成的存在是有着扎实的哲学根基的。

（2）法定犯罪构成能明确化的哲学依据。

英国分析哲学家罗素提出了著名的逻辑原子主义。他认为，世界是由事实构成的，根据逻辑原子主义，语言（即理想语言）与世界在结构上具有同型性①。奥地利哲学家维特根斯坦在其早期著作的图像论里，建立了语言与现实的对应关系②，描绘了两个系统：一是本体论系统也就是世界的事实系统。二是命题形式的逻辑系统，即理想语言系统。这两个系统具有映射的对称关系。与罗素一样，他认为语言与世界具有逻辑同构性。维特根斯坦在后期倒向了日常语言哲学，根据其“语言游戏说”，日常语言一旦进入一个具体的语言情景，它的意义就在此语境下确立下来，它是可以适应多样化需要的③。

根据前述哲学思想，世界事实是可以用语言来描述清楚的。在犯罪构成领域，对于客观世界存在的各种犯罪事实（价值事实）、种类，立法者可以通过语言（刑法条文）将其概括地描述出来并予以确定。罗素的逻辑原子论所述的原子事实、分子事实与原子命题、分子命题的原理，可以让人们认识到，在犯罪事实世界与犯罪构成（语言、刑法规定条文）之间，也存在这种关系。某种犯罪

① 刘放桐：《现代西方哲学（上册）》，人民出版社，1990年8月第2版，第388—390页。

② 赵敦华：《现代西方哲学新编（第2版）》，北京大学出版社，2001年2月第1版，第131页。

③ 刘放桐：《现代西方哲学（上册）》，人民出版社，1990年8月第2版，第409—420页。

的犯罪构成，实际上是一个分子命题，它是由若干原子命题（如与构成要素有关的命题）组成的。刑法所使用的语言是日常语言，根据后期维特根斯坦的“语言游戏说”，立法者在使用日常语言制定刑法时，他们可以妥当地描述各种犯罪构成（规范），并以语言文字形式将其确定下来。尽管日常语言在普遍的意义上具有模糊性和多义性，但是，这些日常语言一旦进入“刑法语言游戏”特定的具体语言情景，其各种语词的意义就会在这个特定语境下具有其特定的意义并确定下来。在“刑法语言游戏”里，刑法语言有自己的规则，这些规则属于人们应共同遵守的公共规则。由此可见，法定犯罪构成可以在刑法里用文字作出明确的描述，这是具有哲学依据的。

3. 我国法定犯罪构成的立法现实

分析哲学家弗雷格认为，必须在句子联系中研究语词的意谓，而不是个别地研究语词的意谓①，单个语词甚至专名孤立地看是没有意义的，语句（命题）才可表达完整的意义②。后期维特根斯坦在“语言游戏说”里提出，语词在语言游戏中才有确实的意义③，语言游戏是由语言和与语言交织在一起的行为构成的整体，理解必须是在理解整体的情况下才能理解部分④。而美国哲学家蒯因认为，语词应超出整个语句的整个语境（即上下文）才具有意义⑤。

我国刑法并没有出现过“犯罪构成”的语词，但是，我国刑法总则规定了犯罪的概念（第 13 条）、故意犯罪的内涵（第 14 条）、过失犯罪的含义（第 15 条）、意外事件的排除刑事责任的规定（第 16 条）、刑事责任年龄（第 17 条）、精神病人的刑事责任能力（第 18 条）、单位犯罪的一般规定（第 30 条，第 31 条）等内容，这些总则规定从宏观上大致勾勒了犯罪成立的条件。而我国刑法分则（包括刑法修正案的内容）规定了 480 多种犯罪的罪状，对每一种犯罪成立的主要条件作出了明文规定。根据前述哲学家的哲学思想的指导，我们不能孤立地理解刑法条文的语词、语句，在对刑法分则 480 多种犯罪的犯罪成立要件进行分析时，我们不能仅仅在刑法分则条文的语句中理解其意义，而应超出整个刑法分则语句的整个语境（即上下文），才能准确把握其意义。具体而言，我们应从整个刑法体系的语境中去把握每一种犯罪的犯罪成立构成的意义和其相关构成要素与语词的意义。

---

① 江怡：《分析哲学教程》，北京大学出版社，2009 年 5 月第 1 版，第 84 页。
② 刘放桐：《现代西方哲学（上册）》，人民出版社，1990 年 8 月第 2 版，第 382—387 页。
③ 刘放桐：《现代西方哲学（上册）》，人民出版社，1990 年 8 月第 2 版，第 409—420 页。
④ 陈嘉明：《现代西方哲学方法论讲演录》，广西师范大学出版社，2009 年 7 月第 1 版，第 65 页。
⑤ 刘放桐：《现代西方哲学（上册）》，人民出版社，1990 年 8 月第 2 版，第 440 页。

我国刑法实实在在地规定了480多种犯罪（包括《刑法修正案（十一）》的新增罪种）的犯罪成立要件，即法定的犯罪构成，根据立法科学性考虑，一些犯罪构成的普遍性要件要素被规定在刑法总则条文中（比如，犯罪主体的基本条件），刑法分则规定的每个罪的罪状内容并非是其犯罪构成的全部构成要件要素。每一种犯罪的犯罪构成是由刑法总则普遍性规定的内容和刑法分则规定的罪状复合而成。其中，犯罪的概念规定（第13条）尤为重要，它从宏观上界定了每一种犯罪的犯罪构成的边界。可见，我国现行刑法立法是客观存在着法定犯罪构成的。

综上所述，犯罪构成法定说是科学的，我国四要件犯罪构成理论在犯罪构成属性问题上的理论根基是扎实的。犯罪构成法定性之所以受到人们质疑，是因为我国刑法没有明文规定有“犯罪构成”的词语概念，更没有在刑法规定中明确规定犯罪构成完整的体系。我国犯罪构成理论争论不休，而且分歧很大，也是因为我国刑法没有明确地用刑法条文明文规定犯罪构成的内容。犯罪构成理论早已成为我国司法实践中的重要理论，并已长期运用于司法实践。但是，在我国刑法典里，竟然无“犯罪构成”的片言只语，这是很不正常的现象，我国应在刑法典里给予犯罪构成正式的重要名分，这是立法科学化的必然要求，也是刑事司法实践的迫切需要。

（三）世界三大犯罪构成理论所称“犯罪构成”或“犯罪论体系”的属性评析

目前，世界上具有三大犯罪构成理论（犯罪论体系）：中国-俄罗斯四要件犯罪构成理论、德日三阶层犯罪论体系[①]和英美双层次犯罪构成理论。这三大犯罪构成理论通说所称的“犯罪构成”（或犯罪论体系）的属性是有区别的。在中外犯罪构成理论的比较研究中，由于各自所称的“犯罪构成”或“犯罪论体系”的属性是不同的，因此，在有的情况下，它们之间是难以比较的，只有将它们置于基本相同语境下，才可以进行内在构造的深度比较研究。为了解决世界三大犯罪构成理论比较研究的同一性之前提问题，有必要对世界三大犯罪构成理论所称“犯罪构成”或“犯罪论体系”的属性进行比较评析。

1. 中国-俄罗斯通说所称的“犯罪构成”之属性

根据中国-俄罗斯的犯罪构成理论通说[②]，犯罪构成是刑法规定的或刑法确定的主客观要件组成的有机整体（即由犯罪客体、犯罪客观要件、犯罪主体和犯

---

① 德日刑法学界一般将犯罪成立体系称为“犯罪论体系”，而不称“犯罪构成”。

② 高铭暄、马克昌、赵秉志主编：《刑法学（第八版）》，北京大学出版社、高等教育出版社，2017年8月第八版，第50—51页。

罪主观要件组成四要件犯罪构成）。由此可见，通说支持“犯罪构成法定说”，并且它将犯罪构成理解为由若干个构成要件要素组合而成的整体。

2. 德日犯罪论体系所称的“犯罪论体系”之属性

在德日刑法理论里，其犯罪成立体系不称为“犯罪构成”，而称为“犯罪论体系”。目前，德日犯罪论体系的通说是犯罪三阶层体系，它由构成要件符合性、违法性和有责性三阶层组成。根据犯罪三阶层体系，在判断一行为是否成立犯罪时，应按这三阶层的顺序来判断，若前一阶层不符合，就无需判断后一阶层而认定该行为不成立犯罪，只有三阶层都符合，该行为才成立犯罪。德日犯罪三阶层体系并不将犯罪成立体系看作刑法规定的犯罪构成要件要素组合而成的完整结构整体，而是将其作为“具体发生的行为与法律规定的构成要件（或理论内容）是否符合的、认定犯罪是否成立的、兼具法律规定和理论内容的定罪过程体系”。

在运用德日三阶层体系和我国犯罪构成去认定犯罪时，其思维方式是有区别的。在德日三阶层体系的第一阶层里，“构成要件”和“构成要件符合性”是两个不同概念，前者是指刑法规定的构成要件，是法律明文规定的法律内容，后者是指具体涉事行为与刑法规定的构成要件相符合。由于德日三阶层体系的第一阶层称为“构成要件符合性”，说明该犯罪论体系是将具体涉事行为与法律规定结合在一起的定罪思维体系。德日三阶层犯罪论体系实际上是定罪过程体系，在德日犯罪论体系理论里，罪刑法定原则、法益保护原则和责任主义原则分别与构成要件符合性、违法性、有责性相对应①。具体而言，罪刑法定原则对应于其第一阶层“构成要件符合性”，法益保护原则对应于“违法性”阶层，责任主义原则对应于“有责性”阶层。换言之，罪刑法定原则仅制约“构成要件符合性”阶层，而并不制约“违法性”和“有责性”阶层，因此，在违法性阶层允许超法规的违法阻却事由（如正当业务行为，义务冲突等），在有责性阶层存在超法规的责任阻却事由（如期待可能性）。

我国四要件犯罪构成理论通说将犯罪构成看成刑法规定的内容，其思维方式是分析刑法规定的犯罪构成内容，其所称的犯罪构成是完整的犯罪构成，它包括犯罪成立的全部要件要素。通过分析（法定的）犯罪构成，将刑法规定的所有种类的犯罪在法律层面上区分开来（即区分此罪与彼罪），也将犯罪行为和非罪行为在法律层面上区分开来。犯罪构成与定罪过程是既有联系又有区别的两个概念，前者是指刑法规定或确定的犯罪成立所需具备的各构成要件要素所组成的有机整体，而后者是指根据刑法规定适用犯罪构成理论判断和认定行为是否构成犯

① 张明楷：《外国刑法纲要（第二版）》，清华大学出版社，2007 年 2 月第二版，第 19—40 页。

罪的司法活动过程。在我国，定罪过程的思维步骤是：（1）对已查证属实的刑事案件事实进行分析研究，查明对定罪有主要影响的事实；（2）对疑似的犯罪构成（刑法规定的）进行分析研究；（3）将刑事案件事实与疑似的犯罪的犯罪构成进行对比，确定两者是否相符①。若相符即构成该罪，若不相符，就不构成该罪。在我国犯罪构成理论通说里，犯罪构成的全部构成要件要素都是法定的，都受到罪刑法定原则的制约。当然，在语境设置上，我国四要件犯罪构成理论的四要件体系也可看成是一个定罪过程体系，即是由犯罪客体、犯罪客观要件、犯罪主体和犯罪主观要件四要件组成的判断过程体系。由于我国通说四要件犯罪构成理论存在瑕疵，改良后我国犯罪构成体系包括三大部分："四要件犯罪构成""综合的严重社会危害性"和"应受有罪宣告性"（即无免罪事由），因此，改良后我国犯罪构成体系也可看成是一个三大过程的定罪过程体系。

由于我国通说的"犯罪构成"是指法定的犯罪成立体系，而德日三阶层犯罪论体系是指司法的定罪过程体系，因此，这两种概念事物是两个不同语境下具有不同解释内容的事物。只有将两者置于相同的语境下，两者的比较研究才具有可行性。当我们将德日三阶层犯罪论体系的第一阶层"构成要件符合性"假设定为一个"构成要件"大要件，并将"违法性"假设定为"违法性"大要件，将"有责性"假设定为"有责性"大要件时（即将三阶层犯罪论体系作为一个犯罪成立构成体系，且将这一体系看作一个构成要素要件组成的整体时），我国通说犯罪构成与德日的犯罪论体系（这时可称为犯罪构成）就有了比较研究的基本相同语境。在这基本相同的语境下，我国通说所说的犯罪构成是"法定的全部构成要件要素体系"，其属性是法定的，而德日犯罪构成仅有"部分构成要件要素"是法定的，即仅有第一阶层"构成要件"是法定的，而违法性和有责性可以是非法定的（即理论的），在这种语境下，这时的德日犯罪构成的属性是"法定+理论"的双重属性。在本书后文的中国与德日犯罪构成比较研究就是在这一基本相同语境下进行的。

3. 英美双层次犯罪构成的属性

根据英美双层次犯罪构成理论，犯罪构成由两部分组成：一是犯罪本体要件，它包括犯罪行为和犯罪心态两个构成要素；二是责任充足要件，它包括阻却犯罪成立的抗辩事由，如未成年、精神病、合法防卫、警察圈套、被迫行为、紧急避险、豁免、轻微恶害、错误等。

对于英美双层次犯罪构成，我们既可以将其理解为是由构成要件要素组成的

① 欧锦雄、覃祖文主编：《刑法理论与实践》，广西人民出版社，2012 年 1 月第一版，第 45 页。

有机整体，也可以将其理解为一个定罪过程体系。当我们将这种犯罪构成理解为一个由构成要件要素组成的有机整体时，它与我国犯罪构成理论通说所称的“犯罪构成”就具有了相同的语境，并可以进行比较研究。在这一相同语境下，英美双层次犯罪构成的“犯罪本体要件”（即犯罪行为和犯罪心态）具有法定性，而其“责任充足要件”中的部分构成要素具有法定性（如合法防卫、未成年、精神病等），而另有一部分构成要素是有争议的、具有理论性的要素（如轻微恶害、错误、被迫行为等）。由此可见，这时的英美双层次犯罪构成的属性是“法定+理论”的属性。

根据上述分析，本书在对世界三大犯罪构成理论进行比较研究时，只有将它们置于基本相同语境下，才可以进行内在构造的深度比较研究。具体而言，在对相关内容比较研究时，笔者将这三大犯罪构成理论所称的“犯罪构成”或“犯罪论体系”都看成一个犯罪成立构成体系，且将这一体系看作一个构成要素要件组成的整体，在这一基本相同语境下，对它们开展内在构造的比较研究。

二、犯罪构成概念的新视域

“犯罪构成”概念是犯罪构成理论的基石，因此，犯罪构成概念是否科学会影响到刑法理论发展，由于人们对犯罪构成属性的理解不同，犯罪构成概念具有多义性。在不同语境下，犯罪构成法定说、理论说、法律和理论兼有说以及事实说各自所称的犯罪构成概念均具有合理性。但是，目前，我国刑法学通说的犯罪构成概念是以犯罪构成法定说为基础而确立的概念，而该“犯罪构成”概念在解读上存在着严重的问题，若这些问题不能得到合理解决，将会影响通说犯罪构成理论以及其他刑法理论的发展，继而影响到我国刑法立法和刑事司法的发展，为此，有必要加强对通说犯罪构成概念的研究，科学地界定其犯罪构成的概念。

（一）对我国通说“犯罪构成”概念的批评

根据我国刑法学通说，犯罪构成是指我国刑法所规定的、决定某一具体行为的社会危害性及其程度而为该行为构成犯罪所必需的一切客观和主观要件的有机统一①。而犯罪构成是由犯罪客体、犯罪客观要件、犯罪主体和犯罪主观要件组成的有机整体。

在犯罪构成属性问题上，我国刑法通说支持“犯罪构成法定说”，而犯罪构成法定说的科学性已全面得到科学的论证。根据通说的犯罪构成概念，犯罪构成

① 参见高铭暄、马克昌、赵秉志主编：《刑法学》，北京大学出版社、高等教育出版社，2000 年 10 月第 1 版，第 52 页。

有三个基本特征：（1）犯罪构成的各个要件，是由我国刑法规定的或包含的。这一特征体现了通说对“犯罪构成法定说”的支持。（2）犯罪构成是由一系列主客观要件组成的有机体。（3）犯罪构成的要件是决定某一具体行为的社会危害性及其程度，而为该行为成立犯罪所必须的客观或主观要件①。我国通说犯罪构成概念的第一个基本特征将犯罪构成理解为刑法规定或包含的、犯罪成立的规格和标准，这一主张是正确的。因为我国刑法明文规定了罪刑法定原则，而罪刑法定原则要求每一种犯罪的犯罪构成是法定的，从刑法的体系性解释看，我国刑法确实规定了每一种犯罪的犯罪构成。然而，通说犯罪构成概念第二、第三个基本特征均存在严重缺陷，严重地影响了该犯罪构成概念的科学性，因而，需对其进行批评性的思考。

1. 对“犯罪构成在内在构造形态上的单一性”之批判

我国刑法通说所述的“犯罪构成”概念的特征之二是：“犯罪构成是一系列主客观要件组成的有机整体”，而且它认为，犯罪构成是由犯罪客体、犯罪客观要件、犯罪主体和犯罪主观要件组成的有机整体，这四个要件相互依存，缺一不可。也就是说，它认为，犯罪构成在内在构成形态上仅有“四要件”组成的单一有机整体形态。但是，笔者认为，犯罪构成除了“四要件行为样态”的要件内容，还应包括其他要件。

我国刑法通说认为，犯罪构成由犯罪客体、犯罪客观要件、犯罪主体和犯罪主观要件四要件组成，犯罪构成是犯罪成立的构成，是追究行为人刑事责任的唯一根据。但是，有些行为已具备这四个要件，为何仍不构成犯罪呢？例如，国有单位的出纳挪用10元钱去赌博（即从事非法活动），其行为已符合刑法第384条规定的挪用公款罪的四个构成要件，为何其行为不能认定已要构成挪用公款罪呢？又例如，在《刑法修正案（九）》颁布前，《刑法》规定，若收买被拐卖的妇女后不阻碍妇女返回原居住地的，可不追究刑事责任（《刑法》原第241条第6款规定），但是，收买被拐卖的妇女的行为已符合《刑法》原第241条收买被拐卖的妇女罪的四个构成要件，为何不能追究其刑事责任（包括不认定其构成犯罪）呢？从前述分析的情况看，犯罪构成四要件并不是犯罪成立的全部要件，它仅是犯罪构成中的一个组成部分。笔者认为，根据我国《刑法》规定的犯罪概念三特征及其他规定，我国现有犯罪构成应包括三大要件：（1）犯罪构成的基本模型，即犯罪构成的前述四个要件，它是犯罪的行为样态。这一要件符合犯罪概念“刑事违法性”特征。（2）一定量的综合社会危害性（即罪量要件）。这一

---

① 参见高铭暄、马克昌、赵秉志主编：《刑法学》，北京大学出版社、高等教育出版社，2000年10月第1版，第52—53页。

要件是根据《刑法》第13条犯罪概念的“严重社会危害性”而总结出来的。(3) 应受有罪宣告性。这一要件是根据犯罪概念的“应受刑罚惩罚性”特征和刑法第37条免予刑事处罚的内容归纳出来的。在我国刑法通说的犯罪构成理论里，犯罪构成仅指前述的犯罪构成四要件，并不包括“一定量的综合社会危害性”和“应受有罪宣告性”，若从犯罪成立意义上来理解犯罪构成，通说的犯罪构成是不周延的、是有缺陷的。在这一情况下，通说的犯罪构成概念就显得不够清晰、不够准确。

2. 对其“在文字表达上没有说清犯罪构成是犯罪的规格和标准”之批判

我国通说中犯罪构成概念的又一特征是：犯罪构成要件是“决定某一具体行为的社会危害性及其程度而为该行为构成犯罪所必需的”的主客观要件。然而，这一特征在文字表达上与其实际想表达的意思不一致。

我国刑法通说认为，犯罪构成所要解决的是成立犯罪的具体标准、规格问题，它是分清罪与非罪、此罪与彼罪界限的具体标准①。据此可知，犯罪构成是通过类型化方式表达出来的类型，是某“种”行为成立犯罪的规格和标准。它并不是指现实中正在发生的某个具体行为成立犯罪的事实构成。通说在表述犯罪构成这一特征时使用“某一具体行为”和“该行为”的语词是不准确的，这容易让人误以为其所称的犯罪构成为具体的事实构成。因此，犯罪构成概念应使用“某种行为和该种行为”这样的表述。据此，犯罪构成概念的这一特征应表述为：犯罪构成要件是“决定某种行为的社会危害性及其程度而为该种行为构成犯罪所必需的”要件。

(二) 科学的犯罪构成概念的新表述

当我们将犯罪构成从犯罪成立角度来理解时，会发现我国通说的犯罪构成概念具有前述两大缺陷，因此，应对其予以完善。

笔者认为，在犯罪构成法定说的语境下，科学的犯罪构成概念应如此表述：犯罪构成是指刑法规定或包含的、决定某种具体行为的社会危害性及其程度而为该种行为构成犯罪所必需的各种要件的有机整体。

这一概念科学地阐明了犯罪构成具有以下特征：

第一，犯罪构成是成文刑法规定或包含的。这科学地说明犯罪构成产生的根据是成文的刑法，它体现了罪刑法定原则的要求。对于依据成文刑法产生的犯罪构成而言，它是由刑法总则条文和刑法分则条文所形成的体系性规定。

---

① 参见高铭暄、马克昌、赵秉志主编：《刑法学》，北京大学出版社、高等教育出版社，2000年10月第1版，第52页。

第二，犯罪构成是构成犯罪所必需的各种要件的有机整体。这一特征说明，犯罪构成是从犯罪成立角度来理解的犯罪构造。对于依据成文刑法产生的犯罪构成而言，它不仅包括犯罪客体、犯罪客观要件、犯罪主体和犯罪主观要件“四要件”行为样态，也包括“一定量的综合社会危害性”（罪量要件）和“应受有罪宣告性”（无免罪事由）这两大要件。

第三，犯罪构成的要件是决定某种具体行为的社会危害性及其程度而为该种行为构成犯罪所必需的一切要件。这一特征告诉人们，犯罪构成是认定犯罪成立的规格和标准，只有对某种行为的社会危害性及其程度具有决定意义而为该种犯罪成立所必需的要素，才是犯罪构成的要件。

（三）犯罪构成概念及其相关内容的立法展望

在现代，罪刑法定原则在世界上已得到人们的普遍推崇，各种犯罪的犯罪构成必须由刑法予以规定，这是罪刑法定原则的要求，因此，在现代，“犯罪构成法定说”具有合理性。在我国，刑法中的犯罪构成是我国刑法确立的犯罪规格和标准，它是决定某种行为构成犯罪所必需的各种要件所组成的有机整体。在我国现代法治环境下，犯罪构成的法定性必须坚守，以更好地实现刑法正义。犯罪构成理论是指导我国刑法立法和司法实践的基本理论，犯罪构成概念已在实践上被广泛地运用，但是，对于“犯罪构成”这一如此重要的词语，我国刑法并无片言只语。我国刑法在总则中并未明文规定犯罪构成的确切概念，也未明文规定完整的犯罪构成应具备的全部构成要素，我国犯罪构成立法具有不明确性。笔者认为，对于犯罪构成概念及其相关内容的立法化问题，我国应予以足够的重视。

在人类社会历史里，一旦出现了犯罪现象，就自然而然地存在着犯罪构成。犯罪构成在历史发展过程中，是根据社会需要而出现或确立并变化发展的。历史上曾存在过客观归罪的犯罪构成，也存在过主观归罪的犯罪构成，还有主客观相统一的犯罪构成，但是，随着社会的发展和法治的进步，刑法学者们对客观归罪和主观归罪的犯罪构成进行了批判。现代犯罪构成普遍在主客观相统一原则指导下建构，形成兼具主观和客观要件的有机体，同时，在普遍与例外的思维影响下逐渐向科学的犯罪构成体系发展。犯罪构成是逐渐变化发展的，其内容和形式不断得到充实并呈多样化。从普遍意义上讲，犯罪构成概念具有宽广性。

刑法是调节社会的重要法器，具有社会保护和人权保障的功能。随着社会形势的变化，为了更好地保护社会和保障人权，刑法在一些领域有时会侧重社会保护，而有时会侧重人权保障，因此，有些犯罪构成需要修改，一些新的犯罪构成形态将会出现。例如，有学者提出，我国应借鉴英美法系的严格责任立法和复合罪过的立法，并据此提出确立新的犯罪构成形态。现代科学技术的高速发展同样会使犯罪构成出现新的形态。2015 年 7 月，南开大学段峰副教授的研究团队成功研发了“脑控汽车”，让人脑驾驶汽车成为现实①；近年来，美国国防部科技人员让四肢瘫痪的亚恩·舒尔曼女士在 F-35 战斗机飞行模拟器中“脑控”战斗机②。可以预见，在未来，利用“脑腔技术”犯罪的现象将会出现，在“脑控”犯罪的情况下，其主观要件和客观要件难以区分，其两者是合而为一的，这种情况的出现使犯罪构成的基本行为样态呈现了新的情况，即“犯罪客体——犯罪主客观合一要件——犯罪主体”。在未来，我国犯罪构成概念的具体内涵可能会产生变化，因此，我国犯罪构成的相关立法和犯罪构成理论不能因循守旧，应随着社会发展而发展。

① 参见参考消息网：国内首辆“脑控汽车”南开大学起跑，2015-07-16，http：//photo. cankaoxi-aoxi. com/2015/0716/852996. shtml，2018 年 9 月 30 日登录。

② 参见观察者网：美国国防部脑部神经研究可以植入记忆、脑控开飞机，2015-03-26，https：//www. toutiao. com/i1049940088/，2018 年 9 月 30 日登录。

第四章 犯罪概念对犯罪构成边界的限制

近年来，一些学者对我国四要件犯罪构成理论进行了猛烈的批判，极力主张我国应采纳德日犯罪阶层理论。他们认为，我国四要件犯罪构成理论对许多司法实务问题无法科学地解决，而德日犯罪阶层理论则可以较全面地解决司法实务问题。2014年11月，我国某著名刑法学家在华侨大学作了一场题为《犯罪的构造》的学术报告。在学术报告中，他举了许多例子对我国四要件犯罪构成理论进行了多方面的质疑，并对德日犯罪阶层理论大为赞扬，其中，他举了这么一个例子：一帮恐怖分子绑架了20个村民，并向政府提出非常无理的要求，后来，恐怖分子的首领觉得政府根本不可能答应他们的要求。正在这时，有一过路人经过此地，恐怖分子的首领就将过路人抓获，并对这过路人说："如果你把第一个村民杀了，我就把你放了，并把剩下的19名村民也放了。"当这过路人把第一个村民杀后，救了自己和另外19个村民。对于此案，该学者认为，该过路人的杀人行为应是无罪的。在这一案例中，德日犯罪阶层理论的期待可能性理论可以合理地解释这一过路人的杀人行为是无罪的，而我国四要件犯罪构成理论则无法得出这过路人的杀人行为是无罪的结论①。这一例子是该学者批判我国四要件犯罪构成理论在解决司法实务问题上存在缺陷而赞扬德日犯罪阶层理论具有优势的一个论据。

笔者认为，对上述案例的分析，确实可以展现出我国四要件犯罪构成理论和德日犯罪阶层理论的不同，但是，这一案例并不能作为证明"德日犯罪阶层理论具有优势，而我国四要件犯罪构成理论存在缺陷"的论据，因为这过路人的杀人行为是属于无罪还是属于有罪仍然是值得讨论的。诚然，这一案例引发了许多值得深思的问题。对于同一案例，为什么这两种犯罪构成理论会得出截然相反的结论呢？笔者认为，这是一个与犯罪概念和犯罪构成边界具有密切关系的重大问题。依笔者之见，当今世界各国刑法的犯罪概念均具有模糊性，而犯罪概念模糊性会导致犯罪构成体系的边界具有不确定性。由于犯罪概念模糊程度的不同，因此，各国犯罪构成体系的边界会有明显的不同。显而易见，我国的犯罪概念和德日的犯罪概念具有较大的不同，同时，两者的犯罪构成体系在边界上也有明显的

① 参见张明楷：《犯罪的构造》，2014年在华侨大学嘉庚纪念堂观众厅作的学术报告。http://qingyuanshan.fyfz.cn/b/834386。2015年6月10日登录。

不同。在当前犯罪构成理论争论中，如果不了解这一点，就盲目全盘引进德日犯罪阶层理论，并运用到司法实践，就可能导致定罪的错误。因此，在这一章里，笔者试图通过对我国和德日的犯罪概念和犯罪构成理论的比较研究，探究两者的异同，澄清一些认识，让人们了解犯罪概念对犯罪构成边界的限制关系，认识我国和德日的犯罪概念和犯罪构成的边界，并以此为基础，展望我国犯罪构成理论未来的发展方向。

一、犯罪概念对犯罪构成边界的制约

（一）犯罪概念与犯罪构成的关系

刑法是规定犯罪、刑事责任和刑罚的法律规范的总和。犯罪概念是刑法中最基础的概念，它是人们对犯罪这一事物的共同特点进行高度概括后得出的概念，它反映了犯罪的一般的、本质的特征。而犯罪构成是指刑法规定的、构成犯罪所必需的各种具体要件的有机整体。犯罪概念是从宏观上认识犯罪的本质，从社会政治意义上和宏观的法律观念上说明什么是犯罪、犯罪具有哪些基本特征。而犯罪构成是从微观上阐明犯罪内部的具体构造，说明犯罪的成立应具备哪些必不可少的构成要件。犯罪概念与犯罪构成具有密不可分的关系，犯罪概念是犯罪构成的高度概括和浓缩，是犯罪构成的基础和范围，而犯罪构成是犯罪概念的具体化，两者的关系是抽象和具体的关系。由于犯罪概念是犯罪构成的基础，因此，犯罪概念对犯罪构成边界具有制约作用。换言之，犯罪构成的边界不能逾越犯罪概念所设定的边界。

（二）犯罪概念与犯罪构成边界的限定

1. 我国和德日的犯罪概念均存在一定的模糊性

目前，我国刑法和德日刑法的犯罪概念均具有模糊性，因而，导致我国犯罪构成四要件体系和德日犯罪阶层体系均具有一定的不确定性。我国刑法第 13 条规定了犯罪的概念："一切危害国家主权、领土完整和安全……侵犯公民的人身权利、民主权利和其他权利，以及其他危害社会的行为，依照法律应当受刑罚处罚的，都是犯罪，但是情节显著轻微危害不大的，不认为是犯罪。"根据这一规定，犯罪具有三个基本特征：第一，具有严重的社会危害性；第二，具有刑事违法性；第三，具有应受刑罚处罚性。这一概念从犯罪的本质特征和法律形式特征两个方面揭示了犯罪的基本特征，这是一个形式和实质相统一的定义。

由于这一概念包含了"社会危害性"的实质内容，因此，一些学者对这一概念进行了严厉的批判。他们认为，"社会危害性"具有笼统、模糊、不确定性，与罪刑法定原则冲突。他们主张，犯罪概念应采取规范标准（形式标准），即是否是犯罪应以法律规定为标准。他们认为，1810年法国刑法典的犯罪概念即属于规范标准，具体为："法律以违警罪所处罚之犯罪，称违警罪。法律以惩治刑所处罚之犯罪，称轻罪。法律以身体刑或名誉刑所处罚之犯罪，称重罪。"① 他们认为，1871年《德国刑法典》第1条也规定了犯罪的规范标准概念，具体为："（一）重罪，指处死刑、重惩役或超过五年城堡监禁的行为。（二）轻罪，指处五年以下城堡监禁、轻惩役、超过一百马克罚金（法律如未规定罚金的一定数额时）或任何数额罚金的行为。（三）违警罪，指处拘留或一百五十马克以下罚金的行为。"②

不可否认，我国刑法规定的犯罪概念所包含的"社会危害性"特征具有一定的模糊性，但是，其刑事违法性的形式特征具有明确性，因此，这只是一个具有相对明确的概念。然而，前述法国刑法典和德国刑法典实际上也并没有规定犯罪这一基本概念的内容，它们仅仅规定了违警罪、轻罪和重罪的概念，而违警罪、轻罪和重罪属于"犯罪"的下位概念。1870年的日本刑法典也采取重罪、轻罪和违警罪的犯罪分类，日本现行刑法已取消这种分类③。从现行日本刑法典中，我们也查找不到犯罪这一基本概念的规定④。由于德国和日本的刑法典均没有规定有犯罪的基本概念，因此，德日刑法的犯罪概念只能交由刑法学者们来阐说。在德日刑法理论中，形式的犯罪概念具有极其重要的地位，其刑法学者普遍认为，犯罪是符合构成要件的、违法的、有责的行为⑤。

由于我国刑法明文规定了一个相对明确而又有一定模糊性的犯罪概念，因此，我国犯罪构成的边界依然受到犯罪概念的约束。而德日刑法因没有明文规定犯罪的基本概念，其犯罪概念具有无限制的模糊性，所以，德日的犯罪构成边界没有受到犯罪法定概念的约束，其犯罪构成体系具有较大的不确定性。这导致德日学者对犯罪构成边界的理解出现较大的分歧。

2. 我国法定犯罪概念对犯罪构成边界的限定

我国通说四要件犯罪构成理论认为，犯罪构成是犯罪成立要件组成的有机整体，犯罪构成由犯罪客体、犯罪客观要件、犯罪主体和犯罪主观要件组成，行为符合犯罪构成是行为人承担刑事责任的唯一依据。笔者认为，我国通说四要件犯罪构成理论虽然具有较大的科学性，但是，其确实还存在不足。犯罪构成应受法

---

① 樊文：《罪刑法定与社会危害性的冲突——兼析新刑法第13条关于犯罪的概念》，《法律科学》1998年第1期，第26—27页。

② 陈兴良、刘树德：《犯罪概念的形式化与实质化辩正》，《法律科学》1999年第6期，第92页。

③ 参见张明楷：《外国刑法纲要》，清华大学出版社，2007年版，第58页。

④ 张明楷译：《日本刑法典》（2006年版），法律出版社，2006年版。

⑤ 参见赵秉志：《外国刑法原理（大陆法系）》，中国人民大学出版社，2009年版，第62页。

定的犯罪概念制约，法定犯罪概念规定了犯罪的三个基本特征：严重社会危害性、刑事违法性和应受刑罚惩罚性。通说所称的“四要件犯罪构成”主要体现了“刑事违法性”这一特征，它并不能全面包括犯罪概念的另外两个特征。在行为符合犯罪构成四要件的情况下，如果综合来看其行为的社会危害性没有达到严重程度（即缺乏严重社会危害性特征），也不能认定其构成犯罪。例如，国有单位出纳张某挪用10元公款去赌博（即从事非法活动），张某的行为符合了我国刑法第384条规定的挪用公款罪的四个构成要件，但是，综合张某行为的各种情况分析后可知，张某的行为属于情节显著轻微，危害不大，不符合犯罪概念中“严重社会危害性”的特征，因此，不构成犯罪。又如，各国在相关法律中往往会规定：议员在议会开会期间的发言不得追究刑事责任。我国《宪法》第75条、《全国人民代表大会组织法》第43条和《全国人民代表大会和地方各级人民代表大会代表法》第31条规定，人民代表在人民代表大会期间的发言和表决，不受法律追究。在这里，所谓“不受法律追究”包括不得追究刑事责任。若某人民代表为了使某一事项能在人民代表大会上获得通过，他在大会发言时捏造事实诽谤了他人，损害了他人的人格权和名誉权，且情节严重。这时，该人民代表的行为符合诽谤罪的四个构成要件，且具有严重的社会危害性，但是，它不具有“应受刑罚处罚性”，因此，他的行为不构成犯罪。又如，根据我国刑法原第241条第6款规定，收买被拐卖妇女，按照被拐卖妇女意愿，不阻碍其返回原居住地的，可以不追究刑事责任①。在这里，收买人的行为符合收买被拐卖妇女罪的四个构成要件，且具有严重社会危害性，若法官认为，对收买人无需追究刑事责任，其不应受刑罚处罚，则收买人的行为不构成犯罪。笔者认为，根据法定的犯罪概念及其他规定，完整的犯罪构成应包括三大部分：（1）犯罪构成的基本模型（即犯罪构成四要件）；（2）一定量的综合社会危害性；（3）应受刑罚处罚性。但是，由于我国刑法第37条规定了免予刑事处罚制度，它使构成犯罪的行为可仅受有罪宣告而免受具体的刑罚，即仅受有罪宣告的行为，也是犯罪行为。因此，犯罪概念中的“应受刑罚处罚性”特征，改为“应受有罪宣告性”更为妥当。

“应受有罪宣告性”要件的有无需从反面来论证。一般地，行为具备犯罪构成基本模型和严重的社会危害性即可推定其具有“应受有罪宣告性”，但是，若行为人具有免罪事由的反证，即可否定其具有“应受有罪宣告性”。法定的免罪事由的情形有：前面提到的人民代表在人民代表大会上发言不受刑法追究；《中

① 2015年8月29日颁布的《刑法修正案（九）》第15条已对原第241条第6款进行修改。

华人民共和国反间谍法》第 28 条规定："在境外受胁迫或者受诱骗参加敌对组织、间谍组织，从事危害中华人民共和国国家安全的活动，及时向中华人民共和国驻外机构如实说明情况，或者入境后直接或者通过所在单位及时向国家安全机关、公安机关如实说明情况，并有悔改表现的，可以不予追究。"收买被拐卖的妇女，不阻碍妇女返回原居住地的可不追究刑事责任（我国刑法原第 241 条第 6 款曾有过的规定），以及最高人民法院、最高人民检察院和公安部 1984 年曾颁布的《关于当前办理强奸案件中具体应用法律的若干问题的解答》第 3 条第 2 款第 2 项规定："第一次性行为违背妇女的意志，但事后并未告发，后来女方又多次自愿与该男子发生性行为的，一般不宜以强奸罪论处。"① 等等。

关于"应受有罪宣告性"是否是犯罪构成的必要要件的问题，是事关犯罪构成体系建构的重要问题。因此，我们需要澄清以下问题：在行为符合犯罪构成四要件和严重社会危害性特征的情况下，若行为人是有前述免罪事由，其行为性质应如何确定？即该行为是有罪行为，抑或是无罪行为？从理论上看，这可以有两个解决方案：一是该行为在实质上已构成犯罪，只是国家没有宣告其行为为犯罪而已。对于该行为人而言，国家不将其作为犯罪人员看，行为人仍享有非犯罪人的各种权利。二是该行为根本就不是犯罪，以无罪论。因为犯罪的确定具有主观性、法定性，国家认为该行为不是犯罪，它就不是犯罪。从我国刑法第 13 条规定的犯罪概念看，"应受有罪宣告性"是"应受刑罚处罚"的前提。因此，综合我国刑法第 37 条规定（免予刑事处罚制度的规定），"应受有罪宣告性"应是犯罪构成的必要要件，因此，仅符合犯罪构成四要件和严重的社会危害性却具有免罪事由的行为（即不具有"应受有罪宣告性"）不是犯罪行为。在这里，笔者支持第二种方案。

综上所述，在我国刑法第 13 条规定的犯罪概念制约下，我国犯罪构成体系实际上为三大要件（以下简称这一体系为"修订后的犯罪构成四要件体系"）：（1）犯罪构成的基本模型（即犯罪构成四要件）；（2）一定量的综合社会危害性；（3）"应受有罪宣告性"。其体系判断顺序的边界到"应受有罪宣告性"为止。犯罪构成的基本模型和一定量的综合社会危害性是从正面进行评价的。一般情况下，行为在具备犯罪构成的基本模型和一定量的综合社会危害性这两大要件后，一般即可认定其具有"应受有罪宣告性"，进而认定该行为构成犯罪，但是，若其从反面找到免罪事由，即不具有"应受有罪宣告性"。在这一犯罪构成体系里，由于"一定量的综合社会危害性"具有模糊性，使其界限不够明确，

---

① 2013 年最高人民法院发布了《1980 年 1 月 1 日至 1997 年 6 月 30 日期间制发的部分司法解释和司法解释性质文件的决定》（法释〔2013〕1 号）已废除了这一司法解释。

因此，这一体系还不能做到彻底地贯彻罪刑法定之明确性原则的要求，但是，在纷繁复杂的社会下，这又是立法的无奈。

3. 德日“犯罪”的法理概念及其对犯罪构成边界的影响

德日刑法里并没有明确规定犯罪的基本概念，犯罪概念的确定完全交给刑法学者或司法实务人员。由于没有受法定犯罪概念的约束，德日犯罪构成的边界也完全交由刑法学者或司法实务人员来确定。

一般认为，德日刑法在定罪论领域是“立法定性、司法定量”，即刑法分则是在立法上仅定性，在司法实践中由法官根据犯罪量的大小（如行为社会危害性大小）来确定是否认定构成犯罪。例如，在盗窃罪里，立法上并没有规定数额较大为其定罪必要要件，而法官根据案件情况考虑定罪的犯罪量。而我国刑法在定罪领域是，立法既定性又定量。因此，在我国刑法总则的犯罪概念里规定了犯罪要达到“严重的社会危害性”的量才可构成，刑法分则在规定许多犯罪的犯罪构成基本要件时，往往也规定其犯罪所要达到的量。正由于德日犯罪构成没有受到法定犯罪概念的约束，以及具有“立法定性、司法定量”的传统，因此，其犯罪概念具有多样性，其犯罪构成的边界具有不确定性，其刑法学界对这一问题则争论不休。德日犯罪三阶层理论是其通说理论，它认为，犯罪成立构成（即我国语境中的犯罪构成）包括三阶层：（1）构成要件的该当性；（2）违法性；（3）有责性。依据这一体系，许多学者在论说犯罪概念时认为，当行为仅具备“构成要件的该当性”时是某种意义上的犯罪；当行为仅具备“构成要件的该当性”和“违法性”两阶层时则是另一种意义上的犯罪；当行为完全符合这三个阶层时又是另一种意义的犯罪，并根据不同刑法条文的规定来予以解说①。

由于德日刑法没有犯罪基本概念的规定，其犯罪构成的边界更具模糊性。德日犯罪构成理论繁多，但是，犯罪三阶层论是其通说，犯罪二阶层论也是比较有力的学说。德日犯罪阶层理论众多，但是，其基本构成要件是相同的，但也存在一些差异。为了更好地说明德日犯罪构成的边界，下面先将我国修订后的犯罪构成四要件体系与德国通说（即现代新古典犯罪论体系）的犯罪三阶层体系进行比较，之后，再对德日犯罪构成边界问题进行深入论述。

德国通说犯罪三阶层体系的结构如下②：（1）构成要件的该当性。它由客观构成要件和主观构成要件两部分组成。前者包括行为、结果、因果关系、主体等要素组成；后者包括故意、过失、目的犯的目的等要素组成。若与我国犯罪构成四要件体系比较，它包含我国犯罪构成中犯罪客观要件、犯罪主观要件和犯罪主

① 参见黎宏：《我国犯罪构成体系不必重构》，《法学研究》2006 年第 1 期第 46—48 页。

② 参见林东茂：《刑法综览》，中国人民大学出版社，2009 年 6 月第 1 版，第 33—43 页。

体的部分要素。(2) 违法性。违法性可分为实质违法性和形式违法性。从实质违法性看，其由法益和法益侵害性要素构成。从形式违法性看，其存在违法阻却事由的判断内容，一旦出现违法阻却事由则排除其形式违法性，当然也排除其实质违法性。若与我国犯罪构成四要件体系相比，它包含了犯罪客体和一定量的社会危害性的构成要素。对于违法阻却事由（例如，正当防卫、紧急避险等法定违法阻却事由和正当业务行为等超法规违法阻却事由），若将其纳入我国修订后犯罪构成四要件体系，其一部分可纳入犯罪客观要件的“危害行为”中说明，在这部分违法阻却行为中，有的是无社会危害性行为。对此，我们可以从反面说明它们不是危害行为，从而排除其犯罪性质。而有的行为虽具有一定社会危害性，但是，依常识、常情和常理，这些行为不是犯罪行为。例如，义务冲突下的行为、体育竞技中致人伤亡行为、自救行为等。对这类行为可借鉴社会相当性理论来分析，将其排除在“危害行为”之外。另有一部分具有严重社会危害性的违法阻却行为（其中包括法定的和超法规的违法阻却事由）相当于免罪行为，在修订后的犯罪构成四要件体系中属于免罪事由。(3) 有责性。它由责任能力、违法性认识和违法可能性意识和期待可能性等要素组成。若与我国修订后的犯罪构成四要件体系相比，责任能力相当于犯罪主体中的部分要素，违法性认识和违法可能性意识相当于主观要件的部分要素。对于期待可能性，它具有判断社会危害性大小的作用，也具有判断有罪与否的作用。首先，期待可能性近似于我国修订后的犯罪构成四要件体系下的“一定量的综合社会危害性”。当某行为具备构成要件的该当性、违法性以及除期待可能性以外的有责性要素时，若行为人具有做合法行为的期待可能性，这时，其期待可能性的大小影响到其社会危害性大小，当其期待可能性很小时，其属于情节显著轻微，危害不大，不构成犯罪。但是，其期待可能性很大时，在一般情况下，其社会危害性达到犯罪程度，构成犯罪，并根据期待可能性大小考虑量刑轻重。这一情况下的期待可能性近似于我国修订后的犯罪构成四要件体系下的“一定量的社会危害性”的相关内容。其次，期待可能性相当于我国修订后的犯罪构成四要件体系下的“应受有罪宣告性”中的免罪事由。依德日犯罪阶层理论，若无期待可能性，则行为不具备“有责性”，即便行为具有严重的社会危害性，也不构成犯罪，这时，若与我国修订后的犯罪构成四要件体系相比，期待可能性相当于“应受有罪宣告性”中的内容，无期待可能性则相当于一个超法规的免罪事由。

从前述分析可知，在我国修订后的犯罪构成四要件体系里，犯罪构成的基本模型中的四个构成要件在德日犯罪三阶层体系里均得到充分体现，而“一定量的综合社会危害性”在德日犯罪三阶层体系里，往往是通过对“行为”进行实质解释来体现（例如，以社会相当性理论对传统的、常识的无害行为以及传统的、常识的“情节显著轻微、危害不大”的行为排除于刑法中的“行为”之外[①]），或以可罚的违法性理论在“违法性”阶层来阐说，或在“有责性”阶层以期待可能性大小来说明。而对于“应受有罪宣告性”（即无免罪事由）问题，德日犯罪三阶层体系或在“构成要件的该当性”阶层中以违法阻却事由来说明其无罪，或者以超法规的无期待可能性等责任阻却事由来论证其无罪。但是，我国刑法第13条规定的犯罪概念所体现的“应受有罪宣告性”特征，在刑法第3条规定的罪刑法定原则约束下，其反面体现的免罪事由应是法定的免罪事由。因此，在德日犯罪三阶层体系中，具有严重社会危害性的超法规的违法阻却事由和超法规责任阻却事由（如“无期待可能性”），在我国修订后的犯罪构成四要件体系里并无立足之地。

德国现代著名刑法学家罗克辛以刑事政策为引导建立了目的理性犯罪论体系，在“有责性”阶层，罪责概念等同于“负责性”，它包括“罪责”和“预防必要性”两方面内容。行为人需要就其行为负责，是因为有一般预防与特殊预防的必要；没有预防的需要，就可能没有罪责[②]。如果“预防必要性”作为“有责性”阶层的内容，那么，超法规的责任阻却事由除了无期待可能性以外还有许多不可预测的事由，那么，犯罪构成的边界就没有封闭性，以致更加模糊。从我国修订后的犯罪构成四要件体系和德日犯罪三阶层体系比较可知，两者的边界是有区别的。

我国修订后的犯罪构成四要件体系在法定的犯罪概念制约下，其“犯罪构成的基本模型（即犯罪构成四要件）”是明确的；其“一定量的综合社会危害性”仅在宏观上限定为“严重的社会危害性”，具有模糊性；其“应受有罪宣告性”中的反面阻却事由“免罪事由”要求是法定的事由，其边界是明确的。因此，该犯罪构成体系的边界是相对明确的。

德日犯罪三阶层体系没有受法定的犯罪概念制约，该体系的“构成要件的该当性”阶层基本上是明确的，但是，其社会相当性理论在阐明“行为”等要素时具有模糊性；该体系的“违法性”阶层在法益侵害性、可罚的违法性等认识上具有模糊性；该体系的“有责性”在责任能力、违法性认识等方面具有明确

---

① 社会相当性理论的首创者是德国刑法学家 Welzel，他明确将社会相当性定义为“所有处于共同体生活的历史形成之社会道德秩序之内的行为，都是社会相当行为”。（参见陈璇：《社会相当性理论的源流、概念和基础》，《刑事法评论》第27卷，北京大学出版社，2010年版，第258页）

② 参见林东茂：《刑法综览》，中国人民大学出版社，2009年6月第1版，第44页，以及［德］克劳斯·罗克辛《德国刑法学总论——犯罪原理的基础构造（第1卷）（1997年第三版）》，王世洲译，法律出版社，2005年版，第556—559页。

性，但是，其无期待可能性等超法规责任阻却事由具有相当的不确定性，使该体系没有封闭性，具有无限的开放性。这反过来看，让我们知道其犯罪概念具有非常的不确定性。

通过比较可知，如果德日犯罪三阶层体系没有具有严重社会危害性的超法规违法阻却事由和“无期待可能性”等超法规责任阻却事由，那么，我国修订后的犯罪构成四要件体系与德日犯罪三阶层体系在边界上是基本相等的，两者的模糊程度是差不多的。尽管两体系中各种要素的排列组合不同。在同一刑法里，在绝大多数案件中，运用这两种犯罪构成理论去分析同一案件，为何其得出的定罪罪名是一致的呢？那是因为这两种犯罪构成体系是基本相同的。

二、犯罪概念限制下犯罪构成边界对实践的影响

从前文分析可知，犯罪概念对犯罪构成的边界具有限制作用，犯罪概念和犯罪构成的边界具有同一性，但是，在理论上和实践上，我国和德日的犯罪概念和犯罪构成的边界是有区别的，而犯罪概念和犯罪构成的边界划定对刑事司法实践是具有重大影响的。

下面通过对我国修订后的四要件犯罪构成理论［包括“犯罪构成基本模型”（原犯罪构成四要件的有机整体）、“一定量的综合社会危害性”、“应受有罪宣告性”］和德日犯罪三阶层理论的比较，来探讨犯罪构成边界对刑事司法实践的影响。

（一）犯罪构成基本模型的边界对犯罪类型认定的影响

犯罪类型的认定在司法实践中非常重要，这涉及划清此罪与彼罪的问题。犯罪构成基本模型是确定犯罪类型的标准和规格。我国犯罪构成四要件体系的犯罪构成基本模型是犯罪构成四要件的有机整体（即犯罪客体、犯罪客观要件、犯罪主体和犯罪主观要件）；而德日犯罪三阶层体系的犯罪构成基本模型是在排除违法阻却事由和责任阻却事由后由构成要件该当性、违法性（法益）和有责性（包括责任年龄、责任能力、违法性认识等积极层面上理解的要素）而形成的有机整体。应当说，我国犯罪构成基本模型和德日犯罪三阶层体系的犯罪构成基本模型在边界上是较明确的。正因如此，在司法实践中，对于绝大多数犯罪案件来说，在同一部刑法典下，运用这两种犯罪构成理论来分析时，其得出的罪名是相同的。

（二）犯罪的量对犯罪认定的影响

犯罪概念和犯罪构成中应包括罪量的内容。我国刑法第 13 条规定的犯罪概念就明确规定了罪量，即行为的社会危害性应达到严重程度才构成犯罪。相应

地，我国犯罪构成体系应包括“一定量的综合社会危害性”这大要件的内容。我国《治安管理处罚法》属于行政处罚法，其规定的许多治安行政违法行为与我国刑法典规定的一些犯罪行为在表述上是相同的。例如，《治安管理处罚法》第 67 条的“引诱、容留、介绍他人卖淫”的治安违法行为，与我国刑法典第 359 条规定的引诱、容留、介绍他人卖淫罪的罪状在表述上完全一致。在司法实践中，将这些治安违法行为与刑法规定的犯罪行为区别开来的标准是社会危害性的大小，当行为的社会危害性达到严重程度时，才构成犯罪。

德日刑法中并没有规定犯罪数额等罪量内容。德日刑法学者认为，犯罪行为与民事、行政违法行为在性质上是严格划分的。它们的性质不是以量的大小来区分的①。但是，德日刑法领域却存在“立法定性、司法定量”的现象。例如，德日刑法并没有规定盗窃罪的数额要求，从立法上看，盗窃多少数额的财物均构成犯罪。但是，在司法实践中，法官对于盗窃一支铅笔的行为是不会以盗窃罪定罪处刑的。虽然德日刑法里没有规定犯罪的基本概念，在刑法分则中也没有规定犯罪的罪量内容，但是，德日犯罪三阶层体系里诸多方面体现了犯罪的罪量要求。例如，在构成要件该当性阶层，社会相当性理论阐释一些“行为”（有轻微社会危害性行为）时，其所谓的“社会相当性”体现了罪量要求，“违法性”阶层的“可罚违法性”的要求也体现了罪量要求，在“有责性”中，若以期待可能性大小阐明社会危害大小时，也涉及罪量问题。

综上所述，我国的犯罪概念和犯罪构成边界之内以及德日犯罪构成的边界之内均包含了犯罪的罪量“社会危害性大小”的问题。但是，社会危害性是一个综合评价的概念，具有一定的主观性和模糊性，其边界不能完全明确确定，若从严格的罪刑法定原则来看，这是存在问题的。但是，社会危害性大小是判断一个行为是否构成犯罪的必不可少的要素，这是任何刑法均不可回避的问题，各国可通过立法在刑法条文上基本明确罪量或通过最高司法机关制定司法解释来基本明确罪量，从而实现其罪量的明确性，防止罪量的不确定性。从我国刑法领域看，立法既定性又定量，最高司法机关又通过制定司法解释的方法对大多数罪的罪量作了明确规定。应该说，我国在社会危害性这一罪量的司法实践上，是有章可循的。而德日刑法界在罪量的认定上则基本上是法官说了算，而其罪量的边界的不确定就有可能导致司法专断。

（三）“应受有罪宣告性”中的免罪事由对犯罪认定的影响

一种行为是否构成犯罪是国家立法确定的。犯罪确定或认定是一种贴标签的

---

① 参见沈海平：《犯罪定量模式检讨》，《法学家》2015 年第 1 期，第 99 页；徐久生、庄敬华译：《德国刑法典》，中国法制出版社，2000 年版；张明楷译：《日本刑法典》（2006 年版），法律出版社，2006 年版。

行为。某一行为即使具备了犯罪构成基本模型且具有严重的社会危害性，但是，在其具有特别事由（即免罪事由）的情况下，国家可通过立法确定其行为不是犯罪。前文已论述，我国确实规定有免罪事由。我国刑法第3条规定的罪刑法定原则要求“法律明文规定为犯罪行为的，依照法律定罪处刑；法律没有明文规定为犯罪行为的，不得定罪处刑”。这里包括了积极的罪刑法定（前段规定）和消极的罪刑法定（后段规定）。因此，我国修订后的犯罪构成四要件体系“应受有罪宣告性”中的免罪事由必须是法定的免罪事由。因此，在司法实践中，某行为可否免罪，应以是否具有法定的免罪事由为依据。而德日刑法学界对罪刑法定的理解仅指消极的罪刑法定。因此，德日犯罪三阶层体系在违法性阶层确立有许多超法规的违法阻却事由和在“有责性”阶层确立有“无期待可能性”等超法规责任阻却事由，从而使其免罪边界具有不确定性。在司法实践中，某行为是否应免罪，法官具有较大的自由裁量权。

在本章开头提到的“过路人受恐怖分子胁迫杀人案”中，德日犯罪三阶层理论以“要求过路人不杀人”无期待可能性为由，认为过路人不具有“有责性”，因此，其行为不构成犯罪，但是，按我国现行刑法规定，过路人的杀人行为符合刑法第232条故意杀人罪的四个构成要件，具有严重社会危害性，而过路人又无法定的免罪事由（我国刑法没有明文规定无期待可能性为免罪事由），其行为符合了我国修订后的犯罪构成四要件体系，因此，其行为构成故意杀人罪。其实，期待可能性可否作为“有责性”的内容，德日刑法学者也是有争论的。例如，德国著名刑法学家威尔策尔认为“期待可能性”并非责任排除事由，只是在承认其责任的情况下法秩序免除了责任非难，原谅了行为人而已。这不是一般的责任排除事由，不能普遍适用①。近年来，我国刑法学界在讨论期待可能性理论时，也有学者反对将该理论引进，反对将“无期待可能性”作为免罪事由②。笔者认为，无期待可能性并非我国刑法中的法定免责事由，不能据此免去刑事责任。一些刑法学者以德日犯罪三阶层理论具有无期待可能性这一超法规责任阻却事由，来颂扬德日犯罪三阶层理论，并以此为论据批判我国四要件犯罪构成理论，这是脱离我国现行刑法规定的言论，是违背罪刑法定原则的错误观点。

三、犯罪概念和犯罪构成边界对我国未来建构犯罪构成体系的影响

犯罪概念对犯罪构成的边界具有限制作用。我国刑法规定了法定的犯罪概

① 参见马克昌：《简评三阶层犯罪论体系》，《刑法论丛》2009年第3卷，第23页。

② 参见杨兴培：《期待可能性的刑法实践批判》，《东方法学》2008年第4期；龙长海：《期待可能性之否定》，《北方法学》2010年第2期。

念，而德日刑法没有规定有犯罪的基本概念，因此，我国完整的犯罪构成（包括一定量的综合社会危害性和应受有罪宣告性）与德日犯罪三阶层构成在边界上是有区别的。其边界上的主要区别是前者的“应受有罪宣告性”中的免罪事由仅包括法定事由；而后者的违法性阶层和“有责性”阶层包括了许多超法规阻却事由。如果德日犯罪三阶层体系排除了“无期待可能性”等不合理的超法规阻却事由，那么，我国完整的犯罪构成四要件体系与德日犯罪三阶成体系在边界上是基本一致的。

近些年来，我国一些刑法学者对我国四要件犯罪构成理论进行猛烈批判，甚至主张将我国四要件犯罪构成理论“推倒重来”，并以德日犯罪三阶层理论取而代之①。他们批判我国四要件犯罪构成理论的重要理由是该理论不能解决刑事司法实践中的复杂疑难问题。例如，他们认为，这一理论不能解决共同犯罪领域的疑难案件问题；这一理论对刑法条文规定的许多“犯罪”和“罪”的语词问题难以自圆其说②；这一理论没有期待可能性内容，遇到诸如“恐怖分子强迫过路人杀害村民案”时，无法解决其无罪的问题③，等等，而对于这些疑难问题，德日犯罪阶层理论较易解决。对此，笔者持有异议。在后文，笔者将在澄清这些问题之后，探索我国犯罪构成理论的未来发展。

（一）“犯罪”概念边界、刑法条文中的“罪”和“犯罪”的语词难题以及犯罪构成理论优劣评价

有学者认为，将违法与责任作为支柱的德日犯罪阶层理论可以明确解释刑法条文中的“罪”和“犯罪”概念，但是，我国四要件犯罪构成理论在“罪”和“犯罪”的语词解释上难以自圆其说④。他指出，一般来说，犯罪是指具备了成立犯罪的全部条件的行为。但是，犯罪的本质是法益侵害，在此意义上说，只要是侵犯了法益的行为，就具备了犯罪的本质，这意味着仅具有违法性即是一种意义上的犯罪。他还认为，我国刑法中许多条文所称的“罪”和“犯罪”仅指客观要件的违法行为。为此，他列举了不少立法例，例如，我国刑法第 115 条第 1 款规定了放火、决水等故意危害公共安全的犯罪的罪状及法定刑，其第 2 款接着规定：“过失犯前款罪的，处三年以上七年以下有期徒刑……”在这里，“前款罪”仅指客观上符合第 1 款规定的客观行为及其性质的行为，而不要求行为人像

---

① 参见陈兴良：《刑法知识论》，中国人民大学出版社，2007 年版第 51 页、第 296—350 页。

② 参见张明楷：《以违法与责任为支柱构成犯罪论体系》，《现代法学》2009 年第 6 期，第 52—53 页。

③ 参见张明楷：《犯罪的构造》，2014 年在华侨大学嘉庚纪念堂观众厅作的学术报告。http：//qingyuanshan. fyfz. cn/b/834386。2015 年 6 月 10 日登录。

④ 参见张明楷：《以违法与责任为支柱构成犯罪论体系》，《现代法学》2009 年第 6 期，第 52—53 页。

第1款那样出于故意。也就是说，这里的“罪”并不是指完全符合犯罪构成主客观要件的行为。此外，对于特殊正当防卫中“暴力犯罪”以及“犯盗窃、诈骗、抢夺罪”“明知是犯罪的人”“明知是犯罪”等表述，其“罪”和“犯罪”也并不是指完全符合犯罪构成所有要件的行为①。该学者认为，对于前述问题，德日违法和责任的犯罪阶层体系可以作出合理解释。笔者认为，罪刑法定原则要求犯罪概念具有明确性（至少是相对明确），刑法总则中犯罪的基本概念确定了犯罪概念的边界，这是刑法的基本标准概念。刑法中其他条文所使用的“犯罪”和“罪”的概念应与犯罪基本概念在范围和边界上一致。目前，在我国刑法中出现的与犯罪基本概念不一致的“犯罪”和“罪”的语词是立法者疏忽导致的，这是立法缺陷。对于这种立法缺陷，可以通过立法修改、立法解释或司法解释（即扩张解释）来解决。从概念看，犯罪应仅指符合犯罪构成所有要件的行为。在立法未修改情况下，关于前述“犯罪”和“罪”的刑法适用问题，应通过刑法解释理论来解决（或以扩张解释认可，或以类推解释为由予以否定）。因此，不能因为我国刑法在“犯罪”和“罪”语词上存在立法疏忽而认为我国四要件犯罪构成理论具有体系性的缺陷。

（二）犯罪构成的边界、共同犯罪复杂疑难案件以及犯罪构成理论的优劣判断

持前一观点的学者还认为，违法与责任的犯罪论体系（即当今德日通行的犯罪构成体系）能够妥善解决共犯成立和从属性程度问题，而四要件体系无法解决这一问题②。为了证明这一观点，他举了这么一个案例：甲女年仅15岁，她被某国有银行“正式”录用为工作人员（即国家工作人员）。某日下午5点，其所在银行储蓄所叫她以步行方式将30万元公款送到某银行分理处。在路上，她遇到了4位成年的同乡，甲对4位同乡说：“你们假装将我痛打一顿，然后‘抢走’这30万元公款，然后我们5个人将钱分了。”这4位同乡接受了其意见，并实施了“抢走”行为。事后，甲女向单位谎称30万元公款被抢走。该学者认为，根据我国通说四要件犯罪构成理论和共犯理论，因为甲女没有达到刑事责任年龄，不可能与4位同乡构成共犯，于是对4名同乡的定罪遇到了不可克服的困难。但是，根据德日违法与责任阶层理论，将自然人本身及其特殊身份作为违法要素，将责任年龄、责任能力作为责任要素，那么，就可以肯定甲与4名同乡的行为构成贪污罪的共犯（甲女为正犯），只不过由于甲女没有达到责任年龄而不承担责

① 参见张明楷：《以违法与责任为支柱构成犯罪论体系》，《现代法学》2009年第6期，第52—53页。
② 参见张明楷：《以违法与责任为支柱构成犯罪论体系》，《现代法学》2009年第6期，第49—50页。

任，但其他4名同乡依然成立贪污罪的共犯[1]。笔者认为，犯罪构成理论是既可解决单独犯问题，也可解决共同犯罪问题的犯罪成立理论。由于共同犯罪是犯罪的一种特殊形态，在共同犯罪中各共同犯罪人在主客观联系上具有特殊性、复杂性，因此，在对共同犯罪的定罪认定上应有特别的立法规定。共同犯罪的犯罪构成是特殊的犯罪构成，在运用犯罪构成理论阐释共同犯罪问题时，应关注其特殊性，并建立起完善的共同犯罪理论。在德日共同犯罪理论里，关于共犯的本质，有犯罪共同说和行为共同说之分，有共犯从属说和共犯独立说之分。各种各样的观点均有支持的学者[2]。在前述案例中，涉及共犯（帮助犯和教唆犯）从属说和共犯独立说的理论，前述赞扬德日违法与责任阶层理论的学者支持共犯从属说，所谓共犯从属说，即正犯者已经着手实行犯罪，是成立狭义共犯的要件，如果正犯者没有着手实行犯罪，就不成立狭义共犯。而共犯从属说又分为（1）最小从属说；（2）限制从属说；（3）极端从属说；（4）夸张从属说（最极端从属说）[3]。该学者支持的共犯从属说属于最小从属说或限制从属说，所以，在前述案件中，他得出4个同乡的行为构成贪污罪的共犯的结论。但是，若按支持极端从属说和最极端从属说的德日刑法学者的观点，这4位同乡的行为不可能构成贪污罪的共犯。由此可见，即使按德日犯罪阶层理论，在共同犯罪领域，这类案件也是有多种不同结论的。

其实，对于前述案件，我国四要件犯罪构成理论和共同犯罪理论是完全可以解决其定罪问题的。共同犯罪是各共同犯罪人的共同行为所形成的有机整体，共同犯罪的犯罪构成是特殊的犯罪构成，它由共同犯罪主体要件、共同犯罪的客观要件、共同犯罪的主观要件和共同犯罪的客体所组成。如果刑法对共同犯罪各相关内容规定不明确，那么，在共同犯罪理论上，学者对共同犯罪的每一构成要件的内在要素的联系方式和各个构成要件之间的联系方式将有各种各样的观点。我国现行刑法对共同犯罪的规定相当简约，共同犯罪领域出现的复杂疑难案件实际上是因为现行刑法立法不具体、不明确导致的。对于前面共同贪污的疑难案件而言，我国刑法学界也会有多个不同的结论。笔者认为，解决这一案件可参考前一章所提到的两个方案：第一，按我国通说阐释我国刑法第25条的共同犯罪概念，对“二人以上共同故意犯罪”中的“二人以上”，在解释上认为，共同犯罪的每一个主体均是完全达到刑事责任年龄的人。简言之，共同犯罪的主体要件要求：二人以上的主体均应是达到刑事责任年龄的人。在前述案件中，因甲女没有达到

① 参见张明楷：《以违法与责任为支柱构成犯罪论体系》，《现代法学》2009年第6期，第49—50页。
② 参见张明楷：《外国刑法纲要》，清华大学出版社，2007年版，第305—310页。
③ 参见张明楷：《外国刑法纲要》，清华大学出版社，2007年版，第305—310页。

贪污罪的刑事责任年龄（未满16周岁），因此，未满16周岁的甲女与其4个同乡的行为不能构成贪污罪的共犯。在定罪时，应将4名同乡的行为作为间接正犯看待，即这4个同乡将甲女作为犯罪工具来利用去实施诈骗犯罪，这4名同乡的行为共同构成诈骗罪。第二，对我国刑法第25条的共同犯罪概念进行扩张解释。一是将二人以上中的“人”解释为“所有的人”，包括未达到刑事责任年龄的人；二是将“共同犯罪”解释为“一起参与犯罪”。这样，在本案中，甲女符合贪污罪共同犯罪的主体组合要求，具有共同贪污行为，又符合贪污罪主观要件和客体要件，在定罪时可以将甲女和4名同乡的共同犯罪行为认定为贪污罪的共同犯罪，而甲女因未达到16周岁的刑事责任年龄，其行为不以犯罪论。笔者认为，若严格遵循罪刑法定原则，第一个方案是较为妥当的，即对案例中的4名同乡应以诈骗罪的共同犯罪论处。

从前述分析可知，对于共犯领域的疑难问题，德日刑法学界内部和我国刑法界内部均会有各种不同观点，共犯疑难问题的产生并不是由于犯罪构成体系的缺陷而造成的，而是由于立法疏忽而导致的。这需要立法完善，或通过完善共同犯罪理论来解决。

在前述共同犯罪疑难案件中，若以我国修订后犯罪构成四要件体系分析，主要涉及第一阶层“犯罪构成的基本模型”（四个构成要件）中各个相关要件内在特殊组合的边界限定问题，没有涉及第二阶层“一定量的综合社会危害性”和第三阶层“应受有罪宣告性”的边界争论，这些疑难案件并没有冲击到我国修订后犯罪构成四要件体系。在我国修订后犯罪构成四要件体系下，这些疑难案件是可以得到合理解释的。而在德日犯罪三阶层体系下，其共同犯罪的构成要件是在排除违法阻却事由和责任阻却事由因素之后，在构成要件的该当性、违法性和有责性的相关要素的内在特殊组合而形成一个共同犯罪构成模型，并确立其共同犯罪的边界。在基本立场相同的情况下，我国修订后犯罪构成四要件体系和德日犯罪三阶层体系的共同犯罪的特殊犯罪构成的边界是相同的，以我国修订后四要件犯罪构成理论和德日犯罪三阶层理论分析同一共同犯罪疑难案件，其结论也是相同的。

综上可见，在共同犯罪复杂疑难案件下，我国修订后四要件犯罪构成理论和德日犯罪三阶层理论均存在较大的解释力，两者的优劣较难区分。

（三）犯罪构成边界、期待可能性以及犯罪构成理论优劣思考

持前述观点的学者还认为，德日期待可能性理论可以合理解决一些疑难问题，例如，文章开头所说的“恐怖分子强迫过路人杀村民案”的类似问题。对于期待可能性问题，笔者持有异议。笔者的基本观点是：由于无期待可能性属于

超法规责任阻却事由，在我国现行刑法规定下，在行为具备了“犯罪构成基本模型”和“一定量的综合社会危害性”情况下，无期待可能性不是法定的免罪事由，因此，我国犯罪构成四要件体系排除“无期待可能性”的免罪事由是合法的、妥当的。在司法实践中，若遇到诸如“恐怖分子强迫过路人杀村民”的疑难案件，对杀人者不能按无罪论处，而应以故意杀人罪论处。对于此类所谓“无期待可能性”案件，我国四要件犯罪构成理论确实无法将其解释为无罪案件，因为我国罪刑法定原则的规定对此进行了限制，因此，我国犯罪构成四要件体系边界以内没有“无期待可能性”免罪事由的要素，这并不是其自身存在缺陷。对于合理性和合法性产生冲突的“复杂疑难案件”，我们不能进行无限度的实质解释，并进行所谓理论“创新”。将刑法明文规定为犯罪的行为通过无度的实质解释来认定其为无罪的行为，属于破坏法治的行为。在坚持罪刑法定原则的前提下，我国修订后的犯罪构成四要件体系的边界内杜绝无期待可能性等超法规责任阻却事由的要素并不是该体系的缺陷，恰恰相反，这是该体系的优点之一。而德日通说的犯罪三阶层体系将无期待可能性等超法规责任阻却事由纳入其体系边界之内，并由法官自由裁定出罪，这是对罪刑法定原则的冲撞，这是该体系的一个缺陷。

在我国，不少学者也认为，在处理一些疑难复杂案件方面，我国犯罪构成四要件体系往往束手无策或破绽百出，而德日犯罪三阶层体系具有体系性强、更严密的优势，有利于正确定罪。因而，他们主张我国犯罪构成理论应采取德日犯罪三阶层理论①。笔者认为，复杂疑难案件产生的原因是刑法规定具有模糊性，或刑法立法的疏漏，或刑法规定存在冲突或交叉，或刑法规定不合理。对于这些复杂疑难案件，人们主要在刑法解释论、罪数形态论、认识错误论、共同犯罪论、违法实质论等刑法理论领域产生分歧。在任何犯罪构成理论下，这些理论分歧都是存在的，这与哪一种犯罪构成理论优劣无关，即使更换为另一种犯罪构成理论，这些理论分歧依然存在。若要解决这些复杂疑难案件，需要通过前述相关刑法理论领域的原理来解决，需通过立法修改或有权刑法解释来解决。

综合本章前文所述，笔者认为，犯罪概念是犯罪构成的基础，犯罪概念对犯罪构成边界具有制约作用，犯罪构成的边界不能逾越犯罪概念所设定的界限。当今世界各国刑法的犯罪概念均具有模糊性，而犯罪概念模糊性会导致犯罪构成体系的边界具有不确定性。我国的犯罪概念和德日的犯罪概念具有较大的不同，同时，两者的犯罪构成体系在边界上也有明显的不同。在同一刑法规定下，若坚持

① 参见陈兴良：《刑法知识论》，中国人民大学出版社，2007 年版，第 336 页；以及王全宝：《中国刑法学被变性引争议》，《东方早报》2009 年 6 月 4 日第 A19 版。

罪刑法定原则，我国修订后的犯罪构成四要件体系和德日犯罪三阶层体系在定罪领域里均可较全面地解决司法实践问题。既然如此，我国犯罪构成理论在未来的发展中是对通说犯罪构成四要件体系进行改良完善，还是推到现行四要件体系以德日三阶层体系取而代之呢？笔者认为，由于我国四要件犯罪构成理论是具有一定科学性的平民化理论，在未来的发展中，我国犯罪构成理论仍应以该理论为基础，通过改良让其更具科学性。

第五章　犯罪构成建构的哲学导向

犯罪构成是犯罪成立的规格，而犯罪构成理论是刑法学的重要理论。哲学是一种系统化、理论化的世界观和方法论①，它是人类思维的最高形式和最高层次的方法论，它对人类实践活动和各门具体科学的发展具有指导作用。科学的犯罪构成的立法设置与科学的犯罪构成理论的建构需要哲学的世界观和方法论的引导。

在当今世界，具有重大影响的犯罪构成理论主要有三种，即中俄的四要件犯罪构成理论、德日犯罪三阶层理论和英美的双层次犯罪构成理论。刑法学者们在建构这些犯罪构成理论时，莫不有意或无意地受到哲学思想和方法论的影响。经过我国刑法界人士长期不懈的努力，我国在犯罪构成理论研究上取得了丰硕的研究成果，但是，我国从哲学视野上研究犯罪构成理论的研究成果寥若辰星，尤其是缺乏系统地运用哲学理论对犯罪构成进行全面研究的成果。马克思主义哲学是科学的、开放的、发展的哲学。为了更好地促进我国犯罪构成立法的科学发展以及进一步完善我国犯罪构成理论，我国应以马克思主义哲学基本原理为指导，同时，吸收西方哲学中一些合理的哲学原理和方法，对犯罪构成立法和理论的基本问题进行较全面的宏观研究。

在本章的最后部分，笔者运用哲学的基本原理分析了中国通说四要件犯罪构成理论的基本合理性，从哲学的视角为通说四要件犯罪构成理论辩护，同时指出其存在的不足。

一、犯罪构成哲学研究概述

（一）犯罪构成哲学研究的现状及基本评析

从现有文献资料看，刑法学者们对犯罪构成基本问题的哲学研究往往从狭小的视角聚集于少量的几种哲学理论来研究犯罪构成理论的哲学基础，而没有从开阔的视野广泛而深入地运用各种各样的哲学原理和方法来研究犯罪构成。

在这些研究成果里，下面几位刑法学者的研究成果具有一定代表性：德国著名刑法学家罗克辛对德国三个重要的犯罪构成理论（即犯罪论体系理论）的哲

① 欧阳康、冯卓然主编：《马克思主义哲学原理》，高等教育出版社，1999 年 7 月第 1 版，第 3 页。

学基础进行了研究。他认为，古典犯罪论体系的哲学基础是自然主义哲学，新古典犯罪论体系的哲学基础是新康德主义的价值哲学，而目的论犯罪论体系的哲学基础是现象学和本体论理论，目的理性犯罪论体系的哲学基础是新康德主义和新黑格尔主义①。而龙长海博士认为，德国三要件犯罪论体系的哲学根源均可追溯到康德哲学，贝林的古典犯罪论体系的哲学基础并不是自然主义哲学，而是新康德主义，革命前俄罗斯的犯罪构成理论的哲学基础是黑格尔的主客观对立统一哲学思想。而苏俄和我国四要件犯罪构成理论的哲学基础是马克思主义的唯物辩证法②。欧阳本祺博士则认为，在德日犯罪构成体系中，自然主义体系（即古典体系）只研究事实，将价值排除在视野之外，其哲学基础既不是规范论（即“事实与价值二分”的新康德主义哲学），也不是存在论（即“事实与价值合一”的存在论价值哲学），而新古典论体系、罗克辛体系和雅各布斯体系的哲学基础是“事实与价值二元分离”的规范论。而我国四要件犯罪构成体系的哲学基础是“事实与价值合一”的马克思主义存在论③。刑法学者们在对犯罪构成理论哲学基础进行研究时，一般是论述各种犯罪构成理论的哲学基础是哪一种哲学理论，并分析其哲学基础是否合理，并对哲学基础不合理的犯罪构成理论提出批判，继而提出犯罪构成理论的改造方向。

从前述的犯罪构成哲学研究成果看，刑法学者对犯罪构成理论的哲学基础进行了有益的探讨，尤其是他们对新康德主义的“事实与价值二分”的哲学思想和现象学存在论的“事实与价值合一”的哲学思想进行了深入研究，对这两种对立哲学思想作为犯罪构成理论的哲学基础的不同影响进行了认真的分析。但是，目前，刑法学人对犯罪构成基本问题的哲学研究在广度和深度上仍有待于进一步拓展。

笔者认为，迄今为止，刑法学人对犯罪构成基本问题的哲学研究存在着不少问题，具体体现在以下几方面：

1. 没有系统地对犯罪构成基本问题进行哲学研究

犯罪构成基本问题涉及诸多方面，例如，如何建构犯罪构成的体系，如何选取犯罪构成基本行为形态的各构成要素，如何选取犯罪构成例外要件，如何评价犯罪构成的立法设置，如何对犯罪构成理论进行科学评价，等等。但是，迄今为

---

① ［德］克劳斯·罗克辛著（王世洲译）：《德国刑法学总论（第1卷）》，法律出版社，2005年5月第1版，第122—126页。

② 龙长海：《德日、俄中犯罪构成理论哲学基础研究》，《求是学刊》2010年第6期，第80—86页。

③ 欧阳本祺：《犯罪构成的价值评价：从存在论定向规范论》，《法学研究》2011年第11期，第126—138页。

止，刑法学人在对犯罪构成的哲学研究上仅在理论上聚焦于几种哲学理论研究犯罪构成理论的哲学基础，其研究范围如此狭窄，显然不尽如人意，这有待于刑法学人拓宽哲学研究视野。

2. 没有对犯罪构成理论的哲学基础从哲学上进行有深度的研究

现有的犯罪构成理论多种多样，对于这些犯罪构成理论的哲学基础，刑法学者所涉及的哲学理论主要有：（1）自然主义哲学；（2）新康德主义哲学；（3）现象学本体论；（4）新黑格尔主义哲学；（5）黑格尔“主客观统一”哲学思想；（6）马克思主义的唯物辩证法。一些学者在论述某种犯罪构成理论的哲学基础时，没有对这种哲学基础从哲学层面上进行深入分析，他们没有说明这种哲学基础来自于哪一个哲学家的哪一具体的哲学思想，也没有深入地论证这种哲学思想是如何对犯罪构成理论建构产生影响的，有的研究成果的哲学分析让人感到是人云亦云。

3. 一些哲学研究结论牵强附会

一些刑法学者在对犯罪构成理论哲学基础进行研究时认为，某某刑法学者是在某一哲学理论影响（或指导）下建构一种犯罪成理论的，而该犯罪构成理论的哲学基础仅指一个哲学理论（或思想），它或是自然主义哲学，或是新康德主义哲学，或是现象学本体论，等等，其中，一些结论显得非常牵强。例如，人们普遍认为，贝林的古典犯罪论体系是在自然主义哲学（或称自然科学实证主义哲学）影响下建立的，其哲学基础是自然主义哲学。而贝林自己并没有说过其犯罪构成理论是在自然主义哲学影响下建立的，其哲学基础就是自然主义哲学，显然前述结论是其他刑法学者强加给他的。从贝林学术成长过程看，贝林在建构其犯罪构成理论前有可能学习过哲学史，有可能受过哲学思维训练，历史上许多重要哲学家的重要哲学思想可能对其产生过影响。由于建构一种犯罪构成理论是一个系统的工程，因此，贝林也是有可能在多种哲学思想影响下建构其古典犯罪论体系的。贝林生卒时间是 1866 年至 1932 年，而新康德主义价值哲学的最主要人物文德尔班生卒时间为 1848 年至 1915 年。贝林与文德尔班是德国同时代的两位著名学者，实际上，从贝林的著作也可分析出，其古典犯罪论体系也是符合新康德主义的“事实与价值二分”哲学思想的。贝林在论述其古典犯罪论体系时指出，构成要件符合性阶层的内容属于记述性的和中性的，但是，其违法性阶层和有责性阶层均属于价值评价的阶层①。其构成要件符合性阶层是事实判断阶层，而违法性和有责性两阶层是价值评价阶层，若将事实判断阶层和价值评价阶层视为一

① ［德］恩施特·贝林著：《构成要件理论》，王安异译，中国人民公安大学出版社，2006 年 9 月第 1 版，第 65—96 页。

个整体的两部分时，这体现了新康德主义的“事实与价值二分”的哲学思想。当然，若孤立地仅分析“构成要件符合性”的事实判断阶层，那么，也可以说，这个体系符合自然主义哲学思想。由于刑法学者在建立自己某犯罪构成理论时，往往没有申明他是受何种哲学引导而建构的，因此，在法学研究中，后人在论述他人建构的犯罪构成理论的哲学基础或原理时，不应信誓旦旦地说“某刑法学者的犯罪构成理论就是在某哲学理论影响或指导下建立的”，而应是根据该犯罪构成理论的内容，指出其内容或方法与某哲学理论相符合或相通。

在现有的各种犯罪构成理论哲学基础研究成果里，不少研究结论是类似于前述情况的牵强附会的结论。

（二）犯罪构成的立法司法、理论与哲学的关系

犯罪构成问题是定罪领域的重要实践（立法司法）问题，犯罪构成理论归属于理论范畴。犯罪构成理论来源于实践，同时，它对犯罪构成的立法司法具有重大的指导意义。哲学也属于理论范畴，但是，哲学对犯罪构成的立法司法是否具有直接指导作用呢？为了更好地从哲学上研究犯罪构成，有必要先弄清犯罪构成的立法司法、理论与哲学的关系。

1. 犯罪构成的立法司法与犯罪构成理论的关系

犯罪构成的立法司法与犯罪构成理论的关系是实践与理论的关系。犯罪构成理论的源泉是刑事定罪领域的立法司法，刑法学者经过对立法司法实践的总结将实践的认识升华到理论高度，形成犯罪构成理论，而犯罪构成理论反过来对刑事立法司法具有指导作用。刑事立法司法的变化发展又影响到犯罪构成理论的完善与发展。

2. 犯罪构成的立法司法与哲学的关系

犯罪构成的立法司法与哲学的关系同样是实践与理论的关系。哲学是系统化、理论化的世界观和方法论，哲学理论具有普遍性、终极性等特点，而哲学方法是最普遍、最基本的解决问题和思考问题的方法，因此，哲学对犯罪构成的立法司法无疑地具有重大指导作用。但是，犯罪构成的立法司法具有刑事法治的稳定性、相对静止性、明确性等有限性特点，因此，犯罪构成的立法司法在哲学指导的同时，还需要结合其他法学理论来综合分析。

3. 犯罪构成理论与哲学的关系

犯罪构成理论与哲学的关系是微观理论与宏观理论的关系。犯罪构成理论仅是刑法学中的一个子理论，而哲学是关于各门具体科学知识的概括和总结，对各门具体科学的发展具有指导作用。哲学对犯罪构成理论的建构和发展同样具有指导作用。犯罪构成理论是指导犯罪构成的立法司法的专门理论，在犯罪构成理论

建构中，涉及犯罪构成的实质内容选取、体系和结构、科学评价等内容，犯罪构成理论的每一部分内容均可在一定哲学理论的指导下来建构，这一系列的哲学理论可成为犯罪构成理论的有机组成部分，它也是验证犯罪构成理论科学与否的重要依据。

哲学是人类理论思维的最高形式和最高层次的方法论，它从本体论、认识论、价值论等角度，把握认识的普遍性原则，以概念框架的形式，提供一套特定的思维模式①。哲学对犯罪构成的立法司法具有指导作用，对犯罪构成理论建构具有引领作用。在犯罪构成理论建构中，应根据刑事法治的特殊性，在遵循罪刑法定原则的前提下，全方位地对犯罪构成各方面内容进行多角度的哲学思考。犯罪构成理论建构的研究并不能仅限于单一研究自然主义哲学、新康德主义哲学、现象学存在论等“哲学基础”问题。马克思主义哲学是科学的、开放的、发展的哲学，我国应以马克思主义哲学基本原理为指导，同时，吸收西方哲学中一些合理的哲学原理（思想），建立起犯罪构成理论中多维度的哲学思维体系，从而使犯罪构成理论更加丰富和更具科学性。

二、犯罪构成正当性的哲学基础

犯罪构成是一国刑法所规定的、决定某一种行为成立犯罪并由一系列构成要件所形成的有机整体，它是犯罪的微观构成。在纷繁复杂的人类社会行为里，哪些行为应规定为犯罪，哪些“行为构成”应规定为犯罪构成，拟设置（或已设置）的犯罪构成是否妥当，这些问题是犯罪构成建构必须解决的基础问题。现代文明的法治国家所确立的犯罪及其犯罪构成应具有正当性。正当性是犯罪构成的灵魂，缺乏正当性的犯罪构成是恶的。可见，犯罪构成的正当性问题是犯罪构成建构需要解决的首要问题。犯罪构成的建构应在一定哲学原理（思想）指导下进行，以确保其具有正当性。

1. “物质决定意识”的哲学原理对犯罪构成正当性的引导

马克思主义哲学是“唯物论和辩证法、唯物主义自然观和唯物主义历史观相统一”的哲学。其基本主张是：“存在决定思维，物质决定意识”②，而“社会存在决定社会意识是存在决定意识的最本质、最深刻的内容”③。社会生活现实是

---

① 陈嘉明著：《现代西方哲学方法论讲演录》，广西师范大学出版社，2009年7月第1版，第3页。

② 李秀林、王于、李淮春主编：《辩证唯物主义和历史唯物主义原理（第4版）》，中国人民大学出版社，1995年5月第4版，第21页。

③ 李秀林、王于、李淮春主编：《辩证唯物主义和历史唯物主义原理（第4版）》，中国人民大学出版社，1995年5月第4版，第24页。

社会存在的范畴，而法律属于社会意识范畴，犯罪构成是刑法规定的内容，自然归属于法律之中。根据社会存在决定社会意识的原理，社会生活现实决定法律、决定犯罪构成，法律只有符合社会生活现实，能促进社会的发展，实现人民的利益，才可成为良法，才具有正当性。

对处于不同历史发展阶段的社会，其社会存在是有差异的。生产力的不同决定其生产关系（经济基础）的不同，从而决定其上层建筑的不同。在刑法的发展史上，各个发展时期的社会存在决定了刑法立法的千差万别，在犯罪构成（即犯罪成立构成）形态上也呈现着各种差异。在刑法史里，曾出现过“客观归罪”的刑法立法（包括普通法和成文法）。在“客观归罪”的情况下，其在犯罪成立构成上缺乏主观要件（即罪过）也可构成犯罪①；在一定时期里，也出现过“主观归罪”的立法例，在“主观归罪”的犯罪成立构成则欠缺客观要件②。这样的犯罪构成是统治者为了自己的利益和统治的需要，根据社会存在而在立法上作出的反映。尽管这样的立法在现在看来并不妥当，但是，它是在当时各种社会存在因素影响下而作出的立法决定。在大陆法系的旧派发展史里，在旧派的刑法思想影响下，罪刑法定原则、罪刑相适应原则和刑罚人道原则对刑法立法具有广泛的影响，在旧派的刑法思想影响下的刑法立法属于以行为为中心的立法，人们将这种刑法称之为“行为刑法”。在旧派思想影响下，其犯罪构成立法体现了客观主义刑法的印记，在旧派初期，它强调社会危害性（尤其客观危害）对定罪的重要作用，它反对主观归罪，重视对结果犯的立法。旧派之所以提出这些主张，是因为当时的社会存在决定的。在欧洲中世纪时期，在封建专制政权和教会的统治下，犯罪是一个虚无缥缈的概念，罪刑擅断，严刑峻法，刑罚不人道。在西方工业革命开始后，资本主义逐渐得到发展，新兴资产阶级在不断壮大，他们在政治上和经济上产生了新的要求。从当时社会存在看，封建社会的刑法制度已阻碍了社会的发展，因此，作为上层建筑（意识范畴）的刑法应根据社会存在的现状进行变革，以促进社会的发展。旧派的刑法思想就是顺应时代的要求而产生的，并影响了当时的西方国家刑法立法，这时的犯罪构成呈现出了客观主义刑法的形态。在自由资本主义时期，在旧派思想影响下而制定的刑法对于促进社会进步具有重要影响，但是，随着资本主义发展到垄断阶段后，生产力高度发展，社会矛盾不断恶化，犯罪率不断攀升，在旧派影响下而制定的刑法不能较好地应对社会存在中的各种犯罪现象。在新的社会存在要求下，新派应运而生，新派强调人身

① 参见刘仁文：《严格责任论》，中国政法大学出版社，2000 年 5 月第 1 版，第 15 页。

② 柳正权：《中国古代定罪原则的法文化分析》，《武汉大学学报（哲学社会科学版）》2012 年第 6 期，第 50 页。

危险性和主观恶性对定罪的重要作用，其理论是一种以行为人为中心的刑法理论，在其影响下而制定的刑法是行为人刑法。新派对旧派以行为中心和客观社会危害性为重心而主张的罪刑法定原则和罪刑相适应原则持异议，它关注刑罚的特殊预防作用，主张以人身危险性作为其刑法立法的重心，它认为，犯罪构成仅是其人身危险性的征表，在新派思想影响下的犯罪构成立法呈现了主观主义刑法的特征①。

在英美法系国家的刑法史上，为了更好地保护公共利益和提高诉讼效率，立法者（包括普通法的确立者和成文法立法者）根据社会存在的状况确立了刑法上的严格责任（包括绝对严格责任和相对严格责任）。对于适用严格责任的犯罪，其犯罪构成在构成形态出现了特别的特征。在这些国家里，社会存在的行政犯罪呈膨胀性发展趋势，一些特别犯罪的主观罪过存在着证明困难的问题，这导致一些公共利益和公民个人利益得不及时保护。这一社会存在现实决定了其严格责任之犯罪构成呈现出特别形态。

当前，科学技术突飞猛进，社会存在出现了许多新情况、新问题。在犯罪领域，一些犯罪的特点也具有特别的时代特征。例如，当前的脑控技术正在发展，出现了脑控汽车、脑控飞机等技术苗头②。一旦脑控技术真正实施并普遍化，那么，利用脑控技术进行犯罪的现象将呈现出一定的发展趋势。在未来，在利用脑控技术的犯罪里，犯罪行为和犯罪思想（包括罪过）具有同一性，在这种社会存在状况下，犯罪构成的形态将随之变化，相关的刑法立法将随着社会存在的高技术发展而发生变化，其相关的犯罪构成将出现新的形态。

综上所述，社会存在决定着刑法的立法，决定着犯罪构成的构成形态，刑法立法好或坏和犯罪构成的正当与否会影响着社会存在的发展。这是“物质决定意识”的哲学原理在刑法领域的反映。可见，“物质决定意识”哲学原理对犯罪构成的建构具有基本导向作用。

2. 价值哲学对犯罪构成正当性的引领

犯罪的确立及其犯罪构成的设置是否正当，这涉及价值评价问题。而价值的评价问题需要价值哲学的引导。

近现代价值哲学在康德哲学思想影响下得到了很大的发展。康德认为，在存

---

① 马克昌主编：《近代西方刑法学说史》，中国人民公安大学出版社，2008 年 1 月第 1 版，第 1—343 页；以及张明楷：《刑法的基本立场》，中国法制出版社，2002 年 3 月第 1 版，第 1—47 页。

② 俄罗斯卫星通讯社报道：《俄罗斯将展出首辆“脑控汽车”服务行动不便者》，《科技日报》2017 年 11 月 27 日第 8 版；以及《美国国防部脑部神经研究，可以植入记忆、脑控开飞机》http：//www.guancha. cn/science/2015-03-25-313607. shtml2018 年 4 月 2 日登录。

在领域，有着两个世界：一是现象世界；二是自在之物世界（本体世界）①。新康德主义哲学弗莱堡学派的代表人物文德尔班深受康德这一哲学思想影响，他也认为，在存在领域，有着二个世界：（1）事实世界。所谓事实世界，即表象（现象）世界，理论世界。（2）价值世界。它是指本体（自在之物）世界、实践（道德实践）世界。文德尔班认为，价值和评价问题是哲学的根本问题，哲学是一种价值理论，他提出并系统地论述了普遍价值学说（即规范论）。他主张，哲学就是关于普遍价值的学说②，该理论的主要依据是康德的实践理性学说“康德伦理学”（“康德伦理学”实际上属于价值哲学范畴），他的普遍价值即康德作为最高的道德原则的“绝对命令”。文德尔班估价的最高准则是“应当如此进行估价”，按“良心”的原则估价③。文德尔班认为，绝对命令，作为良知的一般定义，教导每个人都要让他的意志服从于规律，即命令，并且告诉他这个命令完全独立于任何个人所能找到的倾向和对象，绝对命令出现在他的意志之中。只有个人赋予自己适用于成为普遍规则的道德律，良知才掌握了自律的统治权④。在文德尔班影响下，哲学家们对价值理论进一步深化和发展，并使价值论成为了哲学的主要内容。哲学价值论涉及价值原则、规范、命令产生的哲学问题以及价值评价等哲学问题，而道德和法律属于本体世界、价值世界，犯罪构成属于本体世界、价值世界，因此，犯罪构成的正当性问题应在哲学价值论的指导下解决。

价值哲学中的价值原则、规范、命令对犯罪构成正当性评价具有指导意义。在人类文明社会里，存在着各种对人们有约束力的价值原则、价值规范和命令，这些价值原则、价值规范和命令来自于哪里呢？它们各自依据什么来确立呢？这些是价值哲学中的“元问题”，这些元问题是关系到各种价值体系建立的基础性问题。在价值论和伦理学史上，“推己及人”是一种典型的价值规范命令产生的思维方式和方法⑤，其典型的表述方式有康德的“绝对律令”——“要这样行动：使得你意志的准则任何时候都能同时被看作一个普遍立法的原则”⑥、圣经的“无论何事，你们愿意人怎样对待你们，你们也要怎样待人”。哈贝马斯的表述方式是：“满足每个参与者意愿”、“能够为一切有关的人毫无强制地加以接

① 杨祖陶著：《康德黑格尔哲学研究》，武汉大学出版社，2001年10月第1版，第51页。

② 刘放桐等著：《现代西方哲学（上）》，人民出版社，1990年8月第2版，第141—144页。

③ 刘放桐等著：《现代西方哲学（上）》，人民出版社，1990年8月第2版，第141—145页。

④ （德）文德尔班著：《文德尔班哲学导论》，施璇译，北京联合出版公司，2016年9月第1版，第181—185页。

⑤ 孙伟平：《价值哲学方法论》，中国社会科学出版社，2008年5月第1版，第240页。

⑥ ［德］康德著：《实践理性批判》，邓晓芒译，杨祖陶校，人民出版社，2016年9月第2版，第37页。

受"[①]。在现代，人们也普遍认为，"推己及人"原则是推导出具有约束力价值规范的"金规则"，它是全球伦理、普遍价值的思想资源[②]。犯罪构成建构是一种价值规范设置的立法活动，价值哲学的"推己及人"的原则对犯罪构成的刑法规范的制定当然应有指导作用，这一原则也是评价犯罪构成是否正当的一个重要依据。

在评判犯罪构成的正当性时，涉及"正当"和"正义"的联系和区别问题。在政治、经济、法律等领域里，所谓正当，一般是指行为或制度符合道德的要求、社会发展的需要和人民的利益，具有合理性和合法性。在有的语境下，人们将"正当"和"正义"作为同义词来使用，但是，在一般情况下，应将"正义"作为一种崇高的理念和原则来理解，"正当"是"正义"的一种属性。对于某种行为或制度来说，符合"正义"理念和原则才具有正当性。

正义与不正义是价值哲学里的重要论题。犯罪构成必须符合正义，因此，犯罪构成的建构应在正义的哲学思想指导下开展。正义是人们普遍公认和追求的崇高的价值、理想和目标。尽管人们对正义的概念存在争论，但是，在抽象的理念里，正义蕴含着自由、平等、公平、公道、正当、无私、正直、善这些基本属性，这是人们的基本共识。换言之，人们对普遍的正义理念具有基本共识。当前，关于正义问题的重要哲学思想流派有两个：一是功利主义学派；二是自由主义契约论学派。

功利主义的基本观点是，符合道德的行为或者制度的判断标准应该是，该行为或者制度能促进"最大多数人的最大幸福"[③]。基于这一观点，所谓的正义，就是该行为或者制度"能够促进最大多数人的最大幸福"。对于功利原理，边沁是这样论述的："它按照看来势必增大或减小利益有关者之幸福倾向，亦即促进或妨碍此种幸福的倾向，来赞成或非难任何一项行动。"[④] 为了保证前述功利原理得到人们普遍遵守，其主要手段是，惩罚违抗行为。惩罚的目的是以最小的人类苦痛的代价来保证法律得到遵守，从而保证公共幸福的最大增长。根据边沁的功利原理，在确定要做什么或要制定何种强制性法律时，其功利总和的估算可能需要通过牺牲某些个人的幸福来保证其他人的更大幸福，但是，在作出这些估算的时候，应当对每一个人的快乐均考虑在其中，做到所有的人要用同等重视[⑤]。

---

① 孙伟平：《价值哲学方法论》，中国社会科学出版社，2008 年 5 月第 1 版，第 240—244 页。

② 孙伟平：《价值哲学方法论》，中国社会科学出版社，2008 年 5 月第 1 版，第 242 页。

③ ［英］约翰·穆勒著：《功利主义》，徐大建译，商务印书馆，2014 年 5 月第 1 版，《译者序》。

④ ［英］边沁著：《道德与立法原理导论》，商务印书馆，2000 年 11 月第 1 版，第 59 页。

⑤ ［英］边沁著：《道德与立法原理导论》，商务印书馆，2000 年 11 月第 1 版，第 59 页。《导言》第 10—20 页。

在惩罚问题上，惩罚是否正义的具体标准是，是否有理由、是否有效、是否有益、是否有必要、是否符合比例等①。

自由主义契约论在发展过程中存在两个阶段：一是古典社会契约论；二是当代自由主义契约论。

古典社会契约论的代表人物是霍布斯、洛克、卢梭和康德。古典社会契约论认为，人天然地具有自由和平等的权利。在国家和社会建立以前，人们生活在自然状态下，并处于完全自由之中，但是，由于竞争、猜疑和荣誉的原因导致人类社会处于战争状态，从而使人人都生活于死亡的恐惧之中（霍布斯的观点），或自私的人们感到孤单、不安全、不确定，并因此感到焦虑，处于充满恐惧和经常危险的状况之中（洛克的观点）。因此，为了更好地实现自由和平等等权利，获取更大的利益，人们一致同意订立契约，在契约里把自己的全部自然权利（霍布斯和卢梭的观点），或部分自然权利（洛克的观点）转让给国家，并使自己意志服从于国家意志，国家具有强制履行社会契约内容的权利②。自然法是人类所共有的权利或正义体系，是客观地存在于人类社会之中的普遍法则，是成文法的依据，国家必须遵守自然法，其制定的成文法必须与自然法相符，这才建立合理的社会秩序③。社会契约论将自然法融入其理论之中，根据古典社会契约论，只要国家制定的成文刑法符合自然法，其所确立的犯罪及其刑罚就是正义的。在惩罚的正义问题上，根据自然法理论，在前契约状态，一个人受到他人伤害时，若其有力量，他会自然而然地要对那伤害者进行报复，这是一种自然正义。在签订契约以后，法律取消了个人可以报复的权利，法律负起了代替受害者向伤害者报复的责任，尽管惩罚也是一种恶，但是，它是实现正义所必需的恶，这种惩罚的正义是自然正义。由于自然法这种以恶治恶的正义不能充分证明基于自然正义的法律惩罚有力量中止恶的循环④。因此，古典社会契约论的正义观是存在着缺陷的。

当代自由主义契约论发源于古典社会契约论，其基本观点是，“合乎道德的行为或制度应当符合正义的原则，而所谓正义，简要地讲就是尊重或者不侵犯个人的基本人权”⑤。该学派的杰出人物是美国的约翰·罗尔斯。罗尔斯在其著名

---

① ［英］边沁著：《道德与立法原理导论》，商务印书馆，2000年11月第1版，第59页。第217—249页。

② 张卫明著：《罗尔斯正义论方法论研究》，中国出版集团、世界图书出版公司，2013年5月第2版，第12—138页。第12—56页。

③ 张卫明著：《罗尔斯正义论方法论研究》，中国出版集团、世界图书出版公司，2013年5月第2版，第12—138页，第12—56页。

④ 廖申白：《西方正义概念：嬗变中的综合》，《哲学研究》2002年第11期，第64页。

⑤ ［英］约翰·穆勒著：《功利主义》，徐大建译，商务印书馆，2014年5月第1版，《译者序》。

的著作《正义论》里借鉴了霍布斯、洛克、卢梭、康德等人的古典社会契约论，提出了自己的新的社会契约论，并据此来推演和证明自己提出的两个正义原则，提出了具有世界性影响的“作为公平的正义”理论。他假设人们在订立社会契约的“原初状态”时，在“无知之幕”后选择正义原则，在公平的条件下一致同意选择正义的制度。罗尔斯所提出的两个正义原则是：（1）平等自由原则。所谓平等自由原则，是指“每一个人对与所有人所拥有的最广泛平等的基本自由体系相容的类似自由体系都应有一种平等的权利”[①]。根据这一原则，一个人的基本自由不能被任意剥夺，即使以社会整体利益或最大多数人利益的名义或者以最少受惠者的最大利益为理由，也不能剥夺[②]。（2）机会的公平平等原则和差别原则。根据机会的公平平等权利，各种（权力）地位和（领导性）职务应在公平的机会平等条件下向所有的人开放。而差别原则是指允许给予最少受惠者能带来补偿利益的不平等分配[③]。罗尔斯的正义理论尽管是从分配正义的视角提出的，但是，它对于社会各领域的正义追求同样具有借鉴意义。

功利主义的正义观是“促进最大多数人的最大幸福”，这具有一定的合理性。但是，若仅以此作为单一的正义原则，那么，为了实现这一目的，对一部分人的正当利益进行严重侵犯也将视为正义的，这样的正义观显然存在着缺陷，而罗尔斯的正义观是分配的正义观，若将其完全运用刑法领域是不妥当的。例如，其“机会的公平平等原则”就无法适用于刑法领域。但是，罗尔斯在其差别原则提到的“为最少受惠者带来最大利益”的正义思想在刑法的正义论领域将具有重要意义。

当前功利主义的正义观在刑法领域具有广泛的影响，但是，其提倡的、单一的“为最大多数人的最大幸福”的正义原则存在着前述缺陷，因此，可以借鉴罗尔斯的“为最少受惠者带来最大利益”来修正功利主义的正义观。笔者认为，功利主义正义原则可包括两个：一是“为最大多数人的最大幸福；二是尽可能地为少量特殊人群保留（或带来）最大的基本利益”。在刑法领域里，所谓“为特殊人群保留（或带来）最大的基本利益”是指为犯罪人（或侵犯他人利益的人）、被害人等特殊人群保留（或带来）最大的基本利益。例如，对于盗窃者，在符合报应要求或保证刑罚的效果的前提下，在处以刑罚时应用尽可能少的刑罚

---

① ［美］约翰·罗尔斯著：《正义论》，何怀宏、何包钢、廖申白译，中国社会科学出版社，1988年3月第1版，第60—61页。

② 林道海：《正义的原则与证明——罗尔斯正义论评析》，《山东社会科学》2006年第5期，第87页。

③ ［美］约翰·罗尔斯著：《正义论》，何怀宏、何包钢、廖申白译，中国社会科学出版社，1988年3月第1版，第60—117页。

量来惩罚，以保留犯罪人的最大利益。又如，对于被害人而言，国家应对犯罪人处以一定刑罚量作为报应，以此安抚被害人，并通过赔偿、补偿制度补偿被害人的利益。其实，在惩罚犯罪人方面，边沁的功利主义原理实质上也在一定程度上体现了这一原则，该原理所述的“以最小的人类苦痛的代价来保证法律得到遵守”即体现了该原则的内容。但是，人们并没有将这一正义原则归纳出来作为其正义原则之一。这一原则实际上也体现了刑法的谦抑性精神。

合理的功利主义既重视“最大多数人的最大幸福”，也关注人与人之间的独立性和反对非正义性。其主张立法者的工作就是利用他所具有的关于人类本性的知识设计能够使他的人民幸福程度最大化的法律①。可见，合理的功利主义是一种相当合理哲学思想。由于犯罪构成的建构是一种重要的刑法立法活动，因此，可在合理的功利主义正义原则指导下进行犯罪构成的建构活动。

正义理念和正义原则仅在客观上和抽象上给人们指出正义的内涵。在现实，如何把握具体正义应依据科学价值评价原理来进行评判。价值是事物对人的需要而言的某种效用性。价值具有相对性，它需用历史的观点来看待价值，价值可分为正价值与负价值，符合正义的事物具有正价值，反之，具有负价值。一个科学的价值评价必须符合两个基本要求：（1）对客体各种状况应有正确的认识；（2）对主体的需要应有正确的认识。在进行价值评价时，只有主体对客体属性、本质和规律有了正确的认识，并能把自身正确需要的内在尺度运用到客体上，才能对主体和客体之间的价值关系进行合理评价②。在价值评价时应以正义理念和正义原则作为人类主体需要的最高标准。符合正义理念和正义原则的行为或制度才具有正义性。犯罪构成的建构是一种刑法立法活动。拟设定的犯罪构成是否正义，这需要以正义原则为尺度并按前述的价值评价原理进行科学评判。

就具体正义而言，应以历史的观点来看待行为或制度是否正义，因此，犯罪构成是否正义应结合现实的社会价值观念及其价值体系来综合评判。

价值哲学认为，规范和价值具有密不可分的关系，价值需要规范来调节，各种价值体系实际上为规范的调节体系，任何规范均可在价值中找到其基础，一个社会有什么样的社会价值就必然会有什么样的社会规范。“规范是实现价值的规则体系，是获得价值目标的手段。一切价值体系都要通过规范‘引申’为人们在某种情境中如何行动的规则，才能具体指导人们的行为，实现价值指导活动的

---

① ［英］蒂姆·莫尔根著：《理解功利主义》，谭志福译、唐冉校，山东大学出版社，2012 年 2 月第 1 版，第 13—14，164—165 页。

② 李秀林、王于、李淮春主编：《辩证唯物主义和历史唯物主义原理（第 4 版）》，中国人民大学出版社，1995 年 5 月第 4 版，第 359—367 页。

功能”[1]。

犯罪构成是刑法规范确立的犯罪各构成要素组成的有机整体，而刑法规范属于价值规范，它根植于社会现实，国家所倡导的社会价值决定着刑法规范的内容和形式。反过来而言，刑法规范是实现国家所倡导的社会价值的规则体系。由此可见，犯罪构成的内容和形式被国家所倡导的社会价值所决定，犯罪构成的设置必定受社会价值观的引导。如此看来，犯罪构成是否正义，应以社会价值观和价值体系是否正义为前提，为此，在犯罪构成的设置中，立法者应广泛而深入地研究相关问题的社会价值是否正义的问题。

三、犯罪构成体系建构的哲学方法论

在我国刑法学通说的语境下，犯罪构成即犯罪成立构成，它是刑法规定的微观构造，是由一系列的构成要素组成的体系性整体。犯罪构成体系的建构是刑法立法的重要工作，是犯罪构成理论建构的核心内容。犯罪构成体系的建构需在哲学方法论指导下展开。

（一）分析和综合的辩证法原理与犯罪构成体系的建构

唯物辩证法认为，分析与综合是辩证思维的基本方法，这是比归纳与演绎更能深刻地揭示事物内在本质的方法。所谓分析，是指根据一定的要求，把一个研究对象的整体分解为若干部分或要素，并一个一个地进行深刻分析和认知的思维方法。分析是认识走向深化的前提。所谓综合，是指在将整体分解为若干部分或要素，并加以深刻分析和认知基础上，再重新将它们结合为一个整体，从而形成一个新的统一总体认识的思维方法，分析与综合是相互依赖、相互转化的[2]。犯罪构成体系建构是以分析“犯罪”这一种研究对象为前提的，通过对“犯罪”的整体分为各个构成要素，并逐个进行深刻认识，人们可以对“犯罪”的认识走向深化。之后，通过对各个深化认识后的构成因素再综合成一个整体并形成对“犯罪”的统一总体认识。对“犯罪”的分析与综合的思维方式可以让人们很好地全面把握“犯罪”，因此，犯罪构成体系的建构应在分析与综合的辩证思维指导下开展工作。

---

① 袁贵仁：《价值观的理论与实践——价值观若干问题的思考》，北京师范大学出版社，2013 年第 1 版，第 81 页。

② 李秀林、王于、李淮春主编：《辩证唯物主义和历史唯物主义原理（第 4 版）》，中国人民大学出版社，1995 年 5 月第 4 版，第 386—387 页；以及夏保华、赵磊著：《哲学学术规范与方法论研究》，东南大学出版社、南京大学出版社，2016 年 12 月第 1 版，第 135 页。

（二）系统和要素的辩证法原理与犯罪构成体系的建构

系统和要素是辩证法中的范畴。根据唯物辩证法的观点，系统和要素是一切事物都存在着的两个方面，所谓系统，是指由若干种相互联系着的要素所形成的一个整体。所谓要素，则是指构成一个整体并互相起作用的部分①，系统和要素各自呈现出不同的特点。一般而言，要素的特点有：（1）个别性、局部性；（2）多样性、差别性；（3）不可分割性；（4）不确定性。而系统的特点是：（1）整体性；（2）统一性；（3）复合性；（4）稳定性。辩证法还指出，整个世界及其各种事物无不处于系统的联系之中，系统与系统之间还存在着等级序列关系，它们在一定条件下是可以相互过渡的②。

犯罪构成体系可以在系统与要素的唯物辩证法原理指导下建构。犯罪构成体系是由一系列构成要素组成的犯罪构造系统，在这个系统中，各种主客观构成要素和其他要素各不相同，个别构成要素可能还具有不确定性（例如，表现社会危害性大小的要素、超法规的要素），而犯罪构成系统本身具有整体性、统一性、复合性和稳定性，犯罪构成系统与一般违法行为系统、合法行为系统具有密切联系，在一定的条件下，它们之间会相互过渡。

（三）结构主义等哲学原理与犯罪构成结构的建构

在建构犯罪构成体系时，必须对犯罪构成系统的各种构成要素的总和进行考察，同时，也必须对各构成要素在系统中相互联系的结构问题进行研究。犯罪构成结构的建构需要哲学方法论的引领。

1. 结构主义哲学原理与犯罪构成结构的建构

结构主义是一种以结构主义的方法联系起来的一种哲学思潮，它并不是一个独立的、统一的哲学派别，结构主义哲学家都是从结构与成分的区分去了解现象，它涉及语言学、历史学、社会学等广泛领域③。

结构主义最早由瑞士语言学家索绪尔提出。他认为，“语言是一种先验的结构，与人们日常讲的言语不同，这就是结构与经验现象之间的不同。索绪尔在语言学领域研究的语言结构的理论成为了结构主义的原始模式”④。索绪尔所采用的结构主义方法深深地影响着语言学、历史学、社会学、文学理论等学科的学

---

① 李秀林、王于、李淮春主编：《辩证唯物主义和历史唯物主义原理（第4版）》，中国人民大学出版社，1995年5月第4版，第225—226页。

② 李秀林、王于、李淮春主编：《辩证唯物主义和历史唯物主义原理（第4版）》，中国人民大学出版社，1995年5月第4版，第225—227页。

③ 刘放桐等著：《现代西方哲学（下）》，人民出版社，1990年8月第2版，第713页。

④ 刘放桐等著：《现代西方哲学（下）》，人民出版社，1990年8月第2版，第713页。

者，他们采取结构主义方法研究人文社会科学，最终使结构主义成为影响广远的哲学思潮。结构主义的基本观点是，“对象是由成分组成的，而成分之间又存在着一定的结构；要了解对象或成分的性质，就必须了解其整体结构的性质”①。结构主义者重视研究联结和结合各个元素的关系的复杂网络，而不关注研究一个整体的各个元素。他们认为，结构可分为两种：（1）表层结构，它是现象的外部联系，对于表层结构，人们通过感觉就可认识它。（2）深层结构，它是现象的内部联系，人们必须通过模式方能认识它，而真正决定对象性质的是深层结构，发现深层结构是结构主义者的主要工作。但是，要发现深层结构，先要找到对象表面的、可以观察到的结构（如各种社会关系、神话、思想的诸形态）②。

马克思主义哲学是开放的、发展的哲学，唯物辩证法也重视结构与功能的范畴。唯物辩证法认为，结构与功能从事物和周围环境的相互作用的角度揭示着事物的联系和发展，每一事物均存在着一定的结构方式，结构是每一事物内部各个要素之间的组合方式，它具有以下特点：（1）结构具有较强的稳定性；这是一事物内在关系中相对不变的方面，结构也是划分事物类型的依据。（2）结构中各要素之间相互联结的方式是有一定规则的。（3）结构与结构之间存在着一定的序列关系；具体表现为一个由低级到高级的序列关系和由简单到复杂的序列关系③。而功能和结构存在着区别，但是，两者是有联系的。功能是事物作用于他物的能力，事物的功能取决于多种因素，主要取决于以下几方面：（1）取决于组成事物的要素之性质。（2）取决于事物内部诸要素的数量。（3）取决于事物的结构。结构与功能的关系是对立统一的关系。在现象上，存在着“同构异功”的现象和“同功异构”的现象，此外，事物的结构与功能之间具有相互作用，在一定条件下相互转化，改变结构中要素的素质或增加（或减少）要素的数量，结构就会变化，其功能就可能改变④。

犯罪构成是以刑法（包括刑法典、单行刑法和附属刑法等）各相关条文为基础而存在的，在整个刑法体系里存在着若干个犯罪构成，而犯罪构成是由若干构成要素组成，犯罪构成体系体现了犯罪构成结构。在研究犯罪构成结构时应在结构主义的哲学思维方法引导下进行。

---

① 赵光武、黄书进主编：《后现代哲学概论》，首都师范大学出版社，2013年11月第1版，第52页。

② 赵光武、黄书进主编：《后现代哲学概论》，首都师范大学出版社，2013年11月第1版，第52—53页。

③ 李秀林、王于、李淮春主编：《辩证唯物主义和历史唯物主义原理（第4版）》，中国人民大学出版社，1995年5月第4版，第230页。

④ 李秀林、王于、李淮春主编：《辩证唯物主义和历史唯物主义原理（第4版）》，中国人民大学出版社，1995年5月第4版，第229—232页。

在犯罪构成中，存在危害行为、危害结果、因果关系、犯罪对象、犯罪客体（保护客体）、时间、地点、方法、故意、目的、动机、过失、责任能力、责任年龄等构成要素。在单独孤立地看时，这些构成要素的意义是不明确的，这些构成要素只有相互联结起来形成一种伦理观念、价值观念或规范观念，才具有意义，其整体结构才可形成完整的刑法规范。通过研究各个构成要素的内在联结和结合关系，弄清其表层结构（即构成要素之间的结构）和深层结构（即构成要素之间的结构）。一般而言，涉及犯罪客观方面、犯罪主观方面和犯罪主体方面的构成要素之间的结构属于现象的表层结构（即构成要素之间的结构），而涉及犯罪本质的犯罪客体方面与其他要素之间的结构属于现象的深层结构。

在犯罪构成结构建构中，应遵循唯物辩证法的"结构与功能"的哲学思想，准确把握"事物的结构和功能相互作用，在一定条件下相互转化"的原理。例如，在德日的犯罪构成体系（犯罪论体系）里，其古典论体系、新古典论体系、目的论体系、现代新古典论体系等在构成要素的数量、性质上以及在结构上存在着一定差别。因此，其入罪或出罪功能存在着一定的区别。尤其是，罗克辛在刑事政策目的引导下创建的"目的理性体系"，他在德日普遍存在的"构成要件符合性、违法性和有责性"三阶层体系中，特别将"有责性"进行了改造，将"有责性"阶层划分为"罪责"和"预防必要性"两部分。实际上，他在这部分增加了"预防必要性"构成要素，使犯罪构成结构发生了较大变化，从而使出罪功能产生重大变化①。

2. 自然主义哲学、新康德主义哲学、现象学存在论的原理与犯罪构成结构的建构

前文讲到，一些刑法学者认为，自然主义哲学或新康德主义哲学或现象学存在论是犯罪构成的哲学基础，甚至是唯一的哲学基础。这一说法尽管存在疑问，但是，这些哲学理论的原理对犯罪构成结构的认识或建构是有影响的。由于每一种哲学存在着多种哲学原理或思想，因此，在同一种哲学影响下，受其不同哲学思想影响所建构的犯罪构成结构也会不同。

笔者认为，在不同视角下，贝林古典犯罪论体系的结构既符合自然主义哲学思想，也符合新康德主义哲学思想。根据自然主义哲学观点，自然界所有事物的生灭都是由因果定则来决定的，人们能够运用物理性的检验手段对自然界所有的存在现象来进行验证。② 在贝林的古典论体系中"构成要件符合性"阶层里，其

① ［德］克劳斯·罗克辛著：《德国刑法学总论（第1卷）》，王世洲译，法律出版社，2005年5月第1版，第553—703页。

② 许玉秀：《当代刑法思潮》，中国民主法制出版社，2005年11月第1版，第118页。

将“行为”解释为一种因果的、机械性现象，与构成要件符合的行为是中立而无价值色彩的，若仅孤立地从这一阶层结构看，它与自然主义哲学的上述观点是相符的。根据康德哲学观点，事实与价值是两个界限分明、各自封闭存在的领域，不可能从事实推论出价值。从哲学语言看，事实命题用“是”表示，价值命题用“应当”表达，不可能从“是”中推论出“应当”来①。新康德主义哲学代表人物文德尔班赞同康德哲学的前述观点，并建立其价值哲学理论。在古典论体系结构中，其构成要件符合性阶层是事实判断阶层，这一阶层判断是中性的，它无价值判断的内容（其构成要素是中性的），而违法性和有责性两个阶层属于评价阶层，体现了价值的评价内容。所以，从整个体系结构看，它体现了事实与价值的二分法，其构成要件符合性阶层的判断体现了“事实”领域判断，属于“是”的范畴，而违法性和有责性阶层的判断体现了“价值”领域的特点，即在进行“事实”判断的前提下，再对其进行违法性和有责性的价值判断。由此可见，贝林的古典犯罪论体系在一定视角下也体现了康德哲学和新康德主义哲学的前述哲学思想。

新古典犯罪论体系和现代新古典犯罪论体系在结构建构上也体现了前述的新康德主义哲学思想。根据新康德主义哲学观点，事实与价值是二分的，“物本身没有意义，是一团混乱，从物当中无法产生概念、无法产生规则，一切的概念体系、规则当然是人类思想的产物，概念、规则只能从人的理性当中产生，所以规范的形成过程和物本身是不相干涉的，规范体系和物的存在结构是两个无法互通的体系，规范只能从规范当中形成，不能从客观现实的存在结构当中形成”②。在新古典犯罪论体系和现代新古典犯罪论体系的结构里，其构成要件符合性、违法性和有责性三个阶层均有价值评价内容，均是价值评价阶层，它实际上是将这三个阶层所形成的犯罪论整体看成是一个规范整体，这规范整体是从人的理性产生的，从其他规范中形成的，这一规范整体归属于价值领域。从这一视角看，新古典犯罪论体系和现代新古典犯罪论体系在结构上均受到新康德主义哲学思想影响。

综上，从一定视角看，古典犯罪论体系与新古典犯罪论体系、现代新古典犯罪论体系在结构上都体现了新康德主义“事实与价值二分说”哲学思想，尽管它们在形成结构上具有相似性，但是，由于它们的思维视角不同，它们在实质结构上（内在的构成要素性质上）具有区别。古典犯罪论体系在体系的结构内体现“事实”与“价值”二分，其构成要件符合性是纯事实阶层，该阶层构成要

① 陈嘉明：《建构与范导——康德哲学方法论》，上海人民出版社，2013年9月第1版，第5页、第241页；以及许玉秀：《当代刑法思潮》，中国民主法制出版社，2005年11月第1版，第9页。

② 许玉秀：《当代刑法思潮》，中国民主法制出版社，2005年11月第1版，第128—129页。

素是事实要素，其属于事实领域，违法性和有责性是价值价层，而新古典犯罪论体系和现代新古典犯罪论体系将犯罪论体系作为整体看待，作为一个规范体系看待，它将“构成要件符合性（构成要素在性质上体现价值判断）、违法性和有责性”视为一整体规范，它们同属于“价值”领域。可见，在犯罪构成结构研究上，在有的情况下，尽管研究者受到同一哲学理论影响，但是，如果两人视角不同，那么，这两人建构的犯罪构成体系在结构上存在较大差别。

目的论犯罪论体系在结构上体现了现象学本体论的哲学思想。现象学是当代西方一个重要的哲学思潮。现象学奠基者胡塞尔认为，“现象学是一门纯‘描述性’的科学，通过纯粹直观对先验纯粹意识领域进行研究的科学”①。现象学的重要口号是“回到事物本身”。它强调“要描写，不要解释，也不要分析”，其认为“世界对主体是现成已有的，因为主体对反思本身是现成已有的。实在物是要去描述的，而不是要去建构”②。对于现象学的问题，胡塞尔认为，其主要包括两大类：（1）本体论（存在论）问题；（2）形而上学问题。对于本体论问题来说，现象学的方法是本质还原方法（或称本质直观方法）。胡塞尔指出，“本体论是一种研究本质、本质规律和结构的科学，而现象学所说的本质就是现象，本质就是事物向我们显现出来的有关它是什么的方面；现象学的本质还原方法就是用来发现本质、本质规律和结构的方法”③。具体为“本质直观方法”。胡塞尔认为，本质是事物本身所固有的东西，是一个普遍之物，是事物的必然的共同之处。一切本质的东西都可以被直观到。本质直观方法的基本原则是“面向事物本身”。其“描述”的概念表达的是要“直接从直观中引出本质”。换言之，所谓“描述”实际上是指通过直观来对“本质”的把握④。

海德格尔是德国哲学家，他运用胡塞尔开创的现象学方法创建立了自己的现象本体论，即基本本体论。海德格尔哲学的根本问题是以对“在”的研究为核心的本体论问题。海德格尔认为，“在”与“在者”是两个具有重大区别的概念。他认为，“‘在’（又译为‘存在’、‘是’、‘有’）是存在物的显现、在场，而不是指具体的、现成的存在物；‘在者’（又译‘存在者’、‘存在物’）即现成已有的存在物，包括一切已经显现出其存在的现实的以及仅仅是观念中的事物、现象”⑤。“在”与“在者”的关系是：“‘在’是确定‘在者’作为‘在

① 陈嘉明著：《现代西方哲学方法论讲演录》，广西师范大学出版社，2009年7月第1版，第112页。

② 赵敦华：《现代西方哲学新编》，北京大学出版社，2014年7月第2版，第145—146页。

③ 刘放桐等著：《现代西方哲学（下）》，人民出版社，1990年8月第2版，第547页。

④ 刘放桐等著：《现代西方哲学（下）》，人民出版社，1990年8月第2版，第546—560页；以及陈嘉明著：《现代西方哲学方法论讲演录》，广西师范大学出版社，2009年7月第1版，第112页。

⑤ 刘放桐等著：《现代西方哲学（下）》，人民出版社，1990年8月第2版，第592页。

者’的那种东西，是使一切‘在者’得以可能的基础和先决条件，是使‘在者’显示其为‘在者’的活动、过程；一切‘在者’首先必须‘在’，之后，才能成为现实的、确定的‘在者’；没有‘在’就没有‘在者’”[①]。“在”与“在者”相比具有优先地位。“在”总是“在者”之“在”。“我们不能问‘在’是什么，而只能问‘在者’怎样‘在’，为什么‘在’，也就是追问‘在者’的‘在’的意义。只有先弄清‘在者’的‘在’的意义，才能弄懂‘在者’的意义”[②]。我们不能把“在”和“在者”混为一谈。海德格尔在谈到真理问题时指出，“一切‘在者’的‘在’的显现出来并不是由人决定的，而是由‘在’决定的。‘在者’是否现象以及如何现象，上帝与诸神、历史与自然是否进入‘在’的澄明中，是否在场与不在场以及如何在场与不在场，这些都不是由人决定的了。‘在者’的到来是基于天命。人必须按照‘在’本身的面貌来揭示‘在’的真理，而不是创造‘在’的真理”[③]。

韦尔策尔（Hans Welzel，又译“威尔泽尔”）在创造和完善目的论犯罪论体系时深受思维心理学和现象学等理论影响[④]。从哲学视角看，其思维方法与现象学本体论的前述原理和方法是相通的。韦尔策尔认为，“所有的秩序和意义原本就存在于客观现实之中，换言之，价值原本隐藏在存在之中……所有构成存在的元素都属于价值的原料，没有这些原料，价值不仅无法实现，而且不可能存在”[⑤]。“在立法者、法官和法学者架构概念之前，有一个已经成形、有意义内涵的真实世界。(在这个世界)，所有关于生活素材的法律概念都是描述性的概念，这些概念不能创造出现实，它只是对于先于概念而存在的现实加以理解而已。……在生活秩序中即存在着规则，从生活秩序中可以导出法秩序、导出规范”[⑥]。韦尔策尔就是在这一思维方法引导下创建其目的论犯罪论体系的。他所采取的思维方法体现了现象学本体论的“本质直观方法”和海德格尔基本本体论“在”与“在者”关系的思维原理。他将生活秩序看成事物固有的东西，它可被直观到，法规范只能描述生活秩序而不能创造，这种方法与本质直观方法何其相似乃尔！韦尔策尔所论述的法规范和生活秩序的关系与“在”和“在者”的关系在思维方法上是相似的，其生活秩序类似于“在”，它是先天已存在的，而法规范

① 刘放桐等著：《现代西方哲学（下）》，人民出版社，1990 年 8 月第 2 版，第 592 页。

② 刘放桐等著：《现代西方哲学（下）》，人民出版社，1990 年 8 月第 2 版，第 592 页。

③ 刘放桐等著：《现代西方哲学（下）》，人民出版社，1990 年 8 月第 2 版，第 590-613 页。

④ ［德］汉斯·韦尔策尔（Hans Welzel，又译“威尔泽尔”）著：《目的行为论导论》（增补第 4 版），陈璇译，中国人民大学出版社，2015 年 7 月第 1 版，第 4 版“前言”第 2—7 页。

⑤ 许玉秀：《当代刑法思潮》，中国民主法制出版社，2005 年 11 月第 1 版，第 135 页。

⑥ 许玉秀：《当代刑法思潮》，中国民主法制出版社，2005 年 11 月第 1 版，第 136 页。

类似于“在者”。生活秩序是法规范得以可能的基础和先决条件，而法规范是由生活秩序决定，没有生活秩序就没有法规范。可见，韦尔策尔的前述方法与现象学本体论的方法是相通的。

在韦尔策尔提倡的目的犯罪论体系里，他将“故意和过失”罪过要素移到了构成要件符合性阶层，这使其在结构上与古典犯罪论体系、新古典论体系有很大不同。目的论犯罪论体系的构成要件符合性阶层由客观构成要件（包括主体要素）和主观要件两大部分内容组成，因此，从这一阶层即可以直观地看到了犯罪类型，即可直观地把握各种类型犯罪。这体现了现象学本体论的“本质直观方法”，这一体系结构让人们在构成要件符合性阶层即可全面描述犯罪本质（现象），这符合常人的思维习惯，具有合理性。

四、犯罪构成体系构成要素选取的哲学引导

犯罪构成是由若干构成要素组成的，而哪些构成要素是刑法规定的、犯罪成立必不可少的呢？历史上曾出现过客观归罪的现象，客观归罪意味着其犯罪构成中缺少主观要件。历史上也曾出现过主观归罪现象，主观归罪导致犯罪构成缺乏犯罪客观要件。在理论上曾有人主张犯罪客体（法益或法秩序）不是犯罪构成的要件，也曾有人主张犯罪主体不是犯罪构成的要件。此外，在刑法理论上还有人主张犯罪构成之中应有例外要件（如免罪事由）。综上可知，犯罪构成的构成要素的选取是存在较大争论的。

犯罪构成的构成要素选取关系着犯罪构成的正当性和合理性问题，因此，应在哲学理论指导下进行。

（一）犯罪构成的构成要素选取与价值哲学

犯罪构成的构成要素选取是刑法规范制定中的重要活动。犯罪构成的构成要素选取的不同会影响到刑法规范的差别。刑法规范是价值规范，它属于价值世界，因此，犯罪构成的构成要素选取应受价值哲学指导，应在前文已论述的价值规范产生的原理和价值评价原理指导下衡量如何选取其构成要素。刑法规范的制定及其犯罪构成的构成要素选取是有目的的，因此，它应在道德目的论哲学思想指导下进行。康德道德哲学属于价值哲学范畴，它具有一定合理性，因此，立法者应在康德道德哲学的合理思想指导下制定刑法规范和对犯罪构成要素选取。

刑法规范既是裁判规范，也是行为规范（禁止规范、命令规范）。虽然法律规范与伦理规范在范围上有区别，但是，它们共同的基础是道德。以道德为基础的行为规范体系服务于一个根本目标“人的自由”（意志自由）。普遍的道德法

则是“自由法则”①。康德的道德目的论具有重大影响。其道德目的论有两个重要哲学思想：一是“以人为目的”的思想。在康德看来，以人为目的是人的主观法则，又是普遍的客观法则，进而能够作为道德的法则。所谓“以人为目的”是指，人就是目的本身，且永远都是目的，不能把人当做手段。二是“以至善为目的”。行为对道德的符合是“善”，而终极的道德目的是“至善”，即德行和幸福高度统一，它是最高的、完满的善②。康德的道德目的论思想对每一个人（人人均是道德法则的立法者）的行为具有引导作用，它引导人们要“以人为目的”来考虑自己的行为，引导人们走向道德的“至善”世界。这样的道德目的论思想对刑法行为规范的立法者同样具有指导作用，让他们制定的刑法规范符合这两个目的的要求，让“以人为本、尊重人、注重人之存在的价值理念”③，成为立法者的普遍共识。

在现代文明社会的立法中，在犯罪构成的构成要素选取时，应在价值哲学思想指导下进行，例如，不应将主观罪过排除在犯罪构成之外，否则，就是客观归罪。客观归罪的刑法规范是违背价值规范“推己及人”的原理和价值评价原理的，是不符合道德法则的，因而无法实现道德目的。例如，关于杀人罪的规范，在法律上往往以裁判规范描述，但是，作为行为规范理解时应进行反向描述，因此，杀人罪行为规范可描述“不得杀人”。“不得杀人”规范主要包括三种情形：(1)“不得故意杀人”（故意杀人罪的规范）。(2)“不得过失杀人”［过失杀人罪（即过失致人死亡罪）的规范］。(3)“不得意外杀人”（即在意外事件下杀人）。第（1）、(2) 种情形将主观要件纳入犯罪构成，这样的行为规范符合“推己及人”的道德法则产生原理，符合价值评价标准，也符合道德目的论思想，因而，这两个规范是合理的。但是，第（3）种情形［即排除了主观要件的犯罪构成（意外事件杀人）］不符合道德法则的要求。道德法则是“自由法则”，自由意志是道德实践的必不可少的能力。在意外事件下杀人，人是没有意志自由的，人们无法通过意志自由去遵守的规则不是“自由法则”，不是道德法则。因此，将“不得在意外事件下杀人”作为刑法行为规范是不道德的。又例如，在犯罪构成的构成要件选取时，不能将客观要件排除在犯罪构成之外，否则，就是主观归罪。主观归罪的刑法规范同样是违反康德的道德哲学的。还是以杀人罪为例，

① 陈嘉明：《建构与范导——康德哲学方法论》，上海人民出版社，2013 年 9 月第 1 版，第 268—269 页。

② 陶立霞：《康德目的论思想研究》：黑龙江大学出版社，2012 年 3 月第 1 版，第 95—102；以及陈嘉明：《建构与范导——康德哲学方法论》，上海人民出版社，2013 年 9 月第 1 版，第 202，第 268，第 295—298 页。

③ 陶立霞：《康德目的论思想研究》，黑龙江大学出版社，2012 年 3 月第 1 版，第 106 页。

若仅有杀人的故意而无杀人的行为（包括无预备、未遂、中止等行为）就确定成立故意杀人罪，这时，其规范不是行为规范而是单纯的思想规范，该思想规范可表述为："不得有杀人的故意"。而这样的规范是违背道德法则的，在康德道德哲学里，自由是道德法则的存在根据。"因为一种道德法则是以意志自由为基础和前提的，所以，只要有自由，就可以有道德法则；……由于道德法则是理性自己为自己所确立的法则，理性自己立法自己遵守"[①]。所以，康德道德哲学的自由即自律，意志的"自律"是一切道德法则所依据的唯一原则[②]。康德道德哲学所说的"自由"实际上是意志的自我限制，它与日常所说的"自由"不同，日常所说的"自由"即外部的、人的行动自由。"不得有杀人的故意"的思想"规范"（这不是行为规范）在人的意志上是不可能做到，人可以在意志上抑制自己行为或不行为，但是，人的思想是无穷无尽的，人无法抑制其思想的内容，换言之，人对单纯的思想不具有意志自律性，不具有康德道德哲学的意志自由（自律）。可见，"不得有杀人故意"的思想"规范"，是缺乏意志自由（自律）的根据的，是不能成为道德法则的。由于法律规范和伦理规范的共同基础是道德，而无意志自由（自律）的纯粹的思想不能成为道德法则。因此，无意志自由（自律）的纯粹"思想犯观念"不能成为法律规范，缺乏客观要件"行为"的犯罪构成是违反康德道德哲学的哲学思想的，是不正当的。

既然客观归罪和主观归罪都是违背康德道德哲学中的合理哲学思想，因此，犯罪主观要素和犯罪客观要素都应是犯罪构成的必要要素。

（二）犯罪构成的构成要素选取与"运动和静止"哲学原理

"运动和静止"哲学原理是辩证唯物主义的重要原理，根据这一原理，物质是运动的，而运动是普遍的、无条件的和永恒的，正因运动具有前述特点，所以，运动是绝对的；辩证唯物主义也承认物质具有一定的静止状态和稳定形式，尽管如此，这种静止状态和稳定形式总是有条件的和暂时的，正因如此，静止仅是相对的[③]。在坚持运动绝对性的前提下，肯定相对静止的存在，并充分强调静止的重要作用。离开了相对静止来谈运动，人们就无法知道什么是运动，就会使

---

① 参见张志伟主编：《西方哲学史（第2版）》，中国人民大学出版社，2010年6月第2版，第410页。

② 参见张志伟主编：《西方哲学史（第2版）》，中国人民大学出版社，2010年6月第2版，409—411页。

③ 李秀林、王于、李淮春主编：《辩证唯物主义和历史唯物主义原理（第4版）》，中国人民大学出版社，1995年5月第4版，第43页。

一切变成无法认识的东西①。

犯罪构成的构成要素选取是刑法行为规范的制定活动。刑法规范和犯罪构成具有静止性、稳定性，但是，刑法规范和犯罪构成是以社会的实际为基础来制定的。根据辩证唯物主义的“运动的绝对性”思想，人类社会的变化发展（运动）具有绝对性，而社会的变化发展会使原来制定的刑法规范和犯罪构成（静止性）出现不合理的情况，从而影响其效用的发挥。而根据辩证唯物主义的“相对静止”思想，社会在一定时期内是相对静止的、相对稳定的，因此，刑法规范和犯罪构成可以是相对稳定的。根据运动绝对性与静止相对性原理，在制定刑法规范和犯罪构成时，应树立刑法的权威，制定符合社会现状的、具有一定稳定性的刑法规范和犯罪构成，同时，应根据社会现状预测社会发展，让刑法规范和犯罪构成能适应未来一定时期的社会状况。在犯罪构成的构成要素选取时，应确保有关犯罪类型的构成要素及其形成的结构的基本稳定，同时，可设定一些特别的要素作为犯罪构成整体中的例外要素，以便让犯罪构成更好地适应变动的社会。例如，在德日犯罪构成（犯罪论体系）里，其在犯罪类型构成要素之外还确立了一些超法规的违法阻却事由和责任阻却事由，在英美双层次犯罪构成里，其在责任充足要件阶层设置了犯罪类型构成要素以外的实体性抗辩事由，这些例外要素是为了适应社会变动而设置的出罪要素。

（三）犯罪构成基本行为形态的构成要素选取与怀特海过程哲学、矛盾对立统一的辩证法原理

在纷繁复杂的社会里，存在着各种各样的犯罪类型。各种犯罪类型之所以具有区别，是因为其犯罪构成的基本行为形态不一样。换言之，此罪与彼罪的区别主要在于犯罪构成的基本行为样态。由此可见，在犯罪构成体系建构中，犯罪构成基本行为形态的构成要素选取工作具有重要意义。在犯罪构成基本行为形态里，哪些因素是其必不可少的构成要素呢？对于这一问题，可以在怀特海过程哲学和矛盾对立统一的辩证法原理等哲学理论指导下去解决。

1. 怀特海的过程哲学之指导

过程哲学是由英国哲学家怀特海在20世纪20年代中期创立。怀特海认为，我们不应将世界看成是物体的总和和堆积。他认为，我们应将自然界理解为活生生的、赋有生命的创造进化过程，将其理解为由众多事件的综合或有机的联系的

① 李秀林、王于、李淮春主编：《辩证唯物主义和历史唯物主义原理（第4版）》，中国人民大学出版社，1995年5月第4版，第43页。

世界[①]。他提出了与传统机械论正相反的过程哲学。其过程哲学的基本观点是，整个宇宙是一个有机的全体，宇宙是一个过程，这个过程是由许多相互依存、相互联系的现实实有（即“事件”）所构成。怀特海的过程哲学是从“事件”理论出发的，“事件”是与“事物”有着区别的重要概念。“世界是由处于一定时空关系中的‘事件’组合而成的统一体，而‘事件’只不过是‘多种关系’的综合而已；……怀特海把‘事件’看成是世界的基本要素，自然界的终极事实，充满自然界的构成成分”[②]。整个自然界除了事件就没有任何东西，时间和空间也融进了事件之中。宇宙就是事件场，一个事件与其他事件处于互相联系状态；自然界在变化发展，但是，事件是不变化的，也非永恒的，它们只是经过或流过，事件的流动是一去不复返的，不重复的。所以，每一个事件均是独一无二的[③]。在怀特海的后期著作中，他将“事件”概念用“现实实有”（亦称现实机缘）概念来代替。怀特海认为，“现实实有是构成世界的最终的实在事物”[④]。在怀特海的现实实有理论（即“事件”理论）里，“永恒客体”是该理论的重要概念。“它包括单纯永恒客体，如色、声、味等知觉的东西，以及复杂永恒客体，如理想的几何形状、数学模式等概念的东西，……永恒客体是自然中不流动的因素，当它们脱离现实的事件之流时，只是一种抽象，组成一个抽象的世界，即可能性领域（可能世界），只有当它们进入事件之流后，才能形成现实实有（即现实事件）；……现实实有完全依赖于组成它的永恒实体的不同而不同”[⑤]。

根据怀特海过程哲学原理，在人类现实社会里，每一起犯罪就是一个事件（即现实实有），是一个过程，它是独一无二的。每一起犯罪是由若干个永恒客体（即组成要素）进入该事件之流后组合而成。永恒客体（组成要素）的不同，犯罪（现实实有）也将不同。

根据过程哲学“宇宙是由事件（现实构成）构成的”的思想，犯罪构成基本行为形态的构成要素选取实际上是把犯罪看成是一个行为事件，从行为事件中考虑选取哪些组成要素作为犯罪类型的必不可少的构成要素。犯罪类型是区分此罪与彼罪的行为形态，此罪与彼罪之所以不同，是因为其构成要素（即怀特海所称的“永恒客体”）的不同。因此，犯罪构成的构成要素选取是首先考虑犯罪类型（即基本行为形态）的构成要素之选取，之后，再考虑例外的出罪要素的

① 刘放桐等著：《现代西方哲学（上）》，人民出版社，1990 年 8 月第 2 版，第 350 页。
② 刘放桐等著：《现代西方哲学（上）》，人民出版社，1990 年 8 月第 2 版，第 350 页。
③ 刘放桐等著：《现代西方哲学（上）》，人民出版社，1990 年 8 月第 2 版，第 350—354 页。
④ [英] 怀特海著：《过程与实在》，李步楼译，商务印书馆，2012 年 11 月第 1 版，第 32 页。
⑤ 刘放桐等著：《现代西方哲学（上）》，人民出版社，1990 年 8 月第 2 版，第 351—352 页。

选取。

由于犯罪是一个过程，所以，可以从过程开始至结束来寻找犯罪构成的构成要素。犯罪是由犯罪人自始至终而参与的一个过程，而犯罪人（即“永恒客体”）在年龄、责任能力、身份等方面的不同是会影响行为事件（即现实实有）的性质的，因而，犯罪主体应被选取为犯罪构成基本行为形态的构成要素。犯罪是一种有指向对象的事件，这些指向对象可分两种：（1）自然形式客体，它是指自然之物和人等。（2）社会形式的客体，这一客体是指已经对象化的现实的社会结构和社会关系（包括经济制度、政治制度和实践中人与人的关系等）①。犯罪指向的对象是各种各样的，其指向对象的不同同样会影响到犯罪的性质，因而，犯罪的指向对象（即包括犯罪对象和犯罪客体）也应作为犯罪构成基本行为形态的构成要素②。

在一般情况下，犯罪（事件）是在主观心理支配下在一定时间、地点里以一定行为方式实施的、对指向对象造成损害（危险结果）的行为事件。在这里，主观心理属于主观要件内容，行为方式、时间、地点、危害结果属于客观要件。主观要件或客观要件的不同会影响到犯罪性质的不同，因此，在一般情况下，主观要件和客观要件应成为犯罪构成基本形态的构成要素。对于意外事件的行为和纯粹的思想犯而言，这两种情况也可视为特殊的事件，但是，在这两种特殊事件下行为人均无意志自由（自律）。根据康德道德哲学，道德法则是以意志自由为存在根据的。因此，这两种情形是不能作为道德法则的，更不能作为刑法规范，否则，将出现客观归罪或主观归罪。可见，在一般情况下，主观要件和客观要件都应作为犯罪构成基本行为形态的必要要件。

2. “对立统一”的辩证法原理之指导

“对立统一”的辩证法原理对犯罪构成要素选取也是具有指导意义的。黑格尔是德国古典哲学的集大成者，其辩证法独具特色。黑格尔的辩证法具有十分神秘的色彩，它属于客观唯心主义的辩证法。马克思在建立科学的唯物辩证法时，将黑格尔辩证法的神秘外壳予以舍弃，保留其合理的内核，将唯物主义和辩证法有机地结合起来③。唯物辩证法认为，“对立统一规律”（亦称“矛盾规律”）是人们认识世界和改造世界的根本原则。矛盾是反映事物内部或事物之间对立和

① 参见肖前、李秀林、汪永祥主编：《辩证唯物主义原理（修订本）》，人民出版社，1991年9月第1版，第351页。

② 关于“犯罪对象也是犯罪构成的必要要素”的观点，参见李洁：《论犯罪对象》，《法律科学》1996年第5期，第34—40页。

③ ［德］黑格尔著：《逻辑学（上卷）》，杨一之译，商务印书馆，1996年12月第1版，“编者前言”第1—9页。

同一及其关系的哲学范畴[①]。矛盾具有两个属性：（1）同一性。矛盾同一性是指矛盾着的对立面的互相依赖性，以及矛盾着的对立面之间的相互贯通性。（2）斗争性。矛盾的斗争性是指矛盾着的对立面之间互相排斥的属性。可见，"对立统一规律"是指矛盾着的对立面又统一，又斗争，从而推动事物的运动和变化的规律。在把握对立统一规律时，要理解矛盾的普遍性和特殊性。矛盾的普遍性是指任何事物在发展过程中均存在着矛盾，而且这一矛盾运动是自始至终进行着的，而矛盾的特殊性是指矛盾所具有的个性和相对性。具体而言，它是指矛盾着的事物在性质和地位等方面具有自己的特点，同时在矛盾解决的具体方式上各自独具特点；各种事物的运动形式均具有自身的特殊矛盾，这些特殊矛盾使自己形成了与别的事物不同的特殊本质，这也决定了矛盾解决的特殊性和多样性[②]。

在黑格尔的辩证法里，"主观与客观对立统一"是其重要的哲学思想，其基本内容涉及两个方面：一是主观与客观（即思维与存在）同一性；二是主观与客观矛盾运动中达到对立的统一[③]。在去除黑格尔辩证法神秘外壳后，上述观点是符合唯物辩证法的。

根据唯物辩证法"对立统一"原理，在一个犯罪（事件）里，其犯罪的客观方面（如行为、结果、时间、地点、对象等）与主观方面（即主观心态，如故意或过失）是处于对立统一的矛盾运动之中的。主观心态对客观方面各种情况有认识并支配客观方面，而客观方面的变化又影响主观心态，主客观在对立统一的运动中。每一种犯罪之所以不相同，是因为其本身有特殊的矛盾（即具有不同的客观方面和主观方面的矛盾），从而形成使自己与别的犯罪区别开来的特殊本质。这也决定了每种犯罪的自身矛盾解决的方式和方法的特殊性。因此，当立法者从主客观的视角考虑犯罪构成的构成要素选取时，均应考虑主观构成要素和客观构成要素的选取，同时，对于不同犯罪的犯罪构成应根据其矛盾的特殊性选取不同的构成要素。此外，对于一些特殊状况可规定特别的出罪要素（即免罪事由）。例如，对于以言论方式出现的诽谤罪或别的煽动型犯罪等犯罪而言，为了保证议会议员在议会召开期间的言论自由和大胆行使议员职权，可在刑法上规定，在议会召开期间免予犯罪追究的内容。

---

① 李秀林、王于、李淮春主编：《辩证唯物主义和历史唯物主义原理（第4版）》，中国人民大学出版社，1995年5月第4版，第178页。

② 李秀林、王于、李淮春主编：《辩证唯物主义和历史唯物主义原理（第4版）》，中国人民大学出版社，1995年5月第4版，第178—189页。

③ 丕之：《黑格尔论主观与客观的辩证关系》，《学术月刊》1963年第2期，第16—21页。

(四)犯罪构成的“罪量”构成要素选取与唯物辩证法“量变与质变关系”原理

唯物辩证法认为,“事物的运动、变化和发展是通过量变和质变表现出来的。量变是事物量的变化,是在事物原有性质的基础上,在‘度’的范围内发生的不显著的变化,而质变是事物性质的变化,是一种质态向另一种质态的转变;量变与质变的关系是辩证的,两者相互联系,在一定条件下相互转化”①。

犯罪行为与一般违法行为都是具有社会危害性的行为。对于行为形态(行为形式)相同的危害行为而言,如何判断它是犯罪行为还是一般违法行为,如果它是犯罪行为,则由刑法来调整;如果它是一般违法行为,则由行政法、民法等非刑事法律调整。根据量变与质变关系原理,其犯罪行为与一般违法行为的区别是以社会危害性大小为标准来判断的。当一般违法行为的社会危害性不断增大并超过“一般违法行为”的度时,就会导致行为性质的质变,即由“一般违法行为”质变为“犯罪行为”。由于刑法中规定的“犯罪行为”与行政法、民法等非刑事法律规定的“一般违法行为”,在行为形态(行为形式)相同时,两者的区别是“严重”的社会危害性的临界度的突破与否,因此,在犯罪构成的构成要素选取时,应选取“严重社会危害性”作为其“罪量”构成要素。

(五)犯罪构成的“例外”构成要素选取与实用主义哲学的影响

实用主义是美国流行的一个哲学流派。实用主义继承了在它之前的现代西方的各种哲学流派的一些哲学思想。它试图将各种各样的哲学观点调和起来,因此,实用主义哲学呈现了折中的理论色彩。“实用主义把哲学的任务归结为制定与世界观无关的科学认识论和方法论,并在反对‘形而上学’和‘二元论’等借口下回避对物质与意识何者为第一性等哲学基本问题的回答,在哲学上企图走所谓的“中立”路线;它把哲学和人的认识局限于经验范围”②。实用主义哲学思想的独特性体现在:它强调哲学要立足于现实生活,把确定信念作为出发点,把采取行动当作主要手段,把获得效果当作最高目的;实用主义者特别强调实践、行动在他们的哲学中具有决定性的意义,实用主义的方法就是获得实际效果的方法③。实用主义对一切有用、有利的东西兼容并包的开放思想具有积极的意

① 李秀林、王于、李淮春主编:《辩证唯物主义和历史唯物主义原理(第4版)》,中国人民大学出版社,1995年5月第4版,第171—172页。

② 刘放桐等著:《现代西方哲学(上)》,人民出版社,1990年8月第2版,第273页。

③ 詹姆士对此有经典的论述:“实用主义的方法,不是什么特别的结果,只不过是一种确定方向的态度。这个态度不是去看第一事物、原则、‘范畴’和假定的必然性;而是要注意最后的事物、成果、结果和事实”。刘放桐等著:《现代西方哲学(上)》,人民出版社,1990年8月第2版,第274页;以及[美]威廉·詹姆士著:《实用主义》,李步楼译,商务印书馆,2012年10月第1版,第32—33页。

义，但是，其“有用即真理”的思想否定了真理的客观性，这是值得反思的。

犯罪构成的构成要素选取是一个重要的立法实践和理论问题，在美国双层次犯罪构成的构成要素选取中体现了其深受实用主义哲学思想影响的痕迹。例如，美国立法和司法确立有“严格责任”犯罪。所谓严格责任，是指不问主观罪错的责任。在严格责任犯罪认定上，只要行为符合刑法规范确立的客观行为要件，在不问是否有主观罪错的情况下就可定罪处刑。对于绝对严格责任而言，它不允许有抗辩事由，对于相对严格责任而言，它可以通过抗辩事由出罪。严格责任犯罪的规定可能导致有人无主观罪过（故意或过失）也被定罪处刑的情形。这种情形即客观归罪。在前文说到，客观归罪的刑法规范是违背康德道德哲学的道德法则的，因为在无故意或过失的意外事件行为下，行为人是无意志自由的，因此，这种规范不是以意志自由为存在根据而确立的，它是不符合道德法则的，是不正义的。但是，实用主义哲学把获得效果作为最高目的，强调实践、行动的决定意义。严格责任犯罪的规定具有两方面的实用意义：一是有利于保护公共利益；二是有利于大大提高诉讼效率。因此，在实用主义哲学指引下，美国确立了一部分严格责任犯罪。对于绝对严格责任犯罪而言，在犯罪构成的构成要素选取上，其犯罪本体要件阶层的“犯罪心态”要件实际上被排除，对于相对严格责任犯罪而言，其“犯罪心态”在犯罪本体要件的形式上是被排除了。但是，由于在“责任充足要件”里可以以“不具有故意或过失”作为出罪的抗辩事由。因此，对于相对严格责任犯罪而言，有部分犯罪实际上主观罪过是其推定要件，而对于另一部分无法提出“不具有故意或过失”证据的严格责任犯罪，“犯罪心态”没有被作为其犯罪构成的构成要素。在德国和日本，实用主义哲学并无市场，但是，在德日犯罪论体系里，其有责性阶层的超法规责任阻却事由“无期待可能性”的出罪要素，实际上是基于实践功效的需要，对原本具备犯罪基本构成的行为而设置的出罪要素。罗克辛以刑事政策为导向，在有责性阶层设置“预防必要性”要素，更明显地体现了实用的目的。可见，德日犯罪论体系虽然没有直接受实用主义哲学指导，但是，其上述构成要素的选取实际上体现了实用主义哲学所主张的思想。

五、中国四要件犯罪构成体系的哲学评价及展望

（一）中国四要件犯罪构成体系的哲学评价

根据我国刑法学通说，犯罪构成体系由以下四个要件组成：犯罪客体、犯罪客观要件、犯罪主体和犯罪主观要件。在这一犯罪构成体系里，其构成要件的排列顺序是从对犯罪案件的审查认定的视角来排列的，即从犯罪发生后的结果开

始，按案件发生的倒序思维排列。首先，判断是什么客体（法益或法秩序）受到了侵害；其次，判断是什么样的危害行为（客观要件）对客体侵害；再次，判断是什么样的人（犯罪主体）实现了这侵害客体的行为；最后，判断该行为人是在怎样的主观心态（主观要件）支配下去实施。按我国通说观点，犯罪构成是刑法规定的犯罪成立的标准，是认定犯罪的根据，换言之，一旦行为符合犯罪构成即可认定其构成犯罪，反之，该行为不构成犯罪。若以哲学的思想审视，我国犯罪构成体系是基本合理的，但是，它也存在着不足。

1. 哲学视野下我国通说犯罪构成理论体系的基本合理性

（1）这一犯罪构成理论体系符合辩证唯物主义的“物质决定意识”原理和价值哲学的基本思想。

犯罪构成是存在于刑法规范之中体现了犯罪微观构造的有机体。我国刑法分则的绝大多数条文和刑法总则的部分条文是涉及犯罪构成的刑法条文。我国刑法第1条明确地规定了我国刑法制定的实践根据，具体而言，这一实践根据是：我国同犯罪作斗争的具体经验和实际情况。我国的实际情况即我国的社会存在，这属于物质范畴，而犯罪构成的刑法规范属于国家意志（即社会意识）。由于我国犯罪构成的刑法规范是根据我国实际情况制定的，因此，它体现了我国犯罪构成的刑法规范制定是在遵循“物质决定意识”的基本哲学原理下进行的。这样，我国犯罪构成体系的建构奠定了辩证唯物主义的重要理论基础。

我国犯罪构成的刑法规范是在遵循一定的价值规范下制定的。我国刑法第1条明确规定了刑法的目的，具体来说，这一刑法目的是“为了惩罚犯罪、保护人民”。这表明了刑法制定的价值方向。由于犯罪构成是犯罪的微观构造，它界定了犯罪的范围，使犯罪行为与合法行为、一般违法行为具有了明确的界限，让此罪与彼罪也明确地区分开来。因此，根据我国刑法目的要求，我国犯罪构成的刑法规范的制定应遵循人权保障和社会保护的价值原则，从而更好地实现惩罚犯罪和保护人民的价值目的。我国刑法第13条规定了犯罪的概念，它确立了犯罪的三个基本特征：（1）严重的社会危害性；（2）刑事违法性；（3）应受刑罚惩罚性。它从价值上强调，刑法的谦抑性是一项重要价值原则，只有具有严重社会危害性的行为，才可作为犯罪来确定。犯罪构成是犯罪的微观构成，它受到犯罪概念制约，因而，我国犯罪构成的刑法规范的制定应遵循犯罪概念规定的价值原则，其构成体系范围不能超越法定的犯罪概念范围。对于每一种犯罪的犯罪构成刑法规范，立法者均进行了价值评价才可确定下来，从我国现有480多种犯罪（包括《刑法修正案（十一）》新增加的10多个罪种）来看，这些犯罪构成的刑法规范是基本符合价值哲学的哲学思想的。

在康德道哲学里，“自由”是道德法则存在的根据，而道德法则产生于“绝对律令”——“这样行动：你的意志准则始终能够同时用作普遍立法的原则”。从普遍的道德命令演绎出两大行为规范：法律规范（法权规范）和伦理规范。法律和伦理的共同基础是道德。法权（法律）的本质是契约的，基于原初契约而由公意（选举产生的代表们的意志）形成了法律（公共法权）。在我国，犯罪构成的刑法规范是由人民推举出来的全国人民代表投票通过的，它体现了人民的公意，在一般情况下，应推定其符合人民的共同意志和道德法则。可见，我国刑法规定的犯罪构成刑法规范是符合康德的道德哲学的。

（2）我国通说犯罪构成理论体系符合唯物辩证法和西方哲学理论的其他哲学原理。

根据我国四要件犯罪构成理论，犯罪构成是指由犯罪客体、犯罪客观要件、犯罪主体以及犯罪主观要件所形成的有机整体。它将犯罪构成看成一个系统，通过分析的方法，将犯罪构成分析成四要件，之后，对每一要件又进行深入分析，找出其下一层次的构成要素，在分析的基础上，再将这些构成要素组合一个有机整体（系统），这种思维方式符合唯物辩证法的“分析和综合”和“系统和要素”的辩证法原理。

四要件犯罪构成理论符合怀特海的过程哲学“事件”理论哲学思想。如果将犯罪看成一个“事件”（现实实有），那么，该“事件”是一个过程，该“事件”在若干构成要素（永恒客体）进入后组合而成。犯罪构成的四要件即是犯罪这一“事件”中必不可少的构成要件（永恒客体）。这一“事件”的具体过程为：犯罪主体在一定思想（主观要件）支配下指向一定物质对象和法益（客体），在一定时间和地点里实施了侵犯法益的行为（客观要件）。在犯罪“事件”中，犯罪人（犯罪主体）是自始至终的参与者，犯罪客体是任何犯罪构成指向的对象，而且主体或客体的不同均会影响犯罪“事件”的性质，因而，犯罪主体和犯罪客体是必不可少的构成要件。而在缺乏主观罪过的客观归罪或缺乏客观要素的主观归罪的“事件”下，由于行为人均无自由意志，若将这样的“事件”情形作为犯罪规范予以确立，这是违反康德的道德哲学的，是违反道德法则的。因此，犯罪客观要件和犯罪主观要件，也应是犯罪构成的必要要件。

犯罪构成四要件所组合而成的“犯罪事件”完整地反映了犯罪（事件）类型，它可以将此类“犯罪事件”和彼类“犯罪事件”区分开来。

根据怀特海的“事件”理论，尽管自然界在变化发展，但是，事件是不变化的，事件的流动一去不复返，每个事件都是独一无二的。这意味着每个事件有一个相对封闭的过程，其动态中又包含着相对的静态。

根据辩证唯物主义的“运动与静止”原理，在犯罪构成制定时既要考虑运动的绝对性，也要考虑静止相对性，尤其重视静止相对性。因为，法律强调其稳定性，因此，犯罪构成主要从静态角度考虑其结构体系建构。在通说“四要件犯罪构成理论”里，其犯罪构成具有一定的结构体系，在该结构体系中，通说按犯罪结果发生的倒序排列犯罪构成的顺序，而赵秉志教授在其论著中按犯罪发生的正顺序排列，并形成各自的逻辑系列，这两个体系与结构主义的结构理论原理和唯物主义辩证法的“结构与功能”原理是相符合的。

在犯罪构成四要件中，犯罪客体是一个独立的价值要件，犯罪客观要件、犯罪主体和犯罪主观要件三要件也均是带有价值评价色彩的要件，而四要件犯罪构成是由这四个要件组成的有机整体，它们相互依存、缺一即不成立犯罪，它体现了“事实与价值交织论”的哲学思想，与现象学存在论的原理相符。

根据黑格尔的“主观与客观对立统一”的辩证思想和唯物辩证法的“对立统一”思想，犯罪主观方面和犯罪客观方面处于对立统一的运动中，每一种犯罪的主观方面与客观方面的不同让其形成各自特殊的矛盾，并形成自己与其他犯罪区别的特殊的本质。因此，我国通说四要件犯罪构成理论将犯罪客观要件和犯罪主观要件作为犯罪构成的构成要件，这与黑格尔的辩证法和唯物辩证法的原理是相符合的。

综上所述，在哲学视野下，我国通说四要件犯罪构成理论体系具有基本的合理性。

2. 哲学视野下中国四要件犯罪构成理论体系的不足

在我国“四要件犯罪构成的理论”的通说体系里，犯罪构成四要件组成的有机整体是定罪的唯一根据。对于某一行为来说，若其具备犯罪构成四要件就成立犯罪，反而言之，若该行为欠缺了犯罪构成四要件中的某一个要件，那么，该行为不成立犯罪。在这里，四要件犯罪构成是犯罪成立的充分必要条件。从哲学上审视，这一理论体系是存在欠缺的。

（1）“一定量的综合社会危害性”构成要件（“罪量”要素）的缺失。

唯物辩证法的“量变与质变关系原理”表明，一般违法行为与犯罪行为是有区别的，它们之间是通过量变发展突破“度”的界限而转变性质的。“对立统一规律”中的“矛盾特殊性原理”表明，具有一般社会危害性的行为与具有严重社会危害性的犯罪之所以在对立统一的矛盾运动中具有各自特殊性，是因为这两种行为在社会危害性上的“度”的不同，前者的社会危害性尚未达到“严重”程度，而后者达到了“严重”的程度。唯物辩证法的“结构与功能”原理指出，构成要素的数量增减会导致结构的变化，其功能也因此可能改变。在犯罪构成结构体系里，是否将“一定量的综合社会危害性”（即严重社会危害性）的构成要素作为犯罪构成结构体系的构成要素，这肯定会影响到犯罪构成的功能。在犯罪构成结构体系里，若增加“综合的严重社会危害性”构成要素，该构成要素在功能上将具有区分罪与非罪的作用。正因如此，我国刑法第13条规定的犯罪概念明确确立：“严重的社会危害性”是犯罪成立的必要要件。从我国刑法规范看，“综合的严重社会危害性”（罪量要素）是任何犯罪的必要构成要素，而我国通说犯罪构成理论体系却欠缺了这一构成要素，这说明我国通说犯罪构成理论体系在这一问题上既违背了哲学原理，也违背了现行刑法规定。

（2）“应受有罪宣告性”（即无免罪事由）构成要件的阙如。

我国通说四要件犯罪构成体系是犯罪成立的充分必要条件，只要行为具备犯罪构成四要件即构成犯罪，并无任何例外出罪的机会。

但是，从哲学视角看，这种无灵活性的犯罪构成体系是违背哲学原理的。辩证唯物主义认为，物质是运动的，运动是绝对的，静止是相对的、暂时的、有条件的。现代法治社会强调法律的稳定性和相对静止性，这具有合理性，但是，社会是变化发展的，法律应能适应变动发展的社会。因此，刑法应规定有适应社会变化发展的调节机制，在犯罪构成体系里应规定有出罪的例外要素。根据唯物辩证法“结构与功能”原理，一旦在犯罪构成结构体系内增设例外出罪要素，其结构体系将增多一个出罪功能。例外出罪要素并非适用于任何犯罪，它是针对个别特殊犯罪或特别情形而作出的例外规定，并不带有普遍性。这是符合唯物辩证法“对立统一规律”中“特殊矛盾的解决采用特殊方式和方法处理”的原理的。例外的出罪要素设置可以使个案彰显正义性，使个案取得合理结局，它也体现了实用主义的哲学的基本思想：强调实践、行动，把获得实际效果当作最高目的。其实，我国法律是明确规定有例外的出罪要素的。例如，《全国人民代表大会和地方各级人民代表大会代表法》第31条规定：“代表在人民代表大会各种会议上的发言和表决，不受法律追究。”根据这一例外出罪要素，对于各种以言论形式出现的犯罪（如侮辱罪、诽谤罪等言论型犯罪），在上述情形下，人民代表的行为即使符合该言论犯罪的四个构成要件且社会危害性严重，也不能成立犯罪。可见，在我国刑法体系（指广义刑法体系，即所有与定罪量刑有关的刑法条文体系）里，实际上其规定的犯罪构成体系是存在有“例外的出罪要素”的。从上述分析可知，我国通说四要件犯罪构成的理论体系欠缺“例外出罪要素”有违哲学原理，同时，也是不符合我国立法规定的。

（二）中国犯罪构成理论体系的发展思考

通过对我国通说“四要件犯罪构成”理论体系的哲学审视，“四要件犯罪构成”体现了犯罪类型，其结构体系基本符合哲学原理，具有基本合理性。但是，该理论体系欠缺“综合的严重社会危害性”要件（罪量要素）和例外的出罪要素，它违背了一定的哲学原理，也和我国现行立法不符，因此，它存在着不足。

四要件犯罪构成完整地反映了犯罪的基本行为样态，体现了犯罪类型，它可以将此罪与彼罪区分开来，它是犯罪构成刑法规范中的基本内容，具有稳定性和确定性。我国通说“四要件犯罪构成”理论体系通俗易懂、易操作，它是经过漫长时期的实践和研究后而形成的，实践证明，这一理论具有实用性，经过前面的哲学审视，该理论是基本符合哲学原理的，因而，我国犯罪构成理论体系在未来的发展中应以现在的通说为基础来进一步修正。我国通说“四要件犯罪构成理论体系”的缺陷主要有两个：一是欠缺“综合的严重社会危害性”要件；二是欠缺“例外出罪要素”。为此，我国未来的犯罪构成理论体系应合理地将这两个欠缺要素纳入其中。笔者认为，由于我国犯罪构成的内容和范围受法定的犯罪概念制约，因此，在法定的犯罪概念三个基本特征引导下，以及在前述一系列哲学理论指导下，我国未来犯罪构成理论体系应包括以下三大要件的内容：

（1）犯罪的基本行为样态（即刑法规定或当然包含的“犯罪构成四要件”所组成的有机整体）。

犯罪客体、犯罪客观要件、犯罪主体和犯罪主观要件所组成的有机整体体现了犯罪行为完整的形态，它呈现了犯罪类型。犯罪的基本行为样态反映了犯罪的基本危害性，是一个具有价值内容的有机体，是犯罪构成体系最重要的部分。四要件犯罪构成的基本行为形态的确立符合过程哲学的“事件理论”、结构主义、“主客观对立统一”等哲学原理，具有合理的哲学基础。

（2）“综合的严重社会危害性”（罪量要件）。

我国刑法第13条规定了犯罪的概念，根据这一犯罪概念，严重社会危害性是犯罪成立的重要条件。“综合的严重社会危害性”构成要件是从犯罪的整体把握社会危害性的，它是一个综合性的价值要件，是罪量要件。这一要件的确立是符合“量变与质变关系”“矛盾特殊性”“结构与功能”等辩证法原理的，是经得起哲学理论推敲的。

（3）“应受有罪宣告性”（从消极方面设置的“例外出罪”要件）。

根据我国刑法第13条规定犯罪概念和第37条规定的免予刑事处罚制度，“应受有罪宣告性”应作为犯罪构成的第三大要件。将“应受有罪宣告性”作为犯罪构成的构成要件，蕴含了“运动与静止”“结构与功能”“矛盾特殊性”和“实用主义”等哲学思想，这体现其具有深厚的哲学根基。

第三编

中国犯罪构成基本要件的地位

第六章　犯罪客体的构成要件地位之科学论证

在现代各种犯罪构成理论里，“犯罪客观要件和犯罪主观要件是犯罪构成的必要要件”，这已成为刑法学界的共识。但是，对于犯罪客体和犯罪主体是否是犯罪构成的必要要件，人们存在着激烈的争论。四要件犯罪构成理论在我国刑法理论里居于通说的地位。根据四要件犯罪构成理论，犯罪客体是犯罪构成中必不可少的要件。但是，随着我国刑法理论研究的发展，一些刑法学者对犯罪客体的构成要件地位进行了猛烈的批判，他们彻底否定了犯罪客体的构成要件地位，提出了犯罪客体不要说，并据此批判通说四要件犯罪构成理论。笔者在对“犯罪客体不要说”的各种批判意见进行归纳分析后认为，犯罪客体具有构成要件地位是合理的，它并非一个“巨大而空洞的价值符号”。

一、关于犯罪客体具有构成要件地位的论证

笔者赞同犯罪客体具有构成要件的地位，在此，笔者将先对犯罪客体具有构成要件地位进行简要论证。

（一）犯罪构成要件必需条件之分析

要判断犯罪客体是否具有犯罪的构成要件地位，就要先明确某因素要成为犯罪构成要件所必需的条件，并以此来对照分析。笔者认为，犯罪构成要件必须具备的条件有以下几个方面：

（1）犯罪构成要件是犯罪成立意义上的构成要件。我国通说所称的“犯罪构成”是犯罪成立之构成，而有的德日系刑法学者所说的“犯罪构成”，仅指犯罪成立中的一部分。由于犯罪成立之构成是一个完整的犯罪构成，是由刑法分则和刑法总则两方面的有关规定组合而成，因此，从犯罪成立意义上理解“犯罪构成”及“犯罪构成要件”，这有利于人们系统地把握犯罪的内部结构，有利于立法和司法。

（2）犯罪构成要件是犯罪概念范围内的犯罪成立要件。犯罪概念是犯罪构成的基础，它确定了犯罪构成的边界，犯罪构成中的各个要件应能准确地反映犯罪概念的内涵和外延。超出犯罪概念范围的因素肯定不是犯罪构成的构成要件，如果犯罪构成中的构成要件缺失，就不能完整地阐明犯罪的概念。

（3）犯罪构成要件是犯罪成立必不可少的要件。犯罪构成要件必须是犯罪

成立不可缺失的要件。换言之，如果某一因素缺失并不影响犯罪成立，那么，这一因素就不是犯罪构成要件。

（4）犯罪构成要件是刑法规定的或刑法规定中当然包含的要件。犯罪构成具有法定性，而犯罪构成是由若干构成要件组成，犯罪构成的法定性是通过这些构成要件的法定性体现出来的。所以，犯罪构成要件应是刑法规定的要件。但是，犯罪构成中也存在着根据刑法规定的其他犯罪构成要件而当然分析出来的、客观存在的、当然构成要件。例如，许多犯罪的犯罪直接客体就是其犯罪构成中当然包含的要件。

（5）犯罪构成要件是反映行为社会危害性的客观类要件或者主观类要件或者主客观复合要件。犯罪是具有社会危害性的行为，犯罪的社会危害性需通过各个犯罪构成要件综合起来反映出来，所以，犯罪构成要件应当是能反映行为社会危害的要件。由于犯罪的社会危害性由客观危害和主观恶性两方面内容组成，因此，犯罪构成要件应是客观类要件或者主观类要件或者主客观复合要件。对于我国通说四要件犯罪构成理论而言，一般认为，犯罪客体和犯罪客观要件是客观类要件，犯罪主观要件和犯罪主体要件是主观类要件。

（6）犯罪构成要件是事实要件或价值要件。犯罪是一种事实特征和价值特征交织在一起的行为体。因此，犯罪构成应包括事实要件和价值要件，犯罪构成要件必须是事实要件或价值要件。犯罪客体是一种价值要件，如果犯罪构成中缺失犯罪客体，这一犯罪构成就不能完整地、科学地说明犯罪的概念和某一种犯罪的内涵和外延。

（7）能成为犯罪构成要件的要件在与其他犯罪构成要件组成某一犯罪构成后，具有区分罪与非罪、此罪与彼罪的功能。每一种犯罪均具有自己的特质，其犯罪构成具有将这种犯罪与合法行为和一般违法行为区分开来的功能，也具有将此种犯罪与他种犯罪区分开来的功能。

（二）犯罪客体具有构成要件地位的简要论证

在对犯罪客体的特性进行评估后，笔者认为，犯罪客体具备了犯罪构成要件所必需的条件，应确立其犯罪构成的构成要件地位。

（1）犯罪客体是犯罪成立意义上的构成要件。德日学者所称“犯罪构成”（或构成要件）不是整个犯罪成立之构成，它将犯罪客体排斥于“犯罪构成”（或称构成要件）之外，而作为“违法性”阶层的内容。笔者认为，我国通说的四要件犯罪构成具有一定合理性，应予以维护，其所说的犯罪构成是犯罪成立之构成。在四要件犯罪构成里，犯罪客体是其构成要件，用以说明刑法保护而被犯罪行为侵害或威胁的法益或社会关系。

（2）犯罪客体是犯罪概念范围内的犯罪构成要件。犯罪的本质特征是具有严重社会危害性，而社会危害性体现在对刑法保护的法益或社会关系的侵害或威胁上，因此，在犯罪构成中，犯罪客体是说明犯罪社会危害性的必不可少的要件。

（3）犯罪客体是犯罪成立必不可少的要件。犯罪客体是判断行为是否具有社会危害性及其社会危害性程度的价值要件，无犯罪客体则无犯罪，它是犯罪构成必不可少的要件。

（4）犯罪客体是刑法规定的要件或刑法规定中当然包含的要件。我国刑法第2条规定的刑法任务中明文确定了刑法保护的法益或社会关系；刑法第13条规定的犯罪概念中明文指出了犯罪侵犯或威胁的、刑法保护的法益或社会关系，这是刑法规定的一般客体。任何一种犯罪均对应地侵害或威胁了一般客体，其犯罪构成中至少包含有刑法明文规定的犯罪一般客体。此外，刑法分则的每一章章名均明文规定了同类客体，因此，每一种犯罪的犯罪构成中应包括有刑法明文规定的同类客体。在我国刑法规定的400多种犯罪中，有的犯罪在刑法分则罪状中规定有犯罪客体，其刑法规定性是无争议的，但是，绝大多数犯罪的犯罪直接客体在刑法分则的罪状是没有明文规定的，但是，它是客观存在的，它是通过对刑法规定的犯罪客观要件，主观要件和主体要件的分析而得出的犯罪构成中当然包含的要件。

（5）犯罪客体是反映行为社会危害性的客观类要件。刑法保护的法益或社会关系体现了一定量的价值，犯罪行为对它的侵害或威胁必定有社会危害性。刑法保护的法益或社会关系在犯罪行为实施之前或之时，法益主体或权利主体已通过其他法律或依习惯已获得了这种法益，所以，在犯罪行为实施之时，刑法保护的法益或体现这种法益的社会关系是客观存在的，它是一种客观实在，可以划归客观类要件。

（6）犯罪客体是一个价值要件。犯罪是一种反映事实和价值的行为，因此，犯罪构成必定包括价值要素。犯罪客体是刑法保护而被犯罪行为侵害或威胁的法益或社会关系，法益或社会关系属于价值范畴，所以，犯罪客体是一个价值要件。

（7）犯罪客体与犯罪客观要件、主观要件的及主体要件所形成的犯罪构成，可以区分罪与非罪、此罪与彼罪。例如，在故意杀人罪里，犯罪客体是他人生命权，它与杀人（客观要件）、故意（主观要件）、已满12周岁的犯罪主体形成故意杀人罪的犯罪构成后，这一犯罪构成可以将故意杀人罪与其他400多种罪种区分开来，同时，它可以将故意杀人罪与正当防卫、法警依法执行死刑犯的死刑等合法杀人行为区别开来。

综上所述，犯罪客体具备了犯罪构成要件必需的全部条件，所以，它当然是犯罪构成的必要要件。

二、犯罪客体的构成要件地位所面临的批判

我国刑法学者对犯罪客体的构成要件地位进行批判的观点较多，归纳起来主要有以下几个方面：

（一）犯罪客体属于犯罪概念的内容，它应当在犯罪概念中研究

张明楷教授认为，犯罪客体应放在犯罪概念中研究。揭示犯罪本质是犯罪概念的任务，犯罪的本质在于应当追究刑事责任程度的社会危害性，而社会危害性是指行为侵犯了法益，或者说是犯罪行为对特定法益的侵犯性。要揭示犯罪的本质，不仅要说明犯罪行为侵犯了法益，而且要说明犯罪行为侵犯了什么样的法益，否则等于没有揭示犯罪的本质。而犯罪客体是指为我国刑法所保护而为犯罪行为所侵犯的社会关系或法益，它要说明的是犯罪行为侵犯了“什么样”的法益，可见，犯罪客体的意义已经被包含在犯罪概念之中①。张明楷教授进一步论述道：犯罪的本质是对刑法所保护的法益的侵害或威胁，为了进一步说明犯罪的本质，就必须明确法益的内容，所以，犯罪客体属于犯罪概念的内容，犯罪客体本身不等于犯罪概念，也不等于犯罪本质。本质与现象并不是相并的关系，现象是说明、反映本质的，故犯罪客观要件、主体要件与主观要件都是说明、反映本质的，犯罪客体是被说明、被反映的东西，即什么样的法益受到了侵犯是由上述要件说明和反映的。因此，张明楷教授否认犯罪客体是构成要件②。

（二）本质与现象间相互关系原理说明犯罪客体不是犯罪构成要件

朱建华教授认为，犯罪构成要件需要说明的是某一犯罪行为即某一侵犯或威胁社会关系的行为是如何形成的，它应该具备什么样的条件才能成立某种具体的犯罪，而犯罪客体需要说明的是立法者为什么要把某种行为规定为犯罪，或者说规定这一犯罪的立法理由是什么。因此，把犯罪客体自身作为构成要件说明自身是怎样被侵犯的，混淆了两个不同层次上的问题，也混淆了犯罪成立的条件与行为被规定为犯罪的理由之间的关系，把犯罪的本质问题与反映犯罪本质的现象放在了同一层次上，从而降低了犯罪客体在犯罪论中的地位③。相对于犯罪构成而言，犯罪客体是犯罪构成所反映、所表现的本质，是此犯罪不同于他种犯罪的特

① 参见张明楷：《法益初论》，中国政法大学出版社，2009 年 5 月第 1 版，第 249—250 页。
② 参见张明楷：《法益初论》，中国政法大学出版社，2009 年 5 月第 1 版，第 257 页。
③ 朱建华：《犯罪客体不是犯罪构成要件》，《广东社会科学》2005 年第 3 期，第 179—180 页。

殊本质。它不是一个客观的、能为人们的感官所直接把握的东西，因此，它是一个需要证明的东西，需要通过犯罪的主体、主观方面、客观方面去证明、去认识的东西，需要通过思维去把握的东西。而犯罪构成要件是可以通过感官去把握的现象①。

朱建华教授认为，本质与现象组成矛盾的统一体，成为客观事物不可分割的两个方面。本质是现象的根据，本质决定现象，并通过现象表现自己的存在，现象又总是从不同侧面表现事物的本质，它的存在和变化，归根结底又从属于本质。一切事物都是现象与本质的对立统一，这是事物的客观辩证法。本质只能通过现象去认识、去把握，人们不能通过本质去把握本质。由于犯罪客体是事物的本质，它是需要犯罪主体、主观方面、客观方面这些现象去证明、去认识的事物本质，这种特点决定了不能将犯罪客体与犯罪主体、犯罪客观要件、犯罪主观要件一起成为犯罪构成的要件②。

（三）犯罪客体是精神现象，属于精神范畴，它不能使犯罪性质变样

杨兴培教授认为，由于犯罪客体等于社会关系，而社会关系是基于物质的存在，通过人的精神抽象和概括而形成的一种人与人的相互关系，因此，社会关系属于精神的产物③。在将社会关系作为犯罪客体进行定义，并以此作为犯罪行为指向的对象后，由于它作为一种精神现象的看不见、摸不着的本质属性使然，所以，一种犯罪到底侵犯了什么社会关系，就像社会关系本身一样变得复杂和神奇了，最后，就看当事人怎么想和掌握话语权的人喜欢怎么说④。但是，犯罪行为受人主观心理活动的支配，由于犯罪故意罪过性质决定了犯罪行为的性质，当这种行为指向了法律已明文规定的一定对象时，其犯罪的性质也就定型了，因此，就事物的本质而言只能存在于事物的本身内部，与这一犯罪行为事实（包括心理事实）之外的犯罪客体（社会关系或者社会利益等）没有什么联系⑤。换言之，犯罪客体与犯罪性质认定无关。杨教授还认为，犯罪客体由于只是思想领域的精神产物，它最多为立法提供观念的指引，而无法在刑事实体法中为权利和义务设定一个清晰的行为边界，在刑事立法活动完成以后，就应退出刑事法律领域⑥。刑法中的犯罪构成是就犯罪的行为事实作出的一种模型规格的预先设定，所以，

① 朱建华：《犯罪客体不是犯罪构成要件》，《广东社会科学》2005年第3期，第181页。
② 朱建华：《犯罪客体不是犯罪构成要件》，《广东社会科学》2005年第3期，第180—181页。
③ 杨兴培：《犯罪客体——一个巨大而空洞的价值符号》，《中国刑事法杂志》2006年第6期，第4页。
④ 杨兴培：《犯罪客体——一个巨大而空洞的价值符号》，《中国刑事法杂志》2006年第6期，第5页。
⑤ 杨兴培：《犯罪客体——一个巨大而空洞的价值符号》，《中国刑事法杂志》2006年第6期，第9页。
⑥ 杨兴培：《“犯罪客体”非法治成分批判》，《政法论坛》2009年第5期，第125页，第126页。

在这种犯罪构成规定中并不存在着带有价值性质的“客体内容”①，所以，犯罪客体不应是犯罪构成中的构成要件。

（四）犯罪客体由犯罪客观要件、主体要件和主观要件以及符合这些要件的事实综合决定，主张犯罪客体不是犯罪构成要件不会给犯罪认定带来困难

张明楷教授认为，一个犯罪行为侵犯了什么法益，是由犯罪客观要件、主体要件与主观要件以及符合这些要件的事实综合决定的。犯罪客体是被反映的对象，而不是犯罪构成要件，区分此罪与彼罪的关键在于分析犯罪主客观方面的特征。主张犯罪客体不是犯罪构成要件不会给犯罪认定带来困难②。

为了进一步阐明这一观点，张明楷教授认为，对于刑法规定的犯罪构成必须从实质意义上进行解释，从而使刑法规定的犯罪真正限定在具有严重的法益侵犯性的行为之内③。所以，他主张对犯罪客观要件、主体要件与主观要件进行实质意义的解释，并进而认为，不将犯罪客体作为要件，也能使犯罪构成整体说明行为的社会危害性达到应当追究刑事责任的程度④。

（五）绝大部分罪的犯罪客体不具有法定性，存在理解上的随意性，从而违背了罪刑法定原则

唐世月同志认为，纵观我国刑法典400多种犯罪，刑法除了对类罪客体有所标明外，对决定具体行为具体性质的所谓直接客体并没有直接明确规定，大多数罪的客体都是理论界概括出来的。同一罪名不同版本教材、不同作者的论文给其确定的客体各不相同，就是这一问题的最好例证。由于绝大部分罪的犯罪客体不具有法定性，因而理解上出现随意性、任意性，影响了犯罪构成的严肃性，也直接破坏了罪刑法定原则的贯彻实施⑤。

朱教授也认为，犯罪客体不具有稳定性和准确性，它可能随着人们认识的变化而变化。

朱建华教授认为，对某一犯罪的犯罪客体是什么，在理论上是可以有不同的看法与争论的。例如，对受贿罪，其侵犯的到底是什么客体，是财产所有权，还是国家工作人员的廉洁性、廉洁制度，抑或是国家工作人员的廉洁义务？这在我国刑法理论上存在着各种的主张与表述。如果说犯罪客体是犯罪构成要件，那么

---

① 杨兴培：《犯罪客体——一个巨大而空洞的价值符号》，《中国刑事法杂志》2006年第6期，第7页。
② 参见张明楷《法益初论》，中国政法大学出版社出版，2000年5月第1版，第251页。
③ 参见张明楷《法益初论》，中国政法大学出版社出版，2000年5月第1版，第263页。
④ 参见张明楷《法益初论》，中国政法大学出版社出版，2000年5月第1版，第265页。
⑤ 唐世月：《犯罪客体不应作为犯罪构成要件》，《法学杂志》1998年第6期，第28页。

各种不同表述的主张者应得出不同的客体，就应构成不同的犯罪的结论。但在实际上，不管受贿罪的犯罪客体是什么，只要是国家工作人员，利用职务上的便利，索取他人财物或收受他人财物，为他人谋取利益的，同时达到一定数额标准的，即当然构成了受贿罪。而构成了受贿罪，当然地也就具备了受贿罪的犯罪客体，不管这种犯罪客体是什么！这也就表明，对犯罪客体的争论并不影响犯罪的成立条件，因而，也就表明犯罪客体它根本就不是犯罪的构成要件①。

朱建华教授还指出，在刑事立法上，具体的犯罪应归属于哪一类犯罪，常因立法者对该犯罪的认识变化而在归类上也发生变化，甚至出现犯罪的同类客体也发生根本性变化的情况。例如，在我国 1979 年刑法中，劫持飞机、组织越狱、劫狱等行为被认为其犯罪的同类客体是无产阶级专政的政权和社会主义制度，因而被归类于反革命罪。但是，在 1997 年刑法里，劫持飞机的行为被归入危害公共安全罪中，而组织越狱罪、持械劫狱罪则被归入妨害社会管理秩序罪之中。实际上，这些行为的基本犯罪构成则没有什么根本性变化。犯罪仍还是那些犯罪，但对这些犯罪的同类客体的侧重点的认识发生了变化，对这些犯罪的具体客体的侧重点的认识也改变了。这充分说明了犯罪客体本身并不是犯罪成立的条件，即不属于犯罪构成的要件。犯罪构成的明确性是罪刑法定原则的要求，若将犯罪客体作为犯罪构成要件，这是违反罪刑法定原则②。

（六）犯罪客体不能起到决定此罪与彼罪界限的作用

朱建华教授认为，传统观点一般都认为犯罪客体也起着区分此罪与彼罪的作用。在教科书中常见的最典型例子莫过于盗窃钢轨、枕木。人们一般都把这作为犯罪客体决定犯罪性质的典型例子来说明。朱教授认为，这恰恰不能证明犯罪客体是犯罪构成要件，而正相反，是犯罪客观方面的情况，即犯罪对象所具有的特殊属性或特殊用途，导致了类似犯罪行为而具有不同的犯罪客体，导致对这两种行为不同的性质认定，导致立法上对这类行为的不同规定。由于犯罪对象本身的情况不同，而导致了客体的不同，而决不是相反。因此，并不能从此得出犯罪客体是犯罪构成要件的结论。盗窃正在使用中的钢轨、枕木行为并不像一般教科书所称的那样，它不侵犯公共财产所有权这一犯罪客体。实际上，正在使用中的钢轨、枕木体现着多重社会关系，如公共安全、公共财产所有权等。这类犯罪的犯罪客体决不只是公共安全，同样也包括公共财产所有权③。

---

① 朱建华：《犯罪客体不是犯罪构成要件》，《广东社会科学》2005 年第 3 期，第 183 页。

② 参见朱建华：《犯罪客体不是犯罪构成要件》，《广东社会科学》2005 年第 3 期，第 182—183 页。

③ 参见朱建华：《犯罪客体不是犯罪构成要件》，《广东社会科学》2005 年第 3 期，第 183—184 页。

（七）将犯罪客体作为犯罪构成的要件，有偷换概念之嫌

张明楷认为，任何犯罪都侵犯法益（犯罪客体），并不等于法益（犯罪客体）本身是犯罪构成的要件。例如，任何犯罪都违反刑法，但刑法本身并不是犯罪构成的要件。将犯罪客体作为犯罪构成的要件，有偷换概念之嫌①。

三、为犯罪客体的构成要件地位辩护

前面对犯罪客体构成要件地位的批判观点，貌似有理，但是，若深入思考后，就会发现，这些批判理由是站不住脚的。下面笔者对前述批判观点进行反驳，并说明犯罪客体具体构成要件地位的合理性。

（一）犯罪客体既属于犯罪概念的内容，也属于犯罪构成的内容

针对犯罪客体属于犯罪概念的内容而不是构成要件的观点，笔者认为这是值得商榷的。

笔者认为，犯罪概念与犯罪构成具有密不可分的关系，犯罪概念是犯罪构成的高度概括和浓缩，是犯罪构成的基础和范围，而犯罪构成是犯罪概念的具体化，它们两者之间的关系是抽象与具体的关系。两者的边界是同一的，犯罪构成应将犯罪概念的内容完整地分析出来，其构成要件的总和不能超出犯罪概念范围，也不能缺少犯罪概念中的内容，两者必须相应相称。

我国通说的犯罪概念是将形式定义和实质定义融合在一起的综合概念。在这一犯罪概念中，“严重社会危害性”是其重要特征，而犯罪的“严重社会危害性”则体现在对刑法所保护的社会关系（或法益）的侵害或威胁上，即体现在对犯罪客体的侵害或威胁上。由此可见，犯罪客体是犯罪概念中所蕴含的内容。由于犯罪概念和犯罪构成的边界范围是同一的，而犯罪构成是犯罪概念的具体化，是刑法规定的、构成某种犯罪所必需的主、客观要件的有机整体，因此，犯罪客体也应该是犯罪构成必不可少的内容。

前述观点之所以认为犯罪客体属于犯罪概念的内容，并否认犯罪客体是构成要件，是因为其割裂了犯罪概念与犯罪构成的紧密关系。

受德日刑法理论影响，持该观点的学者认为，犯罪概念包括形式概念和实质概念。犯罪的形式概念是：犯罪是符合构成要件的、违法的、有责的行为。形式意义的犯罪是实质意义的犯罪的一部分。实质意义上的犯罪实际上是从本质上确立犯罪概念。权利侵害说认为，犯罪是侵害他人权利的行为。法益侵害说认为，犯罪是侵害由法所保护的生活利益的行为。而折中说认为，犯罪的本质就是包含

① 参见张明楷：《刑法学（第四版）》，法律出版社，2011年7月第4版，第103页。

了侵害、威胁样态的法益侵害、威胁，同时也是对一定的法的义务的违反①。

其实，这种形式犯罪概念和实质犯罪概念的分类并不科学，因为，在这一形式犯罪概念中，其“违法性”阶层在讨论实质违法性时，实质上是讨论实质犯罪概念所讨论的犯罪本质问题。这一“构成要件符合性、违法性和有责性”犯罪概念，并不是单纯的犯罪形式概念，而是犯罪形式概念和实质概念综合在一起的折中概念，犯罪客体即体现在犯罪概念中，也体现在犯罪成立要件体系中。而德日“犯罪成立要件”一词，实际上与我国“犯罪构成”一词基本相当，而德日刑法理论中的“构成要件”仅是我国刑法理论中“犯罪构成”中的一个构成部分。可见，在论述“犯罪客体”是否是犯罪构成的要件时，因对“犯罪构成”的概念理解的不同一而导致了重大分歧。实际上，在我国通说的犯罪构成四要件说里，犯罪客体是犯罪构成的必要要件，而在德日犯罪三阶层论里，犯罪客体一般不是其第一阶层的“构成要件”，而是其第二阶层“违法性”中实质违法性里的要件。但是，也有个别德国刑法学者将犯罪客体——法益置于第一阶层“构成要件”之中。例如，德国著名刑法学家汉斯·海因里希·耶赛克和托马斯·魏根特在其《德国刑法教科书》里就是如此建构其犯罪成立体系的②。

（二）运用本质与现象间相互关系原理说明犯罪客体不是犯罪构成的要件，存在着方法论上的错误

有学者认为，由于犯罪客体是事物的本质，它是需要犯罪主体、犯罪主观方面、客观方面这些现象去证明、证明去认识的事物本质，这种特点决定了不能将犯罪客体与犯罪主体、犯罪客观要件、犯罪主观要件一起成为犯罪构成的要件。

上述观点是值得推敲的。笔者认为，犯罪客体不能等同于犯罪本质，犯罪客体仅仅是说明犯罪本质的一个要素。犯罪本质是犯罪这一类现象区别于无害行为、合法行为等现象的根本属性。犯罪本质是行为对社会造成严重危害性，而严重社会危害性则体现在行为对刑法保护的法益或社会关系（即犯罪客体）的侵害或威胁上，因此，犯罪本质也即是行为对犯罪客体的侵害或威胁。犯罪本质往往是以一个判断或一个命题的形式出现，犯罪客体仅仅是这一判断或这一命题中的一个词语，它仅是反映犯罪本质的一个要素，它需要与行为等其他事实特征要素一起来共同说明“什么是犯罪本质”。

前述观点之所以错误地运用本质与现象间相互关系原理来说明犯罪客体不是

① 参见张明楷：《外国刑法纲要（第二版）》，清华大学出版社，2007 年 2 月第 2 版，第 54—57 页。

② 参见（德）汉斯·海因里希·耶赛克和托马斯·魏根特：《德国刑法教科书》，徐久生译，中国法制出版社，2001 年 3 月第 1 版，第 314 页。

犯罪构成的要件，是因为其未弄清犯罪本质与犯罪概念及犯罪构成三者的关系。

笔者认为，犯罪本质与犯罪概念的关系是部分与整体的关系。犯罪概念是反映犯罪本质特征和法律特征的、高度概括的基本概念，而犯罪本质是犯罪本身所固有的、使犯罪这类现象区别于无害行为、合法行为等现象的根本属性，犯罪本质仅是反映、说明犯罪这一概念的一个方面重要内容。犯罪本质问题是刑法哲学问题。

犯罪概念和犯罪构成的关系是抽象与具体的关系。犯罪概念是犯罪构成的高度概括和浓缩，是犯罪构成的基础和范围，而犯罪构成是犯罪概念的具体化。正因如此，“犯罪构成的本质属性与犯罪概念的本质属性是一致的，具备犯罪构成要件的行为，也就是成立犯罪的行为”①。

由于犯罪概念是犯罪构成的高度概括和浓缩，与犯罪构成具有一致的范围，犯罪构成的本质属性与犯罪概念的本质属性是一致的，因此，犯罪构成与犯罪本质的关系是具体与抽象的关系、全面与局部的关系。笔者认为，犯罪是指具有严重社会危害性的、触犯刑律和应受刑罚处罚的行为。在犯罪三大特征中，具有严重社会危害性是犯罪的本质特征。由于犯罪构成是犯罪概念的具体化，其蕴含着犯罪概念的三大特征的内容，而犯罪构成是刑法规定的、类型化的犯罪规格和标准，其内在构造是由若干构成要件组成。因此，在运用犯罪构成对犯罪概念的每一特征分析时，均需要将犯罪构成的各个构成要件综合运用来说明。“具有严重社会危害性”这一犯罪本质特征体现在行为对刑法保护法益或社会关系（即犯罪客体）的侵害或威胁上。若将犯罪客体排除在犯罪构成之外，那么，犯罪构成中的犯罪客观要件、犯罪主观要件和犯罪主体（即事实特征要件）是无法说明犯罪本质的。这样的犯罪构成将不能完整地反映犯罪概念的内容，是一个不完整的、不科学的犯罪构成。

我们也可以说，犯罪构成与犯罪本质的关系是：犯罪本质是犯罪构成的基础，犯罪构成反映了犯罪本质。犯罪构成在反映犯罪本质时，是由犯罪构成若干构成要件综合起来共同反映的，单独一个犯罪构成要件是不能等同于犯罪本质的。前述观点将犯罪客体这一单独要件等同于犯罪本质，而将犯罪客观要件、主观要件、主体要件划归现象，进而以本质和现象之间相互关系原理说明犯罪客体不是犯罪构成要件，这在方法论上存在严重的分类错误，从而导致其结论缺乏科学性。

犯罪是一种事实和价值交织在一起的行为。刑法所规定的各罪的规范也是事

① 马克昌主编：《犯罪通论》武汉大学出版社，2003 年 1 月第 3 版，第 67 页。

实和价值交织在一起的。换言之，犯罪是由事实要素和价值要素共同构成的，无价值要素则无法说明何谓犯罪，犯罪本质是犯罪的根本属性，它同样需要用事实要素和价值要素才能论述清楚。某一种犯罪可在理论上分解成犯罪客体（价值要素）和犯罪客观要件、主观要件、主体要件（事实特征要素），这些要素可以共同说明犯罪本质。

综上所述，前述观点实际上是将犯罪客体等同于犯罪本质，将犯罪客观要件、主观要件、主体要件作为现象，从而根据本质与现象间相互关系原理来说明犯罪客体不是犯罪构成的要件。由于犯罪客体本身不是本质，所以，运用本质与现象间相互关系原理说明犯罪客体不是犯罪构成的要件，这存在着方法论上的错误。

即使按该观点的分类将犯罪客体划归本质，犯罪客观要件、主观要件、主体要件（即事实特征要件）作为现象，若以本质与现象间相互关系原理分析，也不能得出“犯罪客体不是犯罪构成要件”的结论，而恰恰相反，应得出“犯罪客体是犯罪构成要件”的结论。

辩证唯物主义认为，现象与本质是对立统一的辩证关系：

首先，现象和本质是相互区别、相互对立的。其具体表现是：（1）现象是个别的、片面的和表面的东西，是事物本质的具体表现；本质则是同类现象的共性，是事物内部深藏的东西。（2）现象是多变的、易逝的，具有较大的流动性；本质则是相对稳定的。（3）从人的认识方面看，形于外的现象，可以为人的感官所直接感知；藏于内的本质，则看不见、摸不着，只有靠理性思维才能把握①。

其次，现象与本质又是辩证统一的。本质是现象的内在根据，本质决定现象，并通过一定的现象显示自己的存在；现象是本质的外部表现，现象从属于本质，总是从不同的侧面表现事物的本质。脱离本质的纯粹的现象和不表现为现象的神秘的本质，在现实中却是不存在的②。

现象和本质的对立统一关系告诉我们，既不能抹杀二者的差别，也不能否认两者的统一。现象与本质的对立决定了科学研究、科学认识的必要性；现象与本质的统一又决定了科学认识的可能性，如果两者只有对立而无统一，一切科学研究、科学认识也就是徒劳无益、白费力气的③。

① 李秀林、王于、李淮春主编：《辩证唯物主义和历史唯物主义原理》，中国人民大学出版社，1995年5月第4版，第222页。

② 欧阳康、冯卓然主编：《马克思主义哲学原理》，高等教育出版社，1999年7月第1版，第101页。

③ 李秀林、王于、李淮春主编：《辩证唯物主义和历史唯物主义原理》，中国人民大学出版社，1995年5月第4版，第223—224页。

如果按该观点的分类，将犯罪主体、犯罪主观要件、犯罪客观要件划归现象范畴，将犯罪客体划归本质范畴。根据现象与本质间相互关系原理，它们之间属于现象与本质关系，是一种对立统一的辩证关系。这一对立统一关系正好反映了犯罪构成是一个科学的表里结构。

首先，它们是相互区别、相互对立的。（1）犯罪主体、犯罪主观要件、犯罪客观要件是现象，是表面的东西，这些现象要素综合地具体表现了犯罪客体受到侵害或威胁的本质。（2）从哲学上看，现象是多变的，易逝的，具有较大的流动性，但是，由于刑法具有特殊性，因此，从刑法角度上思考现象与本质的关系时，应将犯罪主体、犯罪主观要件、犯罪客观要件综合形成的现象范畴与犯罪客体的本质范畴均从相对稳定上理解。（3）犯罪主体、犯罪主观要件、犯罪客观要件属现象范畴，它们可以为人的感官所直接感知，但是，犯罪客体这一本质范畴的东西则只能靠理性思维把握。两者的对立关系让我们认识到，犯罪主体、犯罪主观要件、犯罪客观要件与犯罪客体在理解上是有明显区别的，两者是不能相互替代的。

其次，它们之间是辩证统一的。犯罪客体这一本质范畴是犯罪主体、犯罪主观要件和犯罪客观要件所形成的现象的内在根据。犯罪客体这一本质范畴决定了犯罪主体、犯罪主观要件、犯罪客观要件所形成的分则构成现象的解释范围。例如，关于盗窃罪的犯罪客体，若从立法上、司法解释或教义学上确定了其确切内容为财产所有权，那么，就决定其犯罪主体、犯罪主观要件、犯罪客观要件所形成的分则构成的解释范围。现象与本质的辩证关系还告诉我们：脱离犯罪客体这一本质要素的纯粹的犯罪现象（即仅具犯罪主体，犯罪主观要件、犯罪客观要件这些现象要件），在现实中是不存在的。犯罪主体、犯罪主观要件、犯罪客观要件这些现象与犯罪客体这一本质要素的统一，才可以形成一个完善的、科学的犯罪构成体系，从而才有可能对犯罪有一个科学的认识。如果仅看到现象与本质只有对立而无统一，将犯罪客体这一本质要素排除在犯罪构成之外，那么，这一犯罪构成是无法进行科学认识的，最终会导致定罪量刑的错误。

综上，该观点之所以将犯罪客体排除于犯罪构成外，是因为仅看到现象与本质的对立关系，而没有看到两者还具有辩证统一的关系，所以，以本质与现象间相互关系原理分析时得出“犯罪客体不是犯罪构成要件”的错误结论。

（三）犯罪客体是一个价值评价要件，具有客观实在性，对犯罪性质的确定具有重要意义

杨兴培教授认为，犯罪客体等于社会关系，而社会关系属于精神产物。犯罪

构成是就犯罪的行为事实作出的一种模型规格的预先设定，这种犯罪构成规定中并不存在着带有价值性质的“客体内容”。犯罪客体与犯罪性质认定无关。

笔者认为，犯罪是一种具有价值评价的行为，是一种侵犯了刑法保护的法益（或社会关系）的、触犯刑法的社会危害行为。犯罪构成应包含有事实和价值两方面内容的构成要件。犯罪客体是价值要件，它是评价行为是否构成犯罪，是否构成该罪，以及行为社会危害性大小的重要要件。纯粹的行为事实所形成的犯罪构成模型是不完整的犯罪构成模型。在这一犯罪构成模型中，由于缺乏犯罪客体这一价值评价要件，从而不利于对行为的社会危害性作出科学的评价。

关于犯罪客体是否属于精神产物的问题，应从两个视角来思考，一是从具体案件的犯罪构成事实角度思考；二是从犯罪构成立法模型角度思考。

若从具体案件的犯罪构成事实角度思考，犯罪客体是一种客观实在，而不能认为是一种精神产物。例如，在一个盗窃案件中，被害人对被盗财物的所有权在被盗之前已依民法或其他法律法规取得，在被盗窃时，这一犯罪客体是客观实在的。

若从犯罪构成立法模型角度分析，那么，由于刑法本身就是立法者的精神产物，所以，刑法规定的各罪种的犯罪构成当然是精神产物。刑法的主要目的是保护法益或社会关系。刑法在明文规定各种犯罪的罪状时必定考虑如何保护社会里客观存在的各种法益或社会关系。在制定刑法前，各种法益或社会关系已依其他法律法规或习惯形成，法益主体的法益或以法益为内容的社会关系已获得法律的确认和保护。由于任何犯罪必定侵害或威胁法益或社会关系，因此，在制定刑法时，立法者规定某一种犯罪的罪状时，可直接明确规定该罪的犯罪客体（即刑法保护的法益或社会关系）的内容和范围是什么，基于立法简约性考虑，也可以仅规定其犯罪客观要件、主观要件和主体要件。这种未明文规定犯罪客体的分则构成实际上也划定了该犯罪行为所指向、所侵害或威胁的法益或社会关系的内容和范围，换言之，该罪的犯罪构成已包含了犯罪客体的内容。

在我国刑法分则规定的少数罪种里，刑法明文规定了这些罪的犯罪客体。例如，在背叛国家罪里，刑法条文明文规定其犯罪客体为“中华人民共和国的主权、领土完整和安全”。而放火罪、决水罪和爆炸罪的犯罪客体被明文规定为“公共安全”。而在刑法分则规定的400多种犯罪中，绝大多数犯罪的犯罪客体并没有被明文规定，但是，这些犯罪当然都侵犯或威胁了这种或那种具体法益（或社会关系）。从每一种罪的罪状分析，各罪必然存在着一个与其罪状确切对应的犯罪客体，从罪刑法定原则的明确性要求上说，立法者在制定罪状时应将其科学的、确切的犯罪客体规定下来，以免司法者对其罪状中的犯罪客观要件、犯罪主

观要件、犯罪主体随意进行所谓的“实质解释”。从司法实践看，不少犯罪在解释上存在诸多争议就是因为未对犯罪客体有明确规定导致的。例如，将自己已出租的汽车秘密地窃取回家的行为是否构成盗窃罪？若认为盗窃罪的犯罪客体是财产所有权，则行为人不构成盗窃罪，但是，如果认为盗窃罪的犯罪客体是财产所有权或占有，那么，行为人的行为构成盗窃罪。之所以会引起这一争议，是因为其犯罪客体没有被明确规定。

犯罪客体对犯罪性质认定是具有影响的。在实践中，一些犯罪案件的争论，即体现在对犯罪客体的争论上。从理论上讲，刑法规定的每一种犯罪必定对应有一个最确切、最科学的犯罪客体。目前，对于刑法没有明文规定有犯罪客体的各罪来说，我国刑法教义学对许多罪的犯罪客体已形成通说，在司法实践上也形成了共识，但是，对许多罪的犯罪客体的内容仍存在争议。对有些罪的犯罪客体的争议甚至影响到了行为的定性，这需要从立法上或司法解释上通过明确其犯罪客体而实现司法的统一。

（四）犯罪客体是认定犯罪必不可少的要件，离开犯罪客体就会给犯罪认定带来困难

有学者认为，犯罪客体是由犯罪客观要件、主体要件和主观要件以及符合这些要件的事实综合决定的，它是被反映的对象，不是犯罪构成要件，区分此罪与彼罪的关键在于分析犯罪主客观方面的特征，主张犯罪客体不是犯罪构成要件不会给犯罪认定带来困难。

笔者认为，这一观点是值得商榷的。在我国刑法中，有的犯罪的犯罪客体就被刑法明文规定为犯罪构成要件（如背叛国家罪）。对于没有被刑法明文规定出犯罪客体的犯罪而言，它们也当然存在犯罪客体，因为任何犯罪必然都侵害或威胁了某种法益（或社会关系），而且每一种犯罪必然存在着一个与其罪状确切对应的犯罪客体，这是客观实在的。各罪的犯罪客体需要根据罪状中的犯罪客观要件、主体要件和主观要件来分析，同时，还可能要借助其他法律或有关规范所确立的利益关系来分析，从而准确地分析出犯罪客体的内容和范围。犯罪客体是认定行为有社会危害性和社会危害性大小的必要要件。如果某行为没有侵害或威胁任何法益（或社会关系），即不符合任何犯罪的犯罪客体，就不可能构成犯罪。对于某种犯罪而言，如果行为仅具有刑法分则规定的客观要件、主体要件和主观要件内容而缺乏犯罪客体要件时，该行为就不可能构成该种犯罪。其实，一种犯罪的犯罪构成是人们在观念上人为地将其分解成若干个构成要件的观念整体。由于一个犯罪原本就是一个整体，各个构成要件并非机械地合并成一个犯罪的，这几个构成要件各自并非孤立地截然与其他要件分开的，它们是有机地组合在一起

的，是密不可分的。在犯罪客体、犯罪客观要件、犯罪主观要件和犯罪主体里，对每一个要件的解说都要借用其他要件的术语、内容才能说清楚。犯罪客体需要借助客观要件的行为等内容来加以说明；犯罪客观要件的危害结果等内容需要借助犯罪客体等内容来加以说明；犯罪主观要件的主观内容等需要借助犯罪客体的内容来说清楚。在一些案件里，离开了对犯罪客体的分析就会给犯罪认定带来困难。例如，在故意伤害罪与故意杀人罪的区分中，若离开了对犯罪客体的分析就会给犯罪认定带来困难。这两罪侵犯的客体是不同的。前者为他人的健康权，后者为他人的生命权。在行为人的故意为间接故意的情况下，应以实际侵害的客体来定罪。也就是说，如果行为仅导致伤害结果（轻伤或者是重伤），就应该以故意伤害罪来定罪；如果导致被害人死亡了，就应该定故意杀人罪。在直接故意的情况下，应以行为人主观故意的内容（即意欲侵犯的客体内容）来定罪，如果行为人意欲侵犯的是生命权，应按故意杀人罪定罪；如果行为人意欲侵犯的仅是健康权，就应该定故意伤害罪。在这里，在直接故意的情况下，若行为人的犯罪主观内容离开了犯罪客体，其主观内容将空空如也。

犯罪客体的确定可以起到对罪状中的犯罪客观要件、主体要件和主观要件的限制解释的作用。对于某种犯罪而言，刑法在罪状中规定的犯罪客观要件、主体要件和主观要件是分析该罪的犯罪客体的基本依据，根据立法愿意，我们可以科学地准确找到其对应的犯罪客体，这一犯罪客体是形成共识的、刑法教义学上的犯罪客体。为了减少认识上分歧，可以将这一犯罪客体用司法解释形式将其确定下来。在实践中，人们对罪状中的犯罪客观要件、主体要件和主观要件往往采取实质解释，如果不将犯罪客体作为犯罪构成要件，就会导致犯罪认定上的困难，以致出现大量违反罪刑法定原则的现象。一旦将每一种犯罪的科学的、确切的犯罪客体确定下来，那么，每种犯罪的犯罪客体在区分罪与非罪、此罪与彼罪的界限上即具有重要作用，从而更好地遵循罪刑法定原则。

综上，笔者认为，在刑法立法和司法领域，价值要件（犯罪客体）和事实特征要件（犯罪客观要件、主体要件和主观要件）存在着一个“互为反制定律”。它包括两方面内容：（1）事实特征要件（犯罪客观要件、主体要件和主观要件）的明文规定限制了价值要件（犯罪客体）的内容和范围；（2）价值要件（犯罪客体）的确定限制了事实特征要件（犯罪客观要件、主体要件和主观要件）的解释范围。

（五）犯罪客体具有一定的法定性，符合相对罪刑法定原则

有学者认为，绝大部分罪的犯罪客体不具有法定性，在理解上出现随意性、任意性，直接破坏了罪刑法定原则的贯彻实施。还有学者认为，犯罪客体不具有

稳定性和准确性，它可能随着人们认识的变化而变化，违反了罪刑法定原则的明确性要求，它不是犯罪构成要件。

笔者认为，犯罪客体是具有一定法定性的。它与犯罪客观要件、犯罪主体、犯罪主观要件一样均属于犯罪构成要件。在我国刑法里，每一种犯罪的犯罪构成均由刑法总则与分则相关条文规定的要件组成。出于立法技术简约性考虑，刑法分则规定的各罪罪状并不一定将犯罪构成这四个要件描述出来，有的仅规定了犯罪客观要件的内容；有的仅规定了犯罪客观要件和犯罪主观要件；有的则仅规定了犯罪客观要件、犯罪主观要件和犯罪主体的特殊身份要件。至于各相关犯罪欠缺的犯罪主观要件或主体要件需借助刑法总则第 14、第 15、第 17 条关于罪过和犯罪主体的一般规定来找出来。例如，刑法第 348 条规定的非法持有毒品罪在罪状上仅规定了非法持有毒品的客观要件，其犯罪主观要件和犯罪主体要件要借助刑法总则第 14、第 15、第 17 找出来，即：其主观要件为故意，其主体要件为行为人应达到 16 周岁以上且具有刑事责任能力。就犯罪客体而言，我国刑法分则仅对少量犯罪在罪状上规定了犯罪客体。对于绝大多数在刑法分则罪状中没有明文规定犯罪客体的犯罪来说，它们的犯罪客体也是具有一定的法定性的，首先，我国刑法总则条文对刑法保护的基本法益或社会关系（即一般客体）有规定。我国刑法第 2 条在规定刑法任务时，将刑法保护的基本法益（或社会关系）有列举式规定。在刑法第 13 条规定的犯罪概念中，对犯罪侵犯或威胁的基本法益或社会关系（即一般客体）再次列举规定。其次，我国刑法分则每一章章名将一这章中的犯罪所侵害或威胁的同类客体规定了出来。第一章的犯罪同类客体是国家安全；第二章是公共安全；第三章是社会主义市场经济秩序；第四章是公民人身权利、民主权利；第五章是财产权；第六章是社会管理秩序；第七章是国防利益；第八章贪污贿赂罪，在章名上并未规定其同类客体，但是，刑法教义学上普遍认为，其同类客体为国家廉政制度；第九章渎职罪，在章名上也未规定其同类客体，刑法教义学上普遍认为，其同类客体是国家机关正常管理活动；第十章的同类客体是军事利益，这是刑法第 420 条对军人违反职责罪下定义时确定的。此外，第三章破坏社会主义市场经济秩序罪和第六章妨害社会管理秩序罪，各自在下一层次上分别设有八节、九节，其每一节即有各自的、小的同类客体①。

综上所述，借助刑法总则的规定以及刑法分则各章的同类客体规定，我们知道，每一种犯罪的一般客体和同类客体是具有一定法定性的。每一种犯罪至少对应有一般客体或一个法定的同类客体。但是，对绝大多数犯罪而言，其具体的犯

① 参见邵维国：《犯罪客体是刑事违法的最高价值标准》，《河北法学》2010 年 12 期，第 69—71 页。

罪客体（即犯罪直接客体）不具有法定性，但是，从客观实在上看，每一种犯罪均应有着一个科学的、确切的犯罪客体与其相适应。这一犯罪客体具有确切性和稳定性。刑法仅将犯罪同类客体规定下来，说明每一种犯罪的法定犯罪客体是其同类客体。至于哪个确切的、稳定的具体客体，它是客观存在的，这需要科学分析、研究后确定下来，从而作为众所周知的共识。对于争议较大的而又影响定性的犯罪客体，则需要通过立法或司法解释将其确定下来。

对于罪刑法定原则派生的明确性原则而言，其明确性是相对的明确性。我国刑法分则中规定有大量空白罪状，规定有“其他规定”的兜底条款，规定有概念模糊的“情节恶劣”“情节严重”内容，等等。这些不甚明确的规定具有相对合理性，是立法上的无奈，我们不能以违反罪刑法定原则的明确性要求为由而将它们全部废除。这些规定在其完整的规范里具有相对明确性。在刑法立法领域里，存在着一些立法漏洞，依开放的犯罪构成理论，有些立法漏洞应在刑法教义学基础上由法官来解释填补。对于犯罪客体而言，各罪的同类客体已由刑法规定，那么，其具体的直接客体可在刑法教义学基础上由法官来解释填充。

对这些犯罪的犯罪客体而言，大多数犯罪客体具有稳定性和准确性。例如，故意杀人罪和过失致人死亡罪的犯罪客体均是生命权，故意伤害罪和过失致人重伤罪的犯罪客体均是健康权，非法拘禁罪的犯罪客体是人身自由权，等等，人们对这些罪的犯罪客体是无异议的。

当然，也有一些犯罪的犯罪客体是存在争议的。在这些有争议的犯罪客体里，有的对行为定性是没有影响的，有的则对行为定性产生重大影响。

各种犯罪的犯罪客体的域度范围可能有较大差别。根据域度范围大小，可将犯罪客体分为两种：宽泛的犯罪客体和狭窄的犯罪客体。

（1）宽泛的犯罪客体。这种客体的域度范围较大，在解释上，其范围非常宽泛，尽管各种学者在解释上争议较大，使用文字有所不同，但是，其各种解释往往存在着较大的相同交叉部分，这交叉部分均能符合该罪侵害或威胁的法益（或社会关系）的客观实在范围。因此，在实践中，对某一犯罪的犯罪客体的解释虽然存在分歧，但只要行为符合该罪的客观要件，主体要件和主观要件（且其犯罪客体符合各自解释的相同交叉部分）即可定罪，而且一般对定性没有差异。例如，受贿罪的客体即属于宽泛的犯罪客体，人们对受贿罪的客体有较大的分歧。有人认为其客体是国家工作人员职务行为的廉洁性；有人认为其客体是公务人员的廉洁制度；有人认为其客体为国家工作人员职务行为的不可收买性，等等。尽管人们争议较大，但是，由于该罪的犯罪客体较宽泛，各种解释均是有共同的法益（或社会关系）交叉部分，而各犯罪客体概念均能与该罪的客观要件、主体要件和主观要件相适应，因此，只要其符合受贿罪的客观要件、主体要件和主观要件，且与上述相关解释的犯罪客体相符合，一般在定性上无分歧。但是，受贿罪的犯罪构成必须有犯罪客体才可构成犯罪。例如，刑侦人员张某为了侦破一贩毒集团案件，为赢得贩毒分子信任，利用职务之便向其中一贩毒分子索取10万元人民币，之后，将索取到的10万元上交公安局。在这里，张某之行为符合受贿罪的客观要件、主观要件和主体要件，即身为国家工作人员的他，利用职务之便索取了贿赂，但是，张某的行为不符合受贿罪的犯罪客体（在笔者看来，该罪的客体为国家工作人员的廉洁性）。

（2）狭窄的犯罪客体。这种犯罪客体的域度范围小，在解释上，其范围较狭窄。对于这种犯罪客体而言，如果在解释上产生分歧，就有可能影响到定性的准确性。例如，盗窃罪的犯罪客体即属狭窄的犯罪客体，通说认为，盗窃罪的犯罪客体是公私财产所有权，但是，也存在分歧。有人认为，其犯罪客体是公私财产所有权或基于本权的占有。例如，甲将自己的摩托车借给朋友乙，之后，甲在晚上悄悄地到了乙家，窃回自己的摩托车，乙以为摩托车被别的人偷了，即向甲赔了6000元。在本案中，甲对摩托车具有所有权，他的行为并没有侵犯到自己的财产所有权，若认为盗窃罪的犯罪客体为所有权，甲的行为因无犯罪客体，因而不构成盗窃罪；若认为盗窃罪的犯罪客体为所有权或基于本权的占有，那么，甲侵犯了乙对摩托车的占有关系，其行为具有盗窃罪的犯罪客体，构成盗窃罪。

任何一种犯罪均在客观上存在一个与其确切相应的犯罪客体，尽管刑法可能并没有明文规定。正如犯罪构成一样，刑法并没有明文规定犯罪构成的概念，更没有系统明文规定犯罪构成包括哪几个构成要件，但是，根据刑法总则和分则的各种零散规定可知，犯罪构成是客观存在的。对于每一种犯罪而言，与其确切相应的犯罪客体是什么呢？这是刑法学家和法官需要研究予以回答的。经过长期的研究，各种犯罪的犯罪客体已被各种刑法教科书和论著归纳出来，人们对大部分犯罪的犯罪客体已形成共识，并成为刑法教义学上的结论。对于有争论的犯罪客体，人们往往对该罪的犯罪客观要件、犯罪主体和犯罪主观要件也存在争议，这需要通过立法或司法解释来平息争议。

不可否认，在实践中，有司法者在办理案件时，仅关注犯罪客观要件、犯罪主体和犯罪主观要件而不分析其犯罪客体，其同样可能准确定罪。对于这一情况，笔者认为，其之所以定罪准确，是因为这一案件的行为本身均符合了该罪的犯罪构成四要件。尽管司法者并未分析其犯罪客体，但是，在客观上行为人的行为已符合其犯罪客体。应当说，在司法实践中，在一般的案件里，行为人的行为符合了犯罪客观要件、犯罪主体和犯罪主观要件，往往同时符合了犯罪客体，但是，在一些复杂疑难案件中，如果不对犯罪客体进行分析，就可能酿成错案。因此，在司法实践中，只有对犯罪构成四要件都分析比较后，才可更好地防范错案。

应当指出，对于法律没有明文规定其犯罪客体的犯罪而言，犯罪客体仅具有相对确定性、稳定性。因为这些犯罪的犯罪客体需要借助犯罪客观要件、主观要件和主体要件及其他因素来说明，但是，犯罪客观要件、主观要件、主体要件是由文字描述的，而文字的模糊性和相对明确性决定了犯罪客观要件、主观要件、主体要件也只是具有相对确定性和稳定性。按照通说，扩张解释并不违背罪刑法定原则，而扩张解释的存在必定使犯罪客观要件、主观要件、主体要件超越字义范围，进而可能会使原来已形成共识的通说犯罪客体产生变异。由此可见，若要进一步贯彻罪刑法定原则，对一些犯罪的犯罪客体应明文规定，以限制人们滥用扩张解释来阐说犯罪客观要件、主观要件、主体要件。

有学者认为，在1979年刑法的反革命罪一章中，一些犯罪在1997年新刑法中被划分到危害公共安全罪，有的犯罪则被划分到妨害社会管理秩序罪，这些犯罪的基本犯罪构成没有根本性变化，犯罪还是那些犯罪，但是，对这些犯罪的同类客体，侧重点的认识发生了变化，对这些犯罪的具体客体的侧重点的认识也改变了。这充分说明了犯罪客体本身并不是犯罪成立的条件。

笔者认为，这一观点是存在问题的。我们知道，1979年刑法的反革命罪一章规定，所有反革命罪必须具有反革命目的（即推翻人民民主专政政权和社会主义制度的目的），才可以构成相关反革命罪。因此，1979年刑法反革命罪一章第100条规定的劫持飞机、舰船的行为要同时具有反革命目的，才可构成反革命破坏罪，对于第96条的组织越狱罪和持械越狱罪也必须具有反革命目的，才可构成各该罪。而1997年新刑法第121条规定的劫持航空器罪，第122条规定的劫持船只、汽车罪，第317年规定的组织越狱罪和持械越狱罪在犯罪目的上均未要求具有反革命目的，因此，对这些行为而言，其犯罪构成条件已发生根本性变化，将各相关犯罪归到其他同类客体的犯罪章节中是妥当的。前述观点以这些犯罪被划归到刑法分则别的章节为由，说明犯罪客体是随着认识变化而变化的，是不稳定的，从而否定犯罪客体的构成要件，笔者认为，此观点是不妥当的。

（六）犯罪客体是区分此罪与彼罪的重要要件

有学者认为，犯罪客体不能起到决定此罪与彼罪界限的作用。这一观点是值得商榷的。笔者认为，每一种犯罪均由犯罪客体、犯罪客观要件、犯罪主观要件和犯罪主体共同形成一个犯罪构成模型。这一犯罪构成模型决定了其独特的犯罪性质，让其与其他所有犯罪区别开来。单独一个犯罪客体是不能决定犯罪性质的，也不能决定此罪与其他所有犯罪的界限，因为不少犯罪具有相同的犯罪客体。对于犯罪客体不同的犯罪而言，犯罪客体就能起到决定此罪与彼罪界限的作用。任何一种犯罪在客观实在上均具有一个与其确切相适应的犯罪客体。对于每一种犯罪而言，它的直接客体与绝大多数犯罪的直接客体是不相同的，对于这种犯罪而言，其犯罪直接客体是它与其他犯罪区别的重要要件。例如，对于故意杀人罪来说，其犯罪直接客体是生命权，其犯罪客体是它与故意伤害罪、非法拘禁罪以及贪污罪等区别的重要要件。但是，对于有些犯罪来说，它与其他几个犯罪具有相同的直接客体，因此，犯罪客体不是它与其他具有相同直接客体的犯罪区别的要件，它们之间的区别主要在犯罪客观要件、犯罪主体要件和犯罪主观要件上。例如，盗窃罪、诈骗罪、侵占罪等犯罪具有相同的犯罪直接客体（即财产所有权），它们之间的区别主要体现在犯罪客观要件上。

有学者在讨论盗窃钢轨、枕木的例子时认为，这一例子恰恰不能证明犯罪客体是犯罪构成要件，而正相反，它证明了犯罪客观方面的情况，即犯罪对象所具有的特殊属性或特殊用途，使类似犯罪行为具有不同的犯罪客体，从而导致对这两种行为不同性质的认定，以及立法上对这类行为的不同规定。笔者认为，对于某些犯罪来说，“犯罪对象所具有的特殊属性或特殊用途，导致了类似犯罪行为具有不同的犯罪客体，导致对这两种行为不同的性质认定，导致立法上对这类行为的不同规定”。这一论述是妥当的。从这一论述可知，犯罪对象对犯罪性质的认定具有重要作用。但是，单一的犯罪对象也无法决定犯罪性质。一种犯罪的性质由犯罪客体、犯罪客观要件、犯罪主观要件和犯罪主体综合决定，而其中的每一要件具有其独特作用。当该罪的犯罪客体与其他犯罪的犯罪客体不同时，犯罪客体就起到划分此罪与彼罪的作用。一些教科书讨论盗窃钢轨、枕木案例的目的主要是为了说明犯罪客体在一些情况下具有区分此罪与彼罪的作用。仅仅论证犯罪客体具有这一作用还不能说明犯罪客体就是犯罪构成要件，若要论证犯罪客体是犯罪构成的要件，还需按前文所述的犯罪构成要件的七个必需条件来分析论证。

笔者认为，对于盗窃钢轨、枕木案而言，从司法实务看，盗窃仓库中的钢轨、枕木的行为，符合盗窃罪的犯罪构成，该罪犯罪客体为财产所有权。而盗窃正在使用的钢轨，枕木的行为，则侵犯了公共安全，构成了破坏交通设施罪。此外，这一盗窃行为当然也侵犯财产所有权，也符合盗窃罪的犯罪构成。在这里，刑法第 264 条（规定了盗窃罪）与刑法第 117 条（或第 119 条）（规定了破坏交通设施罪）是法条竞合关系，盗窃正在使用的钢轨、枕木的行为实际上是法条竞合犯。在这里，根据重法条优于轻法条原则，应以刑法第117条（或第119条）按破坏交通设施罪处理。上述盗窃钢轨、枕木案例是从实务上分析，其行为究竟是按第264条盗窃罪，还是按第117条（或第119条）定罪处罚。但是，从犯罪构成立法模型看，盗窃罪与破坏交通设施罪的犯罪客体是有区别的，前者是财产所有权，后者是公共安全。所以，从犯罪构成模型看，一般教科书以这一案例说明犯罪客体具有区分此罪与彼罪的作用，这是有一定的道理的。

（七）犯罪客体符合了犯罪构成要件的七个必需条件

有学者认为，任何犯罪都侵犯法益，并不等于法益本身是犯罪构成的要件。例如，任何犯罪都违反刑法，但刑法本身并不是犯罪构成要件。将犯罪客体作为犯罪构成的要件，有偷换概念之嫌。

笔者认为，犯罪的本质特征具有严重的社会危害性，而严重的社会危害性则体现在对刑法保护的法益（或社会关系）的侵害或威胁上。因此，任何一个行为要成立犯罪，它必须侵害法益（或社会关系）。不损害或威胁任何客体的行为，不可能构成犯罪。换言之，无犯罪客体则无犯罪。

依据“任何犯罪都侵犯法益”这一论述，当然还不能推导出“法益本身是犯罪的构成的要件”的结论。但是，这一论述说明了犯罪客体与犯罪密不可分的关系。某一因素是否是犯罪构成的要件，应看其是否符合犯罪构成的必需条件。在前文中，笔者认为，犯罪构成要件的必需条件共有七个，在将犯罪客体与其比对后可知，犯罪客体完全符合上述犯罪构成要件的七个必需条件。所以，笔者认为，犯罪客体是犯罪构成的必不可少的要件。

综上所述，当犯罪构成从犯罪成立的意义上定义时，犯罪客体当然是犯罪构成中的构成要件。犯罪客体在犯罪构成中是反映和说明犯罪本质特征的必要要件，无犯罪客体则无犯罪。犯罪客体具有刑法规定性，其犯罪直接客体是当然包含于犯罪构成中的要件。犯罪客体是客观实在的，它是反映犯罪社会危害性的价值要件，许多犯罪的犯罪直接客体需要通过对犯罪客观要件、主观要件和主体要件来概括出来，但是，若犯罪直接客体已被确立，它可以反制犯罪客观要件、主观要件和主体要件，它可以起到限制犯罪客观要件、主观要件和主体要件的解释的作用。

犯罪客体是一个重要的价值要件。在我国通说的四要件犯罪构成里，它是必不可少的构成要件，它的构成要件地位在理论上得到了论证。因此，在当前犯罪构成理论纷争的时期，我们应看到四要件犯罪构成理论的合理性，坚守四要件犯罪构成理论的基本理论架构，通过深入研究，对这一理论进行适度的完善。

四、犯罪客体的实践价值

（一）犯罪客体的实践价值面临质疑

在我国通说的四要件犯罪构成理论里，犯罪客体是犯罪构成中的价值要件，一个必不可少的构成要件。但是，随着我国刑法理论研究的发展，一些刑法学者对犯罪客体的构成要件地位进行了猛烈的批判，彻底否定了犯罪客体的构成要件地位，提出了犯罪客体不要说。

杨兴培教授认为，犯罪客体等于社会关系，而社会关系属于精神产物。犯罪构成是就犯罪的行为事实作出的一种模型规格的预先设定，这种犯罪构成规定中并不存在着带有价值性质的“客体内容”。犯罪行为受人主观心理活动的支配，由于犯罪故意罪过性质决定了犯罪行为的性质，当这种行为指向了法律已明文规定的一定对象时，其犯罪的性质也就定型了，因此，就事物的本质而言只能存在于事物的本身内部，与这一犯罪行为事实（包括心理事实）之外的犯罪客体（社会关系或者社会利益等）没有什么联系①。换言之，犯罪客体与犯罪性质认定无关。为此，杨兴培教授认为，犯罪客体是一个“巨大而空洞的价值符号”②。

张明楷教授则认为，一个犯罪行为侵犯了什么法益，是由犯罪客观要件、主体要件与主观要件以及符合这些要件的事实综合决定的。犯罪客体是被反映的对象，而不是犯罪构成要件，区分此罪与彼罪的关键在于分析犯罪主客观方面的特征。主张犯罪客体不是犯罪构成要件不会给犯罪认定带来困难③。

笔者认为，犯罪是一种具有价值评价的行为，是一种侵犯了刑法保护的法益（或社会关系）的、触犯刑法的社会危害行为。犯罪构成应是包含有事实和价值两方面内容的构成要件。犯罪客体是价值要件，它是评价行为是否构成犯罪，是否构成该罪，以及行为社会危害性大小的重要要件。纯粹的行为事实所形成的犯罪构成模型是不完整的犯罪构成模型。在这一犯罪构成模型中，由于缺乏犯罪客体这一价值评价要件，从而不利于对行为的社会危害性作出科学的评价。对于某种犯罪而言，如果行为仅具有刑法分则规定的客观要件、主体要件和主观要件内容而缺乏犯罪客体要件时，该行为就不可能构成该种犯罪。

笔者认为，犯罪客体具有构成要件的地位是合理的。当犯罪构成从犯罪成立

---

① 参见杨兴培：《犯罪客体——一个巨大而空洞的价值符号》，《中国刑事法杂志》2006 年第 6 期，第 9 页。

② 参见杨兴培：《犯罪客体——一个巨大而空洞的价值符号》，《中国刑事法杂志》2006 年第 6 期，第 4 页。

③ 参见张明楷：《法益初论》，中国政法大学出版社出版，2000 年 5 月第 1 版，第 251 页。

的意义上定义时，犯罪客体当然是犯罪构成中的构成要件。犯罪客体在犯罪构成中是反映和说明犯罪本质特征的必要要件，无犯罪客体则无犯罪。犯罪客体具有刑法规定性，其犯罪直接客体是当然包含于犯罪构成中的要件。犯罪客体是客观实在的，它是反映犯罪社会危害性的价值要件。犯罪客体绝非一个空洞的价值符号，它在立法和司法上具有巨大的价值。它起到引导刑法立法作用，在司法实践中，它可以在区分罪与非罪、此罪与彼罪界限上发挥重大作用，它可以在罪数形态、故意犯罪形态的判断认定上起到重要作用，它还可以在量刑等领域发挥其应有的作用。

（二）犯罪客体的立法实践价值

任何一种犯罪均会侵犯或威胁法益或社会关系，而被侵害或威胁的法益或社会关系是判断行为社会危害性大小的重要要素。因此，在确立一种犯罪时，立法者必须搞清该种行为侵犯或威胁了何种法益或社会关系，并评估其社会危害性的大小，从而考虑是否将该行为犯罪化。可见，在立法时，犯罪客体具有影响犯罪罪种确立的作用。对于一种犯罪而言，犯罪客体具有区分此罪与彼罪的功能，犯罪客体在法律条文上的明确规定，将对该种犯罪的犯罪客观要件、主观要件和主体要件起到限制解释的作用。正因如此，我国刑法第 102 条在规定背叛国家罪时，明文规定其犯罪客体为“中华人民共和国的主权、领土完整和安全”，第 114 条规定的放火罪、爆炸罪、投放危险物质罪的犯罪客体为“公共安全”。

对于我国刑法规定的大多数犯罪而言，刑法分则相关条文并没有明文规定其具体的犯罪客体，其法定性主要体现在总则规定的一般客体和刑法分则各章标题中所规定的同类客体，它仅具有宽泛的法定性和相对明确性。这些罪的具体犯罪客体由刑法教义学来解决。对大多数犯罪来说，刑法教义学所确定的犯罪客体已形成共识，无争议。但是，对于有些犯罪而言，虽然刑法已规定其犯罪客观要件、主观要件和主体要件，但是，由于没有对犯罪客体明文规定，其争议较大，从而影响其定性。对于这种犯罪，应在立法上明确规定其犯罪客体。

有学者反对将犯罪客体作为犯罪构成要件，但是，他主张实质解释，并认为如果离开保护法益的指引，有的案件就不可能得出妥当的结论，为此，他举例说明了这一问题：我国刑法第 243 条第 1 款是这样规定的：“捏造事实诬告陷害他人，意图使他人受刑事追究，情节严重的，处三年以下有徒刑、拘役或者管制；造成严重后果的，处三年以上十年以下有期徒刑。”这是关于诬告陷害罪的规定，在这里，仅明文规定了该罪的犯罪客观要件和主观要件。对一些案件来说，如果离开犯罪客体，对其仅从字面含义解释，就难以得出正确的结论。案例一：因为冬天寒冷，乞丐乙无处可去，于是请求甲捏造“乙盗窃了甲 1000 元人民币的事实”，并向司法机关告发，以便使乙被判处刑罚后能在监狱服刑过冬，不至于在外受冻。甲依乙的要求，告发了乙，乙被判拘役 5 个月。案例二：A 通过从国内邮寄捏造的书面证据的方式，向外国某一司法机关诬告中国公民 B 故意杀了某外国公民 C①。在这两个案件中，甲和 A 均捏造他人犯罪事实，并意图使他人受刑事追究，但是，该学者认为，不能据此得出甲与 A 均成立诬告陷害罪的结论。(1) 若认为诬告陷害罪的保护法益是公民人身自由，那么，甲方行为因得到了乙的有效承诺而不构成该罪。相反，A 的行为导致 B 有受某外国司法机关追究刑事责任，并失去人身自由的危险，因而构成诬告陷害罪。(2) 若认为诬告陷害罪的保护法益是国家的正常司法活动，那么，甲的行为因侵害了这一法益而构成该罪，而 A 因为侵害的是外国的正常司法活动，而我国刑法没有必要保护外国的正常司法活动，因而 A 的行为不成立诬告陷害罪。(3) 若认为诬告陷害罪的保护法益为国家的正常司法活动和公民的人身自由，那么，因甲与 A 的行为各自并不同时侵犯这两种保护法益，所以，两者均不成立诬告陷害罪。(4) 若认为诬告陷害罪的保护法益是国家的正常司法活动或公民的人身自由，那么，甲与 A 的行为都侵犯了这两个选择保护法益中的一个，因此，甲与 A 均成立诬告陷害罪②。

从这一分析中，我们看出两个重要问题：第一，犯罪客体是任何一种犯罪的犯罪构成的必要要件，若离开了犯罪客体，仅靠犯罪客观要件、主观要件和主体要件还不能准确确定该罪。在诬告陷害罪的分则条文中仅有客观要件和主观要件。在分析具体案件时，若仅分析这两个要件，对有的案件而言，是难以得出妥当的结论的，还需借助其犯罪客体要件才能准确定性。诬告陷害罪的法定同类客体是社会管理秩序，其具体犯罪客体则由法官根据刑法总则和分则分别规定，以公平正义之良知来确定。第二，有的犯罪的犯罪客体存在争议，并影响到定性。对于这种犯罪而言，我们应通过立法形式在刑法条文中将其犯罪客体明文规定，以进一步实现罪刑法定的明确性要求。由此可见，犯罪客体的立法价值是重大的。

(三) 犯罪客体的司法实践价值

犯罪客体在司法实践上具有其独特的作用。它在罪与非罪界限认定、此罪与彼罪界限区分上具有重大作用，在罪数形态和故意犯罪形态的判断认定上具有重大作用，在量刑上也有着重要作用。

① 参见张明楷：《实质解释论的再提倡》，《中国法学》2010 年第 4 期，第 49 页。
② 参见张明楷：《实质解释论的再提倡》，《中国法学》2010 年第 4 期，第 50 页。

1. 犯罪客体在罪与非罪界限认定上具有重大作用

首先，如果行为侵害或威胁了刑法保护的法益，且符合犯罪构成的其他条件，那么，即使该行为没有造成物质损害，也可构成犯罪。在对犯罪认定时，物质损害并不是犯罪成立的必要条件。当行为侵害或威胁了刑法保护的法益但未造成物质损害时，行为也可能构成犯罪。例如，一天，李某从张某家里盗窃了10万元现金。李某因害怕法律制裁，在盗窃后1小时左右，又偷偷地将这10万元现金放回张某家原处。在本案中，李某退回给张某的10万元现金在价值和使用价值上没有任何变化，张某未受到任何物质损失，但是，由于李某侵犯了张某对这10万元现金的财产所有权，具备了盗窃罪的犯罪客体要件以及其他要件，因此，李某的行为构成盗窃罪。在这里，其行为之所以构成犯罪，是因为其行为的社会危害性体现在对刑法保护的法益侵害上。

其次，无犯罪客体则无犯罪，即如果行为不侵害或威胁任何刑法保护的客体，则行为不构成犯罪。在现实中，无犯罪客体的情形有两种：一是行为没有侵害或威胁到任何法益；二是行为虽然侵害或威胁了微小的法益或其他法益，但是，这些法益不是刑法保护法益，而是其他法保护的法益。

（1）如果行为没有侵犯或威胁任何法益，那么，该行为当然不构成犯罪。据此，我们可以把社会上广泛存在的合法行为与犯罪区别开来。在日常生活中，绝大多数合法行为的非犯罪性是显而易见的，但是，也有在一些行为看似符合某种犯罪而实际上是合法行为的情况。例如，抢劫犯甲与乙素不相识。一天，甲用暴力将乙的昂贵摩托车抢走，乙后来知道甲将这一摩托车藏在某一地方，乙在某天晚上采取秘密的手段将这一摩托车转移到自己家里。在本案中，车主乙采取秘密手段取回自己所有的摩托车行为，与盗窃罪的主客观要件是极为相近的。在这里，犯罪客体的有无是判断这一行为是否构成犯罪的关键。在本案中，乙对摩托车具有所有权，甲用暴力手段非法占有摩托车的行为并没有获得刑法、民法或其他法保护的、用以对抗乙的利益。乙秘密取回自己的摩托车并没有侵犯任何法益，由于在本案中无犯罪客体，所以，乙的行为不构成犯罪。

（2）行为仅侵犯或威胁非刑法保护的法益，也属于无犯罪客体的情形，其行为自然也不构成犯罪。我国刑法第13条规定，情节显著轻微，危害不大的，不认为是犯罪。由此可知，严重社会危害性是犯罪的基本特征，而社会危害性的大小体现在对法益或社会关系的侵害或威胁上。严重的社会危害性则是指对法益或社会关系造成严重的侵害或威胁。犯罪客体是刑法保护的而被犯罪行为所侵害或威胁的法益或社会关系，根据刑法第13条规定，刑法保护的法益或社会关系是重大的法益或社会关系。因此，如果行为仅侵害或威胁微小的法益或社会关系，则属于无犯罪客体情况，对行为不构成犯罪。例如，刑法第384条规定，挪用公款进行非法活动的行为构成挪用公款罪，在条文中没有挪用数额、挪用时间的要求。假如，某国有公司的出纳人员挪用了10元钱去赌博，该出纳的行为是否构成了挪用公款罪呢？在这里，该出纳侵害的法益是微小的，它是由财经法律法规保护的法益，并不是刑法保护的重大法益，因此，在这一案例里，该出纳的行为无犯罪客体，因此，不构成犯罪。

综上，犯罪客体在罪与非罪界限认定上具有重大价值，在司法实践中，我们应在科学的犯罪客体理论引导下判断罪与非罪的界限。

犯罪客体在区分罪与非罪的界限上的难题是，有些犯罪的直接客体没有被刑法明文规定，而对于其直接客体的观点有极大分歧，并直接影响定罪。若按这一观点分析，该行为侵犯该罪的犯罪客体而构成该罪，而若按那一观点分析，该行为并没有侵犯该罪的犯罪客体而不成立犯罪。

例如，甲向乙借款30万元人民币，并将自己所有的一辆汽车交给乙质押。在借款期满后，甲仍没有还款给乙。有一天晚上，甲潜入乙家的院子里用备用钥匙将自己所有，但已质押给乙的汽车开走。在本案中，甲是否构成盗窃罪呢？关于盗窃罪的直接客体的争议是极大的，其中有两个主要主张：一种主张是，盗窃罪的直接客体是财产所有权；另一种主张是，盗窃罪的直接客体是财产所有权或占有。若按第一种观点，甲的行为不构成犯罪。因为甲对汽车仍然享有所有权，其秘密取回自己享有所有权的财产的行为没有侵犯盗窃罪的直接客体，无犯罪客体则无罪。但是，若按第二种观点，甲的行为构成盗窃罪。因为甲已将汽车质押给乙，乙已合法占有着这一汽车，而盗窃罪的直接客体包括占有，甲未经乙同意秘密地取回乙合法控制、占有的汽车，这一行为尽管没有侵犯所有权，但是，侵犯了占有法益，因此，甲的行为侵犯了盗窃罪的直接客体，构成了盗窃罪。

犯罪客体是犯罪构成的必要要件，对一些犯罪而言，仅对犯罪客观要件，主观要件和主体分析是无法准确定性的。犯罪客体对于行为是否定罪具有至关重要的作用，但是，对于一些犯罪而言，由于刑法仅在总则上和刑法分则各章标题规定其一般客体和同类客体，并未在分则中明文规定其直接客体，以致这些犯罪的直接客体是什么，全交由学理解释，而学理解释众说纷纭。在实践中，不同的法官可能赞同不同的学说，持不同的观点，这必然导致相同案件出现不同判决的乱象。导致这一乱象的根本原因是立法不明确，其根本解决之道是在立法上明文规定这些犯罪的犯罪直接客体。在立法未介入之前，应由最高司法机关以司法解释或判例的方式来解决。犯罪客体并不是一个可无可有的东西，它在司法实践中具有实实在在的作用。

2. 犯罪客体在区分此罪与彼罪界限上的重大作用

犯罪客体是刑法保护的而被犯罪行为所侵害或威胁的法益（或社会关系）。当两种犯罪比较时，侵害或威胁的法益（或社会关系）不同，两者之间的犯罪性质则不同，因此，犯罪客体有助于人们正确认识和确定犯罪性质，有助于区分此罪与彼罪。在我国刑法规定的400多个罪种中，许多罪种的犯罪客体是不一样的。对于许多罪种来说，犯罪客体是它们与其他罪区分开来的重要要件。例如，在区分故意杀人罪与盗窃罪时，犯罪客体是两者相区别的要件之一，前者的犯罪客体是他人的生命权，后者的犯罪客体是他人财产所有权。又如，抢劫罪与盗窃罪的一个重要区别是，前者的犯罪客体是复杂客体，即他人的财产所有权和人身权利，后者的客体是简单客体，即仅侵犯他人财产所有权。

在司法实践中，一些疑难案件需着重通过对犯罪客体的分析来认定是构成此罪还是彼罪。

案例：某日，甲潜入被害人乙家行窃，甲找遍整个房子均没有找到现金，但是发现了一张借条，借条写道："今借到乙15万元用于做生意，于某年某月某前偿还。借款人丙。"甲遂将借条盗走，后来，甲经多方打听后找到了借款人丙，让丙支付3万元赎回借条，丙经再三考虑后向甲支付了3万元，并取得了借条。在本案中，一审人民法院对借款人丙以侵占罪定罪判刑。若以现有刑法规定分析，这是值得讨论的。一审人民法院认为，丙低价收购借条，使被害人乙受到损害而自己获得利益，其免除12万元债务属于不当得利。基于不当得利持有他人财物并非法占有，拒不退还的行为构成侵占罪。

笔者认为，丙的行为不构成侵占罪。首先，丙的行为并没有侵犯到侵占罪的犯罪客体（即公私财产所有权）。在本案中，乙与丙之间因借贷行为形成的是债权债务关系，丙从盗窃犯甲手中赎回借条的行为是企图损害乙的债权的行为，其直接侵犯的法益是债权。乙与丙之间债权债务关系不因借条的买卖行为而灭失，它是让债权实现陷入危险，我们不能将债权等同于所有权来解释，否则，这种解释是违反罪刑法定原则的类推解释。其次，在本案中，乙将15万元借给丙后，丙即对这款项具有自由支配权，包括处分权，这并不是代为保管他人财物，因此，丙的行为不构成侵占罪。笔者认为，若按现行刑法规定分析，丙的行为构成了掩饰、隐瞒犯罪所得罪，根据《刑法修正案（八）》第39条规定，入户盗窃并没有数额较大的要求，甲盗窃内容数额巨大的借条的行为构成了盗窃罪，该借条属于赃物，丙从盗窃犯甲手中购买借条的行为是收购赃物的行为，这种侵犯的法益是司法机关的正常活动。由于掩饰、隐瞒犯罪所得罪的犯罪客体是司法机关的正常活动，其行为特征表现为：明知是犯罪所得及其产生的收益而予以窝藏、转移、收购、代为销售或以其他方法掩饰、隐瞒的行为。可见，丙的行为应以掩饰、隐瞒犯罪所得罪定罪处罚。从对这一案件的分析可知，犯罪客体在分析认定是构成此罪还是彼罪时是具有十分重要作用的。

3. 犯罪客体在罪数形态判断认定上的重要作用

罪数问题是司法实践中时常遇到的问题。在解决罪数问题时，首先要正确区分一罪与数罪。关于一罪与数罪区分标准有多种学说，如行为标准说、法益标准说、犯意标准说、构成要件标准说。笔者认为，犯罪构成标准说是科学的，它以犯罪构成个数作为区分一罪与数罪的标准，由于无犯罪客体则无犯罪，因此，任何犯罪构成均具有犯罪客体。在司法实践中，犯罪客体个数是判断一罪与数罪的重要依据，当然，若数罪的犯罪客体是同一的（如诈骗罪与盗窃罪）则在分析时应给予例外关注。

在司法实践中，罪数形态表现较为复杂。许多疑难问题的出现往往与罪数形态有关，犯罪客体在分析罪数形态时也起着重要作用。

有人在质疑犯罪客体的构成要件地位时指出，故意伤害罪的犯罪客体是健康权，过失致人死亡罪的犯罪客体是生命权，这已是理论界的定论。但是，在故意伤害致人死亡的情况下，却应以故意伤害罪定罪。而这一行为侵犯了健康权和生命权两个客体，在这里，故意伤害罪（致人死亡）的客体是健康权呢，还是生命权？

笔者认为，故意伤害致人死亡的情况属于想象竞合犯，它也是被法律固化的结果加重犯，可用想象竞合犯理论分析。故意伤害致人死亡的情况有两种情形：一是故意伤害行为致人重伤或轻伤之后，流血过多，从而过失致人死亡。在这里，一个故意伤害行为导致了两个结果，即重伤（或轻伤）和死亡，同时，它触犯了两个罪名：故意伤害罪和过失致人死亡罪。二是实施故意伤害行为（意欲重伤或轻伤或不确定的严重伤害）之后立刻过失致人死亡。这一情形同样是一个故意伤害行为导致两个结果，侵犯了健康权和生命权两个客体，同时触犯两个罪名的情况。这里的两个结果包括重伤和死亡，为何立刻过失致人死亡仍存在重伤呢？因为人从生致死是有一个过程的，即使时间较短，它也会从即将死亡的重伤阶段（即使是几秒时间）向死亡迈步。所以，这一情形也属于想象竞合犯，触犯故意伤害罪和过失致人死亡罪。刑法第 234 条第 2 款规定的故意伤害致人死亡行为以故意伤害罪定罪，实际上是法律条文规定这一想象竞合犯以重罪故意伤害罪认定，并将想象竞合犯处罚原则“从一重罪处罚”在法律条文上固定下来，从而形成结果加重犯。在分析这一问题时应注意分清犯罪客体分别属于何种犯罪中的犯罪客体。

在司法实践中，遇到想象竞合犯时应准确分析各自犯罪客体，厘清两个犯罪构成。例如，甲与乙有严重矛盾，甲气愤之极产生了毁坏乙价值3万元的笔记本电脑的想法，甲即从10层楼乙的房间里将乙的笔记本电脑扔下去，结果将地面上的行人丙砸死，笔记本电脑也被完全摔坏。在本案中，甲将笔记本电脑扔下的行为，既侵犯乙的财产所有权，也侵犯了丙的生命权，触犯了故意毁坏财物罪和过失致人死亡罪两个罪名，属于想象竞合犯，根据从一重罪处罚原则，应以过失致人死亡罪从重处罚。

在分析法条竞合犯时，我们应准确解析犯罪客体，以便准确地适用刑法条文。所谓法条竞合犯是指行为人实施一个犯罪行为同时触犯了两个或两个以上在犯罪构成上具有完全包容关系或交叉关系的刑法条文情况。例如，甲欲杀仇人乙，一天，甲将炸药包扔进乙住的公寓并发生爆炸，公寓楼被炸塌，乙死亡。在这里，甲以爆炸方法杀乙，危及了公共安全，既触犯了刑法第115条（爆炸罪），也触犯刑法第232条（故意杀人罪），而这两个法律条文具有竞合关系。在这里，爆炸罪的犯罪客体是公共安全（即多数人的生命、健康和重大公私财产安全），故意杀人罪的犯罪客体是他人生命权，这两个客体之间本身存在竞合关系，这对两个条文的竞合关系的认定有着重要作用。在本案中，应按重法条优于轻法条的原则，适用刑法第115条，以爆炸罪定罪处罚。

4. 犯罪客体在故意犯罪形态的判断认定上的重大作用

故意犯罪形态是指故意犯罪在其产生、发展和完成的过程中因主客观原因而停顿下来的各种犯罪形态，它包括犯罪预备、犯罪未遂、犯罪中止和犯罪既遂。犯罪客体在故意犯罪形态的认定分析上具有其重要作用。

例如，关于抢劫罪的既遂与未遂的判断问题存在着较大的争议，为了平息这一争论以便于执法的统一，最高人民法院在《关于审理抢劫、抢夺刑事案件适用法律若干问题的意见》第10条中明确规定了抢劫罪的犯罪客体是复杂客体，即财产权利和人身权利，并根据抢劫罪的犯罪客体的特殊情况，对抢劫罪既遂与未遂的判断认定作了规定。这一司法解释指出，具备劫取财物或造成他人轻伤以上后果两者之一的，均属抢劫既遂；既未劫取财物，又未造成他人人身伤害后果的，属于抢劫未遂。也就是说，在抢劫犯罪中，只要实际侵犯了抢劫罪的犯罪客体中的财产权利或健康权利（轻伤以上）之一，即可构成既遂。

犯罪客体在未完成形态的判断说理上具有重大作用。例如，刑法第236条规定，强奸妇女致人死亡的，适用加重法定刑，这是通说上所称的结果加重犯。在司法实践中，存在这样一种情况：行为人实施强奸时未得逞，但是实施强奸行为过程中过失致人死亡。在对这一问题分析说理时，即需要用到犯罪客体的内容去阐说。

犯罪构成可分为基本的犯罪构成与修正的犯罪构成。基本犯罪构成是指完全符合刑法分则规定的构成要件的犯罪构成。修正的犯罪构成是指对基本犯罪构成加以修改、变更的犯罪构成。例如，预备犯、中止犯、未遂犯的犯罪构成即属于修正的犯罪构成。对于未遂犯而言，它与它相对的基本犯罪构成比较，其犯罪构成不具备基本犯罪构成客观要件中的危害结果。但是，在未遂犯的犯罪构成中，其犯罪客体是行为人意图侵害的、基本犯罪构成中的犯罪客体。在前文所述的强奸未得逞却致人死亡的事例中，行为人一个强奸行为触犯了两个罪名：强奸罪（未遂）和过失致人死亡罪，前者侵犯的客体是妇女的性自主权利，后者侵犯的是他人的生命权，这是想象竞合犯。由于刑法第236条将这一想象竞合犯以法律形式固化为结果加重犯，让想象竞合犯的从一重罪处罚原则法律化，因此，对强奸未得逞却过失致人死亡的行为，以强奸罪的结果加重犯处罚，这一规定在法律上具有科学性。

5. 犯罪客体对量刑的作用

犯罪客体是刑法保护的而被犯罪行为侵害或威胁的法益（或社会关系）。在社会生活中，各种法益或社会关系的意义是不同的，侵犯或威胁不同的法益（或社会关系）的犯罪具有不同的社会危害性，由于社会危害性是我国量刑轻重的基本依据，因此，犯罪客体对量刑具有重要作用。在我国刑法立法中，第232条规定故意杀人罪的法定最高刑为死刑，法定最低刑为3年有期徒刑；而第322条规定的偷越国（边）境罪的法定最高刑为1年有期徒刑。两者法定刑相差甚远的重要原因是两罪的犯罪客体有巨大差别。在司法实践中，对这两罪量刑时必定要受其犯罪客体影响。又如，对犯故意杀人罪与故意伤害罪两类案件量刑时，应考虑两者的犯罪客体的重大区别。故意杀人罪的犯罪客体是他人生命权，而故意伤害罪是他人的健康权，在一般情况下，侵犯生命权的社会危害性往往大于侵犯健康权的社会危害性，除非其他要件或情节比较特殊。

对于同一种犯罪而言，由于犯罪客体自身有轻重之分，因此，在同一种类犯罪里，侵犯重的犯罪客体时量刑要重，侵犯轻的犯罪客体时量刑宜轻。例如，在其他基本情况相近的情况下，盗窃100万元和盗窃5000元的社会危害性显然区别巨大，前者侵犯的法益特别巨大，后者侵犯的法益仅较大。在这里，对前者的量刑宜重，对后者的量刑则宜轻。

第七章　犯罪主体的构成要件地位之科学分析

在我国，通说“犯罪构成四要件说”受到了一些刑法学者的强烈批判，有的学者主张采取“三要件说”或“二要件说”，他们否定了犯罪客体或犯罪主体的构成要件地位。笔者认为，犯罪客体和犯罪主体都是犯罪构成的必要要件。关于犯罪客体具有构成要件地位，笔者在前面已进行了论证。在这一章里，笔者将深入论证犯罪主体的犯罪构成要件地位。

我国一些学者对犯罪主体的构成要件地位进行了批判，他们认为，若将犯罪主体作为犯罪构成要件，该犯罪构成理论将出现“命题结论的逻辑错误”“对司法实践活动顺序的概括错误”“对法律规范的理解错误”“将使犯罪构成四要件关系混乱”“将混淆‘犯罪要件’和‘犯罪构成要件’概念”“将混淆犯罪和刑罚关系”，等等。据此，他们极力反对将犯罪主体作为犯罪构成要件。由于犯罪构成理论是指导刑法立法和司法的重要理论，因此，犯罪主体应否纳入犯罪构成的构成体系而成为其中的一个要件，这既是一个重大理论问题，也是一个重大的实践问题。随着现代生物物理技术的发展，脑控技术已逐渐发展成熟，脑控汽车、脑控机器人和脑控武器将逐渐发展成为普遍产品①，利用脑控技术的犯罪成为可能。在这一情形出现后，犯罪构成理论也会受到冲击，在未来发展中，犯罪主体可否作为犯罪构成的要件，这也是值得人们深入思考的。

笔者在全面研究正反两方面的观点后认为，犯罪主体应属于犯罪构成的必要要件。在现代脑控技术普及后，将犯罪主体作为犯罪构成必要要件也具有合理性。

一、犯罪主体的构成要件地位面临批判

依我国刑法理论通说，犯罪主体属于犯罪构成的必要要件，它与犯罪客观要件、犯罪主观要件、犯罪客体一道共同形成犯罪构成四要件体系，这一犯罪构成是行为人承担刑事责任的根据。但是，一些学者反对将犯罪主体作为犯罪构成的必要要件，主要理由如下：

---

① 参见参考消息网：国内首辆“脑控汽车”南开大学起跑，2015-07-16，http：//photo. cankaoxiaoxi. com/2015/0716/852996. shtml，2018 年 9 月 30 日登录；以及参见观察者网：美国国防部脑部神经研究可以植入记忆、脑控开飞机，2015-03-26，https：//www. toutiao. com/i1049940088/，2018 年 9 月 30 日登录。

（一）犯罪主体作为犯罪构成要件在命题结论上存在逻辑错误

杨兴培教授是反对将犯罪主体作为犯罪构成要件的典型代表。他认为，根据我国刑法通说，犯罪主体是指实施犯罪行为的人。这一概念表明了只有实施了（符合犯罪构成的）犯罪行为的行为人才是犯罪主体；没有犯罪行为，就不可能成立犯罪主体。若将犯罪主体作为犯罪构成要件，这就产生了一个无法自圆其说的逻辑矛盾：到底是犯罪主体作为犯罪构成的一个要件先于犯罪行为而独立存在，还是符合犯罪构成的犯罪行为先于犯罪主体被评价？两者究竟何者为先，何者为后，简直就像是先有鸡还是先有蛋的历史之谜，变得不可捉摸①。

（二）犯罪主体作为犯罪构成要件将出现对司法实践活动顺序的概括错误

杨兴培教授反对将犯罪主体作为犯罪构成的一个必要要件。他认为，犯罪主体是犯罪构成的前提和基础。

杨兴培教授认为，如果把犯罪主体纳入到犯罪构成之中作为一个相对独立的要件，必然表明司法实践对犯罪成立与否的评价活动，既可以先评定犯罪主体是否能够成立（这实际上丝毫不能脱离对犯罪行为能否成立的评价），然后再评价犯罪行为是否符合犯罪构成；也可以先评价犯罪行为是否符合犯罪构成，然后再评定犯罪主体是否能够成立。两种活动顺序可以任意而为。然而，我们在司法实践的活动领域，哪有可能会看到对一个明知不满 14 岁的孩童的行为，认为仍有必要评价其行为是否符合犯罪构成；而对一个已满 16 岁的人，在其行为是否符合犯罪构成的评价结论产生之前去断定他是否是犯罪主体？犯罪主体必须由犯罪行为的认定才能加以肯定，符合法律规定的行为主体因其行为被确认为符合犯罪构成而构成犯罪。杨兴培教授还认为，在刑事司法实践中，我们考察和评价一种行为是否犯罪构成之时，我们首先要考察这种行为主体是否符合法律规定②。因为犯罪主体纳入到犯罪构成之中作为一个相对独立的要件后，在司法实践中对犯罪主体的评价会出现前述两种评价顺序（两种活动顺序可以任意而为）的情形，因此，他认为，犯罪主体作为犯罪构成要件将出现对司法实践活动顺序的概括错误。

（三）犯罪主体作为犯罪构成要件是对法律规范的理解错误

杨兴培教授认为，把犯罪主体纳入到犯罪构成之中作为一个相对独立的必要要件，无疑是把我国刑法对刑事责任年龄和刑事责任能力的规定作为法律依据提出的。实际上是，我国刑法把达到刑事责任年龄和具备刑事责任能力（即对行为

① 参见杨兴培：《犯罪主体的重新评价》，《法学研究》1997 年第 4 期，第 86—87 页。

② 参见杨兴培：《犯罪主体的重新评价》，《法学研究》1997 年第 4 期，第 87 页。

的辨认能力和控制能力）作为任何实施犯罪的人的前提条件规定在法律规范之中。这些刑法规定的逻辑结构的表述表明：因犯罪行为而成立的犯罪主体在其确立之前，其刑事责任年龄和刑事责任能力的问题已先被确定。而犯罪主体的成立不过是一般行为主体的行为已经符合犯罪构成而被确定为犯罪之后的法律结果，这种犯罪主体的成立已在犯罪构成的评价之外，这样怎能又把犯罪主体纳入到犯罪构成之中呢？①

（四）犯罪主体不能起到确定罪与非罪、此罪与彼罪之间界限的作用

傅家绪同志认为，犯罪构成理论的任务是“通过对形形色色的犯罪行为的研究，找出犯罪行为与其他行为以及各种犯罪之间相区别的事实特征，从而确定罪与非罪、此罪与彼罪之界的界限”②。“犯罪构成理论所要研究的是行为，所要解决的问题是某行为是否具有社会危害性并达到应受刑法处罚的程度”③。“犯罪主体这一概念并不反映某人所实施的行为的性质，这种主体条件甚至与行为的危害社会性质没有直接联系。当然，犯罪行为是由人来实施的，但是，行为人和行为毕竟两个不同的客观事实”④。“人，包括达到刑法规定的年龄，具有刑事责任能力的人，是独立于犯罪构成之外而存在的，某人是否犯了罪，是由该人的行为决定的。因此，犯罪主体应当在犯罪构成确立之后才能认定”⑤。“犯罪构成的每一个要件都应当是犯罪行为所特有的事实特征，都应成为区别了其他行为的标志，而‘达到法定年龄、具有刑事责任能力、实施了危害社会行为的人’仅仅表明某具备行为能力的人实施了危害社会的行为，这不仅是犯罪人所应当具备的，其他违法行为人负担法律责任也是要具备的。显然，把这样的事实特征作为犯罪构成的一个要件是大可不必的。它既不能影响犯罪行为的社会危害性及其危害程度，又不能成为区别罪与非罪的标志，把它作为犯罪构成的一个要件与犯罪构成理论的任务是不相符合的，是没有意义的”⑥。

（五）犯罪主体作为犯罪构成要件会混淆犯罪和刑罚的关系

傅家绪指出，“法学一般原理告诉我们：引起各种法律关系产生的是法律事实，这种法律事实是指法律事件和法律行为。法律关系主体是指在法律关系中享受权利、承担义务的人。在刑事法律关系中，犯罪行为即符合犯罪构成的行为是

① 参见杨兴培：《犯罪主体的重新评价》，《法学研究》1997 年第 4 期，第 87 页。
② 傅家绪：《犯罪主体不应是犯罪构成的一个要件》，《法学评论》1984 年第 2 期，第 66 页。
③ 傅家绪：《犯罪主体不应是犯罪构成的一个要件》，《法学评论》1984 年第 2 期，第 67 页。
④ 傅家绪：《犯罪主体不应是犯罪构成的一个要件》，《法学评论》1984 年第 2 期，第 67 页。
⑤ 傅家绪：《犯罪主体不应是犯罪构成的一个要件》，《法学评论》1984 年第 2 期，第 67 页。
⑥ 傅家绪：《犯罪主体不应是犯罪构成的一个要件》，《法学评论》1984 年第 2 期，第 67 页。

引起刑事法律关系产生的根据，可见，犯罪主体应当是担负刑事责任的犯罪人。某人是否要负刑事责任，从根本上讲，是要看他是否实施了符合犯罪构成的行为。因此，我们不应把犯罪主体放在犯罪构成理论之中，而应当放在刑罚理论中加以研究。犯罪与刑罚，构成刑法学的基本内容，两者之间是相互联系不可分割的。同时又是相互区别的，不容混同。犯罪构成是刑事责任的基础，犯罪主体是刑事责任的条件，前者是解决是否犯罪问题，后者是解决是否要适用刑罚问题，二者属于不同的研究范畴”[①]。犯罪构成的成立标志着犯罪行为的成立，这就从根本上决定了行为人负刑事责任的必然性。但之所以是基础，是因为并非所有犯了罪的人都一定要受到刑罚处罚，如超过追诉时效的犯罪行为，若没有追诉的必要，就不应追究行为人刑事责任。一个罪犯负担刑事责任，除了他的行为必须符合犯罪构成，还必须具备一定刑事责任条件。犯罪主体实质上就是这样的一个条件。而我们认定犯罪是否成立，丝毫不受这些条件影响。犯罪构成“四要件说”正是没有解决好刑事责任基础和刑事责任条件的关系，把犯罪构成不恰当地当作刑事责任条件的总和[②]。

（六）犯罪构成就是“行为”的构成

李守芹同志认为，犯罪是一种“行为”，构成是“……行为的主客观要件的总和”。犯罪构成，就是“行为”的构成！构成只存在于对各种犯罪行为作具体规定的分则中，规定在刑法中的构成只能为“行为构成”[③]。“刑法学”上的犯罪，只是一种法律规定，一种假定。这里的犯罪的确立是由立法过程来完成的。因而，这种规定在刑法中的“犯罪”无需主体的介入也能成立。犯罪离不开一定的人，这是众所周知的事实，无需法律再加说明。另外，法律规定了有关“责任能力”（包括责任年龄）的问题，又进一步告诉人们：刑事责任问题只能在有责任能力的自然人之间发生，所以，刑法在规定犯罪的时候，已将具有责任能力的自然人才能作为可能的犯罪主体这一情况作为既定的前提而排除其外了[④]。

（七）从犯罪构成四个要件之间关系看，犯罪主体不能作为犯罪构成的要件

傅家绪同志认为，犯罪构成各要件之间都是互相联系的，但同时又都是相对独立而存在的。它们之间是不容互相取代的。犯罪构成主观方面要件与犯罪主体这一要件间的关系，说明了犯罪主体不能单独作为一个要件。犯罪构成主观方面

---

① 傅家绪：《犯罪主体不应是犯罪构成的一个要件》，《法学评论》1984年第2期，67页。

② 参见傅家绪：《犯罪主体不应是犯罪构成的一个要件》，《法学评论》1984年第2期，68页。

③ 参见李守芹：《论犯罪构成的要件》，《河北学刑》1983年第3期，第107页。

④ 参见李守芹：《论犯罪构成的要件》，《河北学刑》1983年第3期，第105页。

即罪过是指故意和过失。只有具有刑事责任能力的人才存在“明知”；只有达到法定责任年龄，刑法才要求“应当预见”；只有具备一定的能力，才存在“轻信能够避免”。显而易见，罪过的成立，必须以行为人具有刑事责任能力为前提条件，没有犯罪主体条件也就不可能具备犯罪构成主观方面的要件，然而更为重要的是：犯罪构成主观方面一旦成立，犯罪主体必定成立。也就是说，犯罪主体这一要件被犯罪构成主观方面这一要件的内容所包容。如此说来，还有什么必要把犯罪主体作为犯罪构成的一个独立的、与主观方面并列的要件呢①？

二、犯罪主体具有构成要件地位的辩护与论证

（一）犯罪主体是刑法规定的、犯罪构成有机整体中的构成因素

前述批判犯罪主体构成要件地位的理由是不成立的。其中，“犯罪主体作为犯罪构成要件在命题结论上存在逻辑错误，以及将出现对司法顺序的概括错误”等理由之所以是错误的，是因为批判者对犯罪构成的概念、属性及定罪过程在理解上存在错误。为此，有必要对这些基本问题先弄清楚，之后才能对这些批判意见的对错进行甄别。

1. 犯罪构成的概念、属性和定罪过程

根据我国刑法学通说，犯罪构成是指我国刑法所规定的，决定某一种行为的社会危害性及其程度而为该种行为构成犯罪所必需的一切客观和主观要件的总和。

关于犯罪构成的属性，我国刑法学界有三种代表性观点：“理论说”“法定说”和“理论与法定兼有说”。我国通说是“法定说”。在笔者看来，“法定说”符合罪刑法定原则的“罪之法定”的要求，具有合理性。据此，犯罪构成实际上是刑法规定的、类型化的犯罪规格和标准，是刑法规定的、犯罪成立的有机整体。依据通说，犯罪构成是由犯罪客体、犯罪客观要件、犯罪主体和犯罪主观要件组成的犯罪成立的有机整体。在犯罪构成里，这四个要件是相互依存，缺一不可的。如果缺少其中之一要件，就不成立犯罪。犯罪是一种行为，该种行为的特征是：行为由人去实施；由主观心态来支配；行为指向法益，导致危害结果。由此可见，犯罪是由前述四要件形成的有机整体，行为是这一犯罪构成中的核心。据此，犯罪主体作为犯罪构成的一个要件是必需的，是合理的。其实，犯罪也可以说是一种事态（或事实），西方许多学者也持这一观点。犯罪构成即刑法规定的一种事态，行为即这一事态（犯罪构成）中的核心。

---

① 傅家绪：《犯罪主体不应是犯罪构成的一个要件》，《法学评论》1984年第2期，第68页。

在司法实践的定罪过程中，应正确区分犯罪构成和犯罪构成事实两个基本概念。犯罪构成是刑法规定的、认定犯罪成立的规格和标准。刑法规定的每一个犯罪构成，即是一个类型化的犯罪模型。犯罪构成事实是指具体发生的刑事案件中与某罪犯罪构成相符合的犯罪事实。

定罪是司法机关将被审理行为事实与刑法所规定的犯罪构成进行比对，并确定其是否一致，是否成立犯罪的认定活动。定罪过程有以下三个主要步骤：(1）对已查证属实的刑事案件事实进行分析研究，查明对定罪有重要影响的事实。(2）对疑似的犯罪构成进行分析研究。(3）将刑事案件事实与疑似的犯罪构成进行比对，确定两者是否相符。

2. 针对批判犯罪主体构成要件地位的两个观点之回应

下面，笔者将基于前面的犯罪构成的基本原理来反驳批判者的两个观点。

(1）对“在命题结论上存在逻辑错误”的回应。

有学者在论述通说犯罪主体的概念后指出，把犯罪主体作为犯罪构成的要件在命题结论上存在逻辑错误。对此，笔者持反对意见。

根据我国刑法学通说，犯罪构成是刑法规定的，由犯罪客体、犯罪客观要件、犯罪主体和犯罪主观要件组成的有机整体。犯罪主体是刑法规定的、实施了犯罪行为的人（或单位)。犯罪主体与另外三个要件是相互依存、缺一不可的关系。在犯罪构成有机整体里，犯罪主体与其他三个要件共同组成一个犯罪构成。犯罪主体的成立与犯罪客观要件中的犯罪行为同时成立。犯罪构成是刑法规定的犯罪成立有机整体，不存在“犯罪主体作为犯罪构成的一个要件先于犯罪行为而独立存在，或符合犯罪构成的犯罪行为先于犯罪主体被评价”的问题。

前述学者在论述基于通说的犯罪主体概念而否定犯罪主体的构成要件时指出，通说的犯罪主体是达到刑事责任年龄，具有刑事责任能力，实施了犯罪行为的自然人。简而言之，犯罪主体是实施了犯罪行为的人。在这里，犯罪主体是从案件事实角度论述的概念，并不是从犯罪构成的角度论述的概念。若从犯罪构成的角度论述犯罪主体的概念，这一概念确实存在问题。在犯罪主体作为犯罪构成的一个要件是合理的情况下，如果认为这一犯罪主体概念不严谨，那么，大可将犯罪主体的概念予以修正。犯罪主体在两个语境下有两个概念。针对犯罪构成而言，犯罪主体是刑法规定的、达到刑事责任的年龄、具有刑事责任能力的、实施了犯罪行为的自然人或单位，或者是指刑法规定的实施某罪行为构成的行为人或单位。针对司法实践案件事实而言，犯罪主体是指实施了犯罪行为的自然人或单位。即便是从案件事实角度理解犯罪主体概念，犯罪行为成立之时也是犯罪主体成立之时，两者同时达成，也不具有先后顺序问题。犯罪主体概念不严谨时，需修改的是犯罪主体概念，而不能将本来合理的、将犯罪主体作为犯罪构成必要要件的四要件犯罪构成予以否定。这好比四要件犯罪构成原本是客观存在的“孔雀”，因有人用文字描述它的头部时，将其描述成了“鸡”的形象，就将孔雀的本身进行彻底否定。正确的做法应是，重新将其头部描述成孔雀的头部，该孔雀的头依然是孔雀的头，而不能将孔雀的头部排除在孔雀之外，无头的孔雀何以能称为“孔雀”?

（2）对“将出现对司法实践活动顺序的概括错误”的反驳。

有学者反对将犯罪主体作为犯罪构成的必要要件，他认为，把犯罪主体纳入犯罪构成之中作为一个必要要件后，将出现对司法实践活动顺序的概括错误。他认为，在刑事司法实践中，我们考察和评价一种行为是否犯罪构成之时，我们首先要考察这种行为主体是否符合法律规定。他将犯罪主体分为两种：一是犯罪的资格主体。它是指达到刑事责任年龄和具有刑事责任能力的人。犯罪的资格主体是行为的实施并是否构成犯罪的物质基础，是产生犯罪构成的前提。二是犯罪的事实主体（也称犯罪的身份主体）。它是指犯罪的资格主体实施了一定犯罪行为而转变成的现实犯罪主体。犯罪行为与犯罪行为主体不可分。犯罪主体必须由犯罪行为的认定才能加以肯定。该学者还指出，犯罪的主体永远先于犯罪而存在①。根据前述内容分析可知，该学者将犯罪主体排除在犯罪构成之外，他所认定的犯罪主体在司法实践活动中的正确评定顺序是：一是先评定犯罪的资格主体是否符合。比如，刑事责任年龄和刑事责任能力。二是再评定犯罪构成（仅仅指犯罪客观要件和犯罪主观要件）。三是再评定犯罪的事实主体。一旦具备犯罪资格主体的人实施了符合犯罪构成（仅指犯罪客观要件和犯罪主观要件）的行为，其犯罪行为成立，同时其犯罪的事实主体成立。在他看来。第3个步骤成为了多余的判断。正是基于上述的理解，所以，该学者认为，在将犯罪主体纳入犯罪构成之中，作为一个相对独立的构成要件后，在司法实践中，不论是按“先评定犯罪主体是否成立，然后再评定犯罪行为是否符合犯罪”的顺序，或者按“先评价犯罪行为是否符合犯罪构成，然后再评定犯罪的主体是否成立”的顺序，都可能与他所认定的犯罪主体在司法实践活动中的正确顺序不完全一致。

笔者认为，以上观点是值得商榷的。根据通说四要件犯罪构成理论，四要件犯罪构成是刑法规定的、犯罪成立的有机整体，通说中犯罪构成四要件的排列顺序是：犯罪客体、犯罪客观要件，犯罪主体和犯罪主观要件。四个要件在这一有机整体中同时存在，相互依存，缺一不可。在这四个要件犯罪构成中，犯罪主体

---

① 参见杨兴培：《犯罪主体的重新评价》，《法学研究》1997年第4期，第87—90页。

既不是该学者所称的孤立的“犯罪的资格主体”，也不是其所称的“犯罪的事实主体”，而是刑法规定的、达到刑事责任年龄，具有刑事责任能力的、法律意志中实施犯罪行为的人或法律意志中实施犯罪行为的单位。在司法实践中，若一行为要成立犯罪，必须同时具备犯罪客体、犯罪客观要件、犯罪主体和犯罪主观要件这四个法定要件，缺一要件，则行为不成立犯罪。司法人员根据案件事实来判断某一行为是否符合某罪的犯罪构成时，如果行为人的主体条件不符合某罪犯罪构成的基本主体条件（刑事责任年龄、刑事责任能力和特定身份），其行为就可断定不构成此罪，而无需对其他要件进一步判断是否成立。同样，当行为人的行为不符合该罪犯罪构成客观要件规定时，即可断定其不构成该罪，也无需再判断犯罪主体是否成立。同理，当行为不符合犯罪构成的犯罪客体或犯罪主观要件之一时，也可断定该行为不构成犯罪，而无需再判断其他要件是否相符。犯罪构成是刑法规定的、犯罪成立的有机整体，四要件在一个犯罪构成中密不可分，同时存在，缺一不可。笔者认为，犯罪构成四要件的排列顺序对行为定性不会有影响，在司法实践中，只要将这四要件全面判断了，且均判断正确了；就不会出现定性错误。通说的排列顺序是：一是犯罪客体；二是犯罪客观要件；三是犯罪主体；四是犯罪主观要件。它是按由果溯因的逻辑排列的，具有一定科学性，也符合司法实践的评价顺序。其实，在赞同四要件犯罪构成理论的学者中，也有学者主张将犯罪主体排在首位，并将另外三个要件按下列顺序排列：犯罪主观要件、犯罪客观要件和犯罪客体[①]。这一顺序是按犯罪产生和发展的顺序来排列的，也具有科学性，也符合司法实践评价顺序。在司法实践中，关于犯罪构成四要件的评价顺序，既可先评价犯罪主体，再评价犯罪客观要件和犯罪主观要件；也可先评价犯罪行为等客观要件要素，之后再评价犯罪主体。

综上所述，“把犯罪主体作为犯罪构成的一个要件将出现对司法实践顺序的概括错误”的论断是不妥当的。

（二）犯罪主体是广义犯罪构成中的构成要件

李守芹同志认为，犯罪构成就是行为构成，犯罪主体应排除在犯罪构成之外。这一观点必然引起犯罪构成概念的论争。犯罪构成概念的确定影响到对犯罪构成范围和犯罪主体归属等问题的理解，因此，有必要对犯罪构成概念进行界定。

1. 犯罪构成与行为构成的辨析

犯罪构成概念有广义和狭义之说。广义的犯罪构成是指犯罪成立的全部构成

---

① 参见赵秉志：《论犯罪构成要件的逻辑顺序》，《政法论坛》2003 年第 6 期，第 19 页。

要件的有机整体；而狭义的犯罪构成是指行为构成。狭义的犯罪构成仅是广义的犯罪构成的一部分，两者的关系是局部与整体的关系。关于何谓狭义的犯罪构成（即行为构成），人们有诸多主张。杨兴培教授认为，犯罪主体和犯罪客体均不是犯罪构成要件，其所说的犯罪构成仅包括犯罪客观要件和犯罪主观要件，其主张的犯罪构成实际上是行为构成[①]。在德日刑法理论里，其广义的犯罪构成（即犯罪成立构成）包括构成要件该当性、违法性和有责性三阶层组成的有机整体。其狭义的犯罪构成仅指构成要件该当性中的构成要件。依古典犯罪论体系，构成要件仅包括客观方面的因素，而根据目的主义犯罪论体系，构成要件包括客观方面的因素和主观方面的因素。

在我国通说四要件犯罪构成理论里，其所论的犯罪构成是广义的犯罪构成。

综上可见，李守芹同志和杨兴培教授等学者之所以极力反对将犯罪主体作为犯罪构成的一个要件，是因为他们所理解的犯罪构成概念和通说的犯罪构成概念不同一。

2. 犯罪构成的范围和犯罪主体归属

在刑法学的犯罪论领域，我们要解决定罪的问题，在刑法立法和司法上，我们要确定罪与非罪界限，以及此罪与彼罪界限。为此，我们要确定犯罪成立体系。

广义的犯罪构成实际上是犯罪成立构成。由于任何犯罪都是由犯罪主体（自然人或单位）实施的，离开了犯罪主体就不存在犯罪，由于犯罪主体是由法定责任年龄、责任能力的人或特殊身份的人或单位构成，犯罪主体体现了一定的主观责任条件或人身危险性的有无或大小，是影响罪与非罪、此罪与彼罪界限的一个要素。因此，在犯罪构成（犯罪成立构成）里，犯罪主体应是其必要要件。

正因如此，在德日犯罪三阶层成立体系（构成要件该当性、违法性、有责性）里，犯罪主体是其成立的要素。在其犯罪成立体系里，犯罪主体的“责任能力”是放在有责任性阶层的，而将“责任能力”拆除后的犯罪主体（包括人、特殊身份等因素）放在“构成要件该当性”阶层。将犯罪主体作为其成立要素，这使德日犯罪三阶层体系可全面判断犯罪成立与否。

同样地，我国通说四要件犯罪构成体系将犯罪主体作为其必要要件，可以更全面地划分罪与非罪界限和此罪与彼罪的界限。

但是，有些学者将犯罪构成视为行为构成后，也认为犯罪主体是产生犯罪构成的前提，没有犯罪的资格主体，就没有犯罪构成，他们也肯定在司法实践

---

① 参见杨兴培：《犯罪构成原论（修订版）》，北京大学出版社，2014 年 11 月第 1 版，第 51—115 页。

中查明行为人是否达到刑事责任年龄，是否具有刑事责任能力和特殊身份的重要性，这说明犯罪主体在犯罪成立认定中具有必不可少的地位。但是，他们并没有提出自己清晰的“犯罪成立构成体系”。如果说，按照其论述，犯罪主体是产生犯罪构成（即行为构成）的前提，其犯罪成立构成体系似乎是：“犯罪主体+犯罪构成（即行为构成）”的两阶层体系。若此，如果我们从广义上理解犯罪构成（即犯罪成立构成），该广义的犯罪构成同样应将犯罪主体作为一个必要要件。

综上，我国通说四要件犯罪构成理论是从广义上定义犯罪构成的，它将犯罪主体作为其犯罪构成的一个必要要件具有该理论的内在合理性。

3. 针对前述批判者的“对法律规范的理解错误”和“会混淆犯罪与刑罚关系”的观点之反驳

由于我国通说四要件犯罪构成理论是从广义上定义犯罪构成的，因此，犯罪主体是广义犯罪构成中的构成要件。据此，笔者对前述批判者的“对法律规范的理解错误”和“会混淆犯罪与刑罚关系”的观点予以反驳。

（1）针对“对法律规范的理解错误”的反驳。

有学者认为，将犯罪主体作为犯罪构成的要件是对法律规范的理解错误。对此，笔者持有异议。

笔者认为，通说所称的犯罪构成是由刑法分则规定的罪状中的构成要件和刑法总则规定的相关基本要件共同组成的。刑法分则规定的是某种犯罪构成中的特殊构成要件，刑法总则规定的是各种犯罪的犯罪构成中的共同条件。只有把刑法分则规定和刑法总则规定综合起来，才能准确地把握每一种犯罪的犯罪构成。例如，刑法分则第 232 条对故意杀人罪是这样规定的：“故意杀人的，处……”这一刑法分则条文规定了故意杀人罪的犯罪构成中的特殊构成条件：一是客观要件为杀人；二是主观要件为故意；三是客体为他人生命权利（这一客体要件是根据该条文对客观要件和主观要件的规定而得出的该罪当然包含的隐性构成要件，是该罪客观存在的价值评价要件）。而刑法总则第 17 条和第 18 条规定了所有自然人犯罪的主体成立的基本条件。其中，第 17 条第 2 款规定，已满 14 周岁的人犯故意杀人罪应负刑事责任，《刑法修正案十一》在《刑法》第 17 条增加了一款：“已满十二周岁不满十四周岁的人，犯故意杀人、故意伤害罪，致人死亡，或者以特别残忍手段致人重伤造成严重残疾，情节恶劣，经最高人民检察院核准追诉的应当负刑事责任。”由此可见，故意杀人罪的主体要件是由刑法总则规定。

如果犯罪主体不是故意杀人罪犯罪构成中的必要要件（即犯罪成立的要件），那么，根据刑法分则第 232 条规定，一个 2 岁的小孩杀死一个 5 个月的婴儿的行为，也构成故意杀人罪。这显然是不合理的。由此可见，通说从广义上理解犯罪构成，并将犯罪主体作为犯罪构成的一个必要要件是科学的，并不存在对法律规范的理解错误。

前述观点之所以认为我国刑法总则中有关责任年龄和责任能力的规定，是把达到刑事责任年龄和具有刑事责任能力作为任何实施犯罪的人的前提条件规定在法律规范之中的，犯罪主体应在犯罪构成之外，是因为其对犯罪构成概念理解为狭义的犯罪构成。这是他思考问题的一个思路，但是，即使按狭义犯罪构成来理解犯罪构成，在其认定犯罪成立的体系中也缺少不了犯罪主体。

(2) 对“会混淆犯罪与刑罚关系”的反驳。

有学者认为，犯罪构成是刑事责任的基础，应放在刑法学的犯罪论部分研究，而犯罪主体是刑事责任条件，它应排除在犯罪构成之外，而应放在刑法学的刑罚论部分研究。通说四要件犯罪构成理论将犯罪主体作为犯罪构成的必要要件，混淆了犯罪与刑罚关系。笔者认为，这一观点是错误的。

如果我们从广义上理解犯罪构成（即犯罪成立构成），该广义的犯罪构成同样应将犯罪主体作为一个必要要件。犯罪主体的构成要素包括：自然人或单位、刑事责任年龄、刑事责任能力、特定身份等。犯罪主体在犯罪构成里具有区分罪与非罪界限，或区分此罪与彼罪的功能，它具有定性的作用。在犯罪与刑罚关系中，犯罪是刑罚的前提，刑罚是犯罪的法律后果，因此，在实践中，首先要准确判断罪与非罪和此罪与彼罪的定性问题，即先解决犯罪的问题，之后，才可考虑刑罚问题。犯罪主体是一个与犯罪定性密切相关的要件，当然应放在犯罪论中研究。该观点主张将犯罪主体排除在犯罪构成之外，其所称的犯罪构成实际是狭义的犯罪构成，即行为构成，若按其主张，一个完全丧失控制能力的精神病人的杀人行为或3岁小孩杀死一个3个月婴儿的行为也构成故意杀人罪，只是不让其承担刑事责任而已，但是，这些行为与意外事件和自然灾害造成的人身伤亡的后果在政治意义是一样的，将其作为犯罪处理不能实现刑罚目的（即预防犯罪）。可见，这类行为不宜以犯罪论处。此外，若将犯罪主体作为刑罚问题研究，犯罪主体的自然人、单位、特定身份等因素应如何安排其位置才合理呢？

综上所述，只有将犯罪主体作为犯罪构成的一个必要要件，才能真正处理好犯罪与刑罚的关系。

（三）犯罪主体不应与罪过（故意和过失）心理活动合并在一个构成要件里

在这一部分，笔者将对“犯罪主体的内容已为犯罪主观要件所包括”的批判进行回应。有学者认为，犯罪主体内容包括刑事责任年龄和刑事责任能力，由于刑事责任年龄的实质是确定其刑事责任能力，因此，犯罪主体的实质内容是刑事责任能力，刑法上关于刑事责任年龄和刑事责任能力的规定，是要解决人认识和控制自己行为的能力问题，这些能力属于主观范畴的东西，理应列入主观要件。犯罪主体这一要件已被犯罪主观要件内容所包括，因此，没有必要将其作为一个独立要件。对此，笔者予以反对。

笔者认为，犯罪主体是人或单位，而单位也是由若干人组成的。自然人和单位本身是由许许多多因素构成的。例如，自然人具有诸多因素：身高、体重、性别、年龄、文化、性格、气质、身份、力量、基因，等等。但是，针对犯罪构成（法律模型）而言，犯罪主体所包含的因素应是对区分罪与非罪或此罪与彼罪界限有影响的因素。据此，笔者认为，自然人犯罪主体的内容包括：（1）自然人的人类学上的个体资格。自然人是指有生命存在的人类独立的个体。犯罪主体首要的条件必须是人，犯罪是人类社会的特定行为①。自然人的身份资格因素可以将人实施的犯罪与自然界的老虎等动物杀人等非犯罪性的危害活动区分开来。（2）刑事责任能力。所谓刑事责任能力是指行为人构成犯罪和承担刑事责任所必需的，能够辨认和控制自己行为的能力②。由于行为人在相对自由意志能力基础上产生犯罪心理态度并在其支配下实施犯罪行为，所以，国家令行为人承担刑事责任。刑事责任能力的本质是行为人实施危害社会行为时其存在相对的自由意志能力。刑事责任能力是犯罪主体的核心条件③。刑事责任能力因素可将有刑事责任能力的犯罪行为与无刑事责任能力的非罪行为区别开来。（3）刑事责任年龄。刑事责任年龄是指刑法规定的行为人负刑事责任必须达到的年龄。刑事责任能力是犯罪主体的核心要素，刑事责任年龄是刑法推定行为人具有刑事责任能力的年龄。因此，有人认为，刑事责任年龄不宜作为与刑事责任能力并列的要件。刑事责任年龄与刑事责任能力不是一个层次的要件，年龄是与精神状况等因素并列来影响和决定刑事责任能力具备与否的一个因素④。对此，笔者有不同的看法。在一般情况下，多数人在达到一定年龄时才具备辨认和控制自己行为的能力，但是，在社会里，少数人智力超人和经历特别，在未达到刑事责任年龄时即具有辨认能力和控制能力。假如某智力超人的少年在 11 岁时已读大学并有清晰的是非善恶观念和丰富的刑法知识，有辨认能力和控制能力，该人故意杀人了，从其实际能力看，他已具有刑事责任能力了。国家对这种人不以犯罪论处，并不

① 参见赵秉志：《犯罪主体论》，中国人民大学出版社，1989 年 9 月第 1 版，第 12—13 页。
② 参见赵秉志：《犯罪主体论》，中国人民大学出版社，1989 年 9 月第 1 版，第 27 页。
③ 参见赵秉志：《犯罪主体论》，中国人民大学出版社，1989 年 9 月第 1 版，第 20—29 页。
④ 参见赵秉志：《犯罪主体论》，中国人民大学出版社，1989 年 9 月第 1 版，第 30 页。

是以其不具有刑事责任能力为理由，而是基于刑事政策的考虑和出于国家的恩典，以其未达到刑事责任年龄而不认定其行为构成犯罪。正因存在这些特殊情况，笔者认为，刑事责任年龄也应作为犯罪主体的一个构成因素单独列出来，让其与刑事责任能力作为一个层次的要件。刑事责任年龄同样是一个影响罪与非罪界限的因素。（4）特定身份。我国刑法规定的一些犯罪是由特殊主体构成的。特殊主体除了应具备一般主体所要求的“达到刑事责任年龄和具有刑事责任能力”的基本条件，还应具有特定身份。例如，贪污罪和受贿罪的主体就是特殊主体，这两罪犯罪主体的特定身份必须是国家工作人员。这种特定身份同样会起到区分罪与非罪、此罪与彼罪的作用。

对于单位犯罪主体而言，其内容包括：（1）符合刑法规定的组织体。例如，刑法第30条规定单位犯罪主体包括公司、企业、事业单位、机关、团体。（2）刑事责任能力。作为一个具有独立人格的组织应具有刑事责任能力（往往要通过该组织中的自然人刑事责任能力来体现）。这是判断其是否构成犯罪的重要因素。

有学者认为，犯罪构成主观方面即罪过，是指故意和过失。罪过的成立，必须以行为人具有刑事责任能力为前提，而犯罪构成主观方面一旦成立，犯罪主体必定成立。犯罪主体这一要件被犯罪主观要件的内容所包含。因此，否定犯罪主体作为一个独立要件，很显然，该观点将犯罪主体的构成因素仅理解为“刑事责任能力”一个。

对于上述主张，笔者有不同意见。在前文分析中，笔者认为犯罪主体的构成因素包括四个，其中，自然人的人类学的个体资格、刑事责任年龄和特定身份三因素并不具有主观心态等主观范畴方面的特征，显然属于客观因素。而刑事责任能力究竟归属于主观因素还是归属于客观因素，这是有待进一步论证的问题。胡学相教授认为，判断一个人是否具备刑事责任能力关键或实质上是根据他们的精神状态是否正常，即根据行为人对是非善恶的辨别力和自由意志决定的能力来判断的，这种精神状态当然属于主观方面的范畴；判断一个人是否具备责任年龄是以刑法上所规定的统一的年龄为根据的，但是它仍然属于判断行为人的刑事责任能力在法律上是否具备的问题，其实质仍是刑事责任能力的问题，所以也属于主观方面的范围①。陈泽杰同志指出，马克思主义认为，主观指人的意识；客观指不依赖于人的意识的物质世界，或指人的认识对象。主观和客观是对立的统一。犯罪的故意、过失是犯罪的心理状态，是属于思想范畴的东西，是构成犯罪的主观要件。刑事责任的年龄和刑事责任的能力理应列入主观要件，他认为，法律上

① 参见胡学相：《要件挑选原则与犯罪主体》，《政治与法律》1988年第4期，第17页。

关于刑事责任年龄的规定，就是要解决认识能力问题，为了确定行为人的行为构成犯罪，行为人必须具有认识客观事物的一般知识，能分辨是非善恶，了解自己的行为性质、意义和后果，并能接受法制教育，具有认识自己的行为的社会危害性的能力。这种能力无疑地是属于主观范畴的东西。法律上关于刑事责任能力的规定就是要指出，人必须是在精神上正常，能够控制自己行为的状态下实施了危害社会的行为，才能构成犯罪并负担刑事责任。这种能力当然也是属于主观范畴的东西。因此，它们理应被列入主观要件①。

但是，有学者认为，人的刑事责任能力是人在刑法意义上的意识和意志能力，是人犯罪的意识和意志活动的条件和载体，但却不是犯罪的主观心理活动本身。人的刑事责任能力对于行为人本人来讲，也是一种客观存在，是他的思维活动所不能任意左右其有无和程度的②。

根据普通心理学原理，认识、意志和情感这三个心理过程，以及气质、性格、世界观等个性心理特征共同组成一个心理结构，心理结构的各因素均属于主观范畴。刑事责任能力是指辨认能力和控制能力。辨认是认识过程，辨认能力是行为人在认识时大脑所具有甄别、分析的能力（或条件）。控制是意志过程，控制能力是行为人在一定认识下大脑和身体控制自己是否行为或如何行为的能力（或条件）。辨认能力和控制能力是人经过一定时期成长、学习而获得的某种特质，这种能力确实具有客观存在的特性，但是，这两种能力确实是根据精神状态正常与否来判断的，这两种能力是犯罪故意和过失产生必不可少的基础，是密切影响罪过产生的主观基础条件。气质和性格也是人经过一定时期成长、学习而形成的个性特征，其也具有客观存在的特性，但是，它们是影响认识过程、意志过程和情感过程的具有相对稳定性的心理基础因素，因此，气质和性格在心理学上作为个性心理特征归于主观心理范畴。其实，从概念上看，能力是指能胜任某种任务的主观条件③。据此，笔者认为，刑事责任能力（包括辨认能力和控制能力）作为罪过产生的主观基础因素也可归类到主观范畴。其实，许多德日犯罪三阶层论者也认为，违法是客观的，责任是主观的，他们将责任能力放在有责性作为主观范畴的要素。

虽然刑事责任能力可作为主观基础条件，可归类主观范畴，但是，它与通说

---

① 参见陈泽杰：《主、客观要件相统一是我国犯罪构成理论的核心》，《法学研究》1986 年第 4 期，第 48—49 页。

② 参见赵秉志：《犯罪主体论》，中国人民大学出版社，1989 年 9 月第 1 版，第 46 页。

③ 中国社会科学院语言研究所词典编辑室编：《现代汉语词典（第 5 版）》，商务印书馆，2005 年第 5 版，第 990 页。

犯罪主观要件中的罪过（故意和过失）、目的、动机等心理活动要素是两种具有重大区别的因素，两者在区分罪与非罪、此罪与彼罪的功能上是不同的。因此，若将这两者同归于通说的犯罪主观要件中是不合理的，理由如下：

第一，刑事责任能力和罪过（以及犯罪目的、动机）等心理活动是不同的因素。刑事责任能力是罪过等心理活动的主观基础条件，是相对意志自由的基础因素，是主观恶性和人身危险性的基础要素，这种能力并不直接具体体现主观恶性和人身危险性，它具有静态的特质。而罪过和犯罪目的、动机是主观意识的本身，它是在刑事责任能力的基础上所体现的动态的心理活动，是体现主观恶性和人身危险的具体的、明显的因素，行为人在行为时，其罪过、目的和动机处于动态变化之中。罪过、犯罪目的和动机不能包括刑事责任能力，它们只是在刑事责任能力基础之上产生的心理活动，而刑事责任能力也不能直接包括罪过、犯罪目的和动机这些心理活动。

第二，刑事责任能力和罪过、犯罪目的和动机在区分罪与非罪，以及此罪与彼罪界限的功能上不同。刑事责任能力在区分罪与非罪界限上具有重大作为，如某行为人没有刑事责任能力，那么，其实施任何行为（包括重大杀人行为等恶性行为），均不构成犯罪。而罪过、犯罪目的和动机既具有区分罪与非罪的功能，又具有区分此罪与彼罪界限的功能。

第三，将刑事责任能力作为犯罪主体的构成因素和将罪过等心理活动划归特定的犯罪主观要件具有相对合理性。笔者认为，犯罪是主体以自身身体的物质条件或借助其他物体指向客体（对象）的行为过程。在犯罪的构造里，原本出自主体的因素很多，除了刑事责任能力、刑事责任年龄和特定身份外，故意和过失的心理活动是出自主体的因素，以全身各部位活动呈现的危害行为也是出自于主体的因素。由于心理活动和危害行为是判断犯罪活动形态的主要因素，是行为类型化的基本要素，是判断罪与非罪以及此罪与彼罪界限的最关键因素，因此，为了使犯罪构成的结构具有合理性，在犯罪构成要件的归类上，通说四要件犯罪构成理论特意将犯罪主观要件的内容特指罪过（故意和过失）、犯罪目的、犯罪动机这些心理活动（其实，对于这一犯罪主观要件的称谓，更准确的名称应是“犯罪主观心理活动要件”）；特意将危害行为、危害结果、因果关系、犯罪对象、时间、地点和方法统一归类于犯罪客观要件；将犯罪行为指向和损害的法益作为犯罪客体要件。在四要件犯罪构成里，当我们将罪过和危害行为从主体中剥离出来作为犯罪主观要件和犯罪客观要件的要素后，主体剩余的其他因素就作为了该犯罪构成中犯罪主体要素了。此时，犯罪主体的构成因素既包括客观因素（即自然人的人类学的个体资格、刑事责任年龄、特定身份），也包括主观类因素（即刑事责任能力），尽管如此，就整个四要件犯罪构成体系而言，它是符合主客观相统一的原则的。

有学者提出，“犯罪构成主观方面一旦成立，犯罪主体必定成立”。该学者这句话当然没有错误。正因如此，通说犯罪构成四要件的排列顺序是这样的：犯罪客体、犯罪客观要件、犯罪主体、犯罪主观要件。在这里，之所以把犯罪主体排在犯罪主观要件之前，是因为在判断犯罪成立与否的顺序上，应先判断行为人的法定刑事责任能力是否具备，之后才判断罪过是否成立。犯罪故意和犯罪过失以具备法定刑事责任能力为基础而产生。如果不具备法定刑事责任能力，即使其心理符合某罪故意中的明知和希望等心理内容，也不能称为犯罪故意。例如，故意杀人罪的法定刑事责任能力以行为人达到12周岁才具备（《刑法修正案（十一）》规定，我国最低刑事责任年龄为12周岁），若一个10岁的小孩故意杀死一个3个月的婴儿，因其故意是不具有法定刑事责任能力的故意，因此，不能称其为“犯罪”故意。

该学者的前述论述，对犯罪构成四要件排列顺序具有警醒作用，但是，这一论述并不能得出“犯罪主体这一要件被犯罪构成主观方面这一要件的内容所包容”的结论，因此，他据此理由否定犯罪主体作为犯罪构成的一个必要要件是不成立的。

犯罪构成体系应符合主客观相统一的原则，但是，犯罪构成体系并非只能由客观要件和主观要件两大要件来排列组成，在建构犯罪构成体系时，不一定非要将所有属于客观属性的因素归到客观要件，将所有属于主观属性的因素非要归于主观要件。犯罪构成体系的各具体组成因素应根据犯罪的特点、立法和司法实践的需要以及理论科学性要求来排列组合。刑事责任能力虽然可归类于主观范畴，但是，各主要犯罪构成理论并没有将其归于各自特指的犯罪主观要件中。例如，在现代德国通说的犯罪三阶层体系里，第一阶层“构成要件该当性”包括有客观要件和主观要件，但是，责任能力并不是放在主观要件里，其主观要件仅指故意和过失以及目的犯的目的。在该体系里，责任能力是放在第三阶层“有责性”里的必要要素。在法国的“犯罪与犯罪主体”二元论体系里，其“犯罪”一元包括犯罪行为和犯罪心态，即包括主观要素和客观要素。这犯罪心态实际为其犯罪主观要素，这一要素并不包括责任能力。其涉及责任能力的内容放在“犯罪主体”一元里。例如，无责任能力人作为犯罪的排除要素。在“犯罪主体”一元里除责任能力这一主观因素外，还包括客观因素（如警察圈套）。

又如，在英美犯罪构成双层次体系里，其第一层次的责任充足要件包括犯罪行为和犯罪心态，它和法国二元体系一样，既包括主观因素，也包括客观因素；

在第二层次的辩护理由里，既包括主观因素的辩护理由，也包括客观因素的辩护理由。无责任能力作为主观因素放在第二层次“辩护理由”的内容。

上述几大犯罪构成体系并非只有客观要件和主观要件两大要件，各具体的主观因素和客观因素是根据各自犯罪构成体系的内在逻辑而合理分布的，但是，这些体系并没有违反主客观相统一原则。同样，在四要件犯罪构成里，将刑事责任能力放在犯罪主体里，这并不违反主客观相统一原则。根据其自身体系的内在逻辑，这具有相对合理性。

(四) 犯罪主体具有区分罪与非罪、此罪与彼罪界限的功能

有学者认为，犯罪构成理论的任务是确定罪与非罪、此罪与彼罪的界限，犯罪构成的每一个要件都应成为区别的标志，但是，犯罪主体不具有这些的功能。

对于该否定犯罪主体具有区分罪与非罪或此罪与彼罪界限的观点，笔者持不同的意见。罪与非罪行为之所以有区别，是因为它们分别属于不同类型行为。在各种犯罪之间，此罪与彼罪之所以能区分，是因为它们分别属于不同类型的犯罪行为。

每一种行为类型均由若干个构成要素来组成。根据罪刑法定原则的要求，刑法应规定相对明确的犯罪基本概念，规定每一种犯罪的犯罪构成。犯罪这一类型化的行为就是立法者通过在立法上确立其犯罪构成的方式来明确其类型的。犯罪构成是由若干要件组成的，由于受罪刑法定的明确性原则的约束，这若干要件组成的犯罪构成的有机整体应具有相对的封闭性。每一种犯罪均与另一种犯罪有区别，此罪与彼罪在类型上有区别，是因为各自的犯罪构成要件有区别。由于犯罪构成设立的目的是要区分犯罪行为与非罪行为以及此罪与彼罪，因此，立法者在选取犯罪构成要件时，应选取那些能够决定行为性质的典型要素作为必不可少的要件。具体而言，犯罪构成的每一构成要件均应是具有区别罪与非罪，或者此罪与彼罪功能的要件。

在通说的犯罪构成四要件里，犯罪客观要件和犯罪主观要件具有区分罪与非罪以及此罪与彼罪的功能，并作为犯罪构成的必要要件，这是没有争议的。对于犯罪客体具有区分罪与非罪，以此罪与彼罪功能，并可作为犯罪构成的必要要件的问题，笔者在前一章已进行了充分的论证。犯罪主体可否具有区分罪与非罪，或此罪与彼罪的功能呢？笔者的回答是肯定的，具体理由如下：

1. 犯罪主体具有区分罪与非罪的功能

对于自然人犯罪主体而言，其主体构成要素包括自然人的人类学上的个体资格、刑事责任能力、刑事责任年龄和特殊身份。这些主体构成要素均具有将犯罪行为与其他行为区分的作用。

（1）自然人的人类学上的个体资格。我国刑法认为，犯罪是一种人的行为，因此，动物的杀人、伤人行为并不是犯罪。历史上或现代，有些国家或地区的法律将人以外的动物等作为犯罪主体看待。例如，古代希伯来地方的法律规定，牛撞死人要被判处死刑；西欧早期封建制时期的日耳曼法律规定，已死的人也可作为犯罪主体，可将尸体抬到法庭起诉，追究其刑事责任。我国汉代也有将老虎作为犯罪主体判处死刑的判例。我国古代刑法也有戮尸之制，即对人死亡后的尸体处以斩杀暴晒的刑罚。在现代，也有将活人以外的东西作为犯罪主体的例子。1974 年，利比亚法院对一条被控咬人的狗，被以犯有“咬人罪”，被判处徒刑 1 个月。1982 年，美国缅因州的一个法庭判处了咬死另一条狗的一条恶狗的死刑。我国“文化大革命”时期也曾发生过判处一匹马死刑的事例①。为了防止出现前述荒唐事件的重演，我国刑法明文规定犯罪主体只能由人来构成，即便是单位，也必须是由人组成单位，单位犯罪实质上还是人的犯罪。可见，在自然人犯罪主体里，自然人的人类学的个体资格具有区分罪与非罪功能。对于动物等物体杀人、伤人等损害社会的行为，由于这些行为不是人的行为，因此，无论其社会损害多大，均不能构成犯罪。

（2）刑事责任能力。刑事责任能力是行为人辨认自己行为能力和控制自己行为能力的统一。刑事责任能力是行为人承担刑事责任的主观条件，如果行为人在行为时既没有辨认能力也没有控制能力，即无刑事责任能力，那么，行为人的任何损害社会的行为均不成立犯罪。例如，精神病人在不能辨认和控制自己行为的情况下实施了杀人行为，因其无刑事责任能力，其行为不构成犯罪。由此可见，刑事责任能力是具有区分罪与非罪的功能的。

（3）刑事责任年龄。刑事责任年龄是指刑法规定的、行为人负刑事责任的年龄。刑事责任年龄是影响刑事责任能力有无和大小的重要因素，而刑事责任年龄的确定是需要借助刑事责任能力的内容来说明的。虽然刑事责任年龄与刑事责任能力非常密切，但是，两者是有区别的两个概念，前者强调的是人的年龄，人需达到这年龄才负刑事责任，否则，其任何行为不构成犯罪，即使行为人实际上具有辨认能力和控制能力，但是，其年龄不达到刑事责任年龄，也不构成犯罪。后者强调的是辨认能力和控制能力，它强调在实质内容上应具备辨认能力和控制能力才负刑事责任。刑事责任年龄具有划分罪与非罪的功能，只要行为人年龄不达到刑事责任年龄，就可以在不判断其他任何内容的情况，认定其行为不成立犯罪。

---

① 参见赵秉志：《犯罪主体论》，中国人民大学出版社，1989 年 9 月第 1 版，第 14—17 页。

（4）特定身份。刑法规定有一些犯罪，其犯罪主体只能由特定身份的人才可构成，即由特殊主体构成。特殊主体的特定身份也具有区分罪与非罪的作用。例如，刑法第247条规定了暴力取证罪，该罪的主体只能是司法工作人员构成，如果非司法工作人员实施了暴力取证行为，其行为又不符合其他罪的规定，该非司法工作人员的行为就不构成犯罪。

对于单位犯罪主体而言，其主体构成要素同样具有区分罪与非罪的功能。

一是符合刑法规定的组织体。刑法第30条规定的单位犯罪主体包括公司、企业、事业单位、机关、团体。就刑法分则规定的各具体单位犯罪而言，有的犯罪被规定为只能由特定单位才可构成该罪，其他单位在实施该同种样态的行为时，其行为肯定不构成该罪，若其行为又不符合其他犯罪规定，就是无罪行为。例如，刑法第162条规定的妨害清算罪属于单位犯罪，它采用单罚制，仅处罚直接负责的主管人员和其他直接责任人员。该罪的单位犯罪主体仅指公司、企业。如果某事业单位或团体即将消亡，在清算时，隐匿财产，对资产负债表或者财产清单作虚伪记载或者在未清偿债务前分配本单位财产，严重损害债权人或其他人利益，该单位就不构成妨害清算罪，若该单位也不符合其他罪的规定，该单位行为不构成单位犯罪，以无罪论。

二是单位的刑事责任能力。单位作为一个组织体是由自然人组成的，在单位犯罪中，实际上有两类主体，即单位犯罪主体和自然人犯罪主体，所以，对大多数单位犯罪是采取双罚制，既惩罚单位，又惩罚其内部的自然人。就其自然人而言，其刑事责任能力确定与一般的非单位犯罪的自然人犯罪的要求是一样。关于单位犯罪主体，其刑事责任能力确定应结合单位的整体能力（包括行为能力）考虑，由于单位犯罪是其内部自然人去实施的，如果实施行为时，主管人员和直接责任人员的行为均未具备自然人刑事责任能力（如均为12岁的无刑事责任能力人），说明单位在此时不具备刑事责任能力。这时，单位行为不构成单位犯罪。可见，单位的刑事责任能力也具有区分罪与非罪的功能。

2. 犯罪主体具有区分此罪与彼罪的功能

犯罪主体在四要件犯罪构成中主要起到区分罪与非罪界限的作用，但是，对于一些特殊犯罪来说，它也具有区分此罪与彼罪的作用。

（1）特定身份对区分此罪与彼罪的作用。有些犯罪是由特殊主体构成的，刑法规定该罪的特定身份具有将该罪与近似犯罪区分开来的功能。例如，刑法第253条规定了私自开拆、隐匿、毁弃邮件、电报罪，该罪的犯罪主体是特殊主体，即邮政工作人员。通过对该罪和刑法第252条规定的侵犯通信自由罪相比较可知，对于隐匿、毁弃或非法开拆他人信件的行为，如果是邮政工作人员实施，其构成私自开拆、隐匿、毁弃邮件罪；假若是非邮政工作人员实施，其构成侵犯通信自由罪。可见，刑法第 253 条规定特定身份“邮政工作人员”对该罪与侵犯通信自由罪的区分具有重大作用。

（2）单位的身份具有区分此罪与彼罪的功能。根据我国刑法规定，有些犯罪的犯罪主体只能由单位构成，单个自然人不能构成。我国刑法还规定，对于某种样态的行为，单位实施该种行为时构成此罪，而单纯自然人实施该种行为时构成彼罪。换言之，单位的身份在这种情况下具有区分此罪与彼罪的功能。例如，刑法第 387 条规定，国家机关、国有公司、企业、事业单位、人民团体（即单位）受贿的，构成单位受贿罪；而刑法第 385 条规定，国家工作人员（即个人）受贿的，构成受贿罪。在这里，单位的身份具有将单位受贿罪与受贿罪区分开来的功能。

3. 犯罪主体在不作为犯罪里具有区分罪与非罪、此罪与彼罪的功能

（1）犯罪主体在不作为犯罪里具有区分罪与非罪的功能。

不作为犯罪是一种静的犯罪事态，离开犯罪主体，其特定义务将难以说清，其犯罪的构造将显得空洞，因此，犯罪主体应成为不作为犯罪的必要要件。不作为犯罪的成立在犯罪主体上要求主体具有履行特定义务的主体资格。德日刑法理论则称之“保证人的资格”，特定义务的资格来源于法律规定、业务上或职务上的要求、先行行为和法律行为。对于刑法规定的一些犯罪而言，不具有特定义务的人不能成为这种犯罪的犯罪主体，他们不履行该不作为犯罪确立的“特定义务”所要求的行为时，不构成该罪，因此，在不作为犯罪里，犯罪主体具有区分罪与非罪的功能。例如，甲在路上见到一弃婴，他没有将弃婴抱回家抚养，后来，弃婴在路上被饿死了。根据我国现行刑法，对甲而言，由于他对弃婴不具有抚养的义务，不具有遗弃罪犯罪主体资格，因此，他的不作为不构成遗弃罪，也不构成不纯正不作为的故意杀人罪。反之，假定甲为婴儿的父亲，他具有遗弃罪的主体资格，则甲的不作为（甲具有法定的抚养义务），可构成遗弃罪或不纯正不作为的故意杀人罪。可见，在遗弃罪或不纯正不作为的故意杀人罪里，犯罪主体具有区分罪与非罪的作用。

（2）在不作为犯罪里，犯罪主体具有区分此罪与彼罪的功能。

在具有特定义务的主体里，不同的犯罪主体将具有不同性质的犯罪。例如，刑法第 397 条规定了玩忽职守罪，该罪属于不作为犯罪，其犯罪主体为国家机关工作人员；而刑法第 168 条［刑法修正案（一）修改后的第 168 条］规定了国有公司、企业、事业单位人员玩忽职守罪，该罪也为不作为犯罪，其犯罪主体为国有公司、企业、事业单位工作人员。这两罪是性质相近的、玩忽职守类的不作

为犯罪，两者区分的重要要件之一是犯罪主体。

（五）犯罪主体符合犯罪构成必要要件所必备的所有条件

能成为犯罪构成必要要件的因素必须具备一定的条件。笔者认为，犯罪构成是指犯罪成立的构成，即广义的犯罪构成。在前一章笔者已论述到，能成为犯罪构成必要条件的因素，必须具备七个方面的条件，对于犯罪主体而言，它完全具备了这七个方面的条件，具体分析如下：

（1）犯罪主体是犯罪成立意义上所讲的构成要件。在我国通说四要件犯罪构成理论里，犯罪构成是指犯罪成立意义上的犯罪构成，而不是仅指犯罪客观要件和犯罪主观要件两要件组成的“行为构成”。犯罪主体与另外三个构成要件共同形成犯罪构成的基本模型，它是犯罪成立的必备要件。

（2）犯罪主体是犯罪概念范围内所包含的要素。犯罪概念是犯罪构成的基础，它限定了犯罪构成的范围，犯罪构成的各要件的有机组合应能反映犯罪概念的内涵和外延。犯罪概念有三个特征：严重的社会危害性、刑事违法性和应受有罪宣告性。犯罪主体在与其他三要件组成的有机模型后，反映了刑事违法性等特征，换言之，犯罪主体与其他三要件是刑事违法性等犯罪概念特征内所包含的要素。

（3）犯罪主体是刑法规定的要件。我国刑法在总则和分则中规定了犯罪主体作为犯罪构成的要件。对于由特殊主体或单位构成的犯罪而言，刑法分则明文规定特殊主体或单位为该种犯罪的犯罪构成中的必要要件，而对于普通犯罪而言，刑法总则第 17 条规定了各普通犯罪的犯罪构成中的犯罪主体的基本条件。

（4）犯罪主体是反映行为社会危害性的主客观复合要件。犯罪主体的构成因素既有主观因素也有客观因素，其中刑事责任能力属于主观因素，而自然人的人类学上的个人资格、刑事责任年龄、特定身份以及单位组织体则属于客观因素。由于刑法上所称的社会危害性是客观危害和主观恶性的统一，而主观恶性包括罪过等主观心理恶性活动和人身危险性，因此，犯罪主体的构成因素也反映了行为的社会危害性。就刑事责任能力而言，当行为人不能辨认和不能控制自己行为时，行为人没有罪过的基础条件，因而，无刑事责任能力。这时，若其实施致人死或伤的行为，那么，因其无主观恶性，其行为无刑法意义上的社会危害性，因此，不构成犯罪。反之，若有刑事责任能力的人实施故意或过失的致人死伤行为，因其具有刑法意义的社会危害性，就可能构成犯罪。

对于刑事责任年龄而言，它是影响刑事责任能力的重要因素，也会影响到主观恶性判断，继而影响到行为社会危害性的判断。

自然人的人类学的个体资格因素可将人的行为与动物等其他物体的行动区别开来，它可说明犯罪是人的行为，动物的行为导致的损害不是刑法意义上所说的社会危害性。因此，自然人的个体资格因素也是反映行为社会危害性的一个因素。

对于有些行为而言，不同主体在实施同种行为时，其社会危害性是有区别的。因此，刑法规定，有些犯罪应由特殊主体或单位构成其犯罪主体。可见，特殊主体或单位也是反映行为社会危害性的因素。

（5）犯罪主体是一个事实要件。犯罪是包含事实要件和价值要件的行为体。犯罪主体是一个体现事实特征的事实要件。

（6）犯罪主体是一个具有区分罪与非罪，或此罪与彼罪的要件。对于这一观点，前文已有详细论述，在此不再赘述。

（7）犯罪主体是犯罪成立必不可少的要件。犯罪主体是判断罪与非罪，或此罪与彼罪界限的要件，无犯罪主体则无犯罪。因此，从犯罪成立意义上看，犯罪主体是犯罪构成中不可缺失的构成要件。

三、犯罪主体在犯罪构成要件中的排列顺序

当我们从犯罪成立意义上理解犯罪构成时，犯罪主体理应成为犯罪构成的必要要件。但是，犯罪主体在犯罪构成四要件排列顺序中应居于何处呢？犯罪主体在犯罪构成要件中的排列顺序是否会影响到犯罪的认定呢？随着现代脑控技术的发展，犯罪主体在犯罪构成要件排列中的顺序是否需要调整呢？对于这一系列问题，有必要予以研究。

（一）犯罪主体在犯罪构成要件中排列顺序的争论

在四要件犯罪构成理论中，关于犯罪主体在犯罪构成要件中的排列顺序，众说纷纭，主要主张有以下几种：

1. 犯罪主体首位说

该说将犯罪主体排在首位，其他三要件放在后面。具体而言，又分为两种，其四要件排列分别如下：

（1）犯罪主体——犯罪主观要件——犯罪客观要件——犯罪客体。这是赵秉志教授主张的排列顺序，也是全苏法学研究所集体编写的、1938 年出版的《刑法总则》教科书所排列的顺序①。

（2）犯罪主体——犯罪客体——犯罪主观方面——犯罪客观方面。这是何秉松教授的主张，也是沙俄时期季斯甲科夫斯基教授的主张（在 1875 年出版

① 参见赵秉志：《论犯罪构成要件的逻辑顺序》，《政法论坛》2003 年第 6 期，第 16—17 页，第 21—23 页。

《普通刑法初级读本》里的排列)①。

2. 犯罪主体第二位说

该说主张将犯罪主体排第二位。具体排列顺序为：犯罪客体——犯罪主体——犯罪客观方面——犯罪主观方面。苏联库德利雅夫采夫主编的《苏联法律辞典》(第2分册，1956年出版，中译版为1957年）和H·A别利亚耶夫等主编的《苏维埃刑法总论》（1977年出版，中译版为1987年）即采用这一排列顺序②。

3. 犯罪主体第三位说

该说主张将犯罪主体排第三位，具体排列顺序为：犯罪客体——犯罪客观要件——犯罪主体——犯罪主观要件。我国刑法学通说、苏联孟沙金教授主编的《苏联刑法总论》以及许多苏联学者编写的书籍即采取这一排列顺序③。

4. 犯罪主体第四位说

该论主张把犯罪主体排在第四位。其排列顺序为：犯罪客观方面——犯罪客体——犯罪主观方面——犯罪主体。这是我国学者王充博士主张的排列顺序④。

（二）犯罪主体在犯罪构成要件中的排列顺序对认定犯罪是否有实质性影响

在我国，关于犯罪构成四要件排列顺序的主张，可谓五花八门。从各学者论述的情况看，其论证的过程均有一定的合理性，各自的内在逻辑基本都能自圆其说。既然如此，犯罪主体在犯罪构成四要件中的不同排列顺序是否会影响到犯罪的认定这是一个需要严肃对待的问题。

笔者认为，我国通说四要件犯罪构成理论具有较强的科学性，但是，也存在着需要完善的地方。由于犯罪概念是犯罪构成的基础，并限定犯罪构成的范围，因此，犯罪构成的完整体系应包括：（1）犯罪的基本模型（即犯罪构成四要件），这一大要件是犯罪类型化的基本内容，它具有区分罪与非罪，以及此罪与彼罪作用。(2）一定量的综合社会危害性。对于一些行为，当其具有第一大要件“犯罪的基本模型”，但其综合社会危害性未达到犯罪程度时，可根据这一大要件判断，将行为以无罪论处。这一大要件具有区分罪与非罪作用。(3）应受有罪宣告性。对于一些行为，虽然其具备了前述犯罪的基本模型和一定量的综合

---

① 参见赵秉志：《论犯罪构成要件的逻辑顺序》，《政法论坛》2003年第6期，第16页、第18页。

② 参见赵秉志：《论犯罪构成要件的逻辑顺序》，《政法论坛》2003年第6期，第17页。

③ 参见赵秉志：《论犯罪构成要件的逻辑顺序》，《政法论坛》2003年第6期，第17页。

④ 参见王充：《从理论向实践的回归——论我国犯罪构成中构成要件的排列排序》，《法制与社会发展》2003年第3期，第90页。

社会危害性，但是，法律规定了特殊的免罪事由，在免罪事由出现情况下，这种行为不构成犯罪。

对于组成犯罪基本模型的犯罪构成四要件而言，它们每一个要件均由若干个因素构成或包含有具体内容。也可以说，犯罪的基本模型是由四要件之下各若干个具体因素来构成。犯罪构成四要件是根据对各若干个具体因素的特征分析后归类而成的。对于某种犯罪来说，只要将该种犯罪的四要件的各若干具体因素全部归纳进来，就可形成一个完整犯罪基本模型。

若仅从刑法分则规定的罪状看，各种犯罪的罪状的具体构成因素的排列顺序各式各样，常见的有以下几种：

（1）对于特殊主体构成的犯罪而言，特殊主体往往排在首位。例如，在刑法第382条规定的贪污罪和第385条规定的受贿罪的罪状里，特殊主体“国家工作人员”排在首位，在第九章渎职罪规定的各种由国家机关工作人员这一特殊主体构成的犯罪的罪状里，国家机关工作人员排在各种构成因素的首位。其罪状构成因素的排列顺序最常见是：特殊主体+危害行为。

（2）对一般主体构成的犯罪而言，罪状中各构成因素的排列顺序，常见的有以下几种：

①罪过（故意或过失）+危害行为（+犯罪对象）。例如，刑法第232条故意杀人罪的罪状。

②危害行为（+犯罪对象）。例如，刑法第236条规定的强奸罪的罪状。

③犯罪目的+危害行为（+犯罪对象）。例如，刑法第239条规定的绑架罪的罪状。

④危害行为（+犯罪对象）+犯罪意图。例如，刑法第243条规定的诬告陷害罪的罪状。

⑤危害行为+犯罪客体。例如，刑法第105条规定的颠覆国家政权罪的罪状。

⑥危害行为+危害结果。例如，刑法第133条规定的交通肇事罪的罪状。

⑦“非法”或“违反法律法规规定”+危害行为（+犯罪对象）。例如，刑法第208条规定的非法购买增值税专用发票罪的罪状。又如，刑法第139条规定的消防责任事故罪的罪状。

从这些常见的罪状构成因素排列模式看，各主观构成因素和各客观构成因素的排列顺序并非只有一种模式。

然而，由于每一种犯罪的四要件犯罪构成往往由刑法总则的条文规定的构成因素和刑法分则的罪状条文规定的构成因素综合组成，因此，犯罪构成各要素排列顺序，并不当然指各罪的罪状的构成因素的排列顺序。实际上，刑法并没有明文规定这些所有的刑法总则和分则的构成因素的总体排列顺序，也没有明文规定犯罪构成四要件的排列顺序。从司法实践中看，只要能将犯罪构成四要件的全部因素纳入其中，就能完整地分析其犯罪构成基本模型，犯罪构成四要件的排列顺序不会对犯罪认定的对错产生实质性的影响。因此，犯罪主体在前述诸种主张的排列顺序均不会对司法实践产生实质性影响。

（三）犯罪主体在现行四要件犯罪构成理论中标准顺序的确立

对于一国的犯罪构成理论而言，在其刑法规定的框架内，只要能妥善解决犯罪基本类型及犯罪的例外规定问题，其理论就能正确地解决定罪问题。至于犯罪基本模型中的犯罪客体、犯罪客观要件、犯罪主体和犯罪主观要件如何排列，并不会影响犯罪的定性。在德日阶层体系里，各阶层的构成因素如何排列，也不会影响定性，除非该体系的内容组合违反刑法规定。正因如此，在犯罪构成理论争论白热化的环境下，有人提出了极端的主张，主张废除任何一种犯罪构成理论，仅以刑法规定定罪即可。但是，在经过长期研究后而形成的各种犯罪构成理论是刑法学的精神财富，它已成为各国刑法立法和司法的指导理论，犯罪构成理论的主要功能是区分罪与非罪以及此罪与彼罪。一个科学的犯罪构成理论能准确地反映出类型化的犯罪行为，能正确处理犯罪的例外问题，能准确地反映本国的刑法规定，能较好地贯彻罪刑法定原则。因此，在一国的刑法学里，应构建一套科学的犯罪构成理论，以便更好地实现立法的科学化，并准确地引导刑事司法实践，可见，犯罪构成理论的虚无主义思想是不正确的。

当今世界存在三种主要犯罪构成理论：中国和俄罗斯的四要件犯罪构成理论、德日犯罪阶层理论和英美双层次犯罪构成理论。这三种理论在我国刑法规定框架下，经过适度完善后均可适用于我国。但是，笔者反对在司法实践中的犯罪构成理论多元化，即反对在司法实践中允许同时适用这三种犯罪构成理论。司法实践的犯罪构成理论多元化将导致理论迷局，具有严重危害，因此，笔者主张司法实践中犯罪构成理论一元化。笔者主张，在对四要件犯罪构成理论进行完善后，将其作为指导我国刑法立法和司法实践的犯罪构成理论，同时主张犯罪构成四要件的排列顺序也应固定下来，犯罪主体在其中应有固定的位置，以便于刑法实践使用标准化的犯罪构成理论。

现代社会是一个标准化常态社会，各种产品或服务等均设有标准，甚至规定国家标准。例如，铁路轨道有标准，汽车、电器电子产品有标准，农药使用有标准，等等。有的产品或服务等设立标准的目的是为了安全。犯罪构成理论是法律实践（尤其是司法实践）中常用的刑法理论。当司法人员以某种刑法理论适用于某个具体案件时，这一刑法理论对这案件的判决就产生重要作用，如果这一理论是错误的，就可能导致错案。错误的刑法理论可以杀人，也可以害人。在世界范围内，在数以百计，甚至数以千计的各学者的犯罪构成理论中，肯定有不少犯罪构成理论存在谬误。在严肃的刑法理论领域，国家应组织刑法专家论证各种犯罪构成理论优劣，找出适合本国的标准化的科学犯罪构成理论，让其指导刑事司法实践和刑法立法。通过有关部门确定统编教材的方式，让该科学的犯罪构成理论得以推广，条件成熟时，让犯罪构成体系立法化，或通过司法解释让其明确化、体系化。

自新中国成立后，我国从苏联引进了四要件犯罪构成理论，至今，四要件犯罪构成理论仍是我国刑法理论上的通说。四要件犯罪构成理论是具有较强科学性的刑法理论，实践证明，它简单易学，具有较强的实用性，尽管该理论也存在不足，但是，通过对其进行适度改造，它将更具科学性。为此，笔者认为，我国现在和将来均应确立四要件犯罪构成理论（即改良后的四要件犯罪构成理论）为标准化的犯罪构成理论，并让其指导我国刑法立法和刑事司法实践活动。

笔者认为，改良后的四要件犯罪构成体系包括三阶层：（1）犯罪基本模型（即犯罪构成四要件）（2）一定量的综合社会危害性；（3）应受有罪宣告性。在犯罪基本模型中，犯罪构成四要件的排列顺序对犯罪认定不会产生实质影响，但是，为了使犯罪构成要件排列顺序标准化，我们应确立其固定顺序。根据通说四要件犯罪构成理论，犯罪构成四要件的排列顺序为：犯罪客体、犯罪客观要件、犯罪主体和犯罪主观要件。这样的排列顺序是根据认定犯罪过程来排列的：首先，发现了某种客体遭受侵害的事实（犯罪客体），如某人死亡。其次，查明是否是人的行为或何种行为侵害（犯罪客观要件）。再次，查明谁是行为人以及行为人的情况（犯罪主体）。最后，查明行为人实施行为时是否出于故意或过失（犯罪主观要件）。在这一体系里，之所以将犯罪主体排在第三位，排在犯罪主观要件（犯罪故意和过失）之前，其另一理由是只有在查明刑事责任能力的有无之后，才有必要查是否有故意或过失。如果查明行为人没有刑事责任能力（既没有辨认能力也没有控制能力，如精神病人的杀人行为），行为人就当然没有犯罪的故意或过失。对于无刑事责任能力的精神病人，我们在审查案件时，不可能先查是否有故意或过失（犯罪主观要件），再查是否有刑事责任能力①。笔者认为，通说中犯罪构成四要件的排列顺序是符合司法实践的认定犯罪的思维规律的，具有科学性，因此，在标准化的四要件犯罪构成理论里，这四个要件排列顺序仍应坚持通说的排列顺序。其中，犯罪主体仍应排在第三位。

① 参见高铭暄、马克昌主编：《刑法学》，中国法制出版社，1999 年 1 月第 1 版，第 105—106 页。

（四）现代脑控技术下犯罪主体排列顺序的畅想

现代脑控技术正在不断取得重大成果。前不久，科学家们正在利用脑控技术进行脑控驾驶汽车的实验；进行脑控状态下模拟驾驶战斗机的实验，并取得了成功①。现代脑控技术的发展预示着未来将出现新的犯罪形式——脑控犯罪。脑控犯罪状态下，犯罪人即使平躺在床上，身体四肢等部件在形态上完全处于静止状态，也可通过脑意识、脑电波控制相关联的脑控器械来达到杀人、害人的危害结果。在一些脑控犯罪情况下，危害行为和犯罪心理高度统一，甚至两者难以区分，让人觉得危害行为即犯罪心理，犯罪心理即危害行为。在这种身体形态为静止状态的脑控犯罪状况下，犯罪人与危害行为、犯罪心理浑然一体，离开犯罪人后就很难说清楚其犯罪内容，其犯罪构造将显得较为空洞。因此，在脑控犯罪出现后，犯罪主体更应成为犯罪构成的必要要件。

从行为科学看，在脑控犯罪状态下，犯罪四要件事实内容的排列过程是：犯罪主体——犯罪客观要件和犯罪主观要件高度统一的混合体（脑控行为和犯罪心理高度统一的混合体）——犯罪客体。既然如此，前述所说的四要件标准排列顺序，就与此不一致了，这是否表明这标准排列顺序就不科学呢？

张明楷教授指出，行为科学是根据行为路线（或行为的发生、发展过程）来研究行为结构的。刑法学是一种规范学，而规范学决定了它不一定按照行为路线来研究行为，而是按照适用规范的需要来研究行为②。对于这一观点，笔者表示赞同。前述四要件标准排列顺序是根据司法实践需要，按照一般的认定犯罪过程来排列的，它也可适用于脑控犯罪的分析。虽然从行为科学看，在脑控犯罪过程中，犯罪主体、犯罪主观要件和犯罪客观要件（主要指行为）三方面事实混为一体，但是，从规范学角度看，它们是可以拆解分析的。脑控犯罪中的脑控意识和脑电波与犯罪故意（或犯罪过失）仍是可拆分来理解的。前者主要是从事实层面去理解的意识及脑电波，但不带价值评价，具有客观要件特性，这种脑控行为当然具有其特殊性；后者则是从价值层面评价的犯罪故意（或犯罪过失）。因此，犯罪客体、犯罪客观要件、犯罪主体和犯罪主观要件仍然具有一定的解释力。尽管如此，这一排列顺序在犯罪客观要件和犯罪主观要件的中间摆放着犯罪

---

① 参见参考消息网：国内首辆“脑控汽车”南开大学起跑，2015-07-16，http：//photo. cankaoxi-aoxi. com/2015/0716/852996. shtml，2018 年 9 月 30 日登录；以及参见观察者网：美国国防部脑部神经研究可以植入记忆、脑控开飞机，2015-03-26，https：//www. toutiao. com/i1049940088/，2018 年 9 月 30 日登录。

② 参见张明楷：《行为结构与犯罪构成体系——兼淡行为科学与刑法科学的区别》，《法商研究》1998 年第 2 期，第 35—39 页。

主体，确实让人觉得不尽如人意。

我国有学者主张，犯罪构成四要件的排列顺序应为：犯罪主体——犯罪主观要件——犯罪客观要件——犯罪客体。这一排列顺序是从犯罪行为的发生、发展过程考虑来排列的，其基本逻辑是，“符合犯罪主体要件的人，在其犯罪心理态度支配下，实施一定的犯罪行为，危害一定客体即社会主义社会关系”①。这一排列顺序体现了犯罪行为形成过程和发展规律，也便于认定与处罚犯罪。这一体系不但可以适合于普通犯罪认定适用，其在分析脑控犯罪问题上也具有优越性。在脑控犯罪下，犯罪主体、犯罪主观要件和犯罪客观要件的事实高度一体化，在适用这一体系时，可将这三方面视为一体化的情况下的拆解分析，将犯罪主体放在第一位则可以先解决刑事责任能力的有无，再分析是否具有犯罪故意或犯罪过失的问题，可见，这一排列体系是具有科学性的。

对于这一将犯罪主体排在第一位，犯罪主观要件排在第二位的犯罪构成要件排列顺序，有的学者提出了批评意见。其认为，按照行为发展路线安排犯罪构成要件顺序的做法，隐含着许多危险，“如果从主观到客观认定犯罪，即先考虑行为人，再分析行为人的心理，进而追查行为人实施了何种行为，侵害或威胁了何种合法权益，其结果必然是‘先抓人，后找事实’，然而绝大多数人是符合犯罪主体要件的，于是，司法机关遇到任何人都可以进行盘问乃至采取强制措施，再追查所谓犯罪事实”②。有学者则批判道，这一排列顺序体现了主观主义刑法观，会导致认定犯罪的错误。

笔者认为，这些批评意见是错误的，在四要件的犯罪基本模型里，只有查明一行为全部符合了某罪的犯罪构成四要件，该行为才可能构成某罪，只要有一要件不符，该行为肯定不构成该罪。在司法实践中，司法人员绝对不可能因为查明了某人达到了刑事责任年龄和具有刑事责任能力就“先抓人，而后找事实”，除非该司法人员是法盲或其有着不可告人的目的。在刑法分则规定的、由特殊主体构成的犯罪里，其罪状中构成因素排列顺序几乎无一例外地将犯罪主体放在首位，刑法规定这种排列顺序也并不是指令司法人员“先抓人，而后找事实”。同样，我们也不能对“犯罪客体”或“犯罪客观要件”排在首先的犯罪构成排列顺序而进行无端指责，将其说成“客观归罪”的排列顺序。任何孤立的、断章取义的无端指责都是不可取的。

犯罪构成四要件体系是主客观相统一的体系，这一体系是在主客观相统一原

---

① 参见赵秉志：《论犯罪构成要件的逻辑顺序》，《政法论坛》2003 年第 6 期，第 19 页。

② 参见张明楷：《行为结构与犯罪构成体系——兼谈行为科学与刑法科学的区别》，《法商研究》1998 年第 2 期，第 36—37 页。

则指导下建立的。我们不能因为某体系将主观要件排在首位就将其体系说成是体现了主观主义刑法观，而将客观要件排在首位，就说该体系体现了客观主义刑法观。在刑法分则规定的不少犯罪里，在其罪状的构成要素的排列顺序上，其罪过（故意或过失）是排在首位的。例如，在刑法第 232 条故意杀人罪、第 233 条规定的过失致人死亡罪、第 275 条规定的故意毁坏财物罪里，其罪状即如此规定，我们不能因此认为，这些法律条文全体现了主观主义的刑法观。其实，它们均体现了主客观相统一的刑法观。有学者甚至认为，在犯罪构成体系里，从主观到客观来认定犯罪会导致定罪错误，这更是不可能的。笔者认为，不论犯罪构成四要件排列顺序如何，只要司法人员对犯罪构成四要件全部考察了，而且分析准确了，同时，犯罪的例外事由也全面考察了，就不会在犯罪认定上犯错误，除非司法人员对犯罪构成各要件的理解出了差错。

杨兴培教授是极力反对将犯罪主体作为必要要件纳入犯罪构成的学者，他所说的犯罪构成是狭义的犯罪构成（即行为构成）。为此，他认为，犯罪的资格主体是产生犯罪构成的前提，行为的主体永远先于行为而存在，犯罪的主体永远先于犯罪而存在①。但是，如果从广义上理解犯罪构成时，犯罪主体必定是犯罪构成的必要要件。根据杨兴培教授的前述分析，犯罪主体应先于行为构成而判断，这是有一定道理。因此，若我们对犯罪构成从广义上理解时，犯罪主体在四要件排列顺序中理应置于首位。由于将犯罪主体排列在首位的前述犯罪构成四要件的排列顺序也具有内在的合理逻辑，也便于司法实践的适用，因此，这一犯罪构成要件的排列顺序也是值得肯定的。

综上所述，在未来，随着脑控技术的普遍化，当脑控犯罪成为普遍性犯罪时，笔者主张，我国标准化的犯罪构成四要件排列顺序可变为：犯罪主体——犯罪主观要件——犯罪客观要件——犯罪客体。

---

① 参见杨兴培：《犯罪主体的重新评价》，《法学研究》第 4 期，第 88 页、第 90 页。

第八章　正当行为在四要件犯罪构成中缺失的合理性

在我国刑法学界，有刑法学者对中国刑法学通说进行了猛烈的批判，他提出了“刑法学知识去苏俄化”的命题，并主张以德日刑法学知识取代现在以“苏俄刑法学知识”为基础而形成的传统刑法学知识。该学者主张对社会危害性理论进行全面清理，并“将社会危害性的概念逐出注释刑法学领域”①，他主张对传统四要件犯罪构成理论推倒重来，并以德日犯罪三阶层论取而代之②。在论证四要件犯罪构成体系的缺陷时，该学者指出，在四要件犯罪构成理论里，正当防卫、紧急避险等正当行为被描述为形式上符合犯罪构成而实质上不具有犯罪构成的情形③。这些正当行为是在四要件的犯罪构成以外予以讨论的。在犯罪构成体系中并无其地位。在这种情况下，四要件的犯罪构成并不是犯罪成立的充足条件。因为在具备了四要件的犯罪构成以后，从逻辑上来说还可能因为存在正当行为而被出罪。在这个意义上说，四要件的犯罪构成体系存在结构性的缺失，这也是四要件的犯罪构成体系非改不可的原因之一④。

对于前述理论主张，笔者持有异议。笔者认为，以苏俄刑法学知识为基础而形成的中国现代刑法学知识具有内在合理性。其社会危害性理论属于根基性的基本理论，在社会危害性视野下，正当行为在四要件犯罪构成之内是可以得到科学的阐释的，正当行为在四要件犯罪构成中的缺失也具有合理性。在本章里，笔者将以社会危害性为视角，探讨正当行为在四要件犯罪构成中的阐释问题及其结构性缺失问题，为中国现代刑法学知识作辩护。

一、正当行为、社会危害性和四要件犯罪构成的关系

为了阐明正当行为在四要件犯罪构成之内具有科学阐释以及其在四要件犯罪构成体系中缺失的合理性，有必要先阐明社会危害性的基本立场以及弄清正当行

---

① 陈兴良《社会危害性理论——一个反思性检讨》，《法学研究》2000年1期，第8—14页。

② 参见陈兴良：《刑法知识论》（代序），中国人民大学出版社，2007年9月第1版，第Ⅷ—ⅩⅥ页。

③ 参见陈兴良：《刑法知识论》，中国人民大学出版社，2007年9月第1版，第322—324页。

④ 陈兴良：《四要件犯罪构成的结构缺失及其颠覆——从正当行为切入的学术史考察》，《现代法学》2009年第6期，第57页。

为、社会危害性和四要件犯罪构成的关系。

（一）社会危害性的基本立场

社会危害性是犯罪的基本属性，也是犯罪构成蕴含的基本要素。正当行为在四要件犯罪构成体系中的缺失与社会危害性具有密切的关系。

贝卡利亚在《论犯罪与刑罚》一书中多处提及社会危害性问题。他运用社会危害性观探讨罪刑相称问题，并把社会危害性作为衡量犯罪的标准。他指出，衡量犯罪的真正标尺是犯罪对社会的危害，并认为这是一条显而易见的真理，任何具备中等智力的人都能认识①。苏俄刑法学和我国现代刑法学继承了贝卡利亚的社会危害性思想，并以社会危害性为根基建立了完整的刑法学理论体系。社会危害性是行为给社会带来一定不利后果的属性。虽然社会危害性具有抽象性、概括性、可变性和一定的模糊性，但是，社会危害性也是可知的、可判断的，并且具有相对稳定性。社会危害性也有自己的判断标准，即犯罪主客观方面情况，包括犯罪手段、犯罪对象、犯罪地点、犯罪时间、犯罪结果、犯罪动机、犯罪目的等方面。社会危害性具有一定可变性，但是，在特定的时代条件下，社会危害并非总是变动不居的，而是具有相对的稳定性②。社会危害性在刑事立法和司法上具有较大的功效。社会危害性在刑事立法上具有合理划定犯罪圈的功能，对于无社会危害性的行为和社会危害性较小的行为，立法者将其排除于犯罪之外，这种立法限制功能有利于人权保障。社会危害性在刑事司法上具有出罪功能，司法者在审查刑事案件时，对于无社会危害性的行为和社会危害不大的行为不以犯罪论处，这同样体现了人权保障的理念，体现了实质的合理性（实质正义）。

社会危害性与罪刑法定原则并不矛盾。现代罪刑法定原则应体现形式合理性（形式正义）和实质合理性（实质正义）。在罪刑法定原则所表述的“法律没有明文规定为犯罪行为的，不得定罪处刑”里，其所称的“犯罪行为”应指法律形式（主要指刑法分则的罪状表现形式）和实质（主要指社会危害性）相统一的犯罪行为。社会危害性具有出罪功能，体现了实质正义。对于无社会危害性的行为或社会危害性较小的行为，即使其形式上具备了分则的罪状条件，因其社会危害性不符合犯罪的实质要求，也不属于法律明文规定的犯罪，因此，也不构成犯罪。

综上所述，社会危害性是我国现代刑法学中必不可少的概念。它是犯罪概念、犯罪构成理论以及其他刑法理论中必不可少的理论分析要素。我国刑法学体

---

① 参见刘四新：《立法与司法的和谐统一：社会危害性与罪刑法定关系论——兼论罪刑法定原则的功能缺陷》，《刑法论丛》第 14 卷第 35—40 页。

② 参见刘志远：《社会危害性概念之正当性考察》，《中国刑事法杂志》2003 年第 4 期第 34—35 页。

系即是以社会危害性为根基而构建的、具有内在逻辑联系的理论大厦，如果将社会危害性从我国刑法学中彻底清除出去，那么，我国现有刑法学必将轰然崩溃。在社会危害性视野下，我国许多刑法问题都可得到合理的解释，其中当然包括正当行为的无罪性问题及其在四要件犯罪构成结构性缺失的问题。

（二）正当行为、社会危害性和四要件犯罪构成的关系

正当防卫、紧急避险等正当行为在社会政治上具有正当性。它或是对社会有益的、值得提倡的行为，或是具有社会相当性的、没有危害社会的主观恶性的行为。社会危害性是客观危害和主观恶性的统一，仅有客观损害而无主观恶性的情形不属于我国刑法上所说的社会危害性。由于正当行为是没有危害社会主观恶性的行为，因此，正当行为和社会危害性的关系是排斥关系。

社会危害性和四要件犯罪构成是一种交融关系。犯罪原本是一种事实和价值有机合一的行为。为了全面地把握犯罪，法学家们经过理论研究后，以刑法为依据，人为地将犯罪分解成若干个构成要素。由于分解方法不同，世界形成了三大不同的犯罪构成理论体系，其中，四要件犯罪构成体系是独具特色的体系。犯罪构成是犯罪规格和模型，四要件犯罪构成体现了形式和实质的内容，也体现了事实和价值的因素。社会危害性是评价犯罪的实质要素，属于价值评价的范畴，犯罪构成四要件是构成犯罪的主客观总和，犯罪构成四要件包含有社会危害性的实质内容。笔者认为，在犯罪构成四要件中，每一要件均包含了社会危害性的评价因素，社会危害性是交融于每一要件之中的，一般而言，在对每一要件评价时，先对这一要件的事实因素评价，之后要对其价值因素（社会危害性）评价。

正当行为是一种排除犯罪性行为，而四要件犯罪构成是正面回答犯罪成立的规格和模型的，其每一要件蕴含着社会危害性的要素。因此，在四要件犯罪构成体系下，正当行为与四要件犯罪构成的关系是一种结构性的排斥关系，它在四要件犯罪构成体系里不应有结构性地位，如果将正当行为镶嵌于四要件犯罪构成体系，就会出现画蛇添足之错误。对于这一问题，笔者在后文另有论述。

二、正当行为的无罪性在四要件犯罪构成理论中的阐释

在社会危害性视角下，正当行为的无罪性是可以在四要件犯罪构成理论中得到科学阐述的。

主张“刑法学知识去苏俄化”的学者认为，在我国及苏联的犯罪构成体系中，正当防卫和紧急避险行为是在犯罪构成之外研究的。正当防卫、紧急避险等行为被描述为形式上符合犯罪构成而实质上不具有犯罪构成的情形。正当防卫、紧急避险等行为之所以不构成犯罪，并不是根据犯罪构成所得出的结论，而是根

据行为不具有社会危害性这一实质判断的结果。因此，形式上符合犯罪构成与实质上不符合犯罪构成的矛盾是犯罪构成四要件说的重大缺陷[①]。依其观点，四要件犯罪构成理论体系内无法阐释正当行为是不成立犯罪的。

笔者认为，四要件犯罪构成理论不存在形式与实质的矛盾，恰恰相反，它是形式和实质的统一。从形式上犯罪构成包括了四大要件，从实质上，它要求犯罪构成具有社会危害性，而犯罪构成的社会危害性是体现在每个构成要件之中的。

在通说四要件犯罪构成理论里，犯罪构成是犯罪成立的标准，只要符合犯罪构成四要件，就可成立犯罪。

四要件犯罪构成理论完全可以在四要件以内说明正当防卫等正当行为不能成立犯罪。这可以以社会危害性为视角从犯罪客体、犯罪客观要件和犯罪主观要件三方面说明。

四要件犯罪构成理论认为，犯罪客体是刑法所保护而为犯罪行为所侵害的社会关系（或法益）。社会关系（或法益）的范围非常广泛，能成为犯罪客体的社会关系（或法益）必须是刑法保护的那部分社会关系（或法益），一般指比较重大的那部分。判断犯罪客体是否存在，实际上是判断刑法所保护的那部分社会关系（或法益）是否被危害行为侵害了。如果存在刑法所保护的社会关系（或法益）被侵害了，说明行为具有社会危害性，反之，如果无刑法所保护的社会关系（或法益）被侵害，就说明这行为无犯罪的社会危害性。在正当防卫、紧急避险这两个法定正当行为里，刑法明文规定在出现不法侵害或紧迫的情况下允许在一定范围内实行正当防卫或紧急避险，这是合法行为，不认为是犯罪。这就表明在正当防卫情况下，国家对不法侵害人的人身权利、财产权利等权利在一定范围内暂时不予刑法保护，允许人们对其实施一定的损害行为。在这一情况下，正当防卫人损害不法侵害人人身等方面的行为，没有侵害到刑法所保护的社会关系（或法益），因此，不具备犯罪客体。行为缺乏了犯罪客体自然无犯罪社会危害性，当然也就不构成犯罪。

在紧急避险的情况下，为了保护比较大的利益，国家对被损害的比较小的利益在一定范围内暂时不予刑法保护（但不排除民法等其他法律的保护——笔者注），允许人们对其实施一定的损害行为。在这一情况下，紧急避险行为同样没有侵害到刑法所保护的社会关系（或法益），因此，也不具备犯罪客体，不具备犯罪的社会危害性，从而不构成犯罪。

对于其他非法定正当行为，也可如前述一样，在犯罪客体内阐明其无罪的

---

① 参见陈兴良：《刑法知识论》，中国人民大学出版社，2007年9月第1版，第322—324页。

理由。

犯罪构成四要件体系是形式与实质的统一，社会危害性是其实质属性，它体现于每一个要件之中。犯罪客观要件同样体现了社会危害性的实质。在犯罪客观要件中同样也可以阐释清楚正当防卫等正当行为是不成立犯罪的。

危害行为是一切犯罪在客观要件中必不可少的要素。四要件犯罪构成理论认为，危害行为是指客观上危害社会并为刑法所禁止的行为。这一概念表明危害行为的两个重要特征，一是形式性，即它是一种客观上的行为；二是实质性，即它是具有社会危害性的行为。正当防卫、紧急避险等正当行为属于合法行为，并没有社会危害性。因此，它们不是危害行为，从而否定其犯罪的成立。从危害结果看，在正当行为情况下，由于没有出现刑法所保护的客体受损害的结果，因此，正当行为没有犯罪的社会危害性，不成立犯罪。

四要件犯罪构成理论认为，犯罪主观要件体现了行为人的主观恶性，而社会危害性是客观危害和主观恶性的统一。因此，在犯罪构成四要件体系中，犯罪主观要件体现了社会危害性中主观恶性的一面。正当防卫等正当行为也完全可以在犯罪主观要件中阐明其不成立犯罪。

我国刑法典关于犯罪的故意和犯罪的过失的概念分别规定在第 14 条和第 15 条。第 14 条规定："明知自己的行为会发生危害社会的结果，并且希望或者放任这种结果发生，因而构成犯罪的，是故意犯罪。故意犯罪，应当负刑事责任。"第 15 条规定："应当预见自己的行为可能发生危害社会的结果，因为疏忽大意而没有预见，或者已经预见而轻信能够避免，以致发生这种结果的，是过失犯罪。过失犯罪，法律有规定的才负刑事责任。"从刑法条文看，我国犯罪的故意和犯罪的过失均包含了心理事实和实质评价两方面的内容。犯罪的故意由心理事实和危害性认识（即违法性认识）两部分构成。心理事实仅指具有一般的事实认识和一般性心理意志，没有带有价值评价。例如，在故意杀人案中，行为人认识到自己杀人，并希望被杀的人死亡，这是其心理事实，但是，行为人是否认识到自己是非法杀人，是否认识到这种杀人行为是危害社会的，这属于价值的评价因素。危害性认识（即违法性认识）是以心理事实为基础的一个价值评价因素。在一个人的故意中，如果其仅具心理事实而无危害性认识，就不能成立犯罪的故意。

犯罪的过失也由心理事实和价值评价因素两部分构成。心理事实是指应预见结果发生因疏忽大意而未预见，或者已经预见结果会发生而轻信能避免，其价值评价因素则是危害社会（违法）可能性意识、注意义务。

犯罪的故意和犯罪的过失均包含有心理事实和价值评价因素两部分，缺一即不具有主观恶性，因而不构成犯罪。在正当防卫中，防卫人在必要限度里杀死不法侵害人，这时，防卫人具有杀人的故意，即故意杀人的心理事实，但是，由于他是在为了使合法权益免受不法侵害的正当目的支配下去实施的，防卫人不具有故意危害社会的心态（即无违法性认识），缺乏犯罪故意中的价值评价因素，因此，当防卫人在正当防卫限度内防卫杀人的故意不是犯罪故意。既然在正当防卫限度内的防卫杀人无犯罪故意，就缺乏了犯罪主观要件，从而不成立犯罪。

同理，紧急避险等正当行为在主观方面也是缺乏犯罪故意或犯罪过失的价值因素的。它们均缺乏犯罪主观要件，因此，这些行为均不能成立犯罪。

综上所述，正当行为不构成犯罪是可以在犯罪构成四要件体系内得到科学说明的，四要件犯罪构成并不存在形式与实质的矛盾。

三、正当行为在四要件犯罪构成中缺失的合理性评论

正当防卫等正当行为均可在四要件犯罪构成理论中阐明其不能成立犯罪。我们是否有必要像德日犯罪三阶层论一样，将正当行为作为违法阻却事由纳入犯罪构成体系中呢？主张“刑法学知识去苏俄化”的学者猛烈地批判犯罪构成四要件说，他提出对四要件犯罪构成理论推倒重来的一个重要理由是，正当行为在犯罪构成体系中没有体系性地位。这一观点是值得商榷的。

德日犯罪三阶层体系是一种次递推进的体系，构成要件该当性具有推定功能，只要具有构成要件该当性，原则上就推定行为构成犯罪，构成要件该当性是违法的类型，也是有责的责型。在这种理论体系里，正当行为是不得不纳入犯罪成立体系中的，因为正当行为是具有构成要件该当性的行为，在构成要件该当性这一阶层已被推定有罪，所以，正当行为不得不放在违法性要件中作为违法阻却事由，作为一个消极构成要件，以便在此证明自身无罪的清白。在这一体系里，它将正当行为视为符合犯罪的指导形象的行为。这种行为根本不是犯罪，而它在构成要件该当性中却原则上被推定为犯罪，这是违反人的基本认识的，因此，德日犯罪三阶层论体系的科学性本身就有待于进一步论证。

笔者认为，在社会危害性视角下，四要件犯罪构成理论可以在四要件体系内阐明正当行为是不成立犯罪的。但是，在犯罪构成四要件体系下，由于正当行为属于排除犯罪的社会危害性行为，它与四要件犯罪构成具有结构性的排斥关系，因此，正当行为没有必要纳入犯罪构成四要件体系之内，而应当在犯罪构成之外，作为独立的部分专门研究。具体理由是：

（1）在犯罪构成四要件体系里，正当行为均可在犯罪客体、犯罪客观要件和犯罪主观要件里说明其不成立犯罪，因此，正当行为无需在犯罪构成体系中占

有一个体系性位置，也可说明自身无罪的清白。

（2）通说犯罪构成四要件体系的每个要件均不存在单独推定犯罪的功能，这一四要件犯罪构成体系无需正当行为作为消极要件阻却犯罪。在德日犯罪三阶层体系中，构成要件该当性原则上具有推定犯罪的功能，而正当行为具备了构成要件该当性，具备了犯罪原型，因而不得不在违法性中作为违法阻却事由出现。而我国犯罪构成四要件体系与德日犯罪三阶层体系在构造上是不同的。在四要件体系中，每一要件均需具备才可成立犯罪。若单独来看，每一要件均不具有推定犯罪的功能，不具备犯罪的原型。在正当行为里，行为因不具备四要件犯罪构成各要件的社会危害性而属于无罪行为，它与其他合法行为一样无需纳入犯罪构成体系中。

（3）将正当行为独立于犯罪构成四要件体系外可使刑法理论的划分更具科学性。笔者认为，刑法学犯罪论中能用犯罪构成理论分析的内容较多，但是，并非能用犯罪构成理论分析的内容均需纳入犯罪构成四要件体系中去，否则，犯罪预备、中止、未遂、共同犯罪、正当行为、罪数形态等内容均需在犯罪构成体系中占有体系性的位置。因此，从刑法理论划分科学性角度考虑，正当行为应与故意犯罪形态、共同犯罪和罪数形态一样置身于犯罪构成四要件体系之外。

综合本章前文所述，笔者认为，犯罪的概念具有复杂性、一定模糊性、主观性和政策性，这注定构成犯罪的一些要素不一定非常明确。苏俄刑法学和我国现代刑法学是以社会危害性为根基而构建的刑法知识体系，因社会危害性具有一定模糊性和可变性，而受到一些学者批判，其实，德日刑法理论中的法益、法秩序、期待可能性、社会相当性、可罚违法性理论等重要范畴也均有模糊性和可变性，其相关内容也与社会危害性相当。我国以社会危害性为根基建立的刑法知识体系具有内在逻辑性，这一理论体系不必推倒重来，但需要不断地完善。

在社会危害性的视角下，我国通说刑法理论可以科学地阐释正当行为的无罪性，也可以科学地说明正当行为在四要件犯罪构成中结构性缺失的合理性。德日犯罪三阶层论之所以将正当行为纳入违法性阶层作为违法阻却事由，是因为这一理论内在结构的要求。四要件犯罪构成和德日犯罪三阶层论各自的理论体系是有较大区别的，不能因为德日犯罪三阶层论将正当行为纳入犯罪成立体系中了，四要件犯罪构成体系也必须将正当行为镶嵌到其体系中。我国通说四要件犯罪构成理论未将正当行为纳入犯罪构成体系中，这不应成为全盘否定四要件犯罪构成理论的重要理由，恰恰相反，它体现了以四要件犯罪构成理论为重要理论的中国现代刑法学体系具有内在的科学性。

第四编

中外犯罪构成理论的优劣比较

第九章　复杂疑难案件下中国和德日犯罪构成理论的优劣比较

近40年来，我国犯罪构成理论研究出现了百花齐放、百家争鸣的可喜现象，一些学者对居于通说地位的四要件犯罪构成理论进行了批判，并提出了诸多改造方案。我国有刑法学者对德日犯罪三阶层论推崇备至，提出对现行通说四要件犯罪构成理论推倒重来，并以德日犯罪三阶层论取而代之（即构成要件该当性——违法性——有责性）[①]。该学者提出对通说四要件犯罪构成理论推倒重来的一个重要理由是："现行的犯罪构成体系对于一些疑难复杂问题的解决上显然是不能胜任的，甚至可以说破绽迭出，容易造成错案。"[②] 德日犯罪三阶层论则有利于正确认定犯罪[③]。为了论证其观点，该学者引用了"邵建国诱发并帮助其妻自杀案""以虚假身份应聘司机并占有单位汽车案"和"让弟弟乘坐民航飞机坠毁致死案"等案例作为论证的材料，比较分析通说四要件犯罪构成理论和德日犯罪三阶层论的优劣。其最后结论是，在一些复杂疑难案件分析中，对于相同的案件，运用这两套不同犯罪构成要件体系得出的结论是不一样的。运用通说四要件犯罪构成理论分析容易造成错案，而运用德日犯罪三阶层论分析则可得出正确的结论[④]。

笔者认为，主张"推倒重来"者过分地夸大了通说四要件犯罪构成理论的缺陷，夸张地放大了德日犯罪三阶层论的优点。通说四要件犯罪构成理论简单、易操作，且具有较强的科学性，中国近40年刑事司法实践证明，通说四要件犯罪构成理论是十分可行的，但是，该理论也存在需要进一步完善的地方。对这一理论"推倒重来"是十分不明智的，德日犯罪三阶层论并非十全十美的理论，它也存在诸多缺陷。在犯罪构成理论问题上，笔者反对全盘推倒现行通说四要件犯罪构成理论，并以德日犯罪三阶层论取而代之的观点。在本章里，笔者将以复杂疑难案件为视角，探讨通说四要件犯罪构成理论与德日犯罪三阶层论的优劣，

---

① 参见陈兴良：《刑法知识论》，中国人民大学出版社，2007年9月第1版，第51页，第296—350页。

② 参见陈兴良：《刑法知识论》，中国人民大学出版社，2007年9月第1版，第336页。

③ 参见陈兴良：《刑法知识论》，中国人民大学出版社，2007年9月第1版，第341页。

④ 参见陈兴良：《犯罪构成及其方法论》，在北京航空航天大学法学院作的学术报告，浙江刑事辩护律师网：http：//www. zjxblawyer. com/tdview. asp？id=661&bcg_id=104，2010年2月25日登录。

并反驳“犯罪构成四要件说容易造成错案”的错误论断。

一、复杂疑难刑事案件的概念、成因及类型

刑事案件可分为一般刑事案件和复杂疑难案件两种。一般刑事案件是指现有刑法具有清晰的明确规定、可以作出无纠纷认定的刑事案件。而复杂疑难刑事案件是指现有刑法存在疏漏、模糊、冲突或不合理等现象而引起巨大纷争的刑事案件。对于一般刑事案件而言，无论是通说四要件犯罪构成理论，还是德日犯罪三阶层论，都会得出同一结论，这是没有异议的。然而，对于复杂疑难刑事案件而言，推崇德日犯罪三阶层论的学者认为，“在一些疑难案件中，三阶层理论的优势就体现出来了。一是更严密，二是体系强”①。而犯罪构成四要件说“虽然简洁明了，便于司法实务操作，但由于其拼凑式的逻辑架构，使其面对现实中的疑难案件往往束手无策”②。笔者对此持有异议。

通说四要件犯罪构成理论和德日犯罪三阶层论在解决复杂疑难案件时孰优孰劣，需要先弄清复杂疑难案件产生的原因、类型等内容。

复杂疑难刑事案件产生的主要原因是刑法立法存在着问题。笔者认为，复杂疑难刑事案件产生的原因主要有以下四种：（1）刑法规定具有模糊性；（2）刑法立法的疏漏；（3）刑法规定存在冲突或交叉；（4）刑法规定不合理。

与复杂疑难刑事案件产生的立法原因相对应，复杂疑难刑事案件主要有以下几种类型：

（1）因刑法规定的模糊性（或称不明确）而产生的疑难案件。法律语词、概念的模糊导致了理解上的分歧，导致了处理方案具有多样性。例如，因刑法解释论、共同犯罪论、认识错误论、违法性实质论（行为无价值或结果无价值）的基本立场不同而导致定性结论的纠纷。（2）因刑法立法疏漏而产生的疑难案件。例如，由于立法者的智力所限，一些具有严重社会危害性的行为本该犯罪化而没有犯罪化，当这种行为出现时引起了对法律适用的巨大争议。（3）因刑法规定存在冲突或交叉而产生的疑难案件。刑法条文之间出现了矛盾或交叉，出现了在法律适用上可能有多个不同的结果。例如，罪数形态中的想象竞合犯、法条竞合等情形存在处理上的争议。（4）因刑法规定与“情理”冲突而产生的疑难案件。例如，对于一些行为，刑法规定其为犯罪，但是，从情理上看，这种行为因为社会的变化发展已减弱或消失了社会危害性，对其以犯罪处理显然不合情理。又如，亲属之间的重大盗窃、诈骗等犯罪问题，也属于此类情况。

---

① 参见王全宝：《中国刑法学“被变性”引争议》，《东方早报》2009 年 6 月 4 日第 A19 版。

② 参见王全宝：《中国刑法学“被变性”引争议》，《东方早报》2009 年 6 月 4 日第 A19 版。

二、通说四要件犯罪构成理论和德日犯罪三阶层论在复杂疑难案件处理上的异同

对前述几种类型的疑难刑事案件，通说四要件犯罪构成理论和德日犯罪三阶层论在处理结果上是否存在不同，若要弄清这一问题，则先要弄清这两种理论在构成要件体系中的构成要素的异同。

犯罪构成四要件体系从宏观面看包括：犯罪客体、犯罪客观要件、犯罪主体和犯罪主观要件四方面。在这四大要件中，每一大要件之下的构成要素分别为：（1）犯罪客体由刑法所保护的社会关系（法益）这一个要素组成，它是具有一定量的法益。（2）犯罪客观要件包括危害行为、危害结果、因果关系等。（3）犯罪主体包括刑事责任年龄、刑事责任能力、身份（身份犯）。（4）犯罪主观要件包括犯罪故意（含违法性认识）和犯罪过失（含违法可能性意识）、犯罪目的。也就是说，犯罪构成四要件体系由以下构成要素组成：（1）法益（具有一定量）；（2）危害行为；（3）危害结果；（4）因果关系；（5）刑事责任能力（含刑事责任年龄内容）；（6）身份；（7）犯罪故意（含违法性认识），或犯罪过失（含违法可能性认识）；（8）犯罪目的。此外，社会危害性的价值评价因素还蕴含在犯罪构成四要件的每一要件中。

德日犯罪三阶层体系（以现代新古典犯罪论体系为例）各阶层的具体构成要素分别为：（1）构成要件该当性由行为、结果、因果关系、犯罪的主体、故意、过失、目的犯的目的等组成。（2）违法性。从实质违法性看，其由法益和法益受侵害性（相当于社会危害性）构成。在日本，根据可罚的违法性理论，法益是具有一定量的法益（德国较少人支持可罚的违法性理论），从形式违法性看，其由违法阻却事由（包括法定违法阻却事由和超法规违法阻却事）组成。（3）有责性由责任能力、违法性认识和违法可能性意识、无期待可能性等责任阻却事由组成。也就是说，德日犯罪三阶层体系的构成要素包括：（1）行为（包括意思行为和结果）；（2）因果关系；（3）犯罪的主体；（4）故意或过失；（5）目的犯的目的；（6）法益（具有一定量）；（7）法益受侵害性（相当于社会危害性）；（8）违法阻却事由；（9）责任能力；（10）违法性认识和违法可能性意识；（10）无期待可能性等责任阻却事由。

通过对犯罪构成四要件体系和德日犯罪三阶层体系的构成要素比较可知，两者的入罪要素是相同的，它们均包括：（1）法益（一定量）；（2）行为；（3）危害结果；（4）因果关系；（5）刑事责任能力；（6）身份（身份犯）；（7）故意及违法性认识或过失及违法可能性意识；（8）目的（目的犯）；（9）社会危害性（或法益受侵害性）。从这些构成要素看，德日犯罪三阶层体系

与犯罪构成四要件体系一样，也具有“犯罪客体、犯罪客观要件、犯罪主观要件和犯罪主体”这一犯罪构成的基本雏形。

两者的区别主要在出罪上，两者的出罪要素也包含前述入罪因素，即前述的入罪因素同时也是出罪因素。两者在出罪上的最大区别有两个方面：一是德日犯罪三阶层体系在违法性阶层以违法阻却事由出罪，其中超法规违法阻却事由（例如，正当业务行为、被害人承诺、义务冲突和自救行为等）在理论上具有无限性，甚至一些行为的社会危害性已达到犯罪程度，也可能因为具有超法规违法阻却事由而被豁免犯罪①。法官出罪的自由裁量权较大。而在犯罪构成四要件体系里，正当行为的出罪是通过在犯罪客体、犯罪客观要件和犯罪主观要件中阐明其无社会危害性而出罪的。对于符合了犯罪构成四要件的雏形，但是其社会危害性未达到犯罪程度的行为，根据刑法第 13 条的“情节显著轻微、危害不大，不认为是犯罪”规定，这种行为在通过对犯罪构成四要件的各个要件及其整体的社会危害性评价后而出罪。在这一点上，犯罪构成四要件体系和否定可罚违法性理论的德日犯罪三阶层论体系在出罪方式上不同，但是，其效果与赞同可罚的违法性理论的德日犯罪三阶层体系是基本相近的。但是，当行为具有犯罪构成的雏形其社会危害性已达到犯罪程度的情况下，德日犯罪三阶层体系存在以超法规违法阻却事由阻却犯罪成立的情形（即豁免犯罪），这是德日犯罪三阶层论在出罪上区别于通说四要件犯罪构成理论的一个方面，它使法官具有更大的出罪权。

二是德日犯罪三阶层论体系在有责性阶层，以“无期待可能性”等超法规责任阻却事由出罪。就“无期待可能性”而言，这一超法规责任阻却事由在法律上是无明确规定的，在理论上看，其出罪具有无限性、随意性。在行为具备了构成要件该当性、违法性以及有责性中除了期待可能性的其他要件后，司法者可以根据期待可能性的有无确定是否出罪，而期待可能性无法律规定的判断标准（曾有的各种理论标准均无明确性，且无法律约束力），是否有期待可能性全由法官自由裁量，出罪具有随意性。其实，在许多情况下，期待可能性问题应属于犯罪豁免问题，即行为已构成犯罪后，根据政策的考虑豁免其犯罪，它与赦免（指赦免犯罪的情形）一样属于犯罪豁免范畴，而不是犯罪成立的问题。犯罪构

---

① 对于违法性阶层的阻却事由，一般均称为“违法阻却事由”并作为违法性阶层内容，但是，Beling 将其分为正当化事由和违法阻却事由。此外，汉斯·海因里希·耶赛克和托马斯·魏根特将通常在违法性阶层的阻却事由分为合法化事由和免责事由，并将其中的免责事由放在有责性阶层的阻却事由中。笔者认为，这里所说的免责事由和 Beling 所特指的违法阻却事由，实际上是犯罪豁免事由。（参见张明楷《外国刑法学》，清华大学出版社，1999 年 4 月第 1 版，第 148 页；参见汉斯·海因里希·耶赛克和托马斯·魏根特《德国刑法教科书》（徐久生译），中国法制出版社，2001 年 3 月第 1 版，第 389—607 页，以及李海东《刑法原理入门（犯罪论部分）》1998 年 5 月第 1 版，第 120—127 页）

成四要件体系并没有期待可能性的称谓，对于德日犯罪三阶层体系中无期待可能性的内容，若以犯罪构成四要件体系来阐释，其内容可分两类情况：一是社会危害性未达到犯罪程度的无期待可能性。例如，在导致期待可能性理论产生的“癖马案”里①，马车夫过失致人重伤的行为被认为因无期待可能性而不成立犯罪。在这里，若以通说四要件犯罪构成理论阐说，应认为马车夫的行为在社会危害程度上未达到犯罪程度，因此，不构成犯罪。二是具有犯罪豁免性质的无期待可能性。例如，假设在“癖马案”中，马车夫过失致死5人，在这种情况下，若马车夫的行为也被认为因无期待可能性而不成立犯罪，那么，应该认为，马车夫的行为本来已构成过失致人死亡罪，只是因为其无期待可能性而被豁免了犯罪。由此可见，德日犯罪三阶层论体系和犯罪构成四要件体系的显著区别是，德日犯罪三阶层体系在出罪因素上具有没有法律明文规定的、随意较大的、带有犯罪豁免性质的“无期待可能性”等超法规责任阻却事由；而犯罪构成四要件体系则缺少具有犯罪豁免性质的“无期待可能性”等超法规的出罪因素，对已具备犯罪构成四要件雏形且社会危害性已达到犯罪程度行为，法官无权随意出罪，除非法律有明文规定。四要件犯罪构成理论将犯罪豁免作为另一独立范畴来理解，从而形成犯罪构成和犯罪豁免两个相互联系又相对独立的两大范畴。

三、两种犯罪构成理论在处理复杂疑难案件上的优劣评价

通过对犯罪构成四要件体系和德日犯罪三阶层体系比较可知，两者的入罪要素是相同的，两者的入罪要素均包括犯罪客体、犯罪客观要件、犯罪主体和犯罪主观要件四方面内容的犯罪构成雏形要素，简言之，两者在入罪上的犯罪构成雏形是相同的。正因如此，在一般情况下，当某一行为在两体系均认为是构成犯罪的情况下，不论以哪一种理论体系分析，这一行为成立的罪名应该是相同的。

通过对两种体系比较可知，由于德日犯罪三阶层论具有犯罪豁免性质的超法规违法阻却事由和超法规责任阻却事由，它在出罪上比通说四要件犯罪构成理论

① 参见蔡墩铭主编：《刑法总则论文集》，（台湾）五南图书出版公司，1983年版，第474页。“癖马案”案情：被告是一位马车夫，他被别人雇佣驾驭双轮马车，因马有用尾绕住缰绳并用力压低的恶癖，极其危险，所以，马车夫多次提醒雇主更换该马，但是，雇主不但不答应，反而以解雇相威胁，马车夫不得已只好继续驾驭该马车。1896年7月19日，马车夫在雇主授意下驾车上街，该马恶癖发作，马车夫虽然极力拉绳制御，但是，均无效，该马狂奔起来后，马车夫完全失去了对马的控制，该马在狂奔中将一行人的脚部撞成骨折。检察官根据上述事实，以过失伤害罪对马车夫提起公诉。一审法院宣告马车夫无罪，检察官以判决不当为由，向德意志帝国法院提出抗诉，但是，帝国法院审理后，维持原判。其理由是，要认定被告具有过失责任，仅凭其认识到该马有以尾绕缰的恶癖并可能导致伤人的后果还不够，还必须以马车夫基于这一认识而向雇主多次提出更换该马为必要条件。但是，事实上无法期待马车夫不顾丢失工作的危险而向雇主拒绝驾驭此马，所以，马车夫不应负过失责任。

具有很大的随意性，法官可以自由裁量出罪。而通说四要件犯罪构成理论对入罪非常严格，在出罪上也受到了较大的限制，它严格区分犯罪成立和犯罪豁免两个范畴。德日犯罪三阶层论中的具有犯罪豁免性质的超法规违法阻却事由和超法规责任阻却事由（如无期待可能性），在通说四要件犯罪构成理论中是没有的，这些内容应属于犯罪豁免的范畴，而在我国刑法中犯罪的豁免往往是需要法律规定的。因此，在出罪上，通说四要件犯罪构成理论比较严格。

在前述的几种复杂疑难案件中，因刑法规定模糊性而产生的复杂疑难案件、因立法疏漏而产生的疑难案件，以及因刑法规定存在冲突而产生的复杂疑难案件[即第（1）、（2）、（3）种类型]在适用犯罪构成理论来解决问题时，只要其刑法解释立场和对罪数形态处理原则等方面的立场相同，在一般情况下，就不会因使用了不同的犯罪构成理论（针对通说四要件犯罪构成理论和德日犯罪三阶层论而言）而得出不同的结论，因为犯罪构成四要件体系和德日犯罪三阶层体系在入罪的构成要素上是相同的，其犯罪构成的雏形是相同的。这三种复杂疑难案件因刑法立法存在欠缺而产生，这些案件之所以表现为复杂疑难案件，是因为人们在刑法解释论、罪数形态论、认识错误论、共同犯罪论、违法实质论等刑法理论领域出现较大的分歧，更换犯罪构成体系也不能正确处理这些案件，这需要用前述相关理论来解决。对于一些复杂疑难案件来说，还需要由最高司法机关作出司法解释或由立法机关作出明确的立法来解决。可见，在处理这三种复杂疑难案件上，德日犯罪三阶层论并不比通说四要件犯罪构成理论有优势。

对于刑法规定与“情理”冲突而产生的疑难案件[即第（4）种类型]来说，德日犯罪三阶层论可能具有更大的解释力，因为法官在超法规违法阻却事由和超法规的责任阻却事由（如无期待可能性）两方面具有无法律限制的解释力，对属于犯罪豁免范畴的情况也可直接解释为无罪。通说四要件犯罪构成理论也可在一定范围内解决这种疑难案件，对于社会危害性较轻的行为或社会危害性减弱的行为，如果其社会危害性程度可从客观危害和主观恶性两方面解释，尚未达到犯罪程度的，可在通说四要件犯罪构成理论内解决，但是，犯罪成立后的豁免问题，应由通说四要件犯罪构成理论的姐妹理论“犯罪豁免”理论来阐明。对属于犯罪豁免的问题，如亲属间的重大盗窃、诈骗等案件，用通说四要件犯罪构成理论阐释确实不合理。由于犯罪豁免应由法律规定，导致我国刑法在出罪上是比较严格的。因此，在涉及刑法规定与“情理”冲突产生的疑难案件时，通说四要件犯罪构成理论有时确实存在僵硬一些的情形，目前，我国关于犯罪豁免的立法还不够完善，这是亟待研究和解决的问题。

根据通说四要件犯罪构成理论，犯罪成立和定罪是两个不同的概念，前者是指行为已经符合了完整的犯罪构成模型，后者是指司法人员在行为已经符合了完整的犯罪构成模型后，对该犯罪行为判定为犯罪，并以犯罪来处理的司法过程。在犯罪成立后并不必定要定罪，该行为可能因特殊事由而被豁免犯罪，在这里，它把犯罪豁免作为了一个独立范畴。德日犯罪三阶层论实际上是定罪理论，它由犯罪成立和犯罪豁免两部分内容混在一起。它在犯罪成立后让司法者在犯罪豁免上具有无限的自由裁量权。

我国刑法第 3 条是这样规定罪刑法定原则的："法律明文规定为犯罪行为的，依照法律定罪处刑；法律没有规定为犯罪行为的，不得定罪处刑。"在这里，前段规定了积极的罪刑法定，后段则规定了消极的罪刑法定。根据我国刑法规定，"无期待可能性"等超法规因素根本无犯罪豁免的功能，可见，德日犯罪三阶层论是不符合我国刑法规定的。通说四要件犯罪构成理论在入罪上有严格规定，在出罪上也要求有法律依据，因此，通说四要件犯罪构成理论与我国刑法是基本匹配的。它更符合法治的精神，但是，在犯罪豁免的立法规定上它应进一步完善。

综上，德日犯罪三阶层论和通说四要件犯罪构成理论，在复杂疑难案件处理上均存在优点和不足。德日犯罪三阶层论在犯罪豁免上的无限性使其在处理一些"法"与"情"冲突的复杂疑难案件时具有一定的"优势"，但是，这种犯罪豁免并无刑法明文规定，因此，这种处理方法具有违法性，这体现了该理论的不足。通说四要件犯罪构成理论在处理这类案件的要求严格依法处理，体现了严格的法治精神，这是其优点之所在。但是，它显现了僵硬的一面，这又是其存在的不足。由于德日犯罪三阶层论具有违反法治精神的缺陷，因此，我们不能认为，德日犯罪三阶层在处理复杂疑难案件上，比通说四要件犯罪构成理论更有优势。

四、在具体的复杂疑难刑事案件中两种犯罪构成理论的优劣比较

为了证明德日犯罪三阶层论在解决复杂疑难案件中比通说四要件犯罪构成理论具有优势，主张以德日犯罪三阶层论取代通说四要件犯罪构成理论的学者，在其论著或演讲中均用一些具体的案例予以论证。下面，笔者将其最常引用的三个典型案例予以比较分析，并考察这两种理论的优势。

（一）邵建国诱发并帮助其妻自杀案的比较分析

陈兴良教授属于"推倒重来"论者的主要代表，他在《刑法知识论》里指出，"现行的犯罪构成体系对于一些复杂疑难问题的解决上显然是不能胜任的，甚至可以破绽迭出，容易造成错案"。之后，他以"邵建国诱发并帮助其妻自杀

案”为例来论证。

该案的基本案情是：邵建国是某一派出所的民警。一天，其妻王某怀疑邵建国与沈某（女）关系暧昧，双方在家里发生了激烈的争吵，王某说：“我不想活了。”邵建国也说：“我也不想活了。”之后，邵建国把自己佩带的“五四”式手枪从枪套里取出，表示与王某一起自杀。王某只想自己自杀，不让邵建国也自杀，怕其儿子没爹没妈。于是，王某两次上前与邵建国夺枪，但是没有夺到手。过一段时间后，王某对邵说：“你把枪给我，我先打，我死后你再打。”邵从枪套上取下一颗子弹上了膛。王某见状又上前夺枪，邵把枪放在地上用脚踩住。王某提出一起上床休息一下，邵建国同意，但没有从地上捡起枪。之后，双方均躺在床上。过了一段时间，王某借故要下床，邵建国坐起来双手扳住王某双肩，不让王某捡枪。王某说：“我把枪捡起来交给你。”邵便放开双手让王某去捡枪，王某捡起枪后即自杀。邵建国立即喊邻居一起送王某到医院，经医院检查已死亡。

银川市中级人民法院认为，邵建国身为公安人员，明知其妻王某有轻生的念头而为其提供枪支，并将子弹上膛，对王某的自杀在客观上起诱发和帮助作用，在主观上持放任的态度，其行为构成故意杀人罪，并判处有期徒刑 7 年，宁夏高级人民法院在二审维持了原判。

陈兴良教授针对这一案件作了以下评论：根据我国现行的刑法理论，并不能认为人民法院的判决是错误的，因为对于这种教唆或帮助自杀行为，我国刑法教科书一般都认为是构成故意杀人罪的。根据我国犯罪构成体系，被告人邵建国在客观上存在实施诱发和帮助其妻王某自杀的行为，其实质是非法剥夺了他人生命的故意杀人行为，主观上明知自己的行为可能发生王某自杀的结果，但他对这种结果持放任态度，以致发生了王某持枪自杀身亡的严重后果，符合故意杀人罪的构成要件。对于这一结论，陈兴良教授提出批判：杀人，无论是作为还是不作为，都必须具备构成要件该当性，但是，这种教唆或帮助他人自杀的行为，不能等同于故意杀人行为。“按照递进式的犯罪构成体系，教唆或帮助自杀行为不具有构成要件该当性，因而也就不可能具有违法性与有责性，就不会评价为犯罪。而根据耦合式的犯罪构成体系，只要将教唆或帮助自杀行为错误地理解为杀人行为，接下来杀人故意也有、因果关系也有、杀人结果也有、主体要件也符合。因此，一存俱存必然导致一错俱错。由此可见，在司法实践中，耦合式犯罪构成体系比递进式犯罪构成体系出错的几率要大一些。当然，错案的发生也并不能仅归咎于犯罪构成体系，但至少与之有关"[①]。

在这一论述中，陈兴良教授认为，以通说四要件犯罪构成理论分析时，邵建国的行为构成故意杀人罪，而以德日犯罪三阶层论分析时，邵建国的行为无罪。对此，笔者持异议。

笔者认为，对于邵建国的教唆或帮助自杀行为，无论是以通说四要件犯罪构成理论分析，还是以德日犯罪三阶层论分析，均应得到相同结论，即无罪。陈兴良教授认为，教唆或帮助自杀等自杀关联行为不能等同等于故意杀人行为[②]。就这一观点而言，笔者表示赞同，因为以作为形式出现的故意杀人罪中所称的"故意杀人"，应是指行为人针对他人而故意采取的积极杀害行为，并不包括一般的教唆或帮助自杀等自杀关联行为。由于教唆或帮助自杀的行为不属于故意杀人罪中的杀人行为，因此，按德日犯罪三阶层论分析时，因邵建国的行为不符合故意杀人罪构成该当性中的杀人行为，因此，不构成故意杀人罪。同样，若按通说四要件犯罪构成理论分析，因邵建国之行为不符合故意杀人罪客观构成要件中的杀人行为，因此，同样也不构成故意杀人罪。其实，该案属于因刑法立法疏漏而产生的疑难案件。教唆或帮助自杀是具有严重社会性的行为，它并不符合故意杀人罪的犯罪构成，但是，由于立法者的疏漏，这种本该在立法上犯罪化的行为而没有被犯罪化，因此，当这种具有实质的犯罪性行为出现时，自然引起罪与非罪的争论。对于这种行为，我们应严格遵循罪刑法定原则，不能认定其构成犯罪。对于邵建国的教唆或帮助自杀的行为用德日犯罪三阶层论或通说四要件犯罪构成理论分析，都必定得出无罪的结论，在这里，不存在以不同犯罪构成理论分析得出不同结果的情况。

（二）"以虚假身份应聘司机并占有单位汽车案"的比较评析

陈兴良教授认为，犯罪成立条件即包含客观条件，也包含主观条件，在两种犯罪构成体系下，这些条件都需要具备，应当先进行客观判断后进行主观判断，才能保证定罪活动的准确进行，这一规则在三阶层体系中通过阶层的逻辑递进结构得到确定。而在四要件的体系实践中，客观判断先于主观判断的规则并没有得到制度性的保障，客观判断和主观判断顺序是可以任意进行的，因此，对于许多案件都会产生错误认识[③]。为了论证这观点，陈兴良教授用"以虚假身份应聘司机并占有单位汽车"一案来说明。

该案的基本案情是：王某以虚假的身份证明到某公司应聘驾驶员。上班的第

① 陈兴良：《刑法知识论》，中国人民大学出版社，2007年9月第1版，第336—341页。

② 陈兴良：《刑法知识论》，中国人民大学出版社，2007年9月第1版，第341页。

③ 陈兴良：《定罪的四个基本原则》，《检察日报》2009年11月5日学术版。

一天，王某在出车途中借机将车开走，并将该单位的汽车据为己有。之后，王某以同样的手段占有了另外三家公司的小轿车，每辆小轿车的价值在10万元至20万元不等。《检察日报》2009年10月14日第3版刊登了这一案例，原案例分析的作者认为，王某的行为构成了诈骗罪。理由是：首先，王某诈骗犯罪的主观故意贯穿全案始终。其次，王某在客观方面符合诈骗罪的行为特征。陈兴良教授认为，原案例分析的作者先论述王某主观有故意，之后才论述其实施了诈骗行为，即先作主观判断后再作客观判断，所以，认定王某的行为构成诈骗罪是错误的。他认为，如果依照犯罪三阶层理论，本案显然应定职务侵占罪。其论证过程简述如下：犯罪构成四要件体系和犯罪三阶层体系不同的关键就在于先作客观判断还是先作主观判断。犯罪三阶层论体系是先作客观判断再作主观判断。如果先作客观判断，王某的应聘行为就不是一个诈骗行为，即使是以诈骗为目的去应聘，其应聘行为也不属于诈骗罪的构成要件该当行为。他的构成要件行为乃是利用其作为驾驶员的职务便利占有公司财物，这样一个客观要件决定了该行为是职务侵占行为。在确定这一客观判断后再来判断主观要件，从主观目的来看，他有诈骗目的，根据是他取得职务身份的行为具有诈骗的主观目的，因此，不影响定罪，只影响量刑。如果先作主观判断，认为王某主观上有诈骗故意，然后判断客观行为是诈骗行为，他具有了主观诈骗目的，则客观上怎么会不是诈骗行为呢？那就会由一个错误导致其他错误。在司法过程中，这种错误十分常见①。

针对陈兴良教授对这案件所作的前述评述，《检察日报》组织了一些刑法专家召开了“不同犯罪论体系会不会影响司法统一”的研讨会。在会上，各刑法专家就“以虚假身份应聘司机并占有单位汽车”一案进行了讨论。对王某行为的定性，共有以下几种观点：（1）应以职务侵占罪定罪；（2）应以诈骗罪定罪；（3）应以盗窃罪定罪。其中，刘明祥教授按先客观判断后主观判断的顺序进行分析，也得出王某的行为应以诈骗罪定罪的结论。刘明祥教授还指出，只要各国刑法对基本问题的规定差不多，即使不同国家运用不同犯罪构成理论体系来认定犯罪，也不会有多少差异②。

笔者认为，在本案中，王某具有非法占有的目的，是故意犯罪，这是无争议的。本案争议的焦点是，王某的行为性质，即王某的作为是符合诈骗罪的行为特征，还是符合职务侵占罪的行为特征，抑或是盗窃罪的行为特征。从通说四要件犯罪构成理论看，这主要是犯罪客观要件中的行为判断争议问题，从德日犯罪三阶层论看，这主要是构成要件该当性中的行为判断争议问题。因此，无论是以通

① 参见陈兴良：《定罪的四个基本原则》，《检察日报》2009年11月5日学术版。

② 刘卉、刘金林：《不同犯罪论体系会不会影响司法统一》，《检察日报》2009年12月观点11版。

说四要件犯罪构成理论分析，还是用德日犯罪三阶层论分析；无论是先主观判断后客观判断，或是先客观判断后主观判断，均不会对案件的性质判断有实质的影响。从本案情况看，笔者认为，本案是因刑法规定存在冲突或交叉而产生的疑难的案件。刑法第266条（有关诈骗罪的规定）和刑法第271条（有关职务侵占罪的规定）存在法条竞合（法条交叉），因此，本案属于诈骗罪和职务侵占罪的法条竞合犯。对于这类案件应用法条竞合的理论或罪数形态理论来解决，在法条竞合或罪数形态的基本立场相同的情况下，无论采用通说四要件犯罪构成理论，抑或德日犯罪三阶层论分析，均应得出相同结论。笔者认为，由于刑法第266条和刑法第271条属于交叉型法条竞合，且无法分清哪一条文为普遍法条或特殊法条，因此，笔者认为，应采用重法条优于轻法条原则适用法律，即在本案中，王某的行为应定诈骗罪。

（三）“哥哥利用民航飞机失事杀死弟弟案”的比较论述

陈兴良教授非常推崇德日犯罪三阶层论，他认为，这种三阶层犯罪构成体系为司法人员认定犯罪严格地确定了步骤，考察的先后顺序严格，以此规范定罪活动。按照三阶层犯罪论体系来认定犯罪，能够在更大限度上保障定罪的正确性，而按照四要件犯罪构成体系来认定犯罪，虽然在一般情况下也能解决有罪无罪的问题，但是，在一些较为疑难复杂的案件中，可能就会混淆罪与非罪的界限①。

为了证明其观点，陈教授以德国刑法学家罗克辛著作中的一个有名案例作说明。该案是这样：甲、乙是两兄弟，他们的父亲是一个富商，有一大笔遗产可供继承。甲是哥哥，他产生了独吞遗产的意图，并希望弟弟死掉。他从报纸上知道，有一条航线的航班经常失事。他想，如果弟弟乘坐该航班飞机失事死去，他就可达到独吞遗产的目的。为此，他经常给弟弟买飞机票，让弟弟去乘坐经常失事的这个航班到外地出差或旅游。果然，有一天，其弟弟正乘坐的这个航班失事，弟弟死了②。在这一案件中，哥哥的行为是否构成犯罪呢？陈教授认为，若按四要件犯罪构成体系考察，由于这四个要件并没有明确的先后顺序，因此，一般来说，为了定罪，我们总是找最容易定罪的那个要件。在该案件中，和犯罪最接近的要件是他的主观故意。因为他想让弟弟死去，因此，就很容易把这一想法说成他有杀人的故意，然后才来看他给弟弟买飞机票的行为，因为是他给弟弟买飞机票去坐这一航班的，航班失事致使其弟弟死亡，因此，他有杀人行为，这一

① 参见陈兴良：《犯罪构成及其方法论》，在北京航空航天大学法学院所作的学术报告，浙江刑事辩护律师网 http：//www.zjxblawyer.com/tdview.asp？id=661&bcg_id=104，2010年2月25日登录。

② 参见陈兴良：《犯罪构成及其方法论》，在北京航空航天大学法学院所作的学术报告，浙江刑事辩护律师网 http：//www.zjxblawyer.com/tdview.asp？id=661&bcg_id=104 2010年2月25日登录。

行为和他弟弟的死亡存在因果关系。这几个要件都具备了，就容易得出哥哥的行为构成故意杀人罪的结论。但是，若按犯罪三阶层论体系进行考察，就不能随便地去确定哪个要件。首先应看构成要件该当性，在构成要件该当性里则首先要看行为，即是否有杀人行为。刑法中的杀人行为应该是指包含着致使他人死亡现实性的行为。在本案例中，尽管哥哥买飞机票的行为和他弟弟因飞机失事而死亡的结果之间确实存在着若无前者就无后者的条件关系，但是，他这个行为本身显然不包含着致使他人死亡的现实危险性。也就是说，这种飞机失事是非常偶然的，它产生的概率很小。尽管哥哥在主观上想利用飞机失事让弟弟死去，但是，这个飞机失事具有很大的偶然性，哥哥的主观意志是不能控制的。由于构成要件该当性中的杀人行为都没有，那么，主观上有没有故意就不需要再考虑了，即定罪过程中断了，因此，根据三阶层犯罪论体系分析，就很容易得出哥哥的行为不构成故意杀人罪的结论。由此可见，对于相同的案件，这两套不同犯罪构成要件体系得出的结论是不一样的①。

笔者认为，对于本案而言，在刑法基本立场相同的情况下，使用通说四要件犯罪构成理论分析或德日犯罪三阶层论分析均应得出相同的结论。本案的争议焦点是：哥哥甲的行为是否是杀人行为。若按通说四要件犯罪构成理论分析，这问题必须要放到犯罪客观要件中的危害行为里分析，若按德日犯罪三阶层论分析，它必须放在构成要件该当性中的行为里分析。这都是必经的分析阶段。只要刑法基本立场相同，就不可能因所用的不同犯罪理论不同而得出不同的结论。

若在形式刑法观的相同立场下，因哥哥甲的行为符合了杀人行为的法律形式规定，侵犯了法秩序，因此，以这两种理论中任何一理论分析，均应得出其行为是杀人行为，并构成了故意杀人罪。若在实质刑法观的相同立场下，因为哥哥甲的行为不是导致弟弟乙死亡结果的、具有现实危险性的原因，它可以导致弟弟乙死亡的可能性微乎其微，因此，以这两种理论中任何一理论分析，均应认为，其行为在实质上不是杀人行为，真正导致弟弟乙死亡的是飞机及其相关人员的因素，因此，哥哥甲的行为不构成故意杀人罪。

笔者认为，从此案看，从实质刑法观分析应更符合刑法的正义。若按德日犯罪三阶层论分析，可从社会相当性理论分析哥哥甲的行为并不符合故意杀人罪该当性中的行为，从而不构成故意杀人罪。所谓社会相当性理论，是指对于某些在通常情形下本属于违法的法益侵害或危险行为，只要该行为符合历史形成的国民共同体的秩序而与社会生活相当，就应否定该行为属于构成要件该当性中的行为

---

① 参见陈兴良：《犯罪构成及其方法论》，在北京航空航天大学法学院所作的学术报告，浙江刑事辩护律师网 http：//www. zjxblawyer. com/tdview. asp？ id＝661&bcg_id＝104 2010 年 2 月 25 日登录。

的理论。对于社会相当的行为，从一开始就不可能也不应该包括在构成要件内。在本案中，哥哥甲买飞机票的行为与他弟弟因飞机失事死亡的结果存在着客观意义上的因果关系，但是，他的行为没有致使他弟弟死亡的现实危险性，飞机失事非常偶然，从概率上看，几乎不可能发生，飞机失事是飞机及机组人员造成的。由于故意杀人罪的杀人行为应是具有社会危害性的行为，且这种行为导致死亡的结果的危险性、可能性较大，因此，可认定哥哥甲的行为是社会相当性行为，不属于故意杀人罪中的杀人行为。

若按通说四要件犯罪构成理论分析，对危害行为可进行缩小解释，即将危害行为解释为“是刑法禁止的、具有现实危险性的行为”。哥哥甲的行为因为对导致弟弟乙死亡结果的可能性异常之低，可认为它不符合故意杀人罪客观要件中的杀人行为，因而，哥哥甲的行为不构成故意杀人罪。根据我国刑法通说，扩张解释和缩小解释在立法精神内所进行合乎逻辑的解释，并不违背罪刑法定原则，是可行的。德日犯罪三阶层论中的社会相当性理论在阐释行为的符合性方面具有较大的解释力，这是值得通说四要件犯罪构成理论移植借鉴的。

总之，对于本案分析结论，在刑法基本立场相同的情况下，不会因使用犯罪构成理论体系的不同而得出不同的结论。其实，富商哥哥让弟弟坐飞机失事案应属于因刑法规定与“情理”冲突而产生的疑难案件，在处理这类案件时，如果要进行出罪处理，那么对犯罪构成要素进行实质的解释（即有利于被告人的缩小解释）就变得不可避免。社会相当性理论实际上是在犯罪构成客观要件的行为中进行实质解释，在罪刑法定原则下如何把握实质解释的限度，将是刑法学研究的难点。

综合本章前文所述，笔者认为，通说四要件犯罪构成理论和德日犯罪三阶层论具有相同的入罪要素和犯罪构成雏形，因此，一般情况下，不论以哪一种理论体系分析，某一已构成犯罪的行为所成立的罪名应该是相同的。两者的显著区别在于出罪要素上，即德日犯罪三阶层论具有犯罪豁免性质的超法规违法阻却事由和超法规责任阻却事由（如无期待可能性）的出罪要素；而通说四要件犯罪构成理论没有超法规的犯罪豁免事由的出罪要素。德日犯罪三阶层论在出罪上比通说四要件犯罪构成理论具有很大的随意性，法官可以自由裁量出罪，它具有明显违反法治精神的缺陷。而通说四要件犯罪构成理论对入罪非常严格，在出罪上也受到了较大的限制，它将犯罪豁免作为另一独立范畴来理解，从而形成犯罪构成和犯罪豁免两个相互联系又相对独立的两大范畴，它体现了严格的法治精神。德日犯罪三阶层论与通说四要件犯罪构成理论相比，在解决具体复杂疑难案件上其体系并无优势。既然德日犯罪三阶层论在处理疑难案件并无优势，其自身也存在诸多问题，那么，对通说四要件犯罪构成理论“推倒重来”，并以德日犯罪三阶层论取而代之的做法并非明智之举。笔者认为，坚持要件犯罪构成理论的基本框架，并对其进行适度改造，这才是犯罪构成理论改造的理性方向。

对于前文所述的各种类型的复杂疑难案件，并非更换犯罪构成体系即可解决问题，我们应在罪刑法定原则指导下，主要从刑法解释论、罪数形态论、认识错误论、共同犯罪论、违法实质论等其他相关理论来探求解决问题之道。

第十章 中国与德日犯罪构成的平面化与位阶化之优劣分析

在中国犯罪构成四要件体系与德日犯罪三阶层体系的争论中，我国著名刑法学家陈兴良教授主张“以德日犯罪三阶层体系取代我国现行犯罪四要件体系”，他认为，犯罪构成平面化是犯罪构成四要件体系的重大缺陷，而犯罪构成的位阶性（即阶层化）是德日犯罪三阶层体系的优点所在。我国犯罪构成平面化是违反认定犯罪的司法逻辑的，它具有容易作出有罪判决的重大缺陷，而德日犯罪构成的位阶化才符合认定犯罪的司法逻辑，它从无罪到有罪的逻辑过程，更合乎无罪推定的思维习惯①。由于犯罪构成四要件体系的平面化是陈兴良教授等刑法学者主张对犯罪构成四要件体系“推倒重来”，并以“德日犯罪三阶层体系取而代之”的重要理由。而犯罪构成的平面化抑或位阶化确是关系到犯罪构成体系科学化的重要问题，因此，深化这一问题的讨论很有必要。笔者认为，我国现行犯罪构成四要件体系的平面化具有相对合理性，但是，也存在着不足。我国犯罪构成体系可在现有体系的基础上，借鉴德日犯罪阶层体系的经验，作出适度的改良，让其更显科学性。

一、关于犯罪构成体系位阶化的基本观点

陈兴良教授是支持犯罪构成体系位阶化（即阶层化）的主要代表。他对犯罪构成四要件体系的平面化进行了严厉的批判，而对德日犯罪阶层体系（主要指三阶层体系）的位阶性进行了赞美。下面介绍一下陈兴良教授关于犯罪构成体系位阶化的基本观点，以便后文更好地讨论相关问题。

（一）关于犯罪构成体系位阶化的基本概念

陈兴良教授认为，位阶是指客观事物之间的一种位置安排，由此形成事物之间具有内在逻辑关系的秩序。在犯罪论体系②中，犯罪成立要件之间具有位阶性，这种位阶性决定了犯罪论体系的内在逻辑结构。德日犯罪三阶层体系具有位阶性，我国犯罪构成四要件体系不具有位阶性。犯罪成立要件之间是否具有位阶

① 参见陈兴良：《刑法知识论》，中国人民大学出版社，2007年9月第1版，“代序”，第XV页。

② “犯罪论体系”是具有多种含义的概念，本章所说的犯罪论体系是指犯罪成立要件体系，它与“犯罪构成体系”在含义上基本相当。

关系是三阶层体系和四要件体系的根本区别所在①。

陈兴良教授指出，犯罪构成四要件体系的四要件之间是存在一定顺序性的，但是，顺序性并不能等同于位阶性。位阶本身也是一种顺序，但是顺序不能等同于位阶。顺序只是一种确立前后关系的概念，而位阶则具有逻辑蕴含。在三阶层的犯罪论体系中，构成要件该当性、违法性和有责性，这三者之间显然存在一定顺序，这种顺序是不能变更的。因为后一要件的存在以前一要件存在为前提，前一要件可以独立于后一要件而存在，这样一种前后要件之间的关系，就是犯罪论体系的位阶关系②。但对于四要件理论来说，四要件是可以按不同的逻辑关系进行排列的，四个要件之间的顺序是可以随意调整的，这是四要件不存在位阶关系的明证③。

（二）关于犯罪构成体系位阶性的功能

陈兴良教授认为，犯罪论体系的位阶性具有以下功能：（1）位阶的结构支撑功能。不法与责任是犯罪论体系的两大支柱。不法与责任之间形成位阶关系，责任以不法为前提，不法对责任形成制约。（2）位阶的价值取向功能，犯罪三阶层论的三个要件分别对应于三个原则，体现对三种价值的保护。第一，构成要件该当性对应于罪刑法定原则，其体现了刑法的人权保障价值。第二，违法性对应于法益保护原则，其体现了刑法的社会保护价值。第三，有责性对应于责任主义，其体现了刑法的伦理或公正价值。刑法这三种价值是存在位阶的。其中，人权保障价值处于优先地位，社会保护价值处于第二位④。（3）位阶的思维方法功能。三阶层论体系体现了由形式判断到实质判断，由对客观性要素的判断到主观性要素的判断，它创造了一种在定罪的司法过程中的体系性思维⑤。司法实践上，具有位阶性的三阶层犯罪论也体现其实效性⑥。

（三）中国犯罪构成四要件体系的平面化面临批判

陈兴良教授对犯罪构成四要件体系的平面化进行了严厉的批判。他认为："大陆法系的犯罪体系各个犯罪成立条件呈现出递进的逻辑关系：有前者未必有后者，有后者则必有前者。因此，各个犯罪构成要件之间存在明确的位阶关系。司法工作者在进行犯罪认定的时候，必须严格地按照犯罪构成要件之间的位阶关

① 参见陈兴良：《犯罪论体系的位阶性研究》，《法学研究》2010 年第 4 期，第 100 页。
② 参见陈兴良：《犯罪论体系的位阶性研究》，《法学研究》2010 年第 4 期，第 112 页。
③ 参见陈兴良：《犯罪论体系的位阶性研究》，《法学研究》2010 年第 4 期，第 113 页，第 114 页。
④ 参见陈兴良：《犯罪论体系的位阶性研究》，《法学研究》2010 年第 4 期，第 105-109 页。
⑤ 参见陈兴良：《犯罪论体系的位阶性研究》，《法学研究》2010 年第 4 期，第 109 页。
⑥ 参见陈兴良：《犯罪论体系的位阶性研究》，《法学研究》2010 年第 4 期，第 117 页。

系依法判断。并且，这一判断过程也是去罪化过程，为辩护留下了广阔的空间。根据这一犯罪论体系，有罪抑或无罪，结论存在于判断的终点。但在苏俄的犯罪构成体系中，各个犯罪构成要件之间的位阶关系是不存在的，其顺序是可以根据不同标准随意分拆组合的。”① 因此，其认为，依据犯罪构成四要件体系判定犯罪成立与否是不符合认定犯罪的司法逻辑的。

陈兴良教授认为，缺乏位阶性的四要件犯罪构成理论具有实用性缺陷。它不具有思维的经济性：不仅在构成犯罪的情况下需要作全部犯罪成立要件的逐一判断，而且在不构成犯罪的情况下也要作全部犯罪成立要件的逐一判断，甚至此罪与彼罪的区分也要作全部犯罪成立要件的逐一判断②。由于四要件的犯罪构成理论在客观要件与主观要件之间并不存在逻辑上的位阶关系，因此，容易发生先主观判断后客观判断的顺序，那就会导致定性上的错误③。在犯罪构成四要件中并没有违法性的一席之地，需在四要件之外进行实质判断，由于社会危害性的实质判断内容是游离于并凌驾于四要件之外、之上的，因此，在具体案件判断中，往往容易产生逻辑上的混乱④。

他还认为，四要件的犯罪构成理论改造说是不能成立的。因为阶层关系是通过犯罪论体系加以确定的，犯罪论体系是阶层关系的一种制度性安排。没有阶层的犯罪构成并不能为客观判断先于主观判断、形式判断先于实质判断、类型判断先于个别判断这些人类社会的进步成果和科学经验在定罪过程中的适用，提供制度性保障。犯罪成立要件是否具有位阶性是三阶层与四要件之间的根本区别所在。如果对四要件进行阶层式改造，那么，四要件的犯罪构成理论就不复存在，而变成三阶层的犯罪论体系了⑤。

综上所述，陈兴良教授的基本观点是：犯罪成立要件之间应具有以下三个位阶关系：（1）客观要件判断先于主观要件判断。（2）形式要件判断先于实质要件判断（即事实要件判断先于价值要件判断）。（3）类型化要件判断先于个别化要件判断（即不法要件判断先责任要件判断）。只有这样的位阶关系才是符合定罪司法逻辑的。但是，我国犯罪构成四要件平面体系不具有位阶性，容易产生逻辑上的混乱，因此，应“推倒重来”，并以德日三阶层体系取而代之。

---

① 参见陈兴良：《刑法知识论》，中国人民大学出版社，2007 年 9 月第 1 版，代序第 XV 页。

② 参见陈兴良：《犯罪论体系的位阶性研究》，《法学研究》2010 年第 4 期，第 117 页。

③ 参见陈兴良：《犯罪论体系的位阶性研究》，《法学研究》2010 年第 4 期，第 118—119 页。

④ 参见陈兴良：《犯罪论体系的位阶性研究》，《法学研究》2010 年第 4 期，第 120—121 页。

⑤ 参见陈兴良：《犯罪论体系的位阶性研究》，《法学研究》2010 年第 4 期，第 120 页。

二、四要件平面体系和三阶层体系在犯罪成立要素以及构成结构上的比较

中国通说犯罪构成四要件体系（以下简称“四要件体系”）是平面化体系，而德日犯罪三阶层体系（以下简称“三阶层体系”）是阶层化体系，相比较而言，平面化和阶层化孰优孰劣，只有在了解清楚它们各自成立要素的异同及结构上的差异，才可进一步分析。

（一）通说四要件体系和三阶层体系在犯罪成立要素上的异同

通说四要件体系的四要件及每要件之下的构成要素分别是：（1）犯罪客体（即法益或法秩序）。（2）犯罪客观要件。它包括危害行为、危害结果、因果关系等。（3）犯罪主体。它包括刑事责任年龄、刑事责任能力、身份（身份犯）。（4）犯罪主观要件。它包括犯罪故意（含违法性认识）和犯罪过失（含违法可能性意识）、犯罪目的。根据我国刑法第13条规定的犯罪概念和第37条免予刑事处罚的规定：“具有一定量的社会危害性”（即罪量要件）和“应受有罪宣告性”（即无免罪事由）是犯罪的必要特征。因此，犯罪构成除了应具备前述四大要件，“一定量的综合社会危害性”（达到犯罪程度）和“应受有罪宣告性”（即无免罪事由）也是犯罪构成体系的必要要件，但是，犯罪构成四要件体系未将这两方面要件作为其独立要件，这是其缺陷。这一问题在后面有进一步论述。

德日犯罪三阶层体系（以现代新古典犯罪论体系为例）的三大阶层要件及其之下的构成要素分别为：（1）构成要件该当性。它包括行为、因果关系、犯罪的主体、故意、过失、目的犯的目的等。（2）违法性。在违法性阶层，该体系主要讨论违法阻却事由（包括法定违法阻却事由和超法规违法阻却事由），有的学者还将违法阻却事由作为消极的构成要件。从实质违法性看，它由法益和法益侵害性（相当我国社会危害性）构成。（3）有责性。它包括责任能力、违法性认识（故意）和违法可能性意识、期待可能性。

将四要件体系和三阶层体系的成立要素比较后可以知道它们既有相同要素，又有不同要素。两者相同的要素有：（1）法益；（2）行为；（3）因果关系；（4）刑事责任能力；（5）身份（身份犯）；（6）故意及违法性认识或过失及违法可能性意识；（7）目的（目的犯）；（8）法益或法秩序受侵害性（或危害结果）。若以四要件体系为参照物，这两种体系均具有“犯罪客体、犯罪客观要件、犯罪主观要件和犯罪主体”的犯罪构成基本雏形。从入罪和出罪效果看，这两种理论的主要区别有两个：（1）三阶层体系在违法性阶层以违法阻却事由名义让正当行为出罪（包括超法规违法阻却事由），对于情节显著轻微、危害不大的行为，以可罚违法性理论出罪（日本刑法界）。而我国四要件体系对正当行为

的出罪是在犯罪客体、犯罪客观要件和犯罪主观要件中阐明行为无社会危害性而出罪。对于情节显著轻微、危害不大的行为，则根据刑法第13条规定，以社会危害性未达到犯罪程度而出罪。在这一方面，两者出罪方式不同，但效果基本相当。(2) 三阶层体系在有责性阶层以“无期待可能性”等超法规责任阻却事由出罪。四要件体系并没有“期待可能性”的术语，若以我国现行刑法理论阐说期待可能性，应以社会危害性理论解释。可分两种情况：一是对于社会危害性未达到犯罪程度的行为，以期待可能性较小，社会危害性未达到犯罪程度而出罪。二是对于社会危害性达到犯罪程度的行为，以无期待可能性而豁免其犯罪。其实，在三阶层体系里，在许多情况下，期待可能性问题属于犯罪豁免问题，即行为本已构成犯罪，根据政策的考虑豁免其犯罪，这已不属于犯罪成立范畴了。从我国刑法看，具有犯罪豁免性质的、超法规的期待可能性与我国刑法是不匹配的。

通过上述分析，如果我国四要件体系将“一定量的综合社会危害性”和“应受有罪宣告性”（即无免罪事由）纳入犯罪构成体系进行完善，那么，完善后的四要件体系与德日三阶层体系在构成要素上的区别有两个：(1) 德日三阶层体系具有一些超法规违法阻却事由；(2) 德日三阶层体系多了具有豁免犯罪功能的超法规责任阻却事由“无期待可能性”等。若三阶层体系的有责性阶层去除一些不合理的超法规违法阻却事由和“无期待可能性”等超法规责任阻却事由，且其他要素（如违法性认识）以我国刑法规定为准来阐述其内容，那么，经过改造后的德日三阶层体系也可以解决我国的定罪问题。

(二) 四要件体系和三阶层体系在犯罪构成结构上的比较

在除去一些超法规违法阻却事由和无期待可能性等超法规责任阻却事由后，经过改造后的德日三阶层体系在三大阶层要件下的各具体要素的总和，与四要件体系四大要件之下的各具体要素的总和是可以相等的。若以四要件体系为参照物，改造后的三阶层体系的每阶层的具体构成要素，是在对四要件体系的四大要件分别打碎之后而重新形成的另一犯罪构成体系。以现代新古典犯罪三阶层体系为例，其构成要件该当性的行为、因果关系、犯罪的主体、故意或过失等具体构成要素，可以说源自四要件体系中的犯罪客观要件（如行为、因果关系）、犯罪主体（如犯罪主体的身份内容）、犯罪主观要件（如故意或过失）的部分具体构成要素；其违法性阶层中的法益（或法秩序）的侵害性则可以认为源自四要件体系的犯罪客体及犯罪客观要件中的危害结果（即对犯罪客体的损害）；其有责性阶层中的责任能力和违法性认识或违法可能性意识，则可以认为源自四要件体系中的犯罪主体和犯罪主观要件里面的部分构成要件。

四要件体系的犯罪构成结构，是按主客观要素的分类方法分成四大要件后，再根据指导立法和司法的需要排列而成的体系。它一般被认为是一种平面化结构。陈兴良教授认为，其四要件的排列是存在一定顺序的，但是，四要件之间是一种相互的依存关系：不仅后一要件存在以前一要件的存在为前提，而且前一要件的存在也以后一要件的存在为前提，因而形成了一有俱有、一无俱无的依存关系①。这种论述是基本符合情况的。

德日犯罪三阶层体系是按“犯罪的主要原型（或指导形象）——违法性——有责性”思路建构其结构体系。因此，目前三阶层体系按“构成要件该当性——违法性——有责性”的顺序形成位阶。

综上所述，四要件体系和改造后的三阶层体系在犯罪成立的具体要素上是可以相同的，但是，四要件体系和三阶层体系在构成结构上是存在较大区别的。前者呈现了构成结构的平面性，后者则体现了阶层结构。

（三）四要件体系与三阶层体系的相同特性

若以一国刑法来制约，其确立的四要件体系和三阶层体系在具体构成要素上应该是一致的，且它们均与该国刑法完全匹配。当完善后的四要件体系和改造后的三阶层体系的全部具体构成要素相同时，这两个体系具有以下相同特性：

1. 符合主客观相统一原则

主客观相统一是指主观要素和客观要素相结合，同时存在，缺一不可。犯罪是一种事实和价值交织在一起的行为体，它是在主观心理支配下去实施的行为。现代刑法反对主观归罪，也反对客观归罪，仅仅有主观犯意而没有客观行为的现象是不能作为犯罪予以规定的，同样，仅仅有客观行为及结果而无主观罪过的情形，也是不能作为犯罪来规定的。我国犯罪构成四要件体系的平面构成里符合了主客观相统一原则，其中，犯罪客体和犯罪客观要件归属于客观要素，犯罪主观要件和犯罪主体一般归属于主观要素。

由于三阶层体系的每一阶层的具体构成要素实际上可看作来源于四要件体系的四个大要件之下的具体构成要素，这些具体构成要素重新排列组合而形成三阶层体系。可见，三阶层体系的位阶结构同样符合主客观相统一原则，其三个阶层要件蕴含着犯罪成立的必不可少的主客观要件，因此，三阶层要件同样是相辅相成的，缺一则不能成立犯罪。

2. 体现了“不法与有责”的内容

德日犯罪阶层理论以不法与有责两大支柱建立犯罪论体系。三阶层论也是以

---

① 参见陈兴良：《犯罪论体系的位阶性研究》，《法学研究》2010 年第 4 期，第 112 页。

不法与责任为支柱来建构的。其中,“构成要件该当性与违法性”为其“不法”支柱,“有责性”为其“责任”支柱。

若借用德日犯罪阶层的概念,四要件体系也同样蕴含“不法”和“有责”内容,通说的四要件排列顺序为:犯罪客体、犯罪客观要件、犯罪主体和犯罪主观要件。其中,“犯罪客体和犯罪客观要件”为“不法”内容(其犯罪客观要件近似于古典三阶层论的“构成要件该当性”,犯罪客体近似其违法性),“犯罪主体和犯罪主观要素”为“责任”。(这两要素的复合近似于古典三阶层论的“有责性”),其实,也可以说,四要件通说也是以“不法”和“责任”两大支柱建立起来的。还可以认为,德日两阶层论以“不法”与“责任”两支柱建立,三阶层论又细分三支柱建立,四阶层论更细分为四个支柱建立,我国四要件说可视为由四个支柱来建立。

3. 遵循了罪刑法定原则、法益保护原则和“责任”原则,同时体现了人权保障、社会保护和公正三大价值

一般认为,德日三阶层体系的构成要件该当性、违法性和有责性各自分别对应于罪刑法定原则、法益保护原则和“责任”原则,相对应地,各自分别体现人权保障价值、社会保护价值和公正价值。其实,四要件平面化体系也遵循了这三大原则,也体现了这三大价值。在犯罪构成四要件体系里,犯罪客体对应于法益保护原则,体现了社会保护价值,犯罪主体(或犯罪主观要件)的相关内容体现了德日三阶层体系中所谓的“责任”原则,体现了公正价值。由于犯罪构成四要件的完整体系让刑法规定的、每一种犯罪所必须具备的构成要件体现于其中,因此,犯罪构成四要件的完整体系对应于罪刑法定原则,体现了人权保障的价值。应当指出,德日三阶层体系中的“构成要件该当性”阶层仅是犯罪成立中的一个要件,其违法性和有责性要件也属于犯罪成立中的要件。刑法规定的完整的犯罪成立要件应包括构成要件该当性、违法性和有责性三部分,也就是说,罪刑法定应包括对这三部分内容的法定。因此,德日三阶层体系仅将构成要件该当性对应于罪刑法定原则是不妥当的。笔者认为,将构成要件该当性、违法性和有责性所形成的完整体系对应于罪刑法定原则才是合理的。如果从这一意义上理解罪刑法定原则,那么,德日三阶层体系就有违反罪刑法定原则之嫌。因为德日三阶层体系存在超法规的违法阻却事由和超法规的责任阻却事由,而这些出罪事由在刑法上并无明文规定。出罪不依刑法明文规定,就有可能随意放纵犯罪,出现司法的任意性,这是与罪刑法定原则不相符的。

(四)四要件体系的平面化和三阶层体系的位阶化对定罪结论的影响

目前,德日犯罪三阶层体系和我国四要件体系在具体构成要素上还不是完全

一致的。例如，德日犯罪三阶层体系存在具有犯罪豁免性质（即否定犯罪成立）的超法规责任阻却事由“无期待可能性”，而我国四要件体系是不存在这一超法规责任阻却事由的，因此，在司法实践中，就一些案件而言，可能会因运用不同的犯罪构成体系而得出不同结论的情况（主要指定罪与否）。但是，德日三阶层体系经过改造后是可以与我国刑法规定相匹配的（如除去“无期待可能性”等超法规责任阻却事由）。

只要三阶层体系和四要件体系中犯罪成立的全部具体构成要素完全相同，犯罪构成体系是不会因为采用平面化，抑或阶层化而导致定罪的不同，犯罪成立的全部具体构成要素在进行不同的排列组合时仅是位置的不同变动，它不会导致“化学反应”而使新的体系变异为可以得出不同定罪结论的犯罪成立体系。

在运用这两种具有相同具体构成要素的犯罪论体系来分析同一案件时，只要在刑法解释论、罪数形态论、认识错误论、共同犯罪论、违法实质论等领域具有相同的立场，就不会得出不同的定罪结论。

三、对德日三阶层体系位阶性的评价

三阶层体系可以运用来解决定罪问题，但是，具有位阶性的三阶层体系具有以下问题：

（一）三阶层论是一个体现定罪过程的、仅适用于司法的阶层理论，而不是一个立法指导理论

三阶层论仅从司法实践上考虑定罪过程，而未充分考虑立法指导的意义。因此，在其有关阶层里，既设置有正面的积极要素，也设置有反面的消极要素（如违法阻却事由、责任阻却事由），既有法定的犯罪成立要素，也有超法规的要素（如，期待可能性），它让人无法容易地、准确地知道：一个完整的犯罪构成应包括哪些构成要素。其阶层的设置是从定罪过程考虑的，未充分考虑到犯罪构成理论也具有立法指导功能。

（二）德日三阶层体系的阶层划分方法是否科学，值得质疑

在古典三阶层体系里，构成要件该当性阶层仅含有被认为是客观记叙性的“结果”，而不包含规范的、主观的要素①，它是犯罪的指导形象，在具备构成要件该当性后一般可以推定“违法性”，除非出现违法阻却事由。但是，新古典三阶层体系提出了主观违法要素，认为构成要件该当性里也存在主观的、规范性要素。随后，目的主义三阶层体系将故意和过失等主观要素纳入了构成要件该当性

① ［日］小野清一郎：《犯罪构成要件理论》，王泰译，中国人民公安大学出版社，2004年版，第49页。

阶层，这时，构成要件实质化。随着构成要件实质化，在刑法理论上，对于构成要件该当性与违法性的区分是否必要，已引起人们的质疑。有人认为，这种区分是不必要的，只有在古典派的犯罪论体系中将构成要件形式化，才存在这种区分的必要。西原春夫主张将构成要件并入违法性，采取并不承认构成要件或构成要件该当性是独立的犯罪要件的立场[①]。笔者认为，在构成要件该当性已实质化的情况下，违法性已被压缩得空洞化，因此，将构成要件该当性纳入违法性有一定的合理性。在我国刑法规定里，并没有期待可能性这一超法规责任阻却事由，因此，若要改造德日三阶层体系来阐释我国的犯罪问题，在改造后的三阶层的“有责性”里，期待可能性不能有立足之地。这时，“有责性”阶层仅剩下“责任能力”和“违法性认识或违法可能性意识”。这时，合并后的“违法性”和单薄的“有责性”是很不协调的。

由于“违法性认识”是否是故意的必要要素，“违法可能性意识”是否是过失的必要要素，这是存在争议的。若认为其是故意或过失的必要要件，那么，将其纳入故意或过失之中，在分析上可更方便、更科学。若是，“有责性”就仅剩下“责任能力”了，这时，“违法性”和“有责性”就显得更不对称了。只有将“责任能力”作为犯罪主体的其中一部分，才显得更合理。至此，德日式的三阶层论已被平面化了。可见，德日式的三阶层论并非十全十美的真理。

（三）德日各种三阶层体系均存在违背“以刑法分则规定的基本原型确定构成要件该当性”的初衷的情形

三阶层体系非常重视刑法分则规定的基本原型，它将犯罪的主要原型（或指导形象）作为一个重要阶层看待，之后，设置具有价值评价功能的违法性和有责任阶层，并形成了“构成要件该当性——违法性——有责性”的递进推定三阶层体系。

三阶层体系以刑法分则规定的基本原型为考虑定罪的基本内容，本是一种符合司法定罪思维的一种方法。但是，刑法分则规定的基本原型是多种多样的，以我国现行刑法为例，刑法分则规定的基本原型主要有四种：

（1）犯罪客体和客观要件组成的模型。例如，《刑法》第102条规定的背叛国家罪的分则构成模型即属于这种情况。这一条文是这样规定的：“勾结外国，危害中华人民共和国主权、领土完整和安全的，处……”这里即明文规定了该罪的犯罪客体是中华人民共和国的主权、领土完整和安全。

（2）仅具客观要件的模型。例如，《刑法》第354条规定的容留他人吸食、

---

① 参见陈兴良：《犯罪论体系的位阶性研究》，《法学研究》2010年第4期，第106页。

注射毒品罪即属于这一类型。其条文是这样规定的："容留他人吸食、注射毒品，处……"

（3）仅具客观、主观要件的模型。例如，《刑法》第 232 条规定的故意杀人罪，其条文是这样规定的："故意杀人的，处……"

（4）仅具客观要件、主观要件和主体特殊身份的模型。例如，《刑法》第 382 条是这样规定贪污罪的："国家工作人员利用职务上的便利，侵吞、窃取、骗取或者以其他手段非法占有公共财物的，是贪污罪。"①

德日犯罪三阶层体系共有四种类型，每一种类型三阶层体系中的构成要件该当性均不能较好地反映出这四种刑法分则的基本原型。对于其中的故意或过失，有的是规定在刑法分则原型中，有的是规定在刑法总则中。

古典三阶层体系将构成要件该当性的要素认为是记述性的、中性的客观事实描写要素。但是，有的犯罪在分则中明文规定有故意或过失的主要内容。

新古典三阶层体系虽然在构成要素该当性中有主观违法要素和规范要素，但是，它将故意或过失放在有责性阶层。可见，古典三阶层论和新古典三阶层论中的构成要件该当性内容，并不是完全符合各罪的分则基本原型的。

目的论三阶层体系和现代新古典体系均将故意和过失放在构成要件该当性阶层，但是，有的犯罪在刑法分则中仅规定有客观要件的内容，而没有规定主观要件内容，其主观要件内容要通过对刑法总则的故意或过失规定来把握，因此，这两种三阶层论的构成要件该当性并非都是以刑法分则规定的基本原型来确定的。

综上所述，这四种三阶层体系均存在违背了"以刑法分则规定的基本原型来确定构成要件该当性"的初衷的情形。

（四）德日三阶层体系在位阶上并非绝对是先客观判断后主观判断的顺序

陈兴良教授认为，在犯罪论体系中客观要件应先于主观要件。在四要件犯罪构成体系中四要件并没有逻辑上的位阶关系，主观要件和客观要件没有严格顺序，可能主观判断先于客观判断，容易用主观判断来代替客观判断，造成定罪的混乱。而德日三阶层论具有位阶关系，客观判断是要先于主观判断的，而且在客观判断中，首先判断的是行为②。

其实，德日三阶层体系并非绝对都是客观判断先于主观判断的，在客观判断中也绝非都是先进行行为判断，之后，才进行其他判断的。在古典论体系里，构成要件该当性和违法性是客观的，有责性是主观的，由于其构成要件该当性的构

① 参见欧锦雄主编：《刑法理论与实践》，广西人民出版社，2012 年 1 月第 1 版，第 49—50 页。

② 参见《陈兴良教授谈"犯罪构成及其方法论"（录音整理）》，2009 年 7 月陈兴良教授在南京师范大学所作的学术报告，http：//hengzhao. fyfz. cn/art/499863. htm，2009 年 7 月 23 日登录。

成要素强调是记述性的、中性的，并且将故意和过失放在有责性里，因此，它体现了客观要件先于主观要件的位阶。但是，新古典论体系是在批判古典论体系基础上建立的，它发现了构成要件中的主观违法性要素（如目的犯的目的）和规范性要素，并将其纳入了构成要件该当性中，在新古典体系里，故意和过失仍旧置于有责性阶层，由于其构成要件该当性里有主观要件的内容，而违法性判断属于客观判断，因此，该体系体现了主观违法要素先于违法性客观阶层的位阶状况。目的论体系和现代新古典论体系均将故意和过失置于构成要件该当性阶层，由于违法性是客观的，而构成要件该当性中的主观要件先于违法性客观阶层，因此，这两个体系也不都是客观要件先于主观要件的位阶的。

在客观要件中，也不是绝对地将行为作为首要的判断要件。在三阶层论里，其构成要件该当性各具体要素更是无明确的逻辑排列顺序的。对此，我们可以从日本刑法学者或师从德日的中国台湾地区刑法学者的著作中找寻到例证。从他们的刑法学者的著作中可知，其分则各罪的犯罪成立要素的排列顺序的模型有：

1. 以客体（即对象）排第一顺序的模型

（1）客体（即对象）——行为——主体。

（2）客体（即对象）——行为——法益。

（3）客体（即对象）——行为——故意。

（4）行为客体（即对象）——行为——主观要件。

2. 以法益排第一顺序的模型

（1）法益——行为。

（2）法益——客体（即对象）——行为。

（3）法益——主体——行为。

（4）法益——主体——目的——行为。

（5）法益——行为——故意。

（6）法益——行为主体——行为客体——行为。

3. 以主体排第一顺序的模型

（1）主体——行为。

（2）主体——客体（即对象）——行为。

（3）主体——目的——行为（大谷实：妨害强制执行罪，P527—528）。

（4）行为主体——行为客体——行为——主观要件。

（5）主体——对象——行为——故意。

（6）主体——行为——故意。

（7）主体——行为——目的——结果。

4. 以行为排第一顺序的模型

（1）行为——客体（即对象）——结果。

（2）行为——主观要件。

5. 以目的排第一顺序的模型

（1）目的——行为。

（2）主体目的——行为。①

从日本刑法学者和中国台湾地区刑法学者的著作可知，其刑法分则各罪的成立要素的排列有以下几个显著特点：（1）在一般情况下，客体（即对象）往往排在首位，之后，才是行为或主观要件，这种情况占多数。（2）对于身份犯或需特别强调主体的某些罪，主体排在首位，之后，是客体（即对象）、行为，这一情况占有一定比例。（3）有的犯罪按主观要件先于客观要件顺序排列，或者主观要件先于行为排列。例如，大谷实教授在论述私下串通罪时，按“目的——行为”顺序排列，在论述妨害强制执行罪时，按“主体——目的——行为”顺序排列②。大塚仁教授在论述多众不解散罪时，按“主体目的——行为”顺序排列③。（4）各罪的成立要素的顺序多种多样。（5）将一些犯罪的法益放在首位论述，这与我国犯罪构成四要件的排列有相同之处。综上所述，陈兴良教授在犯罪构成要件排列顺序的问题上，将“客观要件应先于主观要件”位阶顺序绝对化是值得进一步商榷的。

（五）德日三阶层体系并非绝对地将事实和价值相分离，并让事实判断都先于价值判断

陈兴良教授认为，犯罪构成体系应坚持事实判断和价值评价相分离原则，并按事实和价值的位阶顺序安排。

他认为，在犯罪构成理论中，事实和价值是十分重要的问题。在大陆法系中，事实和价值始终是相分离的。德日三阶层体系是按照事实和价值二元论的哲学方法建构起来的。构成要件该当性是事实判断，而违法性和有责性是价值判断，也可以说是一种规范判断在事实判断与价值判断中存在逻辑上的位阶关系。在我国及苏俄的犯罪构成体系中，事实和价值是合而为一的，在这样一种犯罪构

---

① 以上排列顺序模型详见：［日］西田典之著：《日本刑法各论》，刘明祥、王昭武译，武汉大学出版社，2005 年 5 月第 1 版；［日］大谷实著：《刑法各论》，黎宏译，中国人民大学出版社，2008 年 1 月第 1 版；［日］大塚仁著：《刑法概说（各论）》，冯军译，中国人民大学出版社，2003 年 10 月第 1 版；林山田著：《刑法特论（上、中、下册）》，三民书局印行，1978 年 9 月初版。

② 参见大谷实：《刑法各论》第 532—533 页、第 527—528 页。

③ ［日］大塚仁著：《刑法概说（各论）》，冯军译，中国人民大学出版社，2003 年 10 月第 1 版，第 353 页。

成体系中，必然会出现重事实判断轻价值评价，甚至以事实判断代替价值评价的倾向。没有正确地处理好事实判断和价值评价关系，是我国和苏俄犯罪构成体系的重大缺陷①。

一般认为，德日三阶层体系是深受休谟的“事实与价值相分离”二元论的哲学思想影响而建构的。然而，休谟的事实和价值二分法是否正确，这在哲学上是有争论的。不少哲学家对事实和价值二分法提出了批判，他们认为，事实和价值并非截然分离而决不相交的，实际上事实和价值是缠结在一起的。美国哲学家希拉里·普特南通过对事实与价值二分法的批判后，提出了“事实与价值二分法的崩溃”的观点②。

从德日三阶层体系发展历史看，古典论体系认为，构成要件该当性中的具体要素是记述性、中性的事实要素，而违法性和有责性是价值评价内容，因此，这一体系符合休谟的“事实和价值二分法”的。

然而，随着新古典论体系将主观违法要素和规范要素置于构成要件该当性阶层，目的论体系和现代新古典体系将故意和过失置于构成要件该当性阶层后，构成要件该当性逐渐已实质化。其中，行为要素受社会行为论和社会相当理论等影响已实质化，因果关系受相当因果关系论和客观归责论等理论影响已实质化，等等。构成要件该当性的实质化说明，构成要件该当性阶层并不单纯是事实判断阶层，而是事实和价值交织在一起的判断阶层。可见，现在的德日三阶层体系并非绝对按事实与价值二分法划分的，它以犯罪成立的基本原型（或指导形象）而确立构成要件该当性后，再根据违法实质和阻却事由以及责任要素来建构，即按“违法——有责”方法建构。其中，构成要件该当性体现了事实和价值交织状况，正由于构成要件该当性已实质化，使违法性已压缩为零，所以，德国刑法理论中出现了将构成要件该当性和违法性合并为“不法”阶层的二阶层体系（即不法——责任）的有力主张。

笔者认为，在现实中，犯罪是一种事实和价值交织在一起的行为。刑法所规定的各罪的规范也是事实和价值交织在一起的。犯罪构成体系是判断犯罪成立的各要素组成的体系，因此，犯罪构成体系应包括有事实和价值两方面的内容。但是，建构犯罪构成体系并非一定要将事实要素和价值要素截然分开，让事实要素变成纯种的事实要素，价值要素变成纯种的价值要素。在犯罪构成体系中，让许多要素以事实和价值交织在一起的要素出现也是可以的，甚至所有要素均以事实

① 参见陈兴良：《刑法知识论》“代序”第Ⅷ页，以及正文第319—322页，第350页。

② 参见［美］希拉里·普特南著：《事实与价值二分法的崩溃》，应奇译，东方出版社，2006年1月第1版。

和价值交织在一起的要素的形式出现也是可以的。由于犯罪是各种要素组成的有机体，犯罪构成体系的建构是人为的，而且语词具有一定的模糊性（当然也具有相对明确性），因此，犯罪构成体系各构成要素具有一定重合，或有的要素需要借助其他要素来说明，这是不可避免的。

事实与价值二分法究竟是否科学，这在哲学界是争论不休的问题，在各种哲学学说中，哪一种哲学学说才是准确的，这尚无定论。由于刑法学家、法官、广大民众均不可能都是哲学家，因此，在构建犯罪构成体系时，可以借鉴一定哲学思维方法来建构，更主要是应从立法、司法角度考虑问题。一般而言，构建犯罪构成体系应首先找出所有的构成犯罪的要素，其次将这些构成要素根据立法、司法的要求按一定逻辑排列组合。德日三阶层体系以犯罪成立的基本原型（或指导形象）为基础来考虑建构其三阶层体系，只要其三阶层的所有构成要素与刑法规定相符，就可以建立其合理的犯罪构成体系。但是，它并不一定要按事实与价值相分离的方法来建构。

犯罪构成四要件体系是从主客观要素划分来建构其犯罪构成体系的，只要该体系已完全包括了所有的犯罪成立要素，就同样可以建立起其合理的体系。在犯罪构成四个要件里，它体现了事实和价值交织的状况，这种状况并不是其缺陷，正如德日三阶层体系一样，其构成要件该当性也体现事实与价值交织状况，但同样不可认为这是其缺陷。其实，从德日三阶层体系中，“构成要件该当性”的实质化发展历程已看到“事实和价值二分法”在逐渐崩溃，而“事实和价值缠结论”逐渐在现在的德日阶层体系（尤其是二阶层体系）中获得崇高的地位。

（六）三阶层体系中的不法判断先于责任判断的位阶存在不符合司法实际的情况

陈兴良教授认为，在三阶层体系里，不法判断先于责任判断（类型化要件判断先于个别化要件判断）才是符合定罪司法逻辑的。但是，在司法实践中，责任判断先于不法判断的情形也是存在的。例如，一个 7 岁的小孩杀死了一个 3 岁的小孩（或故意杀人，或过失致人死亡，或故意伤害致死，或属于意外事件的行为致死）。在司法实践中，对于这种案件，司法人员在确知这个 7 岁的小孩属于无责任能力的人后，即可马上判断小孩无罪，而无需先判断该小孩属于何种不法。

（七）德日三阶层体系的位阶安排妨害了对犯罪客体（法益或法秩序）的细化研究

在德日三阶层体系的违法性阶层里，判断行为是否具有违法性往往通过判断是否有违法阻却事由进行，若无违法阻却事由，那么，在符合构成要件该当性要件后，即可推定其违法性。德日三阶层体系也从实质上探讨违法性是违反规范，还是侵害法益。虽然这理论在违法性阶层讨论实质违法性问题，但是，一般不将法益或法秩序作为一个独立的犯罪构成要素看，即使个别学者（如汉斯·海因里希耶赛克和托马斯·魏根特）也将法益作为构成要件中的构成要素[①]。但是，他们仅重视在总则中研究，而没有在分则中深入研究。由于德日刑法学者普遍没有将法益或法秩序作为独立要件看待，因此，德日三阶层体系重视从宏观上研究法益侵害或规范违反问题，出现了激烈的行为无价值与结果无价值之争。但是，德日三阶层体系忽视了在刑法分则上对每一种犯罪的保护客体（即法益或法秩序）的细化研究。由于犯罪客体（即法益或法秩序）是反映犯罪性质和社会危害性的一个重要内容，是每一个犯罪所必须具备的要素，因此，德日三阶层体系妨害了对保护客体的细化研究是一个缺陷。保护客体是犯罪构成中必不可少的要素，在德日刑法著作里，其分则中的某些罪也有专门就保护客体进行论述的，因为这些罪的保护客体如果不作专门论述，就可能无法将此罪与他罪区分开来。例如，日本学者西田典之，在刑法著作的分则中论述保护法益的具体犯罪主要有：（1）准备凶器集合罪、聚集罪。（2）逮捕、监禁罪。（3）拐取未成年人罪。（4）侵入住宅罪。（5）侮辱罪。（6）毁损名誉罪。（7）盗窃罪。（8）伪造通货罪。（9）不正当制作、提供使用、出让支付用磁卡罪。（10）伪造文书罪。（11）妨害执行公务罪。（12）妨害强制执行罪。（13）各种贿赂犯罪[②]。

由于犯罪的实质是侵害法益或法秩序，因此，任何一种犯罪必定侵害法益或法秩序。法益或法秩序是任何一种犯罪必不可少的构成要素，即使刑法分则没有明示描述每一种犯罪侵犯的法益或法秩序，但是，通过对罪状的分析必定会找到这种犯罪在客观上必定存在的、被侵犯的法益或法秩序。正因如此，我国四要件犯罪构成理论将犯罪客体作为犯罪构成的必要要件，并在分则中对每一种犯罪的客体进行研究。四要件犯罪构成理论继承了德国刑法学者费尔巴哈的研究路径，对每一种犯罪的犯罪客体（法益或法秩序）进行了细化研究，以及在总则上对犯罪客体的研究，这对世界刑法学的发展作出了重大贡献。当然，德日三阶层体系在宏观上对法益或法秩序所进行的研究也是值得称道的，如果能将两种理论的优点糅合起来，那么，其所改造的犯罪构成理论将成为更有力的学说。

---

① 参见［德］汉斯·海因里希耶赛克和托马斯·魏根特著：《德国刑法教科书》，徐久生译，中国法制出版社，2001年3月第1版，第314—318页。

② 参见［日］西田典之著：《日本刑法各论》，刘明祥、王昭武译，武汉大学出版社，2005年5月第1版。

（八）德日犯罪三阶层体系将超法规违法阻却事由和超法规责任阻却事由纳入犯罪成立体系中，存在司法不公的危险

现在的德日犯罪三阶层体系通常将超法规违法阻却事由纳入违法性阶层，在违法性阶层里，可罚的违法性理论也得到了日本学者的赞同①。这一做法可以使一些正当行为和社会危害性较轻行为容易出罪。现在的德日犯罪三阶层体系还将超法规的责任阻却事由（如无期待可能性）纳入有责性阶层，它可以使一些社会危害性不大的行为以此为理由出罪，也可以使一些社会危害性严重且符合构成要件该当性、违法性和其他责任要素的行为以此为理由出罪，这样，超法规责任事由具有豁免犯罪的功能。将一些社会危害性不大的行为，以超法规违法阻却事由纳入犯罪构成体系考虑是否出罪，这是合理的，但是，在法律没有规定的情况下，将一些社会危害性严重的行为以超法规违法阻却事由出罪，或将“无期待可能性”等超法规责任阻却事由纳入犯罪构成体系，也存在着法官滥用这些事由出罪而导致司法不公正的危险。

（九）德日三阶层体系的每一阶层里也存在平面化的情形

三阶层体系是以犯罪基本原型（或指导形象）为基础而建立的阶层化理论。在构成要件该当性——违法性——有责性三个阶层里，每一阶层均由一定要素来组成，而每一个阶层中的各具体要素则是处于一个平面之内的，且其各具体要素的排列顺序并不是固定不变的。在德日三阶层体系发展历史里，构成要件该当性的具体构成要素是在不断增加的，而违法性和有责性的具体构成要素则是在逐渐减少的。以其构成要件该当性的具体构成要素为例，可以看到这一阶层的平面化情况。在古典论体系里，构成要件该当性的具体要素有：行为客体、行为、结果、因果关系、行为主体。新古典论体系中构成要件该当性的具体构成要素为：行为客体、行为、结果、因果关系、行为主体以及主观违法要素（如目的犯罪的目的）。

目的论体系中构成要件该当性的具体构成要素包括：客观构成要件（如行为客体、行为、结果、因果关系、行为主体）和主观构成要件（如故意或过失）。现代新古典论体系的构成要件该当性的具体构成要素，则与目的论体系基本相同。

综上所述，德日三阶层体系的阶层化之中体现了平面化的内容，平面化融于阶层之中。

① 参见彭新林：《可罚的违法性理论探究》，《甘肃联合大学学报（社会科学版）》2006年第3期，第52页。

（十）三阶层体系烦琐、深奥，无法平民化、大众化

三阶层体系的次递推进的分析方法烦琐，三阶层体系里的各种概念生僻难懂，其各阶层之下的子理论玄奥，这决定该一理论无法成为平民化、大众化的理论。而刑事法治民主化需要的是大众化、平民化的犯罪构成理论。

四、对中国四要件体系平面化的评价

犯罪构成是犯罪的规格和标准，为了全面把握每一种犯罪的内在构造，刑法学家经过研究后，以刑法为根据，人为地将犯罪分解成若干个构成要素来了解其内部构成。我国通说犯罪构成四要件平面体系和德日三阶层体系，均采用了拆分方法将犯罪的构成要素分解判断，同时采用整体思维方法将各种拆分的要素综合，并按一定逻辑关系让其形成一个便于适用的犯罪构成体系。四要件平面化体系是一个符合定罪逻辑的犯罪构成体系，也是一个可以指导刑法立法的理论体系，但是，它也存在缺陷，尚需进一步完善。

（一）四要件平面化体系符合认定犯罪的司法逻辑

陈兴良教授认为，我国犯罪构成四要件平面体系的各个要件之间不存在位阶关系，因此，依据这一体系判定犯罪成立与否是不符合认定犯罪的司法逻辑的[①]。但是，笔者在前面评价德日三阶层体系的位阶关系时得出结论：在德日三阶层体系中，“客观判断先于主观判断”“事实判断先于价值判断”（即形式判断先于实质判断）以及“类型判断先于个别判断”（即不法判断先于责任判断），并非铁则，这三种判断顺序的颠倒状况也是存在的。因此，在对某一种犯罪构成体系进行评价时，不能以该犯罪构成体系的构成要件之间是否符合前面这三种位阶判断关系来判断这一犯罪构成体系是否科学。

犯罪构成四要件平面体系的各构成要件之间并不完全符合前面三种位阶判断关系，但是，这并不妨害这一犯罪构成体系同样具有高度科学性。

四要件体系以主客观的分类法将犯罪分解为四个要件并置于一个平面形成犯罪构成。在犯罪构成四要件中，犯罪客体和犯罪客观要件归类于客观一类的要件，犯罪主观要件和犯罪主体则归类于主观一类的要件。四要件体系以刑法分则和刑法总则的规定为依据来找寻一个完整的犯罪构成类型，这也是符合司法定罪思维的一种方法。

四要件体系从正面上说明犯罪应具备的四个必不可少的构成要件，并将四个构成要件置于一个平面上分析，让各种犯罪完整的犯罪构成要件清清楚楚，明明

① 参见陈兴良：《刑法知识论》，中国人民大学出版社，2007 年 9 月第 1 版，“代序”，第 XV 页。

白白，这有利于指导立法，也有利于指导司法。因为我国四要件犯罪构成理论具有指导刑法立法和刑事司法两方面的功能，因此，我国犯罪构成的通说是按犯罪客体、犯罪客观要件、犯罪主体和犯罪主观要件的顺序排列的。这种排列表明了由客观到主观的一般认识习惯。在这种排列中，犯罪客体之所以排在前面是有合理的理由的。从刑法立法指导角度看，将犯罪客体置于首位是考虑了立法分类的需要。因为犯罪客体体现了犯罪性质，有利于将此罪与彼罪区分。立法者可以根据该罪所侵害的社会关系（法益或法秩序）进行合理的犯罪分类来构建科学的刑法分则体系。

通说的犯罪构成四要件排列顺序采取的是以果溯因的方法来排列的。从司法实践的一般情况看，刑事案件发生后，司法人员首先看到的是犯罪结果，发现了刑法保护的关系（或利益）遭到侵犯（即发现了犯罪客体受侵害），之后，会思考是什么行为造成这一结果（客观要件内容），然后，会思考是谁实施这一行为（即考虑行为主体），最后，会思考行为主体基于何种心理态度去实施这一行为（即思考主观要件）。从司法实践看，通说的排列顺序是符合认定犯罪的司法逻辑的。此外，从司法上看，将犯罪客体置于前面，也可以起到将无犯罪客体的行为（如合法行为和一般违法行为）首先排除出犯罪领域的作用，这有助于人权保护。司法人员在审查案件时，如果发现被告人的行为未侵犯到这种犯罪中刑法所保护的利益，或者其行为侵害的利益很小，也就是说被告人的行为未符合犯罪客体，就可对被告人的行为出罪。可见，犯罪客体是保护被告人人权的第一道屏障，它可以让社会上的绝大部分行为（合法行为和一般违法行为）避免进入犯罪的评价中。可见，将犯罪客体放在四要件首位是有优越性的。

（二）四要件平面化体系具有思维的经济性

有学者认为，缺乏位阶性的四要件犯罪构成理论具有实用性缺陷。它不具有思维的经济性：不仅在构成犯罪的情况下需要作全部犯罪成立要件的逐一判断，而且在不构成犯罪的情况下也要作全部犯罪成立要件的逐一判断，甚至此罪与彼罪的区分也要作全部犯罪成立要件的逐一判断①。这一论述是值得商榷的。

在前文评价德日三阶层体系时，笔者指出，其三阶层中的“构成要件该当性”原本是以刑法分则规定的基本原型来确定的，但是，在实际上，在古典论体系、新古典论体系、目的论体系以及现代新古典体系的“构成要件该当性”阶层，并非都是以刑法分则规定的基本原型来确定的，它们均不能较好地反映出四种典型的分则基本原型（以我国刑法分则为例），许多犯罪的“构成要件该当

① 参见陈兴良：《犯罪论体系的位阶性研究》，《法学研究》2010 年第 4 期，第 117 页。

性”阶层需要由刑法分则基本原型和总则的相关规定来确定。而且，其各“构成要件该当性”还不是一个较完整的犯罪类型。

犯罪构成四要件体系克服了德日三阶层体系“构成要件该当性”阶层不能较好地反映一个较完整的犯罪类型的弊端，让人能非常直观地判断出一个较全面的犯罪原型。对于每一种犯罪来说，犯罪构成四要件已完全反映了这种犯罪的基本原型。它能让任何两种犯罪区分开来。

犯罪构成平面化体系与德日三阶层体系相比，具有明显的思维经济性。它将犯罪构成的四要件置于一个平面上，让判断者清清楚楚地看到了一个较完整的犯罪原型。在出罪方面，只要某一行为不符合犯罪构成中的一个要件，就可以马上作出“这一行为不构成犯罪”的决定。在入罪方面，一个行为必须完全符合犯罪构成四要件，且其综合社会危害性应达到严重的程度才可定罪，这体现了罪刑法定原则在定罪上的严格要求，更利于人权保障。在此罪与彼罪比较判断方面，并非均需对各自的四个构成要件进行比对。例如，在对盗窃罪与诈骗罪的比较判断时，仅从客观上判断即可。即便是对每一犯罪的四个构成要件逐一比对，在四要件体系里，这也是一个简单的比对认定活动。应当指出，虽然犯罪构成四要件体系是一个较完整的犯罪基本原型。但是，它还不是最完整的犯罪构成体系，因为，这一体系还不能将犯罪这一类现象与一般违法行为区分开来，它还未体现刑法第 13 条规定的犯罪概念要求的“严重社会危害性”（综合的）的内容，这是有待进一步完善的。

事实上，德日三阶层体系恰恰不具有思维的经济性：首先，德日三阶层体系中存在着我国四要件犯罪构成理论里不存在的概念术语。例如，构成要件该当性、形式违法性、实质违法性、违法阻却事由、有责性、责难、期待可能性、不法等。这些概念生僻难懂，且许多术语存在争论较大的含义，因此，容易产生思维的困难。

其次，德日三阶层论具有古典论体系、新古典论体系、目的论体系和现代新古典论体系四个典型体系，而每一个体系中的构成要件该当性阶层、违法性阶层和有责性阶层在具体构成要素上是存在较大区别的。由于刑法理论界和实务界对上述每一种典型体系均有许多支持者，这容易引起思维的混乱，从而引起许多适用上的争论。

再次，德日三阶层论将违法阻却事由和责任阻却事由穿插于相关阶层之中，甚至用积极构成要件和消极构成要件划分构成要件类型，引起思维的混乱。德日三阶层体系的违法性阶层将正当行为作为违法阻却事由（包括法定违法阻却事由和超法规违法阻却事由）确立于其中，甚至作为犯罪成立的消极构成要件，同时又在这一阶层讨论其实质违法性，其有责性阶层确立有期待可能性、违法性认识等责任阻却事由（包括法定责任阻却事由和超法规责任阻却事由）。其中，有的体系将故意和过失作为责任要件，而对于责任能力，有的将其作为责任要件，有的则把其作为责任阻却事由。德日三阶层论如此划分构成要件类型，以及如此穿插各种阻却事由让人产生了思维的困难，将犯罪认定的问题变成一种十分复杂的认知过程。

（三）四要件平面化体系是既有实质判断也有形式判断的综合体系

有学者认为，在犯罪构成四要件中并没有违法性的一席之地，需在四要件之外进行实质判断，由于社会危害性的实质判断内容是游离于并凌驾于四要件之外、之上的，因此，在具体案件判断中，往往容易产生逻辑上的混乱①。笔者认为，此观点值得商榷。

从这一论断可知，该学者深受休谟的“事实与价值相分离”二元论的哲学思想影响，认为犯罪构成四要件体系属于事实判断、形式判断的内容，社会危害性的实质判断并不在四要件体系之内。笔者认为，这一论断是不妥当的。因为犯罪构成四要件平面化体系是一个既有实质判断，也有形式判断的综合体系。犯罪构成四要件体系的哲学基础并不是休谟的“事实与价值相分离”二元论，而是诸如普特南等学者所言的“事实与价值缠结”一元论。犯罪本来就是一种事实与价值交织在一起的行为体，因此，犯罪构成体系必然包含有事实和价值两方面的内容。由于事实与价值是交织在一起的，因此，在分解分析时，是很难将事实和价值截然分开的。在犯罪构成四要件平面化体系中，犯罪客体是受刑法保护的、被犯罪行为侵害或威胁的法益或法秩序，它是一个包含有社会危害性内容的实质判断要件；犯罪客观要件中的危害行为、危害结果等要素是既包含有形式判断，也包含有社会危害性实质判断的要素；犯罪主观要件的故意等要素是既有心理事实判断（形式判断），也有实质判断（明知会造成社会危害结果）的要素，犯罪主体也是既有形式判断（责任年龄），也有实质判断［（精神病人）责任能力，它体现人身危险性的有无与大小］。由此可见，犯罪构成四要件平面化体系并非在四要件之外进行实质判断的，由于四要件体系的各要件之间也是按一定逻辑来构建体系的，因此，在具体案件判断中，并不会产生逻辑上的混乱。

（四）四要件平面化体系将正当行为独立于犯罪构成体系外，避免了画蛇添足之错误

德日三阶层体系之所以将正当行为纳入违法性阶层作为违法阻却事由，是因

① 参见陈兴良：《犯罪论体系的位阶性研究》，《法学研究》2010 年第 4 期，第 120—121 页。

为这一理论内在结构的要求。德日三阶层体系是一种次递推进的体系，构成要件该当性具有推定功能，只要具有构成要件该当性，原则上就推定行为构成犯罪。构成要件该当性是违法的类型，或违法有责的类型，在这种理论体系里，正当行为是不得不纳入犯罪成立体系中的，因为正当行为是具有构成要件该当性的行为，在构成要件该当性这一阶层已被推定有罪，所以，正当行为不得不放在违法性阶层中作为违法阻却事由，作为一个消极构成要件，以便在此证明自身无罪的清白。在这一体系里，它将正当行为视为符合犯罪的指导形象的行为。

在社会危害性视角下，犯罪构成体系是形式与实质的统一，社会危害性是其实质属性，它体现于每一要件之中，因此，四要件犯罪构成理论可以在四要件体系内通过阐释正当行为无社会危害性，阐明正当行为是不成立犯罪的。由于正当行为是一种排除社会危害性行为，而四要件犯罪构成是正面回答犯罪成立的规格和模型，且其每一要件蕴含着社会危害性的实质要素。因此，在犯罪构成四要件体系下，正当行为与四要件犯罪构成的关系是一种结构性的排斥关系，它在四要件犯罪构成体系里不应有结构性地位，如果将正当行为镶嵌于四要件犯罪构成体系，就会出现画蛇添足之错误。

（五）四要件体系可以在原来平面化基础上进行合理的改造

有学者认为，四要件的犯罪构成理论改造说是不能成立的。犯罪成立要件是否有位阶性，是三阶层与四要件之间的根本区别所在。如果对四要件进行阶层式改造，那么，四要件的犯罪构成理论就不复存在，而变成三阶层犯罪论体系了①。对于这一观点，笔者有不同的看法。

在犯罪构成体系中，寻找到完整的犯罪原型是非常重要的，因为，完整的犯罪原型可以将任何的此罪与彼罪区分开来。德日各种三阶层体系的“构成要件该当性”阶层就是试图找到犯罪的原型的，但是，这几种典型的德日三阶层的“构成要件该当性”均不是一个完整的犯罪原型。有些犯罪仅通过这几种“构成要件该当性”还是无法将此罪与彼罪区分开来。即便是现代新古典体系的“构成要件该当性”，也无法完全做到这点。虽然这一体系将故意和过失放到了“构成要件该当性”阶层，但该体系将“违法性认识”放到“有责性”阶层，因此，“构成要件该当性”中仅有“故意”的心理事实时还不能当然肯定构成“某故意犯罪”，因为若无违法性认识将阻却“故意犯罪”而可能构成过失犯罪。而犯罪构成四要件体系则较全面地反映了犯罪原型，它可以将任何两种犯罪区分开来。

但是，四要件体系具有构成要件不周延的缺陷。有些行为具备了犯罪构成四

① 参见陈兴良：《犯罪论体系的位阶性研究》，《法学研究》2010 年第 4 期，第 120 页。

要件，但是，由于其社会危害性总量未达到犯罪程度，根据刑法第 13 条的但书规定，这种行为也不能构成犯罪。此外，根据我国刑法第 13 条犯罪概念和第 37 条免予刑事处罚的规定，“应受有罪宣告性”（即无免罪事由）也是犯罪的一个特征。在行为具备四要件犯罪构成和严重社会危害性时，如果其具有免罪事由也不构成犯罪，可见，符合了犯罪构成四要件还不一定构成犯罪，还需要考察其综合社会危害性是否达到犯罪程度，还要看有否免罪事由。为此，完整犯罪构成除了犯罪构成四要件外，还应包括达到严重程度的综合社会危害性和“应受有罪宣告性”（即无免罪事由）。犯罪构成四要件体系反映了犯罪原型，可从质上将此罪与彼罪区别开来，但是，犯罪构成体系在量上需要用“一定量的综合社会危害性”来将犯罪行为与一般违法行为区别开来。因此，我们可以据此对犯罪构成四要件体系进行改造，将犯罪构成四要件体系这一犯罪原型作为第一大要件，将“一定量的综合社会危害性”作为犯罪量而成为第二大要件，将“应受有罪宣告性”（即无免罪事由）作为第三大要件。

（六）四要件平面化体系将犯罪客体作为犯罪构成体系的独立要件，极大地丰富了犯罪客体的研究

犯罪客体是刑法保护的而被犯罪行为侵害或威胁的法益或法秩序。任何犯罪必定会侵害或威胁法益或法秩序，因此，犯罪客体是任何犯罪的必要要件。在四要件体系研究中，既要对犯罪客体进行宏观研究，也要对每一种犯罪的犯罪客体进行详细的微观研究，探讨其具体的法益或法秩序，研究其社会危害性大小。因此，采用四要件体系理论的苏俄和我国对世界犯罪构成理论的发展作出了重大贡献。而德日三阶层体系普遍不将犯罪客体作为犯罪构成体系的独立要件，德日学者重视对法益或法秩序的宏观研究，在行为无价值与结果无价值问题上进行了激烈争论，但是，他们忽视微观研究，不重视对每一种犯罪侵犯的法益或法秩序的细化研究，仅对少量具体犯罪的法益进行探讨。四要件体系将犯罪客体作为一个独立的实质要件是合理的。在犯罪构成理论发展中，这一做法是应该坚持的。

（七）四要件体系的平面化更容易实现犯罪构成理论的平民化

犯罪构成的平面化具有简单、易懂、操作性强的特点，现代刑事法治是民主法治，犯罪构成理论的运用主体既包括司法人员，也包括人民陪审员、被告人和广大民众。由于四要件体系平面化体现了平民化的特点，因此，它有助于实现刑事民主法治的犯罪构成理论。

综合本章前文所述，笔者认为，犯罪原本是事实和价值交织在一起的行为体，犯罪构成要件则是人为划分的。对于犯罪构成理论而言，只要其所有的犯罪成立要素相同，那么，各种犯罪成立要素排列组合不同是不会影响犯罪定性的，

换言之，犯罪构成的阶层化或平面化是不会影响到犯罪性质的认定的。客观判断先于主观判断、形式判断先于实质判断以及不法判断先于责任判断，并不是犯罪构成要件判断中的铁则，只要司法者将所有犯罪成立要素均判断了，且判断正确，主观判断先于客观判断，或者实质判断先于形式判断或者判断责任先于不法判断也不会导致错案。虽然如此，但是，为了使犯罪构成理论体系更符合逻辑和更实用，我们应重视犯罪构成体系的建构。犯罪构成体系的平面化和位阶性问题关系到犯罪构成体系的科学性，因此，学术的争鸣是必要的。

我国犯罪构成平面化具有简单、明了的特点，但是，该犯罪构成体系存在未将“一定量的严重社会危害性”和“应受有罪宣告性”（即无免罪事由）纳入其体系的缺陷。德日三阶层论体系也是一种符合定罪思维的犯罪成立体系，具有一定层次性，但是，它具有不少缺陷。例如，它包含了许多超法规的违法阻却事由和超法规的责任阻却事由、其次递推定的定罪顺序存在不合理的情形、具有晦涩难懂的概念及理论等。这两种理论各有优点和不足。在今后，我国可以通说四要件犯罪构成理论为基础，同时，借鉴德日犯罪阶层理论合理方法，构建具有中国特色的犯罪构成体系。

第十一章 中国与英美犯罪构成理论的优劣比较

英美双层次犯罪构成理论是当今世界上影响较大的犯罪构成理论之一。我国有些学者对我国通说"四要件犯罪构成理论"进行了批判，对英美双层次犯罪构成理论推崇备至，建议我国借鉴英美双层次犯罪构成理论，重构犯罪构成理论。他们认为，我国四要件犯罪构成理论无法为刑事证明责任提供实体法基础①；对当代新刑事诉讼模式的适应性有待提高；正当程序未进入犯罪成立体系并与其要素相结合；程序性要素的缺失使一些重要辩护因素（包括合理的免责事由）很难在体系内考虑，这不利于诉讼安全②。因此，他们主张借鉴英美双层次犯罪构成理论重构我国犯罪构成理论。对此，笔者持反对意见。

在分析哲学领域，逻辑经验主义者卡尔纳普认为："历史上争论不休的命题实质是采用不同说话方式的结果，也即接受不同的语言系统或语言框架的结果，并非实质性的理论问题。"③ 他还指出："语言框架只是一个有规则的语言表达系统，它是多种多样的，具有无限多的可能性。它们相互间的命题可以相互转换，相互翻译。因此，接受哪种语言框架，本身并没有认识价值。它不是一个通常意义的判断真假的问题，而是选择和决定我们的说话方式问题。"④ 卡尔纳普的这一论述，对犯罪构成理论的比较研究具有重要的启发意义。笔者认为，中国四要件犯罪构成理论和英美双层次犯罪构成理论属于两种按不同的语言系统或语言框架来表达的理论系统，它们仅具有语言表达形式的不同，并无实质上的差异。若在同一法律体系下，只要法律明确规定了犯罪概念和犯罪构成的界限，那么，这两种犯罪构成理论在进行了合法性调节后，其定罪结论应是同一的。

由于英美双层犯罪构成理论是当今世界上重要的犯罪构成理论，因此，本章拟通过对中国与英美犯罪构成理论的比较分析，探讨我国可否完全移植该理论，或以该理论为基础来改造我国犯罪构成理论。

---

① 参见赖早兴：《英美法系国家犯罪构成要件之辨正及其启示》，《法商研究》2007 年第 4 期，第 113—118 页。

② 参见贾凌著：《中美犯罪成立体系比较研究》，人民出版社，2014 年 4 月第 1 版，第 185—186 页。

③ 刘放桐等：《现代西方哲学》，人民出版社，1990 年 8 月第 2 版，第 404—405 页。

④ 刘放桐等：《现代西方哲学》，人民出版社，1990 年 8 月第 2 版，第 405 页。

一、中国与英美犯罪构成理论基本内容的考察

在现代，世界各国普遍尊崇罪刑法定原则，因此，各国所确定的犯罪具有法定性（即基于成文法或判例法的法定性），其犯罪构成也具有法定性。犯罪构成在刑法规范中是客观存在的。为了全面把握犯罪的构造，各国刑法学家基于不同的理论分析方法，在经过深入研究后，以刑法规范为根据，人为地将犯罪分解成若干个具体构成要素，并按一定方法将其形成一定的体系，从而能更好地理解其内在构造。中国四要件犯罪构成理论与英美双层次犯罪构成理论在犯罪构成的理解上具有相同之处，但是，也存在差异。

（一）英美双层次犯罪构成理论的基本内容

在历史上，普通法（即以判例法为基础的法律规范）曾是英美法的主要渊源，但是，在现代英国，传统普通法的绝大部分领域已被法典化，制定法逐步占据主导地位，但仍有很多罪行仅由普通法调整。美国独立后，各州在继续沿用普通法，同时，联邦国会和州议会开始制定单行刑事法规，建立和发展自己的刑事法律，并日益向编纂法典的方向发展，现在，英美国家强调新的罪刑仅能由议会通过法律规定。目前，英美法系和大陆法系在刑法基本原则领域已无重大区别，英美法系也强调罪刑法定、法律不溯及既往、对刑法应作狭义解释、不应类推等①。英美刑法学并无“犯罪构成”的专门术语②，但是，其学者常用“犯罪要件”“刑事责任要件”等来说明犯罪成立要件。为了便于对中国与英美犯罪成立构造的比较分析，后文将统一用“犯罪构成”一词来说明犯罪成立构成。在英美犯罪构成理论里，学者们对犯罪构成的内在构造是有争论的，其存在两个主要学说：(1)“犯罪行为和犯意（或称犯罪心理）”两要件说。该理论认为，犯罪构成由犯罪行为和犯意两要件组成，“无辩护理由”不是犯罪构成的构成要件。(2)“犯罪本体要件和责任充足要件”双层次说。该理论认为，犯罪构成由“犯罪本体要件”（犯罪行为和犯意）和“责任充足要件”（无辩护事由）两层次组成。下面，笔者对这两种学说的观点进行具体论述。

1. “犯罪行为和犯罪心理”两要件说

格兰威尔·威廉姆斯（Glanville Williams）认为，犯罪的全部要素包括犯罪行为和犯意。关于“辩护理由不存在”（即无辩护理由）是否是犯罪的构成要素，格兰威尔·威廉姆斯持否定态度。他认为，犯罪行为已包括了“辩护事由不

---

① 参见钱弘道著：《英美法讲座》，清华大学出版社，2004年10月第1版，第320—321页。

② 参见赵秉志主编：《英美刑法学》，中国人民大学出版社，2004年11月第1版，第25页。

存在”[①]。实际上，他否定了犯罪与辩护事由之间的区分。他指出，“犯罪行为（actus reus）所包含的不仅仅是犯罪定义所指出的行为（conduct）、结果（result）或事实（circumstance），还包括不存在有助于使某种非法行为合法化的证明正当（justification）之理由。在犯罪定义之中起作用的内容与被置于其外的内容之间进行区分，对于清除那些因为犯罪定义没有作出明确规定而形成的疑案（problem cases），没有实质意义”[②]。根据威廉姆斯的分析，若在合法的正当防卫下杀死他人，该杀人行为不构成犯罪，因为在这一情形里，既然杀人行为是合法的，就意味着犯罪行为不存在[③]。

2. “犯罪本体要件（犯罪行为和犯罪心理）和责任充足要件（即无辩护理由）”的双层次犯罪构成说

关于犯罪行为、犯罪心理与辩护理由之间的关系，威廉姆斯（Glanville wtl-liams）等学者主张：犯罪的全部要素包括犯罪行为和犯意，犯罪行为已包括了“辩护事由不存在”。但是，另有学者认为，犯罪由犯罪行为、犯意和“辩护事由不存在”组成。例如，法官兰哈姆（Lanham）认为，犯罪由三部分组成：犯罪行为、犯意、（否定因素）缺乏有效辩护[④]。

将“辩护事由不存在”作为犯罪的构成要件是英美犯罪构成理论中的一个重要主张。我国刑法学者储槐植教授对美国刑法具有独到的研究，他认为，在美国犯罪构成理论里，“排除合法辩护”（即“辩护事由不存在”）是其犯罪构成的要件，他将这种犯罪构成体系称为“双层次模式”，其第一层次为“犯罪本体要件”（包括犯罪行为和犯罪心态），第二层次为“责任充足要件”（即排除合法辩护，具体为排除未成年、错误、精神病、醉态、被迫行为、警察圈套、安乐死、紧急避险、合法防卫等辩护理由）[⑤]。

美国刑法学者威廉姆·威尔逊提出了“刑事责任构成”的主张，他认为，刑事责任构成包括犯罪行为、犯罪意图和辩护事由三要素。辩护事由是刑事责任构造中的第三个独立要素。威廉姆·威尔逊还指出，犯罪包括犯罪行为和犯罪意图两个构成要素，犯罪与辩护事由应该区别。虽然有些辩护事由可能包括在犯罪

① 参见赖早兴：《英美法系国家犯罪构成要件之辨正及其启示》，《法商研究》2007年第4期，第116页。

② 参见［英］威廉姆·威尔逊著：《刑法理论的核心问题》，谢望原、罗灿、王波译，中国人民大学出版社，2015年1月第1版，第285页。

③ 参见［英］威廉姆·威尔逊著：《刑法理论的核心问题》，谢望原、罗灿、王波译，中国人民大学出版社，2015年1月第1版，第285页。

④ ［英］J.C·史密斯和B·霍根著：《英国刑法》，法律出版社，2000年9月第1版，第40页。

⑤ 参见储槐植：《美国刑法（第三版）》，北京大学出版社，2005年2月第3版，第35—66页。

行为或犯罪意图结构中（例如，精神病和非自愿性醉酒属于公诉机关要证明犯罪定义中的显性或隐性心理要素；正当防卫、紧急避险既不是犯罪行为，也不具有犯罪意图），但是，有的辩护事由，不能轻易地将其归入否定犯罪行为或否定犯罪意图的事项中。例如，以胁迫作为辩护事由，通常且最好是承认被指控事实却主张不应承担刑事责任，而不是否定相关的犯罪行为或者犯罪定义中的心理要素。将辩护事由作为刑事责任的第三个要素而不是作为在犯罪的定义轮廓中发挥作用，其意义是由公诉机关承担证明犯罪要素责任和反驳辩护方作出辩护事由的责任，而由辩护方承担证明辩护事由的责任①。

在威廉姆·威尔逊看来，犯罪构成和刑事责任构成是不同的，前者仅是后者的一部分，后者除了包含了前者外，同时包含“辩护事由的不存在”。根据英美刑法及实践，在具备辩护事由的情况下，即使行为符合某种犯罪的犯罪要素（即犯罪行为和犯罪心理），也将宣告被告人无罪。而有些辩护事由是不能纳入否定犯罪行为或否定犯罪意图的事项中来解释的（如胁迫辩护事由）。由于存在这些特别辩护事由可以否定犯罪，因此，“特别辩护事由的欠缺”是犯罪的构成要素。由此可见，威廉姆·威尔逊所指的“犯罪构成”（犯罪行为和犯罪意图）是狭义的犯罪构成，它仅指出了犯罪行为的基本样态，它仅是犯罪成立的基本要件，而其所称的“刑事责任构成”，实际上是指广义的犯罪构成（犯罪行为、犯罪意图和“辩护事由的欠缺”），它是犯罪成立的构成。

美国法学家保罗·H·罗宾逊的观点与威廉姆·威尔逊的主张相近。保罗·H·罗宾逊也认为，犯罪定义一般由两类要素构成：一是犯罪行为（客观要素、因果关系、自愿作为和不作为要件）；二是犯罪心理（可责性要素）②。犯罪与抗辩理由是区分来的，抗辩理由不是犯罪的构成因素。在抗辩理由里，有两类抗辩理由（即缺少要素抗辩事由和犯罪修正抗辩理由）与具体的犯罪定义在理论上紧密相连。另外有三类抗辩理由［即正当性抗辩理由、免责抗辩理由和“非——无罪抗辩理由”（non-culpatory defences）］与包含于犯罪定义中的犯罪化判断无关，因此，这些抗辩理由的存在阻止的是责任③。但是，在英美国家的司法实践中，由于正当性抗辩理由、免责抗辩理由和“非——无罪抗辩理由”的成立可以否定犯罪的成立，因此，从实际上看，保罗·H·罗宾逊的“犯罪定

① 参见［英］威廉姆·威尔逊著：《刑法理论的核心问题》，谢望原、罗灿、王波译，中国人民大学出版社，2015年1月第1版，第272—293页。

② 参见［美］保罗·H·罗宾逊：《刑法的结构与功能》，中国民主法制出版社，2006年6月第1版，第3—16页。

③ 参见［美］保罗·H·罗宾逊：《刑法的结构与功能》，中国民主法制出版社，2006年6月第1版，第78—108页。

义”所指的“犯罪构成”（犯罪行为和犯罪意图）是指狭义的犯罪构成，而其所称的“责任”（即刑事责任）的具体构成实际上就是指广义的犯罪构成（犯罪行为、犯罪意图和“辩护事由的欠缺”），即犯罪成立的构成。

3. 本章用以比较研究的英美犯罪构成理论

在上述两个英美犯罪构成理论体系里，“犯罪行为和犯罪心理”两要件体系是狭义的犯罪构成体系，它意图将辩护理由纳入“犯罪行为”或“犯罪心理”中作为反面理由来解释不存在“犯罪行为”或不存在“犯罪心理”，从而达到否定犯罪的目的，但是，有的辩护理由（如胁迫、豁免等）是在具备“犯罪行为”和“犯罪心理”之后，需以政策宽宥或其他理由来否定犯罪的。由于这种辩护理由具有否定犯罪的作用，因此，这种“辩护理由的欠缺”属于反面的犯罪构成要素，由此可见，“犯罪行为和犯罪心理”两要件体系并不是完整的犯罪成立构成体系。而“犯罪本体要件（犯罪行为和犯罪心理）和责任充足要件（无辩护理由）”的双层次体系将“无辩护理由”作为其反面的犯罪构成要素，其犯罪构成是广义犯罪构成，是完整的犯罪成立构成体系。在本章里，中国与英美犯罪构成理论的比较是在犯罪成立视角下的比较，因此，后文所称的“英美犯罪构成理论”，均特指英美双层次犯罪构成理论。

（二）中国四要件犯罪构成理论的基本内容

1. 中国通说“四要件犯罪构成理论”

新中国的犯罪构成理论是20世纪50年代从苏联引进后逐渐发展而形成的。目前，我国通说“四要件犯罪构成理论”认为，犯罪构成是依照我国刑法规定的、决定某一具体行为的社会危害性及其危害程度而为该行为构成犯罪所必需的一切客观和主观要件的有机统一。具体而言，犯罪构成是由犯罪客体、犯罪客观方面、犯罪主体和犯罪主观方面四个要件组成的有机整体，它是犯罪成立的具体标准，是犯罪人承担刑事责任的根据①。

2. 修正后的中国四要件犯罪构成理论

根据通说，上述犯罪构成四要件是犯罪成立的具体标准和规格，这意味着，一旦行为具备上述犯罪构成四要件，行为即构成犯罪。但是，在实践中，有些行为虽然符合某罪的犯罪构成四要件，但是，由于其具备一些特殊情形，因此，该行为也不构成犯罪。例如，某个国有单位的财务人员挪用20元公款去赌博（即从事非法活动），其行为符合了《刑法》第384条规定的挪用公款罪的四个构成

---

① 参见高铭暄、马克昌、赵秉志主编：《刑法学》北京大学出版社、高等教育出版社，2016年1月第7版，第50—52页。

要件，但是，其行为属于情节显著轻微，危害不大的行为，它不具备《刑法》第13条规定的犯罪概念的“严重社会危害性”特征，因此，不成立犯罪。又例如，全国人民代表大会和地方各级人民代表大会代表法第31条规定，人民代表在人民代表大会期间的发言，不受法律追究。假若李某系全国人民代表大会的人民代表，他为了使某议题获得通过，在代表大会上发表了侮辱或诽谤他人的言论，且情节严重，这时，其行为符合侮辱罪或诽谤罪的四个构成要件，但是，根据全国人民代表大会和地方各级人民代表大会代表法规定，李某的行为也不构成犯罪。根据上述分析，我国通说四要件犯罪构成理论将犯罪构成四要件作为犯罪成立的全部要件，这是存在缺陷的。笔者认为，通说的犯罪构成四要件仅是犯罪成立的必要条件，还不是充分条件，我国通说四要件犯罪构成理论应适度改良。

笔者认为，根据我国刑法第13条规定的法定犯罪概念和其他相关规定，完整的犯罪构成应包括三大要件：（1）犯罪构成基本模型（即犯罪构成四要件）。它是犯罪的行为样态，反映了犯罪的类型。（2）一定量的综合社会危害性（即罪量要件）。它是刑法第13条规定的犯罪概念中“严重社会危害性”所要求的条件。（3）应受有罪宣告性（即无免罪事由）。这是根据刑法第13条规定的犯罪概念中“应受刑罚处罚性”和刑法第37条规定的免予刑事处罚制度而总结出的条件。

上述修改后的犯罪构成四要件体系，才是我国刑法规定中完整的犯罪成立体系，因此，我国通说四要件犯罪构成理论应予以修正。由于本章的中国与英美犯罪构成理论的比较分析是从犯罪成立角度进行的，而通说的“四要件犯罪构成”仅是犯罪成立的部分要件而不是全部要件。因此，后文所讲的中国犯罪构成理论一般指修正后的四要件犯罪构成理论。

二、中国与英美犯罪构成的构成因素之比较分析

在犯罪成立视野下，修正后的中国四要件犯罪构成和英美双层次犯罪构成在构成因素上大部分是相同的，但是，两者也存在着区别。

在比较这两大犯罪构成的构成要素时，本章以修正后的中国四要件犯罪构成作为参照系，让英美双层次犯罪构成与其对照比较分析。

（一）以犯罪构成基本模型（即犯罪构成四要件）为参照物的比较分析

修正后的中国四要件犯罪构成包括三大要件，其第一大要件为犯罪构成基本模型（即犯罪的行为样态），它由犯罪客体、犯罪客观要件、犯罪主体和犯罪主观要件构成。在我国，犯罪构成四要件组成的有机体是犯罪的行为样态，它体现了犯罪的类型，具有将此罪与彼罪区别的作用。

在英美双层次犯罪构成里，其第一层次为犯罪本体要件，它由犯罪行为和犯罪心理构成。在英美法系里，其犯罪本体要件是犯罪行为样态，是犯罪类型化的要件，是划分此罪与彼罪的要件。

通过上述分析可知，两大犯罪构成在犯罪的行为样态理解上存在着差别，英美国家认为，犯罪的行为样态仅指犯罪行为和犯罪心理两个构成要素，而我国认为，犯罪的行为样态包括四个构成要素，它除了包括犯罪客观要件和犯罪主观要件以外，还包括犯罪客体和犯罪主体。

尽管两者存在这样的形式区别，但是，从实质内容看，这两大犯罪构成的大多数构成要素是相同的。

下面，以我国修正后的四要件犯罪构成的第一大要件“犯罪构成基本模型”(即犯罪构成四要件）为参照物进行比较分析。

1. 犯罪客体

犯罪客体是刑法保护的而被犯罪行为侵害或威胁的利益或法秩序。任何犯罪均会侵害或威胁刑法保护的利益或法秩序，因此，我国四要件犯罪构成将犯罪客体作为其构成要件。由于我国刑法对绝大多数犯罪没有在条文上明文规定其明确的客体，其犯罪客体需通过对犯罪客观要件、主观要件、犯罪主体的分析以及借助其他法律或有关规范所确立的利益关系分析来确定其内容，因此，在我国，犯罪客体在大多数犯罪里属于隐性要件。而在英美双层次犯罪构成体系里，犯罪客体没有被作为犯罪行为样态的构成要素。

2. 犯罪客观要件

在我国四要件犯罪构成里，犯罪客观要件是其必不可少的构成要件，它包括危害行为、危害结果、因果关系等要素。在英美双层次犯罪构成里，其犯罪本体要件中的犯罪行为包括自愿行为（或没有履行法定义务)、社会危害结果、因果关系①。通过比较可知，英美双层次犯罪构成“犯罪本体要件”中的“犯罪行为”和我国犯罪客观要件基本相同。

3. 犯罪主观要件

犯罪主观要件是我国四要件犯罪构成中必不可少的要件。它包括罪过（故意或过失)、犯罪的动机和目的等要素。在英美双层次犯罪构成里，其犯罪本体要件中的“犯罪心理”也是犯罪必不可少的构成要素（除少量严格责任犯罪外),

① 参见［美］约书亚·德雷勒斯著：《美国刑法精解（第10版）》，王秀梅等译，北京大学出版社，2009年1月第1版，第75页。

其犯罪心理内容，一般指蓄意、明知、轻率或疏忽[①]。

通过比较分析可知，尽管我国犯罪主观要件中的罪过形式（直接故意、间接故意、过于自信的过失和疏忽大意的过失）与英美国家犯罪心理（蓄意、明知、轻率或疏忽）存在着区别，但是，两者在犯罪构成的体系框架内均同属于主观要件，且两者的内容是很相近的。

4. 犯罪主体

在我国四要件犯罪构成里，犯罪主体是其必要要件，它是体现犯罪行为样态的一个要素。犯罪主体包括自然人主体和单位犯罪主体。就自然人犯罪主体而言，其涉及的内容有刑事责任年龄和刑事责任能力，对于特殊主体来说，还涉及身份因素（如国家工作人员等）。而在英美双层次犯罪构成体系里，英美学者并没有单独将犯罪主体作为其犯罪行为样态的一个要件。我国有学者认为，在英美刑法学犯罪要件理论里，它将犯罪主体（犯罪人）作为犯罪成立之前提来加以考虑的[②]。笔者认为，这一观点是值得商榷的。

笔者认为，尽管英美双层次犯罪构成的犯罪行为样态里没有单独的犯罪主体要件，但是，在英美双层次犯罪构成里，我国犯罪主体所涉及的内容都有相应内容对应。首先，它在犯罪本体要件中“犯罪行为”中体现。英国学者 Glanville Willams 认为，所谓犯罪行为，乃指除了精神要素（Mental Element）以外的全部犯罪要素，这甚至包含了行为之定义范围内已经含括的一个精神要素（a mental element）[③]。我们从英美刑法中可看到，对于身份犯而言，其身份（犯罪特殊主体的要素）在罪状中是有明文规定的。例如，纽约州《商业贿赂法》规定，雇主或委托人的雇员、代理人或受托人索取、期约或同意接受他人提供的利益，并意图实施影响雇主或受托人的利益的行为，是商业受贿罪。就商业受贿罪而言，其主体为特殊主体，即雇员、代理人或受托人。对于联邦刑法规定的公职人员受贿罪或其他州规定的受贿罪而言，其罪状同样规定了特殊主体——公职人员[④]。其实，对于特殊主体的身份要素，在英美双层次犯罪构成里，它是放到犯罪本体要件的“犯罪行为”中描述的。

其次，英美双层次犯罪构成的“责任充足要件”从反面体现了犯罪主体的构成要素。在我国的犯罪主体要件里，刑事责任年龄和刑事责任能力是作为正面

---

① 参见［美］约书亚·德雷勒斯著：《美国刑法精解（第10版）》，王秀梅等译，北京大学出版社，2009年1月第1版，第106—131页。

② 参见赵秉志主编：《英美刑法学》，中国人民大学出版社，2004年11月第1版，第25页。

③ 参见赵秉志主编：《英美刑法学》，中国人民大学出版社，2004年11月第1版，第26页。

④ 参见储槐植：《美国刑法（第三版）》，北京大学出版社，2005年2月第3版，第231页、第208—210页。

的、积极的构成要素来看待的，即行为人达到了刑事责任年龄和具备了刑事责任能力才能成为犯罪主体。而在英美双层次犯罪构成里，其责任充足要件（即无辩护理由）将未成年人和精神病作为免责的辩护事由，尽管其不将未成年人和精神病作为犯罪定义中“犯罪行为”或“犯罪心理”的内容，但是，一旦行为人具有“未成年人”或“精神病”的免责辩护理由即不应认定为犯罪。因此，从广义犯罪构成（即犯罪成立）看，无“未成年人”或无“精神病”这种反面的、消极因素是英美双层次犯罪构成“责任充足要件”的构成要素。假若从正面的、积极的角度理解，已达到法定刑事责任年龄和具备刑事责任能力是英美双层次犯罪构成的构成要素。

综上，从实质上看，我国四要件犯罪构成中“犯罪主体”的各构成因素，在英美双层次犯罪构成中均有相对应的要素，但是，其有些构成因素与我国修正后的犯罪构成在表现形式上大不相同。

（二）以“一定量的综合社会危害性”为参照物的比较

我国修正后的四要件犯罪构成理论认为，行为具备了犯罪构成基本原型（即犯罪客体、犯罪客观要件、犯罪主体和犯罪主观要件组成的犯罪作为样态）后并不当然构成犯罪。根据我国刑法第 13 条规定的犯罪概念要求，犯罪的成立应具备“严重的社会危害性”“情节显著轻微、危害不大”的行为不构成犯罪，因此，一行为具备犯罪构成四要件基本模型后仍要综合考虑其他各方面的因素来判断是否达到严重的社会危害性，达到了严重社会危害性才成立犯罪。正因如此，我国修正后的四要件犯罪构成理论将“一定量的综合社会危害性”作为一个独立要件。

在英美双层次犯罪构成里，“轻微恶害”（即社会危害性轻微）是一个无罪的辩护理由。例如，美国模范刑法典第 2・12 条规定，“行为所产生或可能产生的恶害过于轻微，无需刑事判决谴责”。在这种情形下，法庭应当驳回起诉①。美国刑法学者保罗・H・罗宾逊也认为，情节轻微是抗辩理由②。

（三）以“应受有罪宣告性”（即无免罪事由）为参照物的比较

行为具备了犯罪构成四要件基本模型和严重社会危害性也并不当然构成犯罪，因为法律可以规定一些政策性的免罪事由，让这些行为不以犯罪论处。根据我国刑法第 13 条“犯罪概念”规定和第 37 条“免予刑事处罚”的规定，“应受

① 参见刘仁文、王祎等译：《美国模范刑法典及其评注》，法律出版社，2005 年 11 月第 1 版，第 42 页。

② 参见［美］保罗・H・罗宾逊：《刑法的结构与功能》，中国民主法制出版社，2006 年 6 月第 1 版，第 5 页。

有罪宣告性”（无免罪事由）是我国修正后的四要件犯罪构成的第三大要件。

笔者认为，在英美双层犯罪构成的“责任充足要件”里，其无罪的辩护理由即免罪事由。其无罪辩护理由可分为两大类：实体性的无罪辩护理由和诉讼程序性的无罪辩护理由。

就实体性辩护理由而言，它又可分为缺失构成要素的无罪辩护事由和政策性宽宥的无罪辩护理由。

缺失构成要素的无罪辩护事由是与犯罪基本行为样态（犯罪行为和犯罪心理）密切相关的辩护理由。一旦具备这种辩护理由，即从反面证明犯罪行为或犯罪心理不成立，进而说明行为无罪。例如，正当防卫、紧急避险、依法执行命令是既不符合“犯罪行为”构成要素，也不符合“犯罪心理”构成要素的行为。正当防卫或紧急避险的辩护理由是从反面证明其行为无罪的理由。又如，精神病、醉酒、同意、错误的辩护理由则从反面证明无显性或隐性的犯罪心理要素，进而说明其行为无罪①。

政策性宽宥的无罪辩护理由是指行为具备了犯罪的行为样态（即犯罪行为和犯罪心理）后，基于刑事政策宽宥的需要而作无罪处罚的辩护理由。例如，胁迫、未成年人、情节轻微的辩护理由既不能否定犯罪行为要素，又不能否定犯罪心理要素，但是，基于刑事政策需要，具备这些辩护事由时按无罪处理。

诉讼程序性的无罪辩护理由是英美双层次犯罪构成“充足责任要件”中的重要无罪辩护理由，这些无罪辩护理由主要包括：（1）“证据不足”辩护理由。“证据不足”辩护理由是这样一种情况，被告人在庭审中提供证据证明控方并未提供证明犯罪基本要件之一的证据②。（2）达成辩诉交易后的豁免。（3）无诉讼能力。（4）被迫作证。（5）双重追诉。（6）时效③。等等。

由于我国修正后的犯罪构成是指实体法的犯罪构成，因此，在英美双层犯罪构成“责任充足要件”的无罪辩护理由里，诉讼程序性的无罪辩护理由不能成为我国修正后的犯罪构成中的免罪事由，而缺失构成要素的无罪辩护事由是从反面说明行为不符合犯罪构成的行为样态的因素，它也不是我国修正后的犯罪构成的免罪事由，这样，仅有“政策性宽宥的无罪辩护理由”与我国修正后的犯罪构成的免罪事由相近。

---

① 参见［英］威廉姆·威尔逊著：《刑法理论的核心问题》，谢望原、罗灿、王波译，中国人民大学出版社，2015 年 1 月第 1 版，第 282—283 页。

② 参见［美］约书亚·德雷勒斯著：《美国刑法精解（第 10 版）》，王秀梅等译，北京大学出版社，2009 年 1 月第 1 版，第 184—185 页。

③ 参见［美］保罗·H·罗宾逊著：《刑法的结构与功能》，中国民主法制出版社，2006 年 6 月第 1 版，第 77 页、第 81—82 页。

（四）两大犯罪构成的异同

通过前面的对比分析可知，这两大犯罪构成理论主要具有以下相同和不同之处。

1. 两者主要的不同之处

（1）从形式上看，犯罪的行为样态不同。在英美双层次犯罪构成里，犯罪的行为样态由犯罪行为和犯罪心理两要素组成；而在我国修正后的犯罪构成，犯罪的行为样态由犯罪客体、犯罪客观要件、犯罪主体和犯罪主观要件组成。与前者相比，犯罪的行为样态多了犯罪客体和犯罪主体两个构成因素。

（2）免罪事由不同。在英美双层次犯罪构成里，其第二层次“责任充足要件”所指的辩护理由实际上是免罪事由，一旦行为具备这些辩护理由，即应宣告行为无罪。这些辩护理由包括缺失构成要素的辩护理由、政策性宽宥的辩护理由和诉讼程序性辩护理由；而在我国修正后的四要件犯罪构成里，其第三大要件“应受有罪宣告性”中的免罪事由仅指前者中的政策性宽宥的辩护理由，且这一免罪事由不一定是相同的（例如，胁迫在我国就不属于免罪事由）。至于缺失构成要素的辩护理由，我国修正后的四要件犯罪构成不将其作为独立构成要素纳入犯罪构成中，因为四要件犯罪构成基本模型是从正面说明犯罪的行为样态的，缺失构成要素的辩护理由，是想从反面否定四要件中的某一要件或某几个要件的成立来说明犯罪行为样态的不成立。若论证了四要件犯罪行为样态已成立，实际上其前提是先要肯定不存在“缺失构成要素的辩护理由”。犯罪的行为样态应指积极的构成要素，若将各个构成要素反面的“缺失构成要素的辩护理由”排除出构成要素之外，并不影响犯罪的正确认定。所以，我国不将“缺失构成要素的辩护理由”单独作为免罪事由纳入犯罪构成。

对于诉讼程序性辩护理由，我国修正后的四要件犯罪构成不将其作为构成要素纳入其中，因为我国刑法（实体法）和刑事诉讼法（程序法）确立的内容是有明显区别的。犯罪构成属于刑法这一实体法的内容；而英美双层次犯罪构成中的诉讼程序性辩护事由属于我国刑事诉讼程序法的内容，因此，在我国，诉讼程序性的辩护理由不应成为我国犯罪构成中“免罪事由”的内容。

而由于英美双层犯罪构成在“责任充足要件”中将诉讼程序性辩护理由作为其构成要素，因此，该犯罪构成是一个由实体法内容和程序法内容复合而成的犯罪构成。

（3）证明责任分配的有或无之不同。从英美法系国家的刑事法看，其刑事实体法和刑事程序法的内容并不是截然分开的，其有些领域在内容上是两者兼有的。关于英美双层次犯罪构成，其刑事制定法或判例法对其各要件规定了举证责任的分配。美国法学会于1962年通过并出版的刑事法典示范文本《美国模范刑法典》是美国许多州修改其刑法典的模板，至今有34部各州制定的刑法典受其影响，这些刑法典规定了犯罪要件和抗辩理由，以及举证责任内容①。《美国模范刑法典》第1.12条规定，控方对犯罪要件的事实具有举证责任（说服责任），其所作的证明必须达到排除合理怀疑程度，被告人对抗辩理由承担提出证据的责任，其要求被告人以达到优势证据的程度证明其抗辩理由②。

在In re Winship案中，美国联邦最高法院明确要求控诉方承担证明被告人有罪的责任，控诉方应当将成立指控犯罪所需的所有事实证明到排除合理怀疑程度③。即英美双层次犯罪构成的“犯罪本体要件”（犯罪行为和犯罪心理）的证明责任由控诉方承担。关于英美双层次犯罪构成“责任充足要件”中的辩护理由，美国联邦法院对各个辩护理由的举证责任分配在判例上没有规定统一原则，但有一个原则性限制，也就是：如果辩护理由是对犯罪成立要素的否定，那么就应由控方承担说服责任，反之，如果辩护事由并没有否定犯罪成立要素，就应由辩方承担举证责任。而一项主张是不是犯罪成立要素，取决于各州立法机关关于该犯罪的法律规定。而各州的立法是存在差异的，在辩护事由的证明责任上，各州做法不完全一致。有些州将否定辩护事由的举证责任赋予政府承担，有些州则有选择地要求政府承担否定辩护事由的举证责任，而有些州要求被告人承担受胁迫、醉态、精神病、事实错误、被害人同意的举证责任④。

我国刑法并不规定举证责任分配的程序性内容，因此，我国刑法对修正后的四要件犯罪构成各要件并没有举证责任分配的相关规定。

2. 两者基本相同之处

（1）从实质上看，两者的犯罪类型构成因素是基本相同的。在同一刑法规定体系下，对于绝大多数案件而言，在行为构成犯罪的情况下，为什么运用我国四要件犯罪构成理论分析和运用英美双层次犯罪构成理论分析均会得出相同罪名呢，这是因为两者在犯罪类型的构成因素上是相同的。我国犯罪构成四要件实际上是反映犯罪类型的四个构成要素，在英美双层次犯罪构成里，尽管从形式上看其犯罪的行为样态仅由犯罪行为和犯罪心理构成。实际上，在其双层次体系的构成要素里，它实质上也包括了犯罪主体的内容。例如，犯罪主体的特殊身份构成

---

① 参见贾凌著：《中美犯罪成立体系比较研究》，人民出版社，2014年4月第1版，第73—104页。

② 参见刘仁文、王祎等译：《美国模范刑法典及其评注》，法律出版社，2005年11月第1版，第18—20页。

③ 参见赖早兴：《美国犯罪成立要件与证明责任分配》，《法学家》2007年第3期，第158页。

④ 参见赖早兴：《美国犯罪成立要件与证明责任分配》，《法学家》2007年第3期，第159页。

要素在“犯罪行为”要件中有体现，犯罪主体的“责任年龄”和“责任能力”要素在“责任充足要件”的辩护理由中体现。对于犯罪客体（即刑法保护而被犯罪行为侵害的利益或法秩序）而言，虽然英美双层次犯罪构成体系没有明确肯定犯罪客体是其构成要素，但是，在英美国家，任何犯罪也均有犯罪客体，即任何犯罪也都会侵害或威胁了刑法保护的利益或法秩序。例如，在美国，谋杀罪也是存在犯罪客体的，其犯罪客体即他人的生命权。由于犯罪客体是一个价值要件和隐性要件，它的内容需借助犯罪客观要件、犯罪主观要件和犯罪主体以及其法律规范来综合归纳。可见，从实质上讲，英美双层次犯罪构成在构成要素上与我国犯罪构成一样也具有四要件犯罪构成的各种构成要素。

（2）在“一定量综合社会危害性”方面，两者具有相同要素。我国修正后的四要件犯罪构成的第二大要件是“一定量综合社会危害性”，若行为不具有严重的社会危害性，该行为不构成犯罪。而英美双层次犯罪构成在“责任充足要件”中将“轻微恶害”作为无罪的辩护理由，可见，两者在犯罪构成上均要求行为具有一定量的综合社会危害性才构成犯罪。

（3）在免罪事由上，两者具有性质相同的内容。我国修正后的四要件犯罪构成的第三大要件“应受有罪宣告性”中所言的“免罪事由”，是政策性宽宥的免罪事由，它与英美双层次犯罪构成“责任充足要件”中实体法的政策性宽宥的无罪辩护理由在性质上是相同的。

通过对我国修正后的四要件犯罪构成和英美双层次犯罪构成的相同构成因素分析可知，若仅从刑法实体法上比较，这两大犯罪构成的构成要素在实质上是基本相同的。这两大犯罪构成的主要区别是，英美双层次犯罪构成在“责任充足要件”的辩护理由中包含了“诉讼程序性的辩护理由”，以及在刑法制定法或判例法上规定了犯罪构成要素的举证责任分配的诉讼程序性内容；而我国修正后的犯罪构成并没有包含这些程序性内容。

三、中国与英美犯罪构成理论的优劣评价

中国和英美国家的刑法学者以制定法或判例法规定的犯罪构成内容为基础，各自以不同的解析方法建立了各自的犯罪构成理论，从实质上看，这两种犯罪构成理论在实体法的犯罪构成要素的认识上基本相同，但是，英美犯罪构成理论在犯罪构成的解析方法是双层次的，同时，其将诉讼程序性因素纳入了犯罪构成中，因此，两者也存在着不同。既然如此，两者从体系上看孰优孰劣呢？

（一）刑事实体法视野下的优劣分析

从刑法实体法角度看，若以中国犯罪构成四要件作为犯罪构成基本模型的参

照物，中国和英美犯罪构成所论述犯罪构成的内容，在实质上均包括了犯罪构成四要件的构成要素，但是，两者在出罪认识上存在一些区别。换言之，两者对犯罪构成的基本构成要素在认识上基本相同，若在同一刑法典下，运用这两种犯罪构成理论的体系性分析方法来定罪，其所定罪名应是一致的。而在政策性宽宥免罪事由（无罪辩护理由）的认识上，两者存在区别，前者认为这种免罪事由应是法定的，其范围很窄，寥寥无几；而后者认为，这种免罪事由既可以是法定的，也可以是非法定的，其范围将是无限的。由于后者出罪事由会更多，因此，两者在罪与非罪认识上将出现分歧。

笔者认为，修正后的中国四要件犯罪构成理论和英美双层次犯罪构成理论均具有简单易懂和具有极强操作性的特点，这两种简单易行的犯罪构成理论有利于法官、检察官、律师、被告人等诉讼参与人的理解，也有利于旁听群众的理解。因此，两者均与现代民主司法制度相配匹，它有利于更好地推广陪审制和公开审判制，也有利于各诉讼参与人实现各种权利。但是，相比之下，笔者还是认为，我国修正后的犯罪构成理论更具科学性。

1. 关于犯罪行为样态的评价

修正后的中国四要件犯罪构成理论认为，犯罪行为样态由犯罪构成四要件组成，而英美双层次犯罪构成理论认为，犯罪行为样态仅由犯罪行为和犯罪心理组成，犯罪主体和犯罪客体不是犯罪行为样态的构成要素。

笔者认为，犯罪构成四要件组成的犯罪行为样态是较全面的犯罪行为样态，它全部地反映了犯罪的类型，而犯罪行为和犯罪心理两要素组成的犯罪行为样态不全面，它不能完整地反映犯罪的类型，是有缺陷的。

首先，犯罪主体应是犯罪行为样态的构成要素的。任何犯罪都要有犯罪主体，离开了犯罪主体就不存在犯罪，也不会发生刑事责任问题[①]。犯罪主体是需要具备一定条件的，犯罪行为样态是由具备一定条件的主体在一定心理支配下通过其行为侵害一定对象（客体）而呈现出来的，因此，犯罪行为样态应包含有犯罪主体这一要素。既然如此，犯罪主体的“刑事责任年龄”“刑事责任能力”“特殊身份”（对身份犯而言的构成要素）等必备要素应作为积极的、正面的要素规定在犯罪行为样态之中。

在英美双层次犯罪构成理论里，犯罪主体不是犯罪行为样态的独立构成要素，它将犯罪主体的“刑事责任年龄”（即未成年）和“刑事责任能力”（如精神病）作为无罪辩护理由置于第二层次的责任充足要件中，仅将身份犯的“特殊身份”

① 参见高铭暄、马克昌、赵秉志主编：《刑法学》，北京大学出版社、高等教育出版社，2016 年 1 月第 7 版，第 84 页。

置于犯罪行为要素里，这不利于人们从正面完整地把握其犯罪行为样态。

其次，犯罪客体也应是犯罪行为样态的构成要素。犯罪的实质是侵害法益或法秩序，因此，任何一种犯罪必定侵害法益或法秩序。犯罪客体是刑法保护的而被犯罪行为侵害的法益或法秩序，虽然刑法分则并没有明文规定每一种犯罪侵害的法益或法秩序，但是，通过对罪状和其他相关规定的分析，必定会找到这种犯罪在客观上必定存在的、被侵害的法益或法秩序，可见，犯罪客体是任何犯罪必不可少的要素。犯罪客体具有区分罪与非罪、此罪与彼罪的功能，若犯罪直接客体被刑法明确规定下来，它具有反制作用，可以限制对犯罪客观要件、主观要件和主体要件的实质解释。综上，犯罪客体应是犯罪行为样态的必要构成要素。

在英美刑法里，其刑法也是保护法益或法秩序的，任何犯罪也会侵害或威胁法益或法秩序，因此，任何犯罪必定包含犯罪客体这一隐性或显性要件（对刑法明文规定了犯罪客体的犯罪而言，它是显性要件）。英美双层次犯罪构成理论不将犯罪客体明确地作为其犯罪行为样态的构成要素，从而使其显得不够全面。

2. 对“无罪辩护理由”的评价

英美双层次犯罪构成理论认为，“辩护理由不存在”是犯罪构成（即犯罪成立）的一个必要要件（即责任充足要件）。其无罪辩护理由共有三种：缺失构成要素的辩护理由、政策性宽宥辩护理由和诉讼程序性辩护理由。其中，属于刑法实体法辩护理由有两个：缺失构成要素的辩护理由和政策性宽宥辩护理由。

笔者认为，英美双层次犯罪构成理论将缺失构成要素纳入犯罪构成中是不合理的，缺失构成要素的辩护理由（如正当防卫、紧急避险等）不应作为犯罪成立构成要素，不应纳入犯罪成立体系之中。因为犯罪行为样态的构成要素应是从正面积极说明犯罪成立的构成要素，而缺失构成要素的辩护理由是从反面说明行为不具备犯罪行为样态的情形。这些情形与人们正常穿衣、吃饭等合法行为事由一样，它们应置于犯罪构成体系之外，让其作为一个独立领域（如正当化行为领域）来独立判断认定，一旦其不符合正当化行为要求，而是符合犯罪行为样态要求时，才将其纳入犯罪构成体系中来判断其是否成立犯罪。

关于政策性宽宥辩护理由，我国修正后的犯罪构成理论认为，这种免罪理由应具有法定性。而在英美双层次犯罪构成理论里，有的政策性宽宥辩护理由具有法定性，但是，有的则不具有法定性，因为与其他辩护理由一样，英美的政策性宽宥辩护理由具有开放性，其判例可能会创制新的辩护理由①。这种开放性辩护理由可能会使法官自由裁量权过大，甚至导致出罪随意性的倾向，这有违现代法

① 参见赖早兴：《美国刑法中的辩护事由及其启示》，《刑法论丛》2015 年第 3 卷，第 354—356 页；以及［英］J. C・史密斯和 B・霍根著：《英国刑法》，法律出版社，2000 年 9 月第 1 版，第 40 页。

治“讲规矩”的精神。

（二）刑事诉讼法视野下的优劣判断

我国深受大陆法系影响，从法系分类上看，我国应属于大陆法系。大陆法系是成文法法系，其刑法和刑事诉讼法是有各自明确的调整对象的。而英美法系国家曾深受普通法（判例法）影响，之后，制定法逐渐占主导地位，由于英美法系的刑事诉讼模式为当事人对抗制模式，其许多诉讼制度（如陪审团制、辩诉交易等），与大陆法系职权主义模式中的诉讼制度有着明显区别。英美法系具有独特的传统。为了适应其诉讼模式，英美法在刑法实体法和刑事诉讼法划分上并不像大陆法系那样划得如此明晰。在刑法中，它往往规定了许多刑事诉讼程序内容。例如，在英美双层次犯罪构成中，英美刑法（包括制定法或判例法）对犯罪构成各要件的证明责任进行了分配，控方承担犯罪本体要件（犯罪行为和犯罪心理）的证明责任（说服责任），辩护方在一般情况下对辩护理由承担证明责任（一般指提出证据的责任），同时，在双层次犯罪构成“责任充足要件”里，其规定的许多辩护理由属于诉讼程序性的辩护理由（如证据不足、时效等）。我国修正后的四要件犯罪构成理论并没有将诉讼程序因素纳入其中。在刑事诉讼法视野下，这两种犯罪构成理论孰优孰劣呢？

1. 关于犯罪构成要件证明责任分配的评价

前文提到，我国有学者批评地指出，我国四要件犯罪构成理论无法为刑事证明责任的分配提供实体法基础，我国应借鉴英美法系的犯罪构成理论来完善自己的犯罪构成理论：一是承认行为与心态在犯罪成立中的表面作用；二是将排除犯罪性事由纳入犯罪构成要件中。控方承担前者的证明责任，辩护方承担后者的证明责任①。

笔者认为，我国修正后的四要件犯罪构成体系无需在刑法中规定其证明责任分配的程序性内容。因为我国的刑法和刑事诉讼法在内容上是有清晰划分的，前者属于实体法，后者属于程序法。证明责任分配是刑事诉讼法的证据制度内容，而犯罪构成是刑法实体法规定的犯罪成立体系。犯罪构成要件的证明责任分配应由刑事诉讼法或刑事诉讼司法解释来确定，而不宜在刑法中规定。其实，我国刑事诉讼法已明确规定控方对被告人有罪负有证明责任，不得让被告人自证其罪。

我国修正后的四要件犯罪构成体系中的第一大要件“犯罪构成四要件基本模型（犯罪行为样态）”和第二大要件“一定量的综合社会危害性”的证明责任

① 参见赖早兴：《英美法系国家犯罪构成要件之辨正及其启示》，《法商研究》2007 年第 4 期，第 113 页，第 118 页。

当然由控方承担。在一般情况下，行为具备了犯罪构成四要件，且综合社会危害性达到严重程度，即应推定行为具有“应受有罪宣告性”，除非辩护方能提出行为人具有“政策性宽宥的免罪事由”（即“政策性宽宥的排除犯罪性事由”）的证据证明其无罪。控方在指控前，当然也应查找被告人是否具有“政策性宽宥的免罪事由”，但是，控方确实无法查到这种免罪事由时，他是无法提供证据的，因此，辩护方具有承担提供“免罪事由”证据的责任，这是一种常识、常理，无需法律专门规定，即使需要规定，也只需规定在刑事诉讼法中。

在刑法实体法里，“排除犯罪性事由”有两类：一是前文已论述的“政策性宽宥的排除犯罪性事由”；二是“缺失构成要件的排除犯罪性事由”，如正当防卫、紧急避险等。

对于“缺失构成要件的排除犯罪性事由”而言，笔者认为，我国不应将其纳入犯罪构成中，因为犯罪构成中的犯罪行为样态应是从正面积极说明犯罪行为样态的构成要素，而缺失犯罪构成的排除犯罪性事由，是从反面消极地说明犯罪行为样态不成立的情形，它不是犯罪构成的构成要素，应置于犯罪构成体系之外，对此，前文已有分析。在刑事诉讼法中，控方承担证明犯罪行为样态各种构成要素成立的证明责任，一旦证明犯罪行为样态成立，自然也证明“缺乏构成要件的排除犯罪性事由”的不成立。在办案中，控方当然在证明犯罪行为样态成立之时，应当也要考虑“缺失构成要件的排除犯罪性事由”是否存在。但是，若控方根本不发现，这时，控方也是无法提供证据的，因此，独立于犯罪构成体系之外的“缺失构成要素的排除犯罪性事由”的证明责任，也应由辩护方承担，这是不言而喻的，无需在法律上明确规定，若要在法律上规定，同样也应在刑事诉讼法的证据制度上予以规定。

笔者认为，如果犯罪构成要件证明责任分配的内容是同一的，那么，这些内容在刑法中规定或在刑事诉讼法中规定都会得出相同的结论。在实践中，这些内容规定在刑法中或刑事诉讼法中并没有优劣之分。

2. 关于“诉讼程序性辩护理由应否纳入犯罪构成中”的评价

在英美双层次犯罪构成“责任充足要件”里，有一类辩护理由是诉讼程序性辩护理由（如证据不足、达成辩诉交易后的豁免、被迫作证、时效等）。我国有学者对这种包含有诉讼程序性辩护理由的犯罪构成予以肯定，并对我国四要件犯罪构成理论进行了批评。她认为，正当程序未进入犯罪成立体系并与其要素相结合，这是我国现有犯罪成立体系（即传统犯罪构成四要件体系）的缺陷。其第二个缺陷是，“程序性要素的缺失，使得一些重要的辩护因素，包括合理的免责事由，很难在该体系内考虑”。而这些因素一旦被搁置于犯罪成立体系之外，由于体系成立即说明行为已经构成犯罪，故这些因素的辩护功能不易得到发挥，这对于诉讼安全来说，确有令人不安之虞①。

笔者认为，犯罪概念对犯罪构成的边界及其构成要素的选定具有限制作用。而犯罪概念具有刑法学（实体法）语境下的犯罪概念和带有诉讼法内涵的犯罪概念之分。前者是在罪刑法定原则制约下确立的纯粹实体法意义上犯罪概念，它是指具有严重社会危害性、刑事违法性和应受有罪宣告性的行为；而后者是在无罪推定原则制约下确定的具有诉讼法内涵的犯罪概念。英美法系国家法律上的犯罪概念有着诉讼法上的内涵，其认为，犯罪是法院认定或者国会规定的，依照刑事诉讼程序加以处理的错误行为②。英美法系国家的刑法和刑事诉讼法并不是清晰划分的，其双层次犯罪构成将诉讼程序性辩护理由纳入其中，而诉讼程序性辩护理由具有广泛性和不确定性，从而导致犯罪边界具有不确定性。

我国刑法（实体法）和刑事诉讼法在内容上是有明确划分的，我国不宜盲目地模仿英美双层次犯罪构成理论，不宜将诉讼程序性辩护理由纳入犯罪构成中。目前，我国刑法规定的犯罪概念和犯罪构成均是实体法意义上的内容，我国现有刑法体系在整体上具有协调性，如果我国将诉讼程序性辩护理由纳入我国犯罪构成体系，那么，我国刑法理论将需作出重大变更：其犯罪概念理论需要变更，犯罪构成理论需要变更，刑法领域其他理论（如共同犯罪理论等）也需变更。与此同时，刑事诉讼法的立法和理论也需作出重大调整。变更后的刑法及其理论和刑事诉讼法及其理论是否妥当，仍有待于进行深入论证。

目前，我国刑法和刑事诉讼法明显分野以及各自理论领域清晰分离，它具有合理性。我国刑事法的立法和理论传统已为广大法律工作者和民众所接受，司法实践也证明其合理性。因此，笔者认为，英美双层次犯罪构成中包含诉讼程序性辩护理由，这并不能说明该犯罪构成理论优于我国四要件犯罪构成理论。我国四要件犯罪构成理论不宜将诉讼程序辩护理由纳入其中，这些诉讼程序性辩护理由应置于刑事诉讼法相关程序立法和理论之中，这才是明智之举。

诉讼程序性辩护理由又可分两类：一是纯粹的诉讼程序性辩护理由。这种辩护理由是因为不达到有罪证明标准或是因为违反证据规则而成立的诉讼程序性无罪辩护理由的。例如，“证据不足”是因为不达到“确实、充分”、“排除合理怀疑”的有罪证明标准而成为无罪辩护理由的，而“被迫作证”是因为违反证据规则而成为无罪辩护理由的。二是影响犯罪概念范围的、兼具实体性和诉讼程序

① 参见贾凌著：《中美犯罪成立体系比较研究》，人民出版社，2014 年 4 月第 1 版，第 186 页。

② 参见刘之雄：《犯罪概念多元论：一个虚幻的功能诉求——关于犯罪概念理论的系统反思》，《法商研究》2008 年第 4 期，第 34—38 页。

性的辩护理由。这种辩护性理由是在具备了实体性犯罪成立要件后，因诉讼程序中的辩诉交易、程序进程等原因而成为的无罪辩护理由。例如，“达成辩诉交易后的豁免”和“时效”是在行为具备了犯罪行为样态构成要件、严重社会危害性和无“政策性宽宥无罪辩护理由”实体性犯罪成立要件后，因诉讼程序原因而成为无罪辩护理由的。

我国刑法没有必要将这两种诉讼程序性辩护理由作为犯罪构成的构成要素。因为我国刑法和刑事诉讼法在内容界定上已比较明晰，前者为实体法，而后者为程序法，对于纯粹诉讼程序辩护理由，我国刑事诉讼法在证明标准制度和证据制度中已有明确的规定，在诉讼上已有合理安排。对于影响犯罪概念范围、兼具实体性和诉讼程序性的辩护理由而言，这些内容也不宜被纳入犯罪构成体系。我国犯罪构成体系是指实体法上的犯罪成立要件体系，达成辩诉交易后的豁免和“已过时效”（追诉时效）是行为在实体法的犯罪构成已成立后，因诉讼原因而不立案、不起诉或终止审理的理由。如果将这些理由作为无罪辩护理由纳入犯罪构成中作为构成要素，这势必使我国犯罪概念的内涵增加（即增加了诉讼性内容），外延缩小，从而使我国犯罪概念和犯罪构成兼具实体性和程序性内容。犯罪概念是刑法的最基础概念，犯罪构成理论是刑法的核心理论，犯罪概念和犯罪构成理论的变动势必引起刑法理论和刑法立法的全面变动。将影响犯罪概念范围的、兼具实体性和诉讼程序性的无罪辩护理由纳入我国犯罪构成体系并没有多大意义，它既不能更好地保护社会和保障人权，也不能更好地提高诉讼效率，相反，它将引发我国刑法理论的混乱，因此，我国不应将这种辩护理由作为我国犯罪构成的构成因素。

四、中国与英美犯罪构成理论优劣比较的基本结论

犯罪构成是犯罪成立的结构和体系，是认定犯罪成立的标准和规格，因此，中国与英美法系国家均重视犯罪构成理论的建构。

中国修正后的四要件犯罪构成理论和英美双层次犯罪构成理论，在犯罪构成的结构和体系认识上存在着差异。前者是从实体法上理解犯罪构成的，诉讼程序性要素不是犯罪构成的构成要素。在这一犯罪构成体系里，犯罪构成要件证明责任分配的内容没有在刑法规定，更没有直接将其赋于犯罪构成体系中；诉讼程序性无罪辩护理由也没有规定在犯罪构成体系中。而后者所称的犯罪构成，既包含实体法内容，也包含程序法内容，它将诉讼程序性无罪辩护理由纳入其“责任充足要件”中，并在刑法（制定法或判例法）中对犯罪构成要件进行了证明责任的分配。此外，两者在犯罪行为样态等方面也存在着重大差异，前者认为犯罪行为样态包括犯罪构成四要件；而后者认为，犯罪行为样态仅包括犯罪行为和犯罪心理两要件。

尽管这两大犯罪构成理论从宏观上观察有较大不同，但是，若以我国修正后的四要件犯罪构成为参照物来比较，在排除英美双层次犯罪构成中诉讼程序性构成因素的视野下，我们将发现这两大犯罪构成体系的微观构成要素在实质上是大体相同的，因此，两者在此罪与彼罪区分功能上基本相同，出罪功能基本相同。又由于英美双层次犯罪构成中的诉讼程序性要素，在我国刑事诉讼法中也基本有相应的规定和处置，所以，在同一法律体系下，若对这两种犯罪构成理论进行了合法性调节，那么，在运用这两种犯罪构成理论分析案件时，其得出的结论应是一致的。通过两者对比，它们在社会保护和人权保障的功能实现方面没有明显优劣之分，由于两者均简单易懂、具有较强的操作性，因此，在诉讼效率上，两者也无明显优劣之分。

从某种角度上看，我国修正后的四要件犯罪构成理论比英美双层次犯罪构成更优越一些，因为前者将犯罪行为样态看成是四要件犯罪行为样态，它将犯罪客体和犯罪主体纳入犯罪行为样态中，从而使这一行为样态更完整、更全面、更科学；而后者仅将犯罪行为和犯罪心理两要素作为犯罪行为样态的构成要素，从而不能更全面、更科学地把握犯罪类型。我国修正后的四要件犯罪构成理论将诉讼程序要素排除在犯罪构成体系之外，让犯罪概念和犯罪构成的内容仅限于实体法之内，这有利于建立各种相互协调的刑法制度和刑法理论。

由于我国具有大陆法系的传统，其刑法和刑事诉讼法的内容具有明显的划分，因此，我国不宜以英美双层次犯罪构成理论直接取代现在的四要件犯罪构成理论，也不宜借鉴英美双层次犯罪构成理论的做法“将诉讼程序性因素纳入犯罪构成中”。犯罪概念是我国最重要的基础概念，犯罪构成理论是我国刑法的核心理论。如果我国将诉讼程序性要素纳入犯罪构成中，我国的犯罪概念和犯罪构成理论将发生重大变更，这势必引起原本具有协调性的其他刑法理论发生相应的重大变化，刑事诉讼理论的许多相关内容也将随之作出重大调整，从而可能引起我国刑事法理论的严重混乱。由于将诉讼程序性要素纳入犯罪构成体系对社会保护和人权保障并无实质的改良意义，也不能提高诉讼效率，并徒增刑事法理论混乱的风险，因此，我国不应盲目仿效英美双层次犯罪构成理论。

中国四要件犯罪构成理论和英美双层次犯罪构成理论均属于简单易懂、操作性强的理论，我国应尊重自己历史形成的传统，在我国犯罪构成理论的未来发展中，仍应坚持以四要件犯罪构成理论为基础，对其存在的不足应进行改良完善。

第五编

中国犯罪构成理论的拓展

第十二章　学术政治背景史下犯罪构成理论的理性认识

当前，在我国犯罪构成理论改革的激烈争论中，有学者主张对我国通说四要件犯罪构成理论推倒重来，并以德日犯罪三阶层理论取而代之，该学者主张推倒四要件犯罪构成理论的理由之一是：四要件犯罪构成理论产生和发展中曾有过不良的政治背景史。笔者认为，犯罪构成理论是中性的理论，其产生和发展中曾有的某段政治背景史的好坏不是评价这一理论好坏的标准，而应该从逻辑性和实用性两方面来评价犯罪构成理论是否具有科学性。任何一部科学的法律和任何一套科学的法学理论都不是一蹴而就的，法律具有继承性，法学理论也具有继承性。科学的犯罪构成理论自然也是要在前人的刑法理论基础上，结合本国的实际情况而发展起来。在世界刑法学史上，各种犯罪构成理论均是人类的精神财富，各国均可根据现在的国情借鉴其合理的理论体系，通过去其糟粕和保留其精华的扬弃方法，建立和发展适合自身的犯罪构成理论。

一、基于学术政治背景史的缘由四要件犯罪构成理论面临批判

犯罪构成理论是刑法学的核心理论。我国犯罪构成理论深受苏俄犯罪构成理论的影响，在广大刑法学界人士的努力下，经过近 70 年的本土化工作，已形成了适用于中国刑事司法实践的理论体系。然而，近年来，我国有刑法学者提出“刑法知识去苏俄化”的命题，主张以德日刑法知识为依归，重构中国刑法知识体系。① 该论者认为，我国刑法学“目前仍然采用苏俄刑法学中的犯罪构成理论，而犯罪构成理论是整个刑法学知识的基本结构，因此，欲摆脱苏俄刑法学的束缚，非将目前的犯罪构成理论废弃不用而不能达致”②。“除了以大陆法系的犯罪论体系取而代之，别无出路”③。而该论者推崇的大陆法系的犯罪论体系，为德日犯罪三阶层论（即构成要件该当性、违法性与有责性的递进式体系）④。其

① 参见陈兴良：《刑法知识论》，中国人民大学出版社，2007 年 9 月第 1 版，第 47—57 页；《代序》第Ⅷ—ⅩⅥ页。

② 陈兴良：《刑法知识论》，中国人民大学出版社，2007 年 9 月第 1 版，《代序》第Ⅷ页。

③ 陈兴良：《刑法知识论》，中国人民大学出版社，2007 年 9 月第 1 版，第 51 页。

④ 参见陈兴良：《刑法知识论》，中国人民大学出版社，2007 年 9 月第 1 版，第 296—350 页。

主张以德日犯罪三阶层论取代我国现行犯罪构成四要件说的理由之一是：它承续的基本上是斯大林时代形成的刑法学说，它具有政治上的陈旧性。在批判苏俄刑法学时，其曾这样用语："现在这些部门法学（刑事诉讼法学、民商法学、法理学、宪法学）中，苏俄法学的阴影已荡然无存，唯独刑法学难以从苏俄刑法学的桎梏中解脱"[①]"苏俄刑法学中的政治话语已丧失其正当性"[②]"犯罪构成理论是苏俄刑法学在我国刑法学中的最后一个堡垒"[③]。从字里行间可知，论者对苏联时代政治下的刑事法治和刑法理论的不满。笔者认为，犯罪构成理论是一种中性的理论分析工具，因此，犯罪构成理论的选择应理智，而不能感情用事，具体而言，犯罪构成理论的选择应淡化其政治出身，主要应从逻辑性和实用性等技术层面来考虑。

苏俄四要件犯罪构成理论在产生和发展过程中，确实存在过肃反扩大化等恶性政治事件，但是，该理论是一种中性的刑法理论分析工具，其本身在逻辑上和实用上所存在的科学性，不能因为其发展过程中曾存在过政治悲情而予以全盘否定。德日犯罪三阶层论发生和发展于德国，日本从20世纪初开始引进、移植和追踪德国的犯罪三阶层论。其实，德国犯罪三阶层论在其产生和发展过程中同样存在令人痛心的政治悲情。

二、德国犯罪三阶层论产生和发展中的政治悲情

在中国犯罪构成理论的学术争论中，一些学者的学术政治背景史观影响着其刑法理论立场。为了缓和或平息犯罪构成理论在学术政治背景史观方面的争论，笔者从学术政治背景史角度，考察了德国犯罪三阶层论产生和发展过程中所出现的政治悲情，并期望我国犯罪构成理论的争论立足于逻辑性和实用性等技术层面，以防学术政治背景观左右属于中性色彩的犯罪构成理论的改革。

（一）德国犯罪三阶层论产生之前后的历史脉络

现代德国犯罪构成理论历经了近200年的主要发展历史，至今已形成较为成熟的三阶层犯罪论体系。为了更好地了解德国犯罪构成理论发展的政治悲情，笔者先简要论述德国中世纪中后期至"二战"后的历史发展脉络。

中世纪中后期，德意志王国被称为"神圣的罗马帝国"。中世纪末期，"神圣的罗马帝国"四分五裂。起源于宗教纠纷的"三十年战争"（1618—1648年）爆发后，加深了分裂的局面，出现了几百个大大小小的德意志封建割据诸侯国，

① 陈兴良：《刑法知识论》，中国人民大学出版社，2007年9月第1版，《代序》第Ⅸ页。

② 陈兴良：《刑法知识论》，中国人民大学出版社，2007年9月第1版，《代序》第ⅩⅥ页。

③ 陈兴良：《刑法知识论》，中国人民大学出版社，2007年9月第1版，第364页。

这些诸侯国的君主们行使着独立的行政权、司法权、关税权和铸币权。其中，普鲁士王国通过改革后不断对外扩张，使自己日益壮大。国王腓特烈·威廉一世统治期间（1713—1740 年），普鲁士成为了军国主义的专制国家。普鲁士的专制制度以“容克”（贵族地主）为支柱。它为“容克”保证了农奴制的不可侵犯性，又为他们的利益继续积极地扩张土地。普鲁士通过多次对外扩张的战争成为了欧洲的第一流国家①。1861 年，威廉一世登上普鲁士王位，任命容克地主出身的俾斯麦担任首相。俾斯麦实行“铁血政策”，通过发动普丹（丹麦）战争、普奥（奥地利）战争以及普法战争，实现了德国的统一，于 1871 年建立了德意志帝国②。1871—1890 年俾斯麦担任帝国首相，在容克和资产阶级联盟中，容克保持领导权。威廉二世即位后，于 1890 年迫使俾斯麦辞职，由“大陆政策”转向“世界政策”，积极扩张海军，侵占殖民地，宣扬“日耳曼族优秀”的种族主义谬论③。为了重新瓜分世界，德国和奥匈帝国于 1914 年挑起了第一次世界大战，并以失败告终，德国于 1918 年 11 月 11 日向协约国投降④。在第一次世界大战末期，德国人民因帝国主义战争而付出高昂代价，在德国败局已定的情况下，德国民众举行起义，推翻了霍亨伦索王朝的统治，德皇威廉二世逃亡荷兰。1918 年 11 月德意志共和国（即魏玛共和国）成立，魏玛宪法再次确认了垄断资产阶级与容克地主的联盟对德国的统治，但是，与德皇专制时期有所不同，在德皇专制时期，容克地主居支配地位，在魏玛共和国时期，垄断资产阶级居支配地位⑤。20 世纪 30 年代，在经济危机和政治危机袭击下，德国纳粹党迅速增长，1933 年 1 月 30 日，兴登堡总统任命希特勒为总理，希特勒重整军备，并发动了第二次世界大战，德国法西斯的侵略行为是非正义的，最后以失败而告终，1945 年 5 月 8 日，德国正式签署了无条件投降书⑥。“二战”后，在美、英、法同盟国的民主化改造下，德国才真正完成现代化转型。

---

① 参见李纯武、寿纪瑜等著：《简明世界通史（上册）》，人民教育出版社，1981 年 12 月第 1 版，第 403—407 页，以及陈擢《浅析德国现代化的进程与特点》，《湘潭大学学报（哲学社会科学版）》第 29 卷，《研究生论丛》2005 年 5 月，第 70 页。

② 李纯武、严志梁等：《简明世界通史（下册）》，人民教育出版社，1983 年 5 月第 1 版，第 67—80 页，第 122—128 页。

③ 参见乔明顺主编：《世界近代史》，中央广播电视大学出版社，1985 年 5 月第 1 版，第 311—321 页。

④ 李纯武、严志梁等：《简明世界通史（下册）》，人民教育出版社，1983 年 5 月第 1 版，第 314—332 页。

⑤ 李纯武、严志梁等：《简明世界通史（下册）》，人民教育出版社，1983 年 5 月第 1 版，第 430—434 页。

⑥ 李纯武、严志梁等：《简明世界通史（下册）》，人民教育出版社，1983 年 5 月第 1 版，第 536—541 页，第 636 页。

（二）德国犯罪三阶层论的发展梗概

德国犯罪构成理论的发展源头是中世纪意大利纠问程序中的诉讼法上概念"犯罪之确证"①。19 世纪初德国著名刑法学者费尔巴哈（Feuerbach，1775—1833 年）首先明确地把构成要件（Tatbestand）作为刑法上概念来使用。他在 1810 年出版的德国刑法教科书（第 1 版）中说，"Tatbestand 就是违法行为中所包含的各个行为的或事实的诸要件的总和"，包括主观和客观的诸要件的总和②。

贝林（E·Beling，1866—1932 年）继承和发展了费尔巴哈的"Tatbestand"理论，他在 1905 年出版的《刑法纲要》（第 3 版）和 1906 年出版的《犯罪论》中创立了古典构成要件理论③。贝林在其《刑法纲要》中认为，成立犯罪，必须具备六个要素，"其顺序和结构为：'构成要件符合性'需要置于'行为'之后，然后依次就是'违法性''有责性''相应的刑罚威吓''刑罚处罚的条件'。构成要件符合性前置于违法性和有责性，以此为基础，其他概念方可完全定义于刑法意义上"④。贝林认为，构成要件是犯罪类型的轮廓，是纯粹形式的、记述的、价值中立的行为类型，这不包括主观的、规范的要素⑤。

新古典的犯罪论体系维持了古典犯罪论体系的基本框架，但是，对其进行了修改。新古典犯罪论体系的杰出代表是 M. E·迈尔（M. E. Mayer，1875—1937 年）和梅茨格尔（E. Mezger，1883—1962 年）。迈尔以贝林的犯罪论体系为基础，将犯罪论体系简化为：构成要件符合性、违法性和有责任三阶层体系⑥。这一体系一直是德国和日本犯罪论体系发展的基础。新古典犯罪论体系与古典犯罪论体系的最大区别在于构成要件的领域。新古典犯罪论体系中的构成要件已经不再是纯粹的客观概念，它包含主观要素，也包含需要法官评价的规范要素⑦。例如，意图犯（目的犯）之特殊意图（目的），表现犯及倾向犯的主观心理态度属

---

① 何秉松、科米萨罗夫、科罗别耶夫主编：《中国与俄罗斯犯罪构成理论比较研究》，法律出版社，2008 年 10 月第 1 版，第 212 页。

② 何秉松、科米萨罗夫、科罗别耶夫主编，《中国与俄罗斯犯罪构成理论比较研究》，法律出版社，2008 年 10 月第 1 版，第 214—216 页。

③ 何秉松、科米萨罗夫、科罗别耶夫主编：《中国与俄罗斯犯罪构成理论比较研究》，法律出版社，2008 年 10 月第 1 版，第 216 页。

④ 马克昌主编：《近代西方刑法学说史》，中国人民公安大学出版社，2008 年 1 月第 1 版。第 295 页。

⑤ 参见陈家林：《犯罪论体系的演变》，《刑法论丛》2009 年第 3 卷，法律出版社，2009 年 8 月第 1 版，第 96 页。

⑥ 参见马克昌：《简评三阶层犯罪论体系》，《刑法论丛》2009 年第 3 卷，法律出版社，2009 年 8 月第 1 版，第 15 页。

⑦ 参见陈家林：《犯罪论体系的演变》，《刑法论丛》2009 年第 3 卷，法律出版社，2009 年 8 月第 1 版，第 100 页。

于主观不法要件要素。又如，德国刑法第 168 条规定的“侮辱性行为”，第 267 条规定的“文书”，第 211 条 2 款规定的“其他卑劣动机”，第 288 条规定的“阻碍强制执行”，属于规范构成要件要素，该规范要素因法官给予评价内容而赢得了可适用意义，这就改变了构成要件是纯记述性的、价值中立的观念①。新古典犯罪论体系提出了实质的违法论，从实质上把不法视为社会侵害性，认可超法规的违法性阻却事由，而古典犯罪体系受宾丁的规范说影响，将违法理解为对法规范形式上的违反，仅承认法定的违法阻却事由②。在有责性方面，古典犯罪论体系主张心理责任论，具备责任能力的行为人，具有了故意或过失即成立罪责。而新古典犯罪论主张规范责任论，具备了责任能力和故意或过失还不一定就成立罪责，还要有非难可能性，期待可能性是必不可少的责任要素③。由于新古典犯罪论体系“自身也存在着一些矛盾和漏洞，如在发现了主观的不法要素和规范责任概念之后，就很难继续认为故意是责任形式了，并且过失犯罪也需要建立独自的不法形式”④。

从 20 世纪 30 代开始直至“二战”后，韦尔策尔（Hans Welzel，1904—1977）提出了目的行为论的犯罪体系⑤。这一体系认为，构成要件分客观构成要件和主观的构成要件，故意和过失为主观的构成要件要素，使构成要件真正成为犯罪类型。在违法性方面，韦尔策尔提出了行为无价值与原来的结果无价值相对抗，认为“不法是与行为人相关的‘人’的行为无价值”（即人的不法理论）。在责任论上，该体系为人格责任论，以行为人的人格为决定的基础，认为责任系“对行为人的人格非难”或非难可能性。他认为，“故意乃责任非难的对象，系行为与构成要件的内容；而违法性认识则是非难可能性（即责任）的组成部分”。期待可能性并非责任排除事由，只是在承认其责任的情况下，法秩序免除了责难，原谅了行为人而已⑥。

“二战”后，一些德国刑法学者对新古典犯罪论体系和目的行为论犯罪论体系进行重新评价，提出了现代新古典犯罪论体系。现代新古典犯罪论体系，也称“新古典与目的论的结合体系”。这种体系受目的行为论影响，在行为论上拒绝

---

① 参见陈劲阳：《新康德主义与新古典犯罪体系》，《当代法学》2004 年第 6 期，第 85—86 页。

② 参见陈劲阳：《新康德主义与新古典犯罪论体系》，《当代法学》2004 年第 6 期，第 83 页，第 86 页。

③ 参见徐凯：《德国犯罪论的流变及其对我国犯罪构成理论的启示》，《四川警察学院学报》2009 第 5 期，第 45 页。

④ 陈劲阳：《新康德主义与新古典犯罪论体系》，《当代法学》2004 年第 6 期，第 87 页。

⑤ 马克昌：《简评三阶层犯罪论体系》，《刑法论丛》2009 年第 3 卷，法律出版社，2009 年 8 月第 1 版，第 21 页。

⑥ 马克昌：《简评三阶层犯罪论体系》，《刑法论丛》2009 年第 3 卷，法律出版社，2009 年 8 月第 1 版，第 22—23 页。

目的的行为论，但是，肯定了构成要件的故意，在违法性中承认行为无价值。责任概念采取规范的责任概念，故意的一部分（违法性意识的可能性）保留在责任中。这种体系是以新古典犯罪论体系为基础，吸收了目的行为论犯罪论体系的观点而建立起来的①。现代新古典的犯罪论体系对不法和责任的理解是：不法是对构成行为（以及在可能情况下，结果的）无价值评价，相反，罪责是对行为人的无价值评价②。“现代新古典犯罪论体系是一种行为无价值和结果无价值并存的二元论体系，得到了德日不少学者的赞成，并成为了理论上的通说”③。

（三）德国犯罪三阶层论产生和发展中的政治悲伤

德国犯罪构成理论的源头是费尔巴哈的构成要件（Tatbestand），其基本理论框架雏形出于贝林提出的“行为构成要件符合性——违法性——有责性——相应的刑罚威吓——刑罚处罚条件”的古典体系，其理论框架定型及发展的兴旺时期，是迈尔简化的三阶层犯罪论新古典体系“构成要件符合性——违法性——有责性”，以及梅茨格尔的犯罪论体系、威尔泽尔的目的行为论犯罪论体系。从其理论发展的历史阶段看，它历经了德意志诸侯国封建割据、普鲁士王国对外扩张的战争、德意帝国统一后由农业国向工业化发展、第一次世界大战、纳粹帝国统治以及第二次世界大战等时期。

费尔巴哈的生卒时间为1775年至1833年，这一时期是德意志王国四分五裂、数百个封建诸侯国割据时期。费尔巴哈成长于其中的巴伐利亚王国，若与普鲁士王国国王统治时期比对，它是普鲁士王国腓特烈·威廉一世（1713—1740年）、腓特烈二世（1740—1786年）、腓特烈·威廉二世（1786—1797年）、腓特烈·威廉三世（1797—1840年）统治时期④。在这一时期，德意志王国的政治特征是：各诸侯国是封建的君主专制国家，是容克（贵族地主）为统治阶级的农奴制国家，普鲁士王国则是一个军国主义国家。这一时期的德国并无民主可言，其刑事法治没有良好的民主政治基础。

古典犯罪论体系的创始人贝林生于1866年，1932年去世。其犯罪论体系发表于1905年出版的《刑法纲要》（第3版）和1906年出版的《犯罪论》。从贝

---

① 参见马克昌：《简评三阶层犯罪论体系》，《刑法论丛》2009年第3卷，法律出版社，2009年8月第1版，第24页。

② ［德］克劳斯·罗克辛：《德国刑法学总论（第1卷）》，王世洲译，法律出版社，2005年5月第1版，第124页。

③ 陈家林：《犯罪论体系之演变》，《刑法论丛》2009年第3卷，法律出版社，2009年8月第1版，第105页。

④ 李纯武、寿纪瑜等：《简明世界通史（上册）》，人民教育出版社，1981年12月第1版，第407页。

林出生到1906年，正是威廉一世统治、俾斯麦对外扩张并统一德国的时期，也是威廉二世实行“世界政策”争取世界霸权时期。在这一时期，德国在政治上、名义上实行君主立宪制，但是，帝国议会中占优势的是容克贵族的代表，一切法律和决议需经皇帝同意方能生效，首相由皇帝任命，并只对皇帝一人负责，不对帝国议会负责①，容克和资产阶级结成联盟，但是，具有封建特权的容克掌握着统治权，在极端的民族主义和军国主义影响下实行军事扩张，还于1897年强占中国的胶州湾，在1900年作为八国联军的主力侵略中国，参与了瓜分中国的殖民活动。这一时期，德国资产阶级的民主政治发育迟缓。这一时期的德国刑事法治同样没有良好的民主政治基础。

新古典犯罪论体系的杰出代表M. E·迈尔生于1875年，在1923年去世。在迈尔生活的48年岁月里，他生活在德国统一后的鼎盛发展时期，也在第一次世界大战的战争阴霾中度过，还在魏玛共和国生活了5年。迈尔以贝林创立的古典犯罪论体系为基础，将犯罪论体系简化为“构成要件符合性——违法性——有责性”三阶层，并对贝林的理论进行改造，成为了新古典犯罪论体系的杰出代表之一。新古典犯罪论体系的另一杰出代表是梅茨格尔，他生卒时间为1883年至1962年，其犯罪论体系的形成和成熟阶段主要在20世纪初至20世纪40年代②。韦尔策尔是目的行为论犯罪论体系的创造者，其生卒日期为1904年至1977年，其目的行为论犯罪论体系于20世纪30年代提出，“从20世纪30年代后半期直至战后，目的行为论风靡一时，该行为论也迫使犯罪论变更”③。德国犯罪构成理论的框架定型及兴旺发展阶段即迈尔、梅茨格尔和韦尔策尔的犯罪构成理论形成和发展阶段，它主要历经了德皇威廉二世统治、第一次世界大战、魏玛共和国、纳粹帝国等时期。从这几个时期的政治背景看，德国均具有不光彩的政治历史。

威廉二世统治时期的不光彩一面在前文已有陈述。在魏玛共和国时期，德国依然具有大量的封建残余。魏玛共和国虽然是在废除了半封建的君主立宪政体基础上建立的，但是，其议会制是在没有完全摧毁封建专制主义的情况下建立的，旧的、反民主、反共和的封建势力在上层仍然存在，因此，其民主制的根基并不十分坚固。由于艾伯特总统和谢尔曼总理“没有勇气清除旧帝国的代表”，主张

---

① 吴友法：《关于对德国历史进程产生影响的几个问题》，《武汉大学学报》（人文科学版）2004年第3期，第296页。

② 参见马克昌主编：《近代西方刑法学说史》，中国人民公安大学出版社，2008年1月第1版，第325页。

③ ［日］山中敬一著：《刑法总论（第2版）》，成文堂，2008年版，第131页，转引马克昌《简评三阶层犯罪论体系》，《刑法论丛》2009年第3卷，法律出版社，2009年8月第1版，第21页。

"在继续发展现存国家机构的基础上实现议会民主制"，"威廉二世流亡国外，却仍占有97000公顷土地"，三四十个皇亲国戚仍拥有10亿马克的财产。容克们仍是土地的主人，资本容克贵族仍然控制着军政大权和经济命脉。军队原封不动保留下来，而且不受政府控制，旧帝国的庞大官僚队伍被共和国全盘接受；共和国成了仅仅摘掉了皇冠的旧德国。"学校课程仍然保留着民族主义者和极端残暴的君主政体主义者的无耻谎言"。旧的反对势力的广泛存在和旧的专制思想影响，成为共和民主的最大隐患①。

新古典犯罪论体系在希特勒纳粹统治时期得到了较大发展，并成为了刑事司法实践指导的理论。当时，新古典犯罪论体系的杰出代表梅茨格尔等刑法学者还参加了纳粹官方的刑法委员会，参与了刑法改革活动②。韦尔策尔的目的行为论犯罪论体系也是在纳粹帝国时期得到较大发展的。然而，希特勒纳粹帝国时期，德国的政治结构特点是：实行极权主义独裁统治。纳粹党是极端民族主义、军国主义和封建专制主义等各种反动势力的集合体。"从政治角度看，这一时期的德国可称为封建法西斯资本主义社会形态，从军事经济角度看，可称为军事国家垄断资本主义社会形态"③。

希特勒的上台实际上宣判了魏玛共和国的终结。希特勒的口述自传《我的奋斗》和纳粹党制定的《二十五点纲领》，提出了德国法西斯主义的基本理论。希特勒上台后，就着手建立法西斯恐怖专政，并重整军备。魏玛宪法中有关保证人身、言论、出版、集合、结社等自由的一切条款被废除，议会民主制度被埋葬。纳粹党剥夺了人民所有的民主权利，工会被摧垮，工会财产被没收。希特勒凭借授权法宣布：在德国唯一的政党就是民族社会主义德国工人党！其他政党的活动都将受到苦役徒刑的惩罚。全国各地设立了集中营，几十万人被关进去，惨遭拷打和杀害。德国法西斯主义宣称德意志人是高等种族，其他种族都是劣等的，应为德意志人服务，宣传犹太人是劣等种族中最危险有害的，必须灭绝④。在"二战"期间，欧洲大约有600多万犹太人在德国法西斯的种族灭绝政策下被杀害。在这一时期，政治案件日益增多，德国法院的法官们在开庭前要做的第一件事就

① 参见赵森、鞠丽华：《试论魏玛民主的专制基础》，《聊城大学学报》（社会科学版）2007年第2期，第213—214页。

② ［德］克劳斯·罗克辛著：《德国刑法学（总论）》（第1卷），法律出版社，2005年5月第1版，第62页。

③ 吴友法：《关于对德国历史进程产生影响的几个问题》，《武汉大学学报》（人文科学版）2004年第3期，第297页。

④ 李纯武、严志梁等：《简明世界通史（下册）》，人民教育出版社，1983年5月第1版，第536—541页。

是在纳粹党旗下行纳粹举手礼，高呼“希特勒万岁”，向元首宣誓效忠。根据档案材料，单是1939年这一年，在监狱中服刑的政治犯就超过30万人；而到第二次世界大战结束，由于政治原因被囚禁过的德国人不下100万人。而当时德国才有4000多万人①。

德国新古典犯罪论体系在纳粹帝国时期得到了较大发展，并且是居于通说地位的犯罪构成理论，它无法摆脱自身的厄运，成为了德国法西斯的附庸，成为了纳粹帝国的政治迫害工具。目的行为论犯罪论体系是德国犯罪构成理论发展中具有巨大影响的理论，它产生和发展于纳粹帝国时期，目睹了德国法西斯的种种暴行，它同样出身于悲哀的政治环境。德国现代犯罪论体系是新古典犯罪论体系和目的行为论犯罪论体系结合而成的体系，因此，它不可避免地萦绕着其前身理论的政治悲情。

综上所述，在“二战”结束前，德国犯罪构成理论的发展历经了封建割据的容克农奴制君主专制时期、封建容克资产阶级专政君主立宪制时期、具有浓厚封建色彩的魏玛共和国时期，以及封建法西斯资本主义时期。在这几个时期里，德国深受极端民族主义、种族主义、军国主义、民族复仇主义和法西斯主义影响，因此，资产阶级的民主自由思想并不能很好地扎根于德国，德国未能真正实现过资产阶级的民主政治。良好法治的基础是良好的民主政治。可见，无论是费尔巴哈的“Tatbestand”理论，还是贝林的古典犯罪论体系，或是迈尔的新古典犯罪论体系，抑或是韦尔策尔的目的行为论犯罪论体系，均出身于无奈的、不幸的政治背景。在无民主政治基础的、糟糕的政治背景下，无论其刑法典制定得好坏，无论其犯罪论体系是否科学，都难以实现良好的刑事法治。

“二战”后，由美英法三国扶持建立起来的联邦德国，在吸取第二帝国时期专制主义、魏玛共和国自由主义、第三帝国时期纳粹极权主义等政治经济体制失败教训的基础上，结合本民族特点，基本上按照西方民主政治和自由经济体制的模式，确立了完全的资产阶级政治经济体制，因而资本主义得以健康平稳发展，社会也得到了全面进步②。德国真正的民主政治建立在“二战”以后，因此，“二战”之后，德国刑事法治在随着其民主政治的发展才得到了良好的发展。

三、学术政治背景史下犯罪构成理论的理性思考

德国犯罪三阶层论的产生和发展弥漫着令人心痛的政治悲情，其他犯罪构成

① 参见戴问天编译：《半世纪前的血迹——记纳粹鳊鱼湖监狱》，《世界博览》2000年第6期，第16—19页。

② 参见吴友法：《关于对德国历史进程产生影响的几个问题》，《武汉大学学报》（人文科学版）2004年第3期，第297页。

理论在产生和发展过程中同样充满着政治悲歌。目前，世界上具有重大影响的犯罪构成理论有三种：（1）犯罪三阶层论。该理论是德国和日本等国家或地区的通说。（2）犯罪构成四要件说。苏联、俄罗斯、中国等国家以此理论为通说。（3）双层次犯罪构成理论。英国、美国等国家盛行这一理论。

犯罪三阶层论在德国产生和发展过程的政治悲情令人难忘。日本从 20 世纪初开始移植、追踪和发展犯罪三阶层论，其间，同样充满着政治悲情。当时，日本是军事封建帝国主义国家，没有真正的民主政治，军国主义思想盛行、对外侵略和穷兵黩武是其重要特征，犯罪三阶层论也曾成为其军事封建帝国主义的附庸。

犯罪构成四要件说发生和发展于 19 世纪后期和 20 世纪初的沙皇俄国和苏联，其产生和发展的政治背景也存在悲哀的不幸。19 世纪后期至 20 世纪初，俄国也是军事封建帝国主义国家，实行沙皇专制制度，没有民主政治。苏联是一个中央高度集权的国家，民主政治薄弱，出现过肃反扩大化等亵渎法治的重大事件。犯罪构成四要件说是由沙俄时期和苏联时期的刑法学者接续研究而得出的理论成果，在充满政治悲情的环境下，在思维规律影响下自然出炉。

双层次犯罪构成理论产生和发展于英国和美国，在英国刑法发展中，其普通法、衡平法和制定法的发展过程影响着双层次犯罪构成理论的产生和发展。其间，英国曾有过民主政治低下、刑罚野蛮，人权状况恶劣、疯狂对外侵略的政治历史。美国双层次犯罪构成理论源自英国，其理论发展过程中，经历了黑人奴隶制时期、漫长的种族歧视时期，曾出现不少政治压迫事件。这一理论曾成为镇压黑人奴隶的工具、种族歧视压迫工具和政治压迫事件的推手。

可见，当今世界三大犯罪构成理论在其产生和发展过程中均不可避免地出现过政治悲情。其实，现代文明法治国家的许多刑法理论和刑法思想并非无缘无故地瞬间产生，它们与法律一样往往具有继承性。

犯罪构成理论是刑法学犯罪论中的重要理论，是实现良好刑事法治的重要方面，因此，我国应采用科学的犯罪构成理论指导刑事司法实践。世界三大犯罪构成理论的产生和发展均曾弥漫着政治悲情。虽然如此，许多刑法学者在政治悲情的背景下也能坚持独立的学术人格，按刑法及其理论发展规律追寻科学的犯罪构成理论。德国犯罪三阶层论及其他犯罪构成理论产生和发展中均存在政治悲情的事实告诫了我们：在中国犯罪构成理论改革的争论中，不应把犯罪构成理论产生和发展期间的学术政治背景史作为争论的焦点。现代刑法理念认为，根据刑法正当性和罪刑法定原则要求，犯罪构成理论应体现社会保护和人权保障的功能。在这一共识的前提下，犯罪构成理论是中性的理论分析工具。因此，在犯罪构成理论争论中应淡化其政治出身，主要应从逻辑性和实用性等技术层面上讨论各种犯罪构成的优劣，并创建、移植或完善符合中国国情的、科学的犯罪构成理论。

犯罪三阶层论、犯罪构成四要件说和双层次犯罪构成理论是当今世界刑法理论中三大犯罪构成理论。目前，犯罪构成四要件说是中国犯罪构成理论的通说，而德国和日本等国家或地区的通说是犯罪三阶层论，我们不能因为犯罪构成四要件说在发生和发展过程中曾有过令人不快的政治背景而将其废除，并径直移植德日犯罪三阶层论。犯罪构成理论的废除、移植和完善均应进行深入的研究和争论，若没有深厚的学术积淀，匆忙废除或移植某种犯罪构成理论并非明智之举。

第十三章 同一罪名下“犯罪构成群”质疑

在我国刑法里，每一个具体罪名之下实质上均存在着一个“犯罪构成群”。这一“犯罪构成群”可内分为两类犯罪构成：一是典型犯罪构成；二是非典型犯罪构成。我国目前的刑法立法和司法并没有将每一个具体罪名下的拟制犯、扩张解释犯、预备犯、未遂犯和中止犯当作几个独立罪种看待，而是将这几种行为统一归到典型犯罪构成的同一罪种之中，并以典型犯罪的同一罪名定罪处罚，这一做法违背了概念的原理。同一个具体罪名下“犯罪构成群”问题是关系到具体犯罪的立法科学性问题，以及刑事司法实践和刑法理论发展的问题，应引起人们重视。

一、同一罪名下“犯罪构成群”的疑问

犯罪构成是刑法规定的、犯罪成立的标准，是定罪的依据。根据罪刑法定原则要求，每一个罪种（即个罪）均应有一个明确的概念和明确的犯罪构成，但是，在司法实践中，为什么拟制的犯罪构成、扩张解释的犯罪构成和未完成形态犯罪构成，与以刑法分则为基础的典型犯罪构成不一致，而这几种具有不同概念（内涵和外延不同）和不同犯罪构成形态的行为却能以同一罪名来定罪处刑呢？这是一个值得深思的问题。

我国刑法明文规定了一些拟制的犯罪。所谓拟制的犯罪，是指有的行为虽然不符合某罪的犯罪构成，但是，因该种行为与该罪相近或有某种关联而确定其应以该种犯罪定罪量刑，这种以拟定方式确定的犯罪即拟制的犯罪。例如，刑法第267条第2款规定，携带凶器抢夺的，依照刑法第263条规定的抢劫罪定罪处罚。这即属拟制的犯罪。在这里，这种行为并没有使用“暴力、胁迫或其他侵犯人身权利的手段”（典型抢劫罪的手段），它不符合典型抢劫罪的犯罪构成而是符合抢夺罪的犯罪构成，但是，它却被拟定应以抢劫罪定罪处刑。又例如，刑法第269条规定，犯盗窃、诈骗、抢夺罪，为窝藏赃物，抗拒抓捕或者毁灭罪证而当场使用暴力或者以暴力相威胁的，依照刑法第263条规定的抢劫罪定罪处罚。而这些行为实际上并不符合刑法第263条规定的抢劫罪的犯罪构成，但是，它也被拟定应以抢劫罪定罪处刑。既然这些行为不符合抢劫罪的犯罪构成，为何刑法规定对其以抢劫罪定罪处罚呢？其依据犯罪构成理论中的哪些原理而成立呢？

我国刑法学界普遍认为，扩张解释并不违反罪刑法定原则，应予以支持。但是，扩张解释的犯罪构成与刑法明文规定的条文字面意思的犯罪构成（即典型犯罪构成）是有一定区别的。例如，在2000年，最高人民检察院颁布了《关于以暴力威胁方法阻碍事业编制人员依法执行行政执法职务是否可对侵害人以妨害公务罪论处的批复》（高检发释字〔2000〕2号），其明确规定“对于以暴力、威胁方法阻碍国有事业单位人员依照法律、行政法规的规定执行行政执法职务的”，可以以妨害公务罪定罪处罚。这一解释实际上是扩张解释。根据刑法第277条规定，妨害公务罪的犯罪对象仅指国家机关工作人员、全国人民代表大会和地方各级人民代表大会代表以及红十字会工作人员，在这一司法解释里，最高人民检察院通过扩张解释将“国有事业单位人员”纳入了妨害公务罪的犯罪对象之中。又例如，在司法实践中，对以收养为目的而暴力抢劫婴儿的案件，有的司法机关对刑法第262条所规定的“拐骗”一词进行扩张解释，他们将“拐骗”儿童行为扩张解释为包括“暴力抢劫婴儿”行为在内，并对该种行为以拐骗儿童罪定罪处罚[①]。从前述情况看，扩张解释的犯罪构成确实与刑法条文字面意思的犯罪构成是存在明显不同的。既然如此，那么，以扩张解释适用刑法的那部分犯罪是否有独立的犯罪构成呢？它们与典型犯罪一道归于同一罪种，并以同一罪名来定罪处刑是否科学？

我国刑法分则规定的每一种故意犯罪，一般都是以犯罪既遂为标准来设置其犯罪构成的，各种刑法教科书在对每一种犯罪的犯罪构成原理进行论述时，往往仅论述该种犯罪的既遂形态的犯罪构成。在司法实践中，预备犯、未遂犯、中止犯是被归类到典型犯罪（即既遂犯）这一罪种之中的，并被以同一罪名来定罪处刑。每一种故意犯罪的犯罪构成是否仅指既遂形态的犯罪构成？预备犯是否具有独特的犯罪构成？未遂犯和中止犯是否有独特的犯罪构成？预备犯、未遂犯、中止犯与典型犯罪（即既遂犯）一道归类于同一罪种并以同一罪名来定罪处刑是否科学？

通过对前述问题的思考，笔者认为，目前，在我国刑法，每一个具体罪名之下实质上均存在一个“犯罪构成群”，这一“犯罪构成群”是由多个各自相对独立存在的犯罪构成组合而成的群体。这一犯罪构成群可内分为两类犯罪构成：一是典型犯罪构成；二是非典型犯罪构成。前者是以刑法分则典型罪状作为行为样态的犯罪构成；后者是以刑法分则典型罪状为基础，同时结合总则特殊条文规定而确立其行为样态的犯罪构成，或者以刑法分则非典型罪状形成的犯罪构成，或

① 孟鹤、张东舟、周清水：《为收养使用暴力抢夺婴儿如何定性》，《检察日报》2010年7月11日第3版。

者依扩张解释而形成的犯罪构成。每一个具体罪名内均包含有数个各自本质属性不同的犯罪构成，这是一个不寻常的刑法现象，这一现象是否科学？是不是符合逻辑？应如何处理这一现象里的相关问题？这些问题是事关刑法立法、司法和理论发展的重大问题，因此，深入研究同一罪名下“犯罪构成群”的问题是很有必要的。

二、同一罪名下“犯罪构成群”的内涵及其内在的犯罪构成类型

（一）同一罪名下“犯罪构成群”的概念和特征

至今为止，我国刑法和司法解释所确定的罪名共480多个，每一罪名之下实质上都有一个“犯罪构成群”。所谓同一罪名下“犯罪构成群”，是指刑法规定的（或司法解释确定或依司法习惯认可的）、每一具体罪名之下存在的多个具体类型的犯罪构成所形成的犯罪构成群体。例如，在故意杀人罪这一罪名下，实质上有一个“犯罪构成群”：（1）以刑法第232条规定的罪状为基础形成的、典型的故意杀人罪犯罪构成；（2）预备犯的故意杀人罪之犯罪构成；（3）未遂犯的故意杀人罪之犯罪构成；（4）中止犯的故意杀人罪之犯罪构成；（5）扩张解释的故意杀人罪之犯罪构成；等等。

根据同一罪名下“犯罪构成群”的概念可知，这种“犯罪构成群”具有以下特征：

（1）同一罪名下“犯罪构成群”是由多个具体的犯罪构成形成的“犯罪构成群”体。

（2）同一罪名下“犯罪构成群”是刑法规定的，或司法解释确定或依司法习惯认可的。在“犯罪构成群”中，典型犯罪构成、未完成形态的犯罪构成和拟制的犯罪构成属于刑法规定的犯罪构成，而扩张解释的犯罪构成是以刑法规定的犯罪构成为基础，并依司法习惯扩张解释而产生的犯罪构成。

（二）同一罪名下“犯罪构成群”中的犯罪构成类型

我国刑法学通说认为，在罪刑法定原则制约下，犯罪构成是刑法规定的一系主客观要件组成的有机整体，它是认定犯罪的规格和标准。犯罪构成由犯罪客体、犯罪客观要件、犯罪主体和犯罪主观要件四要件组成。但是，笔者认为，我国刑法学通说“犯罪构成四要件说”存在一些缺陷，尚需完善。犯罪构成是犯罪的成立构成，它应受犯罪定义的制约。根据我国刑法第13条规定的犯罪概念和刑法第37条规定的免予刑事处罚制度，犯罪具有三个基本特征：（1）严重的社会危害性；（2）刑事违法性；（3）应受有罪宣告性。通说的犯罪构成四要件的有机体展现了犯罪的行为样态，它仅体现了“刑事违法性”特征。据此，笔

者认为，完整的犯罪构成应包括三大要件：（1）犯罪构成基本模型（即犯罪构成四要件所形成行为样态）；（2）一定量的综合社会危害性；（3）应受有罪宣告性。下面，笔者在论述同一罪名下“犯罪构成群”中各犯罪构成类型时将采用完整的犯罪构成来分析。

1. 典型的犯罪构成

所谓典型的犯罪构成，是指以刑法分则条文字面上规定的基本罪状为根据而形成的犯罪构成。对于故意犯罪而言，典型的犯罪构成特指既遂状态下的犯罪构成。典型的犯罪构成是同一罪名下“犯罪构成群”中最基本的犯罪构成。在司法实践中，大多数犯罪是符合典型犯罪构成的犯罪。具体而言，典型犯罪构成包括三大要件：（1）完全体现罪状内容的犯罪构成基本原型（即“犯罪构成四要件”所形成的行为样态）；（2）一定量的综合社会危害性；（3）应受有罪宣告性。

2. 非典型犯罪构成

非典型犯罪构成是相对于典型犯罪构成而言的犯罪构成，它是同一罪名下“犯罪构成群”中的特殊形态的犯罪构成。具体有以下几种：

（1）拟制的犯罪构成。

刑法具有法律拟制现象，所谓法律拟制，是指法律将原本不符合某种规定的行为也作出按该规定处理的情形。例如，刑法第 267 条第 2 款规定：携带凶器抢夺的，依照刑法第 263 条规定的抢劫罪定罪处罚。在这里，携带凶器抢夺的行为并没有使用到暴力、胁迫或其他侵犯人身权利的手段，仅侵犯财产权而没有侵犯人身权利，其行为不符合抢劫罪的犯罪构成，但是，刑法规定对这种行为按抢劫罪的规定定罪处罚，这是典型的法律拟制。正因如此，在我国现行刑法中，有些“犯罪构成群”（即同一罪名下的“犯罪构成群”）是存在着拟制犯罪构成的。

对于原本并不符合某罪犯罪构成而被按该罪定罪处罚的行为，其本身实际上是具有独立的犯罪构成的，这种犯罪构成可称为“拟制的犯罪构成”。拟制的犯罪构成同样具有三大要件：一是犯罪构成基本模型；二是一定量的综合社会危害性；三是应受有罪宣告性。

拟制的犯罪构成与其所比拟的犯罪构成（某个罪典型的犯罪构成）的区别主要也在于犯罪构成基本模型的差别，尤其是在犯罪客观方面的区别。例如，刑法第 267 条 2 款规定的行为（携带凶器抢夺）的犯罪构成是符合刑法第 267 条第 1 款规定的抢夺罪的犯罪构成的（他没有侵犯人身权），只是它具有携带凶器的特点，而其所比拟的刑法第 263 条规定的抢劫罪的犯罪构成，在客观上要求有侵犯人身权利的行为，因此，两者的犯罪构成是不同的。应当指出，有的拟制的犯罪构成既不同于被比拟的犯罪构成，也不同于别的罪的犯罪构成，它自身实际上具有独自的犯罪构成。例如，刑法第 269 条规定，犯盗窃、诈骗、抢夺罪，为窝藏赃物、抗拒逮捕或毁灭罪证而当场使用暴力或以暴力相威胁的，按刑法第 263 条规定的抢劫罪定罪处罚。抢劫罪的犯罪构成在客观上要求：实行夺取他人财物时使用暴力、胁迫或其他侵犯人身权利的方法，而这拟制的犯罪构成在客观要件上是在盗窃、诈骗、抢夺罪之后，为窝藏赃物、抗拒抓捕或毁灭罪证才使用暴力或以暴力相威胁，因此，刑法第 269 条规定的行为并不符合刑法第 263 条典型抢劫罪犯罪构成，此外，这一行为整体上也不符合其他罪的犯罪构成，它具有独特的犯罪构成。

（2）扩张解释的犯罪构成。

我国刑法学界普遍认为，扩张解释是没有超过限度的合理解释，它并没有违反罪刑法定原则，是应当允许的，而超过一定限度的类推解释才是违背罪刑法定原则的，是应绝对禁止的。

所谓扩张解释，是指根据立法原意，对刑法条文作出超过字面意思的解释。我国刑法并没有规定有“扩张解释”的词语及相关内容，但是，在司法实践中，司法机关普遍认可扩张解释，并依司法习惯进行扩张解释。根据刑法条文的字面意思为标准，可将犯罪构成分为：典型犯罪构成和扩张解释的犯罪构成。前者是在刑法条文的字面意思范围内的犯罪构成，后者是以刑法条文规定为基础并扩张了刑法条文的字面意思的犯罪构成。

典型犯罪构成是刑法明文明确规定的犯罪构成，它具有相对明确性，但是，扩张解释的犯罪构成超出了条文的字面意思，具有一定的难以预测性。一般认为，扩张解释应在文义的预测可能性之内，或者说在文义的射程之内，但是，在具体事例里，扩张解释是否在文义的预测可能性之内（或文义射程之内），是有较大争议的。

正是由于扩张解释的犯罪构成与典型犯罪构成具有不同，因此，将其分离研究是有重要意义的。

扩张解释的犯罪构成也包括三大要件：犯罪构成基本模型（“四要件”形成的行为样态）、一定量的综合社会危害性和应受有罪宣告性。扩张解释的犯罪构成与典型犯罪构成的主要区别同样在于犯罪构成基本模型的差异，即前者的犯罪构成具有模糊性、不稳定性，而后者具有明确性和确定性。在扩张解释的犯罪构成里，有时可扩张犯罪客观要件的危害行为。例如，在刑法第 275 条规定的“故意毁坏公私财物罪”里，其所称的“毁坏”，从文字意思上看是指对犯罪对象“财物”进行物理性的破坏。假若甲为了报复乙，将乙的鸟笼中珍贵的、价值巨大的鸟故意放飞，让乙永远找不回。在这案件中，若要对甲的行为认定构成故意毁坏公私财物罪，就要进行扩张解释，即将“毁坏”扩张为“对财物的破坏或采用让财物所有人对其财物永远失去的其他手段”。

在扩张解释的犯罪构成里，有时可扩张解释犯罪主体。例如，2001年3月2日最高人民检察院颁布的《关于工人等非监管机关在编监管人员私放在押人员脱逃行为适用法律问题的解释》（高检发法释〔2001〕2号）扩张了私放在押人员罪的主体，即将“司法工作人员”扩张为“包括被监管机关聘用受委托履行监管职责的工人等非监管机关在编监管人员”。

有时，可扩张犯罪客观要件中的犯罪对象。例如，1998年12月11日最高人民法院颁布的《关于审理非法出版物刑事案件具体应用法律若干问题的解释》第9条第2款规定，“为他人提供版号，出版淫秽音像制品的”，依“为他人提供书号出版淫秽书刊罪”定罪处罚。在这里，它将此时现行刑法第363条规定的犯罪对象“淫秽书刊”进行了扩张解释，使之包括“淫秽音像制品”。

在对犯罪客观要件或犯罪主体进行扩张解释时，有时会使犯罪客体扩张。例如，在实践中发生过这样的案件：为了消灭巨额债务，债务人甲对债权人乙使用暴力、胁迫手段索回欠款凭证，并强迫债权人乙在债务人甲事先写好的虚假收条上签字。对这种行为，《最高人民法院（2000）刑他字第9号批复》认为，应以抢劫罪定罪处罚[①]。在这里，其使用了扩张解释，即将抢劫罪的客观要件在解释上进行了扩张，其将“暴力、胁迫手段索回欠款凭证（即债权凭证）并强迫他人在虚假欠条上签字”的行为（即以暴力、胁迫手段意欲消灭债权的行为）扩张解释为抢劫行为。典型抢劫罪犯罪构成的犯罪客体是复杂客体，即“财物所有权和人身权利”，这样的扩张解释也使其犯罪客体之一“财物所有权”被扩张解释为包括“债权”在内。

（3）未完成形态的犯罪构成。

对于故意犯罪而言，其犯罪形态可分为完成形态（犯罪既遂）和未完成形态（犯罪预备、未遂和中止）两类。我国刑法分则规定的罪状和法定刑是按犯罪既遂（完成形态）来确定的，而犯罪预备、未遂和中止三个未完成形态的重要特征则在刑法总则予以规定。就某罪未完成形态的犯罪构成而言，它需借助于刑法分则规定的典型罪状和刑法总则规定的未完成形态的重要特征来综合确定。具体而言，未完成形态的犯罪构成共有以下三种：

第一，预备犯的犯罪构成。

---

① 参见陆晓伟：《暴力抢劫欠条构成抢劫罪》，《人民司法》2000年第11期，第58页。

预备犯是指为了犯罪，准备工具、制造条件的行为。预备犯尚未着手实行刑法分则规定的个罪的法定行为，更未造成法定结果，因此，预备犯的犯罪构成与典型犯罪构成是不同的。具体而言，预备犯的犯罪构成与典型犯罪构成主要区别体现在犯罪构成基本模型（即“四要件”行为模型）上。前者的犯罪构成基本模型是未完全体现罪状的犯罪构成基本模型；而后者是完全体现罪状的犯罪构成基本模型。两者的具体区别为：在犯罪客体上，预备犯的犯罪客体是行为人意欲侵犯的客体；而典型犯罪客体往往是指刑法所保护的、为犯罪行为所侵犯的法益。在犯罪客观要件上，预备犯仅要求为实施刑法分则的典型犯罪而做预备行为，其行为仅对刑法所保护的客体（法益或法秩序）产生威胁；而典型犯在客观上则要求实施刑法分则典型的法定行为，大多数犯罪还要求实现法定结果。在犯罪主观要件上，预备犯的故意内容是意欲侵犯某法益；而典型犯的故意内容不仅意欲侵犯某法益，而是在实行行为时具有侵犯某法益的具体认识内容、情感和意志力等。

第二，未遂犯的犯罪构成。

未遂犯是指已经着手实行犯罪，由于犯罪分子意志以外的原因而未得逞的行为。未遂犯虽然已经着手实行刑法分则规定的典型的法定行为，但是，并未造成法定结果或未达到预期目的。因此，未遂犯的犯罪构成与典型犯罪构成主要区别在于犯罪构成基本模型。具体而言，在犯罪客体上，前者的客体属于刑法保护的而为犯罪行为所威胁的法益，对于不能犯未遂而言，其甚至没有威胁到具体的法益；后者属于刑法保护的而为犯罪行为侵犯的客体。在犯罪客观要件上，前者没有造成法定的危害结果或没有达到预期目的，而后者则在客观上造成法定危害结果或达到预期目的。

第三，中止犯的犯罪构成。

中止犯是指在犯罪过程中，自动放弃犯罪或自动有效地防止犯罪结果发生的行为。中止犯可发生在预备犯罪阶段、实行犯罪阶段，也可发生在实行行为终了而犯罪的结果尚未发生之前，它或欠缺刑法分则规定的典型的法定实行行为或欠缺其法定的危害结果。中止犯的犯罪构成与典型犯罪构成的主要区别在于犯罪构成基本模型。具体而言，在犯罪客体上，前者的犯罪客体是刑法保护的而为犯罪行为威胁的客体；而后者的犯罪客体是刑法保护的而为犯罪行为侵犯的客体。在犯罪客观要件上，前者在实施刑法分则典型的实行行为之前（预备阶段）或之时或之后（即危害结果发生前），自动中止犯罪或自动有效地防止危害结果发生；而后者完全符合罪状的客观要件的所有内容。在犯罪主观要件上，前者具有典型犯罪的犯罪故意同时具有犯罪中止的主观内容；后者仅有典型的犯罪故意，而没有犯罪中止的主观内容。

应当指出，预备犯、未遂犯和中止犯的犯罪构成均具有三大要件：犯罪构成基本模型、一定量的综合社会危害性和应受有罪宣告性。由于这三种未完成形态的犯罪构成在犯罪构成基本模型里均是没有完全体现罪状的内容，在一般情况下，其社会危害性与典型犯罪的犯罪构成相比应小得多。因此，在司法实践中，在判断“一定量的综合社会危害性”要件时，应在刑法谦抑性原则指导下谨慎地定罪量刑。

三、同一罪名下“犯罪构成群”的逻辑分析

法治社会强调法律的稳定性和明确性，而罪刑法定原则要求犯罪的普遍概念应具有明确性，每一个罪种的概念及其犯罪构成均应具有明确性。但是，我国现行刑法规定的（或司法解释确定或依司法习惯认可的）同一罪名下“犯罪构成群”将拟制的犯罪构成、扩张解释的犯罪构成和未完成形态犯罪构成统一归到典型犯罪构成的同一罪种之中，并对其行为均以典型犯罪的同一罪名定罪处罚，这是违反逻辑学中的概念原理和罪刑法定原则的。

（一）概念的原理

概念是反映事物本质属性的思维形式，是思维的细胞，它是由客观事物决定的，因此，要把握概念，就要必须了解事物的属性。任何事物都是由多种属性组成的，事物的属性可分为本质属性和非本质属性。事物的本质属性是决定这一事物之所以成为该事物的那些属性，而事物的非本质属性是对事物之所以成为该事物不具有决定作用的那些属性①。事物的本质属性可以是多种多样的（即本质属性可能不止一个），对本质属性的揭示有深浅之分。事物的本质属性又可分两种：（1）与其他事物共有的本质属性；（2）该事物自身特有的本质属性。共有的本质属性是表明这一事物和其他事物存在着普遍联系的属性，而特有的本质属性是表明这一事物和其他事物具有根本区别的属性。人们认识事物时，概念是思维形式，而概念所反映的是事物的本质属性，它是主客观的统一②。就刑法规定的罪种而言，它是以客观社会存在的犯罪为样板，经过高度抽象后以刑法规范方式确定下来的。在客观社会里，每一罪种同样具有本质属性和非本质属性，其本质属性也可分共有的本质属性和特有的本质属性。反映在立法上，刑法所规定的每一种犯罪的概念均是反映该种犯罪的本质属性的思维形式。

---

① 参见吴家麟主编：《法律逻辑学》，群众出版社，1983年5月第1版，第42—43页。

② 参见陈慕泽、孙中原等：《逻辑学》，中国人民大学出版社，2008年5月第2版，第10页；以及吴家麟主编：《法律逻辑学》，群众出版社，1983年5月第1版，第42—44页。

任何一个概念均包含有两个方面：一是内涵，二是外延。前者是指概念所反映的客观事物的本质属性，它体现着认识对象的质的方面内容；而后者是指概念所反映的事物的范围，即概念所反映的对象的全部。内涵与外延存在着反变关系：即概念的内涵越多，其外延越小，反之，概念内涵越少，其外延越大。所以，要明确概念，应明确概念的内涵和外延①。

明确概念的一个重要逻辑方法是定义。所谓定义，是指运用简练的语言揭示概念内涵（即概念反映的事物的本质属性）的逻辑方法。其实，定义在揭示出概念的内涵后，其同时在整体上也界定了概念的外延。

定义由被定义概念（被定义项）、定义概念（定义项）和联结词（联项）三部分组成。被定义概念是指通过定义揭示其内涵的概念，而定义概念是指用以揭示被定义概念内涵（即本质属性）的概念。被定义概念和定义概念之间用联结词（“是”或“就是”）联系起来②。一般而言，定义的形式是：

被定义概念=种差+邻近的属概念

定义的基本方法是：首先，确定被定义概念的属概念。这属概念一般是指与被定义概念最邻近的属概念，其次，找出种差。所谓种差，是指被定义概念与同属的其他种概念之间差别的那些属性。有些定义的种差仅有一个属性，但是，有些定义的种差可能是两个或两个以上的属性。定义时，应遵守以下规则：（1）定义必须相应相称。也就是说，被定义概念的外延和定义概念的外延要完全相等。“定义过宽”或“定义过窄”都是违反这一规则的逻辑错误。（2）定义不能循环。即定义概念不能直接或间接地包含被定义概念，否则，就会出现循环定义或同语重复的逻辑错误。（3）定义一般不能是否定的。因为否定性的定义仅阐明概念不具有什么属性，没有起到揭示事物本质属性的作用。（4）定义应当明确。在定义中，若使用含混不清的概念，该定义就不能完成清楚地揭示事物本质属性的任务③。

概念的划分是明确概念外延的逻辑方法。具体而言，划分是指根据事物的属性将一个属概念分为几个种概念的逻辑方法。同一个概念可以按照不同属性将其进行不同的划分。对概念进行划分时应遵守以下几条规则：（1）划分必须相应相称。它是指划分之后的各个子项的外延总和，应当与母项的外延一致。“划分

① 参见吴家麟主编：《法律逻辑学》，群众出版社，1983年5月第1版，第47—48页；以及张绵厘：《实用逻辑学》，中国人民大学出版社，2010年6月第3版，第12页。

② 参见吴家麟主编：《法律逻辑学》，群众出版社，1983年5月第1版，第66—67页。

③ 参见吴家麟主编：《法律逻辑学》，群众出版社，1983年5月第1版，第67—72页；以及陈慕泽、孙中原等：《逻辑学》，中国人民大学出版社，2008年5月第2版，第16—17页。

过宽”（即划分之后的子项外延总比母项的外延大）和“划分过窄”（即划分之后子项外延总比母项的外延小）是两个常见逻辑错误。（2）每一次划分均应按照同一标准进行。如果按几个标准进行，就会造成各子项外延重叠，使结果混淆不清，这就是“多标准划分”的逻辑错误。（3）划分的层次应当明确。这要求划分后的子项必须是母项最邻近的种概念，不能“越级划分”①。

（二）同一罪名下“犯罪构成群”的各行为种类在归类上违反了概念原理

每个罪种的犯罪构成体现了该罪种概念的本质属性，具体而言，每个罪种的概念均包括三大方面的本质属性：一是犯罪构成四要件所体现的主客观上的属性，其中，又细分为犯罪客体所呈现的属性、犯罪客观要件所呈现的属性、犯罪主观要件所呈现的属性和犯罪主体所呈现的属性。二是一定量（严重）的综合社会危害性属性。三是应受有罪宣告性的属性。其中，主要的本质属性体现在以刑法分则的罪状为基础而形成的四要件犯罪构成的各个要件所体现的主客观属性。一般而言，其最本质属性应是危害行为。

1. 将具备拟制犯罪构成的行为种类和具备典型犯罪构成的行为归类于同一罪名之中是违反概念原理的

根据我国刑法学通说，每一个罪种的概念是以刑法分则的典型罪状为基础的四要件犯罪构成所体现的主客观属性作为其主要的本质属性来反映的。换言之，典型犯罪构成所体现的主客观属性是每个罪种的主要本质属性，因此，根据我国刑法通说和概念原理，只有完全符合某罪种的典型犯罪构成的全部四要件属性的行为，才可归类于这一罪种。然而，具备拟制的犯罪构成的行为并不完全符合典型犯罪构成的全部四要件的属性，但是，刑法强行规定将其按典型犯罪构成的罪种的罪名定罪处罚。由于具备拟制的犯罪构成的行为种类和具备典型犯罪构成的行为种类各自具有自己的特有本质属性，因此，这种将典型犯罪构成的罪种概念以外的行为种类强行划分入其中的做法，违反了概念的划分原理。它违反了“划分必须相应相称”的规则，犯了“划分过宽”的逻辑错误。例如，我国刑法第263条规定的抢劫罪是典型抢劫罪，其客观方面属性表现为：实行夺取他人财物时使用暴力、胁迫或其他侵犯人身权利的方法，而刑法第269条规定的拟制抢劫罪在客观方面属性上表现为：在盗窃、诈骗、抢夺罪之后，为窝藏赃物、抗拒抓捕或毁灭罪证才使用暴力或以暴力相威胁行为，它并不具备刑法第263条典型抢劫罪所规定的“在夺取财物的当时使用暴力、胁迫或其他侵犯人身权利”的行为本质属性，因此，这一拟制的抢劫行为是不能归类到典型抢劫罪的概念之中

① 参见吴家麟主编：《法律逻辑学》，群众出版社，1983年5月第1版，第63—65页。

的，这两种行为分别具有各自特有的、不相同的本质属性，应分属两个各自独立的概念，各自的名称应是不同的。

具备拟制犯罪构成的行为种类和具备典型犯罪构成的行为种类所具有的共同本质属性也不能抽象出一个特有的独立罪种，它们共同抽象出来的最邻近的上位属概念是其他罪种共有的属概念。例如，以典型抢劫罪的犯罪构成主客观本质属性和拟制抢劫罪的主客观本质属性为内容，可共同抽象其最邻近的上位属概念是“侵犯财产罪”，而无法抽象出它们俩与该上位属概念之间的中间属概念。这样，根据概念划分的“划分必须相应相称”规则，典型抢劫罪和拟制抢劫罪宜作为各自独立的同一层次的罪种，它们俩和诈骗罪、盗窃罪和敲诈勒索罪等同一层次的种概念一道成为“侵犯财产罪”这一属概念的子项，这些种概念（子项）之和即等于其母项“侵犯财产罪”属概念的外延。

2. 将扩张解释犯罪构成的行为种类和具备典型犯罪构成的行为种类归类于同一罪名之中也是违反概念原理的

典型犯罪构成是以刑法分则为基础而形成的，一般而言，以典型犯罪构成的主客观属性为主要本质属性的罪种概念具有法定性和明确性，是可以定义的。但是，扩张解释的犯罪构成是超出了法定的典型犯罪构成的字面意思的犯罪构成，它对刑法规定的犯罪构成中的犯罪主体、犯罪客观要件、犯罪主观要件和犯罪客体进行了扩张解释，且其扩张解释的内容具有不确定性。因此，以扩张解释的犯罪构成主客观属性作为一个罪种概念时，该罪种的概念是无法定义的，因为定义有一个“定义必须明确完整”规则，而扩张解释的犯罪构成的主客观本质属性是飘忽不定的，扩张解释犯罪构成的行为种类不可能符合这一规则，其当然是不能定义的。扩张解释犯罪构成的行为种类的主客观本质属性飘忽不定，而典型犯罪构成的行为种类的主客观本质属性具有法定性、明确性，因此，它们各自具有特有的本质属性，应是两类各自独立的罪种。在司法实践中，将典型犯罪构成的罪种概念以外的扩张解释的行为种类强行划分入典型犯罪构成的罪种概念之中的做法，同样违反了概念的划分原理，它也违反了“划分必须相应相称”的规则，犯了“划分过宽”的逻辑错误。

对于扩张解释犯罪构成的行为种类和具备典型犯罪构成的行为种类，也是无法根据两者的主客观本质属性抽象出其共同的上位属概念、并成立一个特有的独立的罪种的。因为扩张解释犯罪构成的主客观属性是不确定、不明确的，这致使其无法遵从“定义必须明确完整”的规则，从而无法定义，其上位属概念是以其为一个重要基础来概括的，因而，其上位属概念同样是不能明确的。若以不能明确的上位属概念作为罪种概念，这将违反罪刑法定原则。

3. 将具备未完成形态犯罪构成的行为种类和具备典型犯罪构成的行为归类于同一罪名之中同样是违反概念原理的

就结果犯而言，具备典型犯罪构成的行为种类与具备未完成形态犯罪构成的行为种类在主客观本质属性上是具有重大区别的，其最主要的本质属性区别是客观方面的本质属性。前者表现为，实施了法定的行为，且实现了法定结果（或预期目的）；而后者尚未实施法定行为，或虽实施了法定行为但未出现法定结果(或未实现预期目的)。此外，在有的情形下，其主观属性和客体属性也存在差异。由于具备未完成形态犯罪构成的行为种类和具备典型犯罪构成的行为种类各自具有自己的特有本质属性，因此，将典型犯罪构成的罪种概念以外的未完成形态行为种类强行划分典型犯罪构成的罪种概念之中的做法，同样违反了概念的划分原理。它违反了“划分必须相应相称”的规则，犯了“划分过宽”的逻辑错误。

这两个种类行为的相同之共有属性主要是主观属性，若要抽象出这两种行为种类的共同上位属概念，那么，其上位属概念是“企图实施杀人罪”。但是，由于故意犯罪的罪种往往包括直接故意（希望心态）犯罪和间接故意（放任心态犯罪）两方面，而间接故意犯罪因无未完成形态的情形，因此，这种抽象上位属概念的方法，势必将间接故意那部分犯罪单独留下来而作为另一种罪种。可见，将典型犯罪与未完成形态犯罪作为同一罪种，让它们归于同一罪种概念，是不科学的。典型犯罪形态具有其特有的本质属性，它理应单独作为一个独立的罪种，各种未完成形态犯罪各自也具有特有的本质属性，它们也理应分别单独作为独立的罪种。

通过上述分析可知，以刑法分则的典型罪状为基础的典型犯罪构成与拟制的犯罪、扩张解释的犯罪、未完成形态犯罪，在主要的本质属性上各自均存在不同，它们各自均存在特有的本质属性。根据概念原理，事物的本质属性是决定这一事物之所以成为该事物的那些属性，在同一层次的种概念思维下，当两事物进行比较时，若其中一事物缺乏另一事物的一个本质属性，那么，这两个事物不是同一种类的事物，两者不可能同属于一个概念。因此，在同一层次的种概念思维下，拟制的犯罪、扩张解释的犯罪、未完成形态犯罪与典型犯罪同归于一个罪种概念之下，并以典型犯罪的罪名定罪处罚是违反概念原理的。由于拟制的犯罪、扩张解释的犯罪、未完成形态犯罪与典型犯罪不能共同抽象出一个明确的、共同特有的本质属性的、科学的上位属概念，因此，这四个种类的犯罪行为是无法归类于一个共同的上位属概念而成为一个独立罪种概念的。换言之，根据概念原理，人们既不能创造一个新的罪种概念来统领这四个种类的犯罪行为，也不能以典型犯罪的罪种概念来统领四个种类犯罪行为。这四个种类犯罪行为各自具有特有本质属性的犯罪构成，均可作为独立的罪种来予以规定，因此，现行刑法规定的（或司法解释确定或依司法习惯认可的）同一罪名下的“犯罪构成群”是不符合逻辑的。该同一罪名下的“犯罪构成群”应予以拆散，让同一罪名下“犯罪构成群”中各个“犯罪构成”真正成为各自独立的犯罪构成，并使其各个种类的犯罪行为各自成为独立的罪种（个罪）。

四、同一罪名下“犯罪构成群”的现实实践及未来展望

（一）目前我国同一罪名下的“犯罪构成群”的司法认定

我国现行刑法立法和司法所确定的每一个具体罪名里实质上均包含有一个“犯罪构成群”。尽管同一罪名下“犯罪构成群”的确立违背了概念的原理，但是，既然我国现行刑法立法和司法确立了同一罪名下的“犯罪构成群”，司法机关就要严格依法办事。目前，加强对“犯罪构成群”的研究将有助于司法人员精确地定罪量刑。由于刑法分则明确规定了罪状，并一般以既遂为标准确定法定刑，因此，现有刑法理论关注的重心是典型犯罪构成，并在典型犯罪构成研究上取得了许多理论研究成果。因此，在司法实践中，司法人员在对典型犯罪构成的分析判断上一般没有大的问题。但是，未完成形态犯罪构成、拟制的犯罪构成和扩张解释的犯罪构成在理论研究上尚不够深入，在司法认定上存在诸多值得关注的问题。因此，后文主要论述拟制的犯罪构成、扩张解释的犯罪构成和未完成形态的犯罪构成的司法适用问题。

1. 拟制的犯罪构成之司法认定

拟制的犯罪构成与典型犯罪构成（即被拟制的犯罪构成）在构成特征上差别巨大，完全不宜将其与典型犯罪构成归于同一类型，但是，我国刑法明文强行规定，该拟制的犯罪构成与典型犯罪构成应归于同一类型来定罪处罚。尽管这种规定会引起犯罪构成理论的混乱，但是，根据罪刑法定原则要求，司法人员在司法实践上只能严格按刑法规定来定罪量刑。从我国刑法规定的拟制的犯罪构成看，尽管其归类存在问题，但是，由于拟制的犯罪构成与典型犯罪构成在社会危害程度上基本相当，因此，拟制的犯罪按典型犯罪的法定刑来适用是基本合理的，其量刑结论将基本符合刑法正义。

2. 扩张解释的犯罪构成之司法认定

典型犯罪构成与扩张解释的犯罪构成的划分是以刑法条文字面意思为标准来确定的。前者是在刑法条文字面意思之内的犯罪构成，后者是以刑法条文规定为基础并扩张了刑法条文的字面意思的犯罪构成。

近年来，我国刑法学界在刑法解释上出现了形式解释和实质解释之争。形式解释者一般主张，刑法解释应在刑法条文语义可能范围内进行严格解释①，其实际上主张刑法解释不能超出刑法条文字面意思，因为超出刑法条文字面意思即超出语义可能范围。而实质解释者强调，刑法解释可以超过刑法条文字面意思进行实质解释，同时，其指出应以刑法正义为目的进行实质解释②。前者实际上否定了扩张解释，后者则肯定了扩张解释。我国刑法学界普遍认为，在相对罪刑法定原则指导下，应认可有限制的扩张解释，但是，反对无度的类推解释。在司法实践中，绝大多数刑事案件都是以典型犯罪构成为标准认定犯罪的，仅有很少量的案件是依扩张解释的犯罪构成为标准来定罪的。因此，典型犯罪构成与扩张解释的犯罪构成的划分，可以提醒司法人员要特别关注扩张解释的犯罪构成之特殊性，防止滥用扩张解释的犯罪构成。

我国刑法界普遍认为，扩张解释和类推解释是有区别的，两者的区别主要在于：其解释的限度是否在文义射程之内，是否超过国民预测可能性。前者虽然超出了刑法条文的字面意思，但是，它在文义射程之内，没有超过国民预测可能性。而后者超出了刑法条文的文义射程范围，超出了国民预测可能性。但是，在实践中，扩张解释和类推解释的界限具有模糊性，两者没有明确清晰的界限。例如，强奸变性人（即由男变“女”的变性人）的行为是否符合刑法第236条强奸罪的犯罪构成，这是值得讨论的问题。在典型强奸罪的犯罪构成中，其犯罪对象“妇女”应是在形式上具有女性生殖器官，在DNA上具有女性染色体的妇女，而变性人（即由男变“女”的变性人）是仅具有人造的女性生殖器官的“人造妇女”，但是，在DNA认定上，他或她不属于“女性”。如果司法人员对被告人“强奸”变性人的行为以刑法第236条规定的强奸罪定罪处罚，这是扩张解释，还是类推解释？由于扩张解释和类推解释的界限具有模糊性，所以，典型犯罪构成和扩张解释的犯罪构成的划分具有更好地保障人权的意义。实践中，司法人员若以扩张解释的犯罪构成来定罪时，应在各种法律文书上明确注明其在适用扩张解释，让犯罪嫌疑人、被告人有明确的辩护方向，让同级或上级相关司法机关有明确的审查方向，从而更好地保障犯罪嫌疑人、被告人的人权。今后，我国刑法宜就扩张解释的犯罪构成的适用制定明确的程序，以便被定罪者有更好的司法救济途径。

扩张解释是超越了刑法条文的字面意思的解释，但这种解释是不能超越字面含义的射程，若其超越了字面含义的射程即属于禁止适用的类推解释。类推解释

① 参见陈兴良：《形式解释论再宣示》，《中国法学》2010年第4期，第35—36页。
② 参见张明楷：《实质解释论再提倡》，《中国法学》2010年第4期，第49—52页。

与扩张解释有时很难区分清楚，因此，一些国家（主要是拉美国家）将扩张解释与类推一样纳入禁止之列①。而我国刑法学界普遍认为，扩张解释并不违背罪刑法定原则，在实践上司法人员往往会名正言顺地运用扩张解释，但是，扩张解释与类推解释在许多案件上存在争议，这是不争的事实。一般认为，存疑时应有利于被告人，因此，为了实现刑法正义，为了贯彻刑法谦抑性原则，对以扩张解释定罪的行为，在量刑上应酌情比照典型犯罪行为从轻处罚。

3. 未完成形态犯罪构成的司法认定

未完成形态犯罪构成包括预备犯的犯罪构成、未遂犯的犯罪构成和中止犯的犯罪构成。在司法实践中，司法人员应全面认识完整的未完成形态犯罪构成，才能准确定罪量刑。

完整的未完成形态的犯罪构成包括：(1) 未完成形态的犯罪构成基本模型（“四要件”行为样态）；(2) 一定量的综合社会危害性；(3) 应受有罪宣告性（即无免罪事由）三大要件。

与典型犯罪构成相比，未完成形态犯罪构成主要在“犯罪构成基本模型”方面与其有重大区别，它欠缺了一些构成要素。因此，在“一定量的综合社会危害性”方面的认定上，应认识到：在一般情况下，未完成形态犯罪构成的社会危害性明显地小于典型犯罪构成的社会危害性。因此，在实践中，很多预备犯罪行为、犯罪未遂行为或中止犯罪行为都不应该认定构成犯罪，尤其是预备犯罪行为和不能犯未遂行为，这两种行为只有在社会危害性比较大的情况下才可考虑认定犯罪。

（二）同一罪名下“犯罪构成群”的未来展望

笔者认为，在罪刑法定原则制约下，刑法应在概念原理指导下正确处理罪种（个罪）的归类问题。我国应在概念原理指导下对现行刑法立法和司法所确立的同一罪名下的“犯罪构成群”进行分解，让拟制的犯罪构成、扩张解释的犯罪构成和未完成形态犯罪构成与典型犯罪构成各自成为独立的罪种。在罪刑法定原则制约下，概念思维可以使我国现行刑法规定和司法所确立的同一罪名下“犯罪构成群”中各个具体犯罪构成更加明确，使刑法立法更明晰。

概念具有封闭性、定义性，概念思维体现了透过穷尽列举对象本质属性的方式加以定义，事物对象只有具备了该概念全部本质属性才属于该概念下的事物。符合该概念全部本质属性的事物具有同一性，即同属于该概念下的同一事物，反

① 参见［意］杜里奥·帕多瓦尼著：《意大利刑法学原理》，陈忠林译，中国人民大学出版社，2004年8月第1版，第31页。

之，缺少该概念一个本质属性的事物均不属于该概念下的事物。由于每一罪种的犯罪构成实质上体现的内容就是该罪种所有本质属性的总和，因此，根据这一概念原理，在罪刑法定的明确性原则制约下，每一罪种的犯罪构成应是明确的，具有相同犯罪构成的犯罪才是同一罪种的犯罪，缺乏某罪种犯罪构成的某一要件（即所反映的某一本质属性）的行为就是不符合该罪种的行为。在我国现行刑法规定或司法确定的同一罪名下“犯罪构成群”中，典型犯罪构成与拟制的犯罪构成、未完成形态的犯罪构成在犯罪构成的构成特征上均存在不同。这三种犯罪构成各自具有自身明确的犯罪构成特征，各自均可作为独立的罪种，具有自己独立的概念。例如，我国刑法第 263 条规定的抢劫罪，它是有独立概念的独立罪种，其犯罪构成为典型抢劫罪，而刑法 269 条“转化型抢劫罪”，也应作为一个完全独立的罪种（可定罪名为“侵财后施暴罪”），并独立规定法定刑；对于刑法第 267 条的“转化型抢劫罪”而言，这是分类错误导致的结局，因为这情形下的行为完全符合抢夺罪犯罪构成，其理应按抢夺罪定罪处罚，在立法上，可将这一特殊情形单独规定一款，并单独规定更高的法定刑。同样，预备抢劫罪（结合刑法总则预备犯规定和刑法分则第 263 条典型抢劫罪规定得出）具有独立的概念，也应是独立的罪种。未遂抢劫罪、中止抢劫罪和拟制的抢劫罪也均具有各自独立的概念，各自均应是独立的罪种。依据概念思维将这几种犯罪进行了清晰的划分，这将有助于司法人员更准确地定罪量刑。

在罪刑法定原则制约下，罪种应受概念思维支配。对于扩张解释的犯罪构成而言，它应完全符合某罪种犯罪构成所有要件才可归属于这一罪种概念。但是，由于扩张解释的犯罪与典型犯罪的概念内涵和外延不同一，因此，它不可完全按典型犯罪定罪处罚，不可归于同一罪种概念。在司法实践中，由于扩张解释的犯罪构成在边界上具有模糊性，因此，在对一些案件定罪处罚时，其扩张解释是否超出文义射程（或是否超过国民预测可能性），人们往往存在巨大分歧。我国现行刑法并没有明文规定可以以扩张解释来适用刑法条文，换言之，目前，依扩张解释定罪处罚是没有刑法根据的，它是依司法习惯定罪处罚。为了更好地保障人权以及解决扩张解释的合法性问题，我国刑法应创建“扩张解释适用制度”，确定扩张解释适用范围和基本程序。

在未来，我国应在罪刑法定原则制约下，在概念原理指导下，正确处理未完成形态犯罪构成、拟制的犯罪构成、扩张解释的犯罪构成与典型犯罪构成的关系问题以及分类问题。由于拟制的犯罪构成、扩张解释的犯罪构成、未完成形态犯罪构成和典型犯罪构成均存在各自独立的、不相同的本质属性，它们各自均具有自己的独立犯罪构成，这几个行为种类各自自成独立的罪种，它们之间是同一类型层次的各自独立的罪种（个罪），因此，我国现行刑法规定的“同一罪名下犯罪构成群”是不符合概念原理的，是不科学的。我国在未来的刑法立法完善中应杜绝“同一罪名下犯罪构成群”的出现。

第十四章　现代犯罪构成的固有缺陷及其程序救济

在现代法治社会里，世界各国普遍将罪刑法定原则奉为至高无上的准则。在罪刑法定原则的笼罩下，犯罪构成是指法律规定的、构成犯罪的各个必要要件所组成的有机整体。犯罪构成是犯罪成立的标准和规格，是判断行为的罪与非罪以及此罪与彼罪界限的依据。根据罪刑法定原则的要求，犯罪构成应具有明确性、实体的适当性和不可类推性等属性。但是，由于立法者的智力所限、社会的变化发展和语言文字的模糊天性等原因，犯罪构成的明确性和实体的适当性难以完全实现。例如，在各国刑法分则规定的许多犯罪中，其犯罪构成中的基本行为样态因不够明确而引起严重的分歧；一些行为被刑法作为犯罪予以规定，并明确了犯罪构成，但这些犯罪不具有适当性；而一些行为宜规定为犯罪，但是，刑法中却没有予以规定，导致这些行为无犯罪构成。

在罪刑法定原则制约下，犯罪构成存在着模糊性等固有缺陷，对于这些固有缺陷，我国学者一直试图在刑法实体法上予以解决。例如，对各罪的犯罪构成给予更多的文字描述，对犯罪数额给予明确的数字确定，等等。他们通过这些做法试图使其犯罪构成更加明确。但是，仅在刑法实体上考虑克服犯罪构成固有缺陷的方案注定无法彻底解决问题。犯罪构成的固有缺陷是刑法实体立法的缺陷，这些缺陷的克服需要跳出刑法实体法的思维定势，另辟蹊径寻找解决问题的突破口。刑法实体法和刑事诉讼法具有密不可分的关系，刑法的实体规定需要通过刑事程序运作来实现。既然犯罪构成的固有缺陷无法在刑法实体范围内予以解决，就需要在刑事一体化观念指引下寻找程序救济方案来予以解决。

一、犯罪构成概念的界定及其范围的限制

（一）犯罪构成概念的界定

前文论及，“犯罪构成”这一概念是具有争议的。为了更好地阐述犯罪构成的固有缺陷及相关问题，在此有必要再次澄清犯罪构成的概念及其界限。

犯罪构成有广义和狭义之分，广义的犯罪构成是指犯罪成立要件所形成的有机体系；而狭义的犯罪构成仅指规定于刑法分则中的构成不同犯罪的法律要件，

即它仅是犯罪类型的指导形象，是广义的犯罪成立要件体系中的一部分①。而本文所称的“犯罪构成”采用广义的犯罪构成。

关于犯罪构成的属性，我国的刑法学者有较大分歧，其主要有“法定说”“理论说”“折中说”之分。“法定说”认为，犯罪构成是刑法规定的，该说是我国刑法学界的通说。“理论说”认为，犯罪构成不是刑法条文中规定的概念，而是学者们自行加工制作的理论概括和说明。而“折中说”则认为，犯罪构成既是法律规定（刑法规定的条件总和），又是刑法理论②。

在不同语境下，人们所称的犯罪构成是具有不同的属性的，犯罪构成是一个多义词，人们应该根据说话的语境来辨别其当时的意思。我国通说认为，犯罪构成是法定的，笔者认为，我国通说“法定说”具有妥当性，笔者支持“法定说”的理由是：罪刑法定原则的“罪之法定”要求，犯罪概念必须由法律明文规定，每一种犯罪的构成条件必须由法律明文规定。而犯罪构成则是用来说明每一种犯罪的所有必要构成条件总和的词语。尽管我国刑法并没有使用“犯罪构成”的字眼，但是，我国刑法确实按罪刑法定原则的要求规定了每一种犯罪的所有的必要构成条件。这是一个客观的存在。对于刑法规定的每一种犯罪的必要构成条件之总和，我们需要用一个词语来表达，我们可用“犯罪构成”或“犯罪成立构成”或别的词语来表达。我国刑法学通说长期使用了“犯罪构成”一词来表述，这已是一个约定俗成的词语，所以，“犯罪构成法定说”并无不妥。罪刑法定原则要求，每一种犯罪都是法定的，并且有明文的法定标准，每一种犯罪的犯罪构成即是每一种犯罪的法定标准，因此，只要我们承认罪刑法定原则，就应承认犯罪构成是法定的。笔者认为，犯罪构成应是刑法规定的犯罪成立的构成，具体而言，犯罪构成是指刑法规定的、构成某种犯罪的所有必要要件所形成的有机整体。

（二）现代犯罪构成的内容及其范围限制

本章所说的犯罪构成是从犯罪成立意义上所称的犯罪构成，在探究现代犯罪构成的固有缺陷前，必须先弄清现代犯罪构成的具体内容及其范围。

在当今世界法治社会，具有广泛影响的现代犯罪构成理论主要有三种：（1）以俄罗斯和我国为代表的四要件犯罪构成理论；（2）以德国和日本为代表

① 参见冯亚东、胡东飞、邓君韬：《中国犯罪构成体系完善研究》，法律出版社，2010 年 7 月第 1 版，第 20—23 页。

② 参见冯亚东、胡东飞、邓君韬：《中国犯罪构成体系完善研究》，法律出版社，2010 年 7 月第 1 版，第 20—60 页；以及肖中华著：《犯罪构成及其关系论》，中国人民大学出版社，2000 年 11 月第 1 版，第 70—76 页。

的犯罪三阶层理论；（3）以英国和美国为代表的双层次犯罪构成理论。这三种现代犯罪构成理论均是基于刑法规定而建立的，其分析出来的犯罪构成的具体内容及其范围当然受到刑法规定的限制。而这三种现代犯罪构成都具有后文所提到的固有缺陷。

1. 我国犯罪构成的内容及其范围限制

我国刑法界普遍认为，犯罪构成是刑法规定的，它由犯罪客体、犯罪客观要件、犯罪主体和犯罪主观要件组成，这一犯罪构成即四要件犯罪构成。按照通说，一旦某行为具备某罪的四个犯罪构成要件，即构成该罪，若缺少其中一要件则不构成犯罪。

笔者认为，我国通说所称的犯罪构成仍存在着一定的缺陷，有必要进一步修正，具体分析如下：

刑法规定的犯罪概念对犯罪构成的内容和范围具有重大的制约作用。犯罪概念是立法者从宏观上对犯罪内涵和外延所作出的规定，它从宏观上说明什么是犯罪，犯罪包括哪些基本特征，而犯罪构成是以犯罪概念为基础从微观上说明犯罪的内在构成，说明犯罪由哪些具体的必要构成要件组成。犯罪概念和犯罪构成具有密不可分的关系，犯罪概念是犯罪构成的高度概括，犯罪构成是犯罪概念的具体化，犯罪概念对犯罪构成的内容和范围具有制约作用。根据刑法第 13 条（关于犯罪概念的规定）和第 37 条（关于免予刑事处罚）的规定，犯罪具有三个基本特征：（1）严重的社会危害性；（2）刑事违法性；（3）应受有罪宣告性。四要件犯罪构成较全面地反映了犯罪行为样态，主要体现了“刑事违法性”特征，在一般情况下，只要行为符合四要件犯罪构成，就可认定犯罪。但是，受前述犯罪概念三个基本特征制约，行为具备了四要件犯罪构成并不当然构成犯罪，它还需具备“严重的社会危害性”和“应受有罪宣告性”才可构成犯罪。

根据前述分析，在犯罪概念三个基本特征制约下，四要件犯罪构成并不是一个完整的犯罪构成，它仅是犯罪构成中反映了犯罪行为样态的核心内容。根据法定犯罪概念制约，在我国，一个完整的犯罪构成的内容和范围包括：（1）犯罪构成的基本模型（即犯罪构成四要件所组成的行为样态）；（2）一定量的综合社会危害性；（3）应受有罪宣告性（即无免罪事由）。这一完整犯罪构成在后文称为“修正后的犯罪构成”。由此可见，我国通说四要件犯罪构成理论仍存在着一定的不足，它需要以完整的犯罪构成为基础进行修正。

2. 德日犯罪构成的内容及其范围限制

构成的内容和范围是受其刑法规定限制的。一般认为，德日犯罪构成包括三个阶层，下面以德国现代通说为例来说明。德国犯罪三阶层体系的内容和范围包括：（1）构成要件该当性。它由客观构成要件和主观构成要件两部分组成。其客观构成要件包括行为、结果、因果关系、主体等要素组成，主观构成要件包括故意、过失、目的犯的目的等要素组成。（2）违法性。违法性可分为实质违法性和形式违法性。从实质违法性看，其由法益和法益侵害性要素构成。从形式违法性要求看，“无违法阻却事由”是违法性存在的判断要素，一旦出现违法阻却事由则排除其形式违法性，当然也排除其实质违法性。（3）有责性。它由责任能力、违法性认识和违法可能性意识和期待可能性等要素组成。[①]

3. 英美犯罪构成的内容及其范围限制

英美犯罪构成的内容和范围受到其制定法或普通法的限制。一般认为，英美双层次犯罪构成包括两部分：（1）犯罪本体要件。它由犯罪行为和犯罪心态两方面内容组成。犯罪行为的内容近似于我国四要件犯罪构成中的客观要件内容，犯罪心态与我国的犯罪主观要件相当。（2）犯罪的责任充足要件。它是指“无罪辩护理由”的不存在。无罪辩护理由主要指正当防卫、受胁迫、精神病、未成年等。在英美双层次犯罪构成中，其无罪辩护理由可分三大类：一是实体上的辩护理由；二是诉讼程序上的辩护理由；三是其他政策性宽宥理由。而实体上的辩护理由又可分为：第一，正当化理由（如正当防卫、紧急避险等）；第二，可宽恕事由（如未成年、精神病、受胁迫等）。其他政策性宽宥理由有：外交豁免、立法、行政豁免等。诉讼程序的辩护理由有：证据豁免、辩诉交易豁免等。由于本文所称的“犯罪构成”是指实体法上的犯罪构成，因此，在我国相同的罪刑法定原则制约下，若以英美双层次犯罪构成的分析方法解析我国刑法规定的各罪的犯罪构成，其犯罪构成中“责任充足要件”所论及的辩护理由就不应包含诉讼程序性辩护理由。

尽管现代三大犯罪构成理论在分析方法上存在差异，但是，在同一刑法规定下，若在相同的罪刑法定原则和犯罪概念制约下，对于同一犯罪的犯罪构成（即实体意义上的犯罪成立构成）而言，其犯罪构成内部的深层微观构成要素是相同的。因此，在一般情况下，不论是以我国修正后的四要件犯罪构成的分析方法或词语解析，或者是以德日犯罪三阶层体系或英美双层次犯罪构成的分析方法或词语解析，都会得出其犯罪构成是同一的结论，其定罪结论当然也理应是一致的。很显然，对于我国刑法规定的犯罪构成，若以德日现行通说的犯罪三阶层体系和英美现行通行的双层次犯罪构成的分析方法或词语解析，其现有的一些构成要素将被删除或调整，才能与我国刑法规定一致。例如，德日的无期待可能性等超法

① 参见林东茂：《刑法综览》，中国人民大学出版社，2009年6月第1版，第33—43页。

规责任阻却事由和英美的诉讼程序性辩护理由在我国刑法规定的范围内理应被删去。

二、现代犯罪构成的固有缺陷

罪刑法定原则有两个派生原则：一是明确性原则，二是内容的适当性原则。根据罪刑法定的明确性原则要求，犯罪概念和每种犯罪的犯罪构成必须由法律明文规定，而且规定的内容应当明确。而罪刑法定的内容适当性原则则要求，刑法的内容应具有适当性，符合正义的要求。现代法治国家普遍尊崇罪刑法定原则，但是，在罪刑法定原则制约下，前述现代各国的犯罪构成均具有固有缺陷，下面将以我国修正后的犯罪构成为参照系来分析其固有缺陷。

（一）“犯罪行为样态”要件的固有缺陷

我国修正后的犯罪构成实际上有三个大要件：第一大要件为“犯罪行为样态”（即四要件犯罪构成基本模型）；第二大要件为“一定量的综合社会危害性”（即罪量要件）；第三大要件为“应受有罪宣告性”（即无免罪事由）。在罪刑法定原则制约下，“犯罪行为样态”要件的固有缺陷主要有：

1. 犯罪行为样态的不明确

我国刑法规定的各罪行为样态主要规定在罪状中，但是，我国刑法规定的罪状主要有四种：简单罪状、叙明罪状、引证罪状和空白罪状。简单罪状、空白罪状和引证罪状在刑法规定上往往是不够明确的。虽然我国刑法里的大多数犯罪采用叙明罪状，但是，许多叙明罪状仍然具有模糊地带。罪状的不明确当然导致犯罪行为样态的不明确。例如，我国刑法第 264 条规定的盗窃罪在罪状上没有明确地描述其构成要件，由于盗窃罪的“盗窃”行为样态不明确，这导致了非法公开拿走他人财物的行为（具有非法占有目的）可否构成“公开盗窃”的争论，进而出现了定罪分歧①。在“许霆案”出现后人们对盗窃罪的行为样态的争论更为激烈。又如，我国刑法第 236 条规定的强奸罪在罪状上没有明确描述犯罪对象“妇女”，也导致了强奸罪的行为样态的不明确，从而引起了人们对强奸“变性女”可否构成强奸罪的争论。诸如此类，不胜枚举。

任何犯罪都会侵犯法益或法秩序，从犯罪成立意义讲，犯罪客体是任何犯罪的必要要件，不侵犯任何法益或法秩序的行为肯定不构成犯罪。但是，出于立法技术简约性要求，我国大多数犯罪的犯罪直接客体没有在刑法分则条文上明确规定，一些犯罪因犯罪客体没有被明文予以明确规定，导致其犯罪行为样态的不明

① 参见张明楷：《刑法学（下）第三版》，法律出版社，2016 年 7 月第三版。第 949 页。

确，因而，在司法实践中产生较大异议。例如：甲（女）是吸毒者，甲从外地到其表妹乙家居住一段时间，乙多次见表姐甲在其家里吸毒，并劝告其戒掉毒瘾，甲不听劝告，乙无奈。后来，甲在乙家吸毒时被抓获，公安机关经审查后得知，乙明知甲在其家吸毒仍让其留在家里居住，因此，将乙抓获，并以容留他人吸毒罪向人民检察院申请批捕。我国刑法第354条规定，“容留他人吸食、注射毒品的”构成容留他人吸食、注射毒品罪，我国刑法并有明文明确规定该罪的犯罪客体。因此，乙的行为是否构成容留他人吸食毒品罪，引起了激烈争论。有人认为，根据刑法第354条规定，只要乙明知其表姐甲在其家里吸毒，仍容留甲在其家居住并放任其吸毒，就可以定乙的行为构成容留他人吸毒罪。而有人认为，容留他人吸食、注射毒品罪的客体是公共管理秩序，这是该罪当然包含的隐性要件，乙明知表姐甲在其家吸毒仍让其居住的行为，属于在家里发生的亲亲相隐行为，并没有侵犯到公共管理秩序，其没有容留他人吸毒罪的犯罪客体，因而，乙的行为不构成容留他人吸食毒品罪。综上所述，我国大多数犯罪在刑法上并没有明文明确规定犯罪客体是其犯罪构成的缺陷，但是，由于立法技术简约性的限制，这一缺陷不可避免地成为了犯罪构成固有缺陷。

2. 犯罪行为样态存在内容的不适当性

我国刑法规定的各种犯罪行为样态在内容上的不适当性主要体现在两方面：

（1）有的行为的社会危害性较为严重，它们理应作为犯罪予以规定而我国刑法并没有规定。例如，对于灭种罪、反人道罪、种族歧视罪、奴役罪、见危不救罪等犯罪，现代世界各国已普遍将其规定于本国刑法典内，而我国刑法却没有规定这些犯罪。

（2）一些行为不宜被作为犯罪予以规定却被刑法规定为犯罪。刑法不是万能的，刑法具有谦抑性。社会上大多数违法行为宜由民法、行政法等刑法以外的法律法规来调整，只有社会危害性严重的，且有必要用刑罚处罚的行为，才宜由刑法规定为犯罪。但是，由于立法者在制定刑法时的智力所限，他们将一些不宜作为犯罪的行为在刑法上明文规定为犯罪。另外，有些犯罪行为样态的社会危害性因社会的发展变化而消失或大大减轻，这种行为样态若继续以犯罪论就失去了实体正义。

3. 犯罪行为样态在字面规定上的明确性与内容适当性之间产生冲突

在这一情形下，如果严格按字面规定来处理定罪问题，就会出现违反刑法正义的结论，但是，若按超越文字字面规定而以符合适当性的内容方式来解释处理，则可能违反罪刑法定原则。例如，刑法第275条规定了故意毁坏公私财物罪，其法律条文所称的“毁坏公私财物”行为，从文字字义来讲是指具体的物理损坏并导致财物功能丧失的行为。据此，出于报复目的，将他人所有的、价格达20万元的珍贵小鸟放飞，且小鸟无法找回的行为，可否认为构成故意毁坏公私财物罪？这种法律条文的字面字义与内容适当性冲突引发了“形式解释与实质解释”“主观解释和客观解释”以及“扩张解释与类推解释”等相关问题的尖锐争论。

在我国四要件犯罪构成体系下，其犯罪行为样态是四要件形成的构成样态，而在德日犯罪三阶层体系里，其犯罪行为样态是其第一阶层的“构成要件符合性”，在贝林的古典体系里，其主要指记述性的客观构成要件内容，在新古典体系里，其构成要件没有采取价值无涉、纯客观的构成要件，而是加入了规范构成要件要素和主观违法要件的价值内容①。在威尔泽尔目的行为论体系及现代新古典体系里，其包括客观构成要件和主观构成要件内容。在英美双层次犯罪构成体系里，其犯罪行为样态仅指犯罪行为和犯罪心态组成的有机体。

对于我国四要件体系中犯罪行为样态所具有的固有缺陷，德日犯罪三阶层体系和英美双层次犯罪构成体系中的犯罪行为样态也同样存在。

（二）“一定量的综合社会危害性”要件（即罪量要件）的固有缺陷

我国修正后的犯罪构成体系的第二大要件是“一定量的综合社会危害性”（即罪量要件）。这是根据我国刑法第13条规定的犯罪概念所确立的，根据这一条文规定，“情节显著轻微，危害不大”的行为不是犯罪，反而言之，只有具有一定严重性的危害行为才能构成犯罪。刑法上所称的“社会危害性”由客观危害和主观恶性两部分共同形成。“一定量的综合社会危害性”是指犯罪行为样态各种法定构成要素以及案情中的其他各种主客观情况所共同形成的综合体。

社会危害性是一个综合评价的价值概念，它具有主观性、模糊性和不确定性，由于其内容和边界不明确，因此，与罪刑法定的明确性原则相违背，但是，社会危害性大小确实又是一个确定某行为是否构成犯罪的必不可少的构成要素，是一个区分罪与非罪的必要要素。我国《治安管理处罚法》规定的许多治安行政违法行为与我国刑法分则规定的一些犯罪行为在文字表述上是完全一致的，这些治安行政违法行为与我国刑法规定的犯罪行为区别的标准主要是社会危害性大小。据此，对于上述行为，若其具有严重的社会危害性，则该行为构成犯罪，反之，其行为属于治安行政违法行为。可见，尽管“一定量的综合社会危害性”要件具有违背罪刑法定的明确性原则的缺陷，但是，它又是一个犯罪构成体系中的必不可少的要件。

① 参见蔡桂生著：《构成要件论》，中国人民大学出版社，2015年6月第1版，第109页。

德日等国在定罪论领域一般实行“立法定性、司法定量”，它们在刑法上并没有规定“一定量的社会危害性”作为构成犯罪的必不可少的要素，但是，在司法实践中，法官可根据行为社会危害性大小来确定其是否构成犯罪。在德日犯罪三阶层体系里，对于“一定量的社会危害性”，学者们往往以社会相当性理论对“行为”作实质解释，将“情节轻微、危害不大”的行为排除于刑法中的“行为”之外，或根据可罚违法性理论在“违法性”阶层将“情节显著轻微、危害不大”的行为阐说为不具有可罚的违法性，或在“有责性”阶层以期待可能性的大小说明“情节显著轻微，危害不大”的行为应排除在犯罪之外。然而，社会相当性、可罚违法性和期待可能性同样具有模糊的特点，同样违背罪刑法定的明确性原则。

在现代英美法系国家，成文法和判例法均是其刑法渊源，在英美双层次犯罪构成体系里，“情节轻微”是“责任充足要件”中的无罪辩护理由①。“情节轻微”与我国犯罪构成体系中的“一定量的综合社会危害性”内容基本相当，它同样具有模糊性，同样与罪刑法定的明确性原则相违背。

（三）“应受有罪宣告性”要件的固有缺陷

一般而言，在我国，行为具备“犯罪行为样态”（即四要件犯罪构成基本模型）和严重社会危害性后即构成犯罪，但是，犯罪的确定具有主观性和法定性，某种行为是否构成犯罪是国家立法确定的，犯罪的确定或认定是一种贴犯罪标签的行为。因此，在出现一些特殊的政策性宽宥事由（即免罪事由）的情况下，某种行为即使具备了“犯罪行为样态”且具有严重社会危害性，国家也可通过立法确定该种行为不是犯罪。在这里，具有免罪事由即说明该种行为不具有“应受有罪宣告性”，不是犯罪，因此，无免罪事由是从反面说明行为成立犯罪的要素。由于作为犯罪构成的构成要件应是正面说明犯罪成立的积极要件，因此，“应受有罪宣告性”是犯罪构成的必要要件，即当行为具备“犯罪行为样态”（即四要件犯罪行为样态）和严重社会危害性后，一般应推定其具有“应受有罪宣告性”，但是，若行为人具有免罪事由的反证，则可否定其“应受有罪宣告性”。

我国刑法第3条规定的罪刑法定原则是这样的：“法律明文规定为犯罪行为的，依照法律定罪处刑；法律没有明文规定为犯罪行为的，不得定罪处刑。”该条文前段规定了积极的罪刑法定，后段则规定了消极罪刑法定。根据积极罪刑法定的要求，犯罪构成“应受有罪宣告性”中所提及的“免罪事由”应仅指法定

---

① 参见［美］保罗·H·罗宾逊著：《刑法的结构与功能》，何秉松、王桂萍译，中国民主法制出版社，2005年6月第1版，第4页，第78—79页。

的免罪事由，而不包括超法规的免罪事由。我国法律规定的免罪事由较少，常见的有：人民代表在人民代表大会上发言不受刑法追究；我国刑法原241条第6款曾作过规定（后来《刑法修正案（九）》第15条变更了规定）："收买被拐卖的妇女，不阻碍妇女返回原居住地的，……可不追究刑事责任。"但是，在司法实践中，将会遇到不少超法规的免罪事由。例如，在某商场4楼，一位年轻的父亲将年幼的小孩抱在怀里，因未抱稳，致使小孩跌到负一楼而死。在案例里，该父亲的行为符合过失致人死亡罪的行为样态且社会危害性达到严重程度，但是，他具有一个超法规的免罪事由，即：他是小孩的父亲。又如，在近年来发生的"幼儿被遗忘在车内致使幼儿被闷死"的案件里，幼儿父母的行为虽也符合过失致人死亡罪的基本要求，但是，他们是幼儿的父母，具有超法规的免罪事由。在这种情况下，若依刑法规定定罪，将违背罪刑法定的"内容适当性原则"。可见，我国现行犯罪构成的"应受有罪宣告性"在免罪事由的要求上存在缺陷。

在德日三阶层体系里，对于"应受有罪宣告性"中的免罪事由（即政策性宽宥事由），一般以超法规的无期待可能性等责任阻却事由作为其免罪事由，但是，在我国刑法规定的积极罪刑法定制约下，由于超法规责任阻却事由是无限的、不明确的，因此，它们是违反罪刑法定原则的，从法治角度看，这是其固有缺陷。但是，一些超法规责任阻却事由符合刑法的正义，具有适当性，因而它们又是符合罪刑法定的内容适当性原则的。

在英美双层次犯罪构成体系里，"应受有罪宣告性"中的免罪事由属于"责任充足要件"的"无罪辩护理由的不存在"。对应于我国修正后的犯罪构成体系中"应受有罪宣告性"的免罪事由，其"责任充足要件"的无罪辩护理由仅指实体法上的政策性宽宥事由。例如，未成年、精神病、受胁迫、立法、行政豁免等①。其中，未成年、精神病的无罪辩护理由的相关内容在我国修正后犯罪构成体系是作为四要件犯罪行为样态中"犯罪主体"的正面构成要素（责任年龄、责任能力）予以确定的。在英美双层次犯罪构成的"充足责任要件"中的"无罪辩护理由"里，其肯定了超法规的"无罪辩护理由"（包括实体法上超法规的政策性免罪事由），而超法规"无罪辩护理由"是无限的，不明确的，其存在的缺陷与德日犯罪三阶层体系中"超法规责任阻却事由"是一致的，即违反了罪刑法定的明确性原则。

三、犯罪构成固有缺陷产生的基本法理

法律是具有局限性的，而法律的局限性决定了法律所规定的各种规范和制度

① 参见赖早兴：《证据法视野中的犯罪构成研究》，湘潭大学出版社，2010年9月第1版，第15页。

必定具有一定的缺陷，犯罪构成是法律规定的犯罪成立之有机体，其固有缺陷即产生于法律天生具有的缺陷。

（一）法律具有固有的缺陷

人类社会纷繁复杂，人类文明史发展证明，法治国可较好地保障公民的自由权，可以使统治者的权力限制在适当的范围，因此，现代国家治理社会的理想模式是法治模式。为了调整人类社会的复杂关系，国家必须制定一系列的法律规范，设定各种权利和义务，并以法律条文形式固定下来。法治是规则之治、良法之治。法律是法治的基础，理想的法律必须具有形式正义和内容正义。或者说，理想的法律应是形式合理性和内容适当性的有机统一，形式合理性要求：法律是确定的、明确的。确定而明确的法律可以让人们能够预测自己和他人的行为是否合法及相应后果，并依法律确定的规则活动，也可以让行使国家权力者在法律允许范围内行使权力，这有助于个人和社会的安全自由和社会的发展。而内容适当性要求：法律的内容应是全面的、合理的并适应将来，换言之，法律在现在和将来都应是适当的。理想的法律是立法者追求的目标，而现实中的法律都具有生而俱来的局限性。

由于立法者智力是有限的，用来记载法律的语言是有限的、模糊的，社会生活是发展变化的。因此，现实的法律不能完全实现形式合理性和内容适当性，且形式合理性和内容适当性将不可避免地产生冲突。在现实中，我们将发现，任何法律均存在着不能实现法律文字明确性和内容适当性的法律条文，并且存在着法律文字的形式和法律内容不能有机统一的现象。若从法律形式与内容的合理性和适当性视角分析，法律具有三方面的固有缺陷：（1）法律形式存在不明确性。客观世界复杂多样，各种事物之间的边界有时很难用精确的语词来划分清楚。记述法律的文字具有局限性，立法者运用文字描述法律条文的能力是有限的，因此，法律不可避免地具有模糊性①。（2）法律内容存在不适当性。受认识能力的制约，立法者在各种主客观条件的限制下不可能认识和预测与立法相关的所有问题，其创制的法律必定存在着漏洞和盲区，因而，任何法律均会存在不妥当的规定。（3）法律的确定性、形式明确性与内容适当性之间存在冲突。立法者运用文字描述法律条文的能力是有限的，一旦出现立法技术失误，就可能使法律文字与立法的正义意图相背离。此外，社会是变化发展的，而立法者智力是有限的，立法者不可能全面预测未来的社会变化发展，因此，随着社会的不断变化发展，

① 参见李国如：《罪刑法定原则视野中的刑法解释》，中国方正出版社，2001年6月第1版，第143—145页；以及朱勇、吴应权：《成文法的局限性》，《思茅师范高等专科学校学报》2004年第2期，第20—21页。

一旦法律内容变得不妥当，就会导致法律条文的字面字义与法律内容适当性的冲突。

（二）罪刑法定原则制约下刑法具有的固有缺陷

刑法是关系到定罪量刑的重要法律，在国家法律体系中居非常重要的地位。与其他法律一样，刑法具有同样的固有缺陷。

在现代社会，无论是大陆法系国家还是英美法系国家均将罪刑法定原则作为其刑法的至高原则。在现代英美法系国家，制定法已占主导地位，其普通法罪已全部法典化或基本法典化，法官不能创造新的罪名①。因此，英美法系国家和大陆法系国家的刑法均会具有同样的固有缺陷。

罪刑法定原则是刑事法治国的标志。刑法是在罪刑法定原则指导下制定的，可以说，刑法典及其附属刑法条款和单行刑法是罪刑法定原则的具体化。

早期的罪刑法定原则强调刑法确定性和明确性，以便更好地限制国家权力，更大限度地保障公民的自由，这种原则是形式罪刑法定原则。在形式罪刑法定原则指导下制定的刑法也具有其他法律的固有缺陷，尤为突出地表现在不周延性和滞后性，或者内容的不适当性。现代罪刑法定原则强调，罪刑法定包括形式合理性和实质合理性两方面。前者指罪刑法定应确定、明确；后者指罪刑法定的内容应妥当。在罪刑法定的形式合理性制约下，刑法应具有确定性和明确性，这有利于刑法规范的可预测性或安全性。在罪刑法定的实质合理性制约下，刑法内容应具有适当性②。此外，理想的罪刑法定原则还希望，刑法的形式和实质内容不冲突。但是，由于立法者智力所限、语言的有限性和社会生活变化，刑法的形式合理性和实质合理性难以完全实现，其形式和实质内容的冲突也难以避免。可见，刑法与其他法律一样，却不可避免地具有固有缺陷。

（三）刑法规定的犯罪构成必然具有天然的缺陷

犯罪构成是刑法规定的犯罪成立的有机整体，它是在罪刑法定原则制约下在立法上确立的，是罪刑法定原则的“罪之法定”的具体化。犯罪构成是刑法规定之物，它出自于刑法。刑法本身具有固有的缺陷，犯罪构成同样会存在。

从形式与内容的合理性和妥当性视角分析，刑法具有三个方面的固有缺陷：（1）刑法形式具有不明确性；（2）刑法内容存在不适当性；（3）刑法确定性、形式明确性与内容适当性存在冲突。

---

① 参见钱弘道：《英美法讲座》，清华大学出版社，2004 年 10 月第 1 版，第 322—323 页；以及［英］鲁珀特·克罗斯，菲利普·A·琼斯著，理查德·卡德修订：《英国刑法导论》，赵秉志等译，中国人民大学出版社，1991 年 8 月第 1 版，第 7—16 页。

② 参见刘艳红著：《实质刑法观》，中国人民大学出版社，2009 年 8 月第 1 版，第 64—117 页。

犯罪构成是刑法规定之物，是刑法的有机组成部分，它必然也存在这些缺陷。罪刑法定原则是刑法的至高基本原则，犯罪构成是在罪刑法定原则制约下确立的。罪法定原则有两个重要派生原则：明确性原则和内容适当性原则。但是，由于刑法具有前述固有缺陷，因此，刑法确立的犯罪构成只能做到形式的相对明确和内容的相对适当。犯罪构成将永远具有三方面的缺陷：（1）犯罪构成不能完全明确确定；（2）犯罪构成的实质内容总会存在一定的不适当性；（3）犯罪构成的形式文字与内容适当性的要求将会存在一定的冲突。可见，前文论及的犯罪构成缺陷（包括“犯罪行为样态”缺陷、“一定量社会危害性”的缺陷和“应受有罪宣告性”方面的缺陷）是不可避免的固有缺陷。

四、现代犯罪构成固有缺陷的程序救济

（一）对犯罪构成固有缺陷进行程序救济的必要性

从法哲学层面上看，法律存在着固有缺陷，法律的形式不明确性和内容的不适当性是绝对的，法律的确定性、形式明确性与内容适当性的冲突也是无法彻底杜绝的。但是，从社会现实看，法律形式可以规定得相对明确，法律内容可以规定得相对适当，法律的确定性、形式明确性与内容适当性的冲突可以在立法上做到尽量减少。尽管法律存在着固有缺陷，但是，国家治理社会的理想模式是法治模式，这一理念是不可动摇的。为了最大限度地消解法律的固有缺陷，可以从立法、司法等方面寻找各种解决问题的措施。

在严格的罪刑法定原则制约下，现代犯罪构成的固有缺陷是不可能彻底杜绝的。但是，立法者总会在刑法立法上充分利用自己的智慧，制定相对科学的犯罪构成，尽最大限度消解其固有缺陷，从而实现相对的罪刑法定原则。在刑法的实体规定上，立法者可以通过提高立法技术将犯罪构成固有缺陷控制在一个基本可以容忍的限度内，也可以通过修改刑法的内容减少犯罪构成固有缺陷的影响。此外，最高司法机关制定具体司法解释、确立刑法判例制度、确立法官合理适度的自由裁量权等都是在一定程度上能消解犯罪构成固有缺陷的有效措施。

现代犯罪构成在犯罪行为样态、一定量的社会危害性和应受有罪宣告性（即无免罪事由）方面均存在前文已论述的各种缺陷，由于这些缺陷是不可避免的，是固有的，因此，以犯罪构成为研究对象而建立的任何犯罪构成理论都不可避免地具有缺陷。一些学者不能清醒地认识这一问题，对当今世界三大犯罪构成理论中某种理论或所有理论均进行彻底批判，并试图建立完美的犯罪构成理论，但是，无缺陷的犯罪构成理论是不可能存在的。因此，人们应在刑法规定的范围视角下理性地对待各种犯罪构成理论的缺陷。当前，人们在研究犯罪构成理论时，

一般都是在刑法实体法范围内考虑采取前述措施（即刑法的立法修改或司法解释等）来消解犯罪构成固有缺陷，然而，即使采取上述措施，犯罪构成的固有缺陷依然会在一定程度上存在。“程序救济”是消解犯罪构成固有缺陷的重要措施，但是，它被刑法学者们忽视了。

在刑事司法实践中，刑法和刑事诉讼法具有密不可分的关系。刑法中规定的犯罪与刑罚的实体内容需要通过刑事诉讼法规定的程序运作才能实现。程序正义往往可以保证实体正义①。一部刑法典力求准确地界定和规定犯罪的内涵和外延以及量刑标准，希望达到既不能使有罪者逃脱惩罚，也不能使无罪的人受到刑罚的“不枉不纵”的双重效果。但是，刑法不可能把犯罪的内涵和外延规定得天衣无缝。刑法规定所存在的这种固有缺陷仅依靠刑法自身是无法解决的，需要设置刑事诉讼程序并运作刑事诉讼程序来补救②。犯罪构成所固有的缺陷同样可以在刑事诉讼程序的运作中得到消解，因此，在刑事一体化思想指导下，我国应重视对犯罪构成固有缺陷程序救济的研究，探究犯罪构成固有缺陷程序救济的原理，思考正义的刑事诉讼程序设置，以期通过程序救济让犯罪构成固有缺陷得到最大限度的消解。

应当指出，并非犯罪构成所有的固有缺陷均可通过程序来救济的，在前文论述的犯罪构成固有缺陷中，有一种缺陷是无法通过刑事诉讼程序来消解的。这一缺陷是“犯罪行为样态的内容不适当性”中的第一种缺陷，即“有的行为的社会危害性较为严重，它们理应作为犯罪予以规定而我国刑法并没有规定”。因为这一情形属于法律没有明文规定为犯罪的情况，因此，根据罪刑法定原则要求，只能按无罪处理。对于其他固有缺陷而言，这些缺陷是立法遗留下来的空隙，根据相对罪刑法定原则，这些刑法空隙所引起的分歧，均可直接通过正义的刑事诉讼程序来救济。

（二）犯罪构成固有缺陷的程序救济原理。

一般地，刑法规定的大多数犯罪构成具有相对的明确性和相对的内容适当性。在司法实践中，大多数刑事案件事实与犯罪构成的行为样态完全相符，且具有严重社会危害性，而且无免罪事由，涉及利益各方在定罪问题上无争议，因此，司法机关可以依常识、常情和常理较好地把握犯罪构成，并据此妥善地处理案件。但是，在司法实践中，少数案件出现了与犯罪构成固有缺陷相符事实，致使司法机关在处理这少数案件时在定罪问题上产生分歧。

---

① 参见樊崇义等著：《刑事诉讼法再修改理性思考》，中国人民公安大学出版社，2007年10月第1版，第33—36页，第61—67页。

② 参见马贵翔：《刑事司法程序正义探微》，《复旦学报》（社会科学版）2002年第1期，第102页。

犯罪构成具有形式不明确、内容不适当以及形式与内容冲突的固有缺陷，这些缺陷违背了罪刑法定的明确性原则和内容适当性原则。犯罪构成是刑法规定的、认定犯罪的标准，它是指导刑事诉讼各阶段的实体依据，犯罪构成的固有缺陷必定导致刑事诉讼中涉及利益的各方之争执。这些争执可以通过设置刑事诉讼规则、程序进行程序救济，让各方利益得到妥善处理，平息纷争。

刑事诉讼涉及国家利益、社会利益和个人利益的博弈。在我国，由于大多数刑事案件实行国家追诉制度，少量案件实行自诉制度，因此，在刑事诉讼的立案、审查起诉、审判等环节中，涉及的主要利益主体为：被告人、被害人和国家（主要由公安机关、检察机关作为代表出面）。犯罪构成固有缺陷是导致利益各方争执的根源之一，当有权机关作出有罪的处理决定时，被告人认为其利益受损，他会表示反对；而当有权机关作出无罪的处理决定时，被害人或公安机关或检察机关会认为其利益受损，同样也会表示反对。刑事诉讼实际上是在刑事诉讼各阶段中各有关利益方的博弈过程。犯罪构成固有缺陷的程序救济是指在刑事诉讼各环节设置合理的程序并通过运作让各有关利益方通过博弈而消解犯罪构成固有缺陷所带来的种种弊端的措施。具体而言，犯罪构成固有缺陷可通过设置或运作以下救济程序来消解：

1. 建立协商的诉讼程序机制并通过运作消除弊端

犯罪是一种侵犯国家利益、社会利益和个人利益的行为，犯罪引发了犯罪行为人与国家的冲突以及犯罪行为人与被害人或社会的冲突。由于犯罪构成的固有缺陷违反罪刑法定明确性原则或内容适当性原则，因此，在司法实践中，当涉嫌的犯罪行为事实与犯罪构成所固有的缺陷相符合时，若以具有固有缺陷的犯罪构成定罪或宣告无罪，其结论的公正性均会受到质疑。但是，在兼顾国家利益、社会利益、被告人利益和被害人利益的前提下，我国可以在建立和谐社会的理念指导下，通过建立协商的诉讼程序机制来消解犯罪构成固有缺陷所引发的弊病。

协商诉讼程序的各利益相关方通过利益的博弈、让步达成协商一致的协议，从而实现相对正义的实体处理结果，换言之，协商的诉讼程序机制可以实现相对的实体正义。协商的诉讼程序的协商模式有两类：一是刑事诉讼和解。即在国家有权机关主持下，被告人与被害人之间进行协商，并达成和解协议，之后，由国家有权机关基于协商协议，作出从宽的有罪处理结果或无罪的处理结果。尽管国家有权机关是依据具有固有缺陷的犯罪构成来处理案件，其结论会产生些许瑕疵，但是，刑事诉讼和解有利于较好地保护被害人的利益，也兼顾了被告人（犯罪嫌疑人）的利益，同时，它节约了司法资源，提高矛盾解决的效率，消除了被告人（犯罪嫌疑人）所导致的不稳定因素，使国家的利益得到兼顾。因此，国家有权机关基于刑事诉讼和解的基础所作的处理结论实现了相对的刑法实体正义。当然，刑事诉讼和解主要适用于社会危害性不是特别严重的嫌疑犯罪行为，而不宜适用于社会危害性特别严重的行为，因为，若允许社会危害性特别严重的行为适用刑事诉讼和解，有可能较大地损害国家利益和社会利益①。刑事和解制度可在立案、审查起诉和审判等诉讼环节设置。二是认罪协商（即辩诉交易）。认罪协商制度是美国普遍适用的制度。这是值得我国在一定领域借鉴适用的制度。认罪协商是指被告人与检察官就被告人之罪与刑进行协商，协商合意后将协商内容呈报法官，由法官参考协商内容作出判决及科刑。通常法官所作之判决与被告人和检察官协商的内容不会有太大的出入②。认罪协商能够有效地以快捷而简便的方式处理大量案件，从宏观上看，这有利于国家利益和社会利益。因而，认罪协商制度具有一定正当性，但是，认罪协商可能产生出不公正或不正确的结果：（1）某个重罪罪犯可能会因为不值得的宽容而逃脱法律制裁；（2）某一无辜的人可能会获罪③。可见，认罪协商制度利弊兼有。但是，在有些情况下，认罪协商的结果比法庭审判将得到的结果可能更明智。因为“有罪或无罪的情况并不总是简单而明了的，在刑事责任的边界上，除了非白即黑的两分法外，还存在着大量的灰色地带。因此，根据理性的推论，当某一被害人的案件处于这种灰色地带之中时，选择一种通过辩诉交易而进行的中间性的裁判，比通过必然要得出非此即彼结论的审判程序要更受人欢迎”④。在案件出现了与犯罪构成固有缺陷相符的事实的情况下，无论作出有罪或无罪的处理结论均存在违反罪刑法定原则的疑问。因此，对于这种因犯罪构成固有缺陷而处于灰色地带的案件，采用认罪协商（辩诉交易）方式来处理将取得更让各方均相对满意的结果，从而实现相对的实体主义。

2. 建立被告人、被害人和国家相关机关的诉讼异议机制并通过运作消除不良结果

对于案件事实与犯罪构成固有缺陷相符的情况，可通过协商的诉讼程序消解其可能出现的弊端，但是，在协商不成的情况下，最终还是需要通过国家有权机关在立案、侦查、审查起诉和审判等诉讼阶段作出有罪或无罪的实体处理决定或

---

① 参见樊崇义等著：《刑事诉讼法再修改理性思考》，中国人民公安大学出版社，2007 年 10 月第 1 版，第 12—86 页。

② 参见王兆鹏：《美国刑事诉讼法（第二版）》，北京大学出版社，2014 年 10 月第 2 版，第 675 页。

③ 参见伟恩·R·拉费弗、杰罗德·H·伊斯雷尔、南西·J·金著：《刑事诉讼法（下册）》，卞建林、沙丽金译，中国政法大学出版社，2003 年 12 月第 1 版，第 1034—1037 页。

④ 参见伟恩·R·拉费弗、杰罗德·H·伊斯雷尔、南西·J·金著：《刑事诉讼法（下册）》，卞建林、沙丽金译，中国政法大学出版社，2003 年 12 月第 1 版，第 1037 页。

裁判。对于有些案件，国家有权机关可能不经过协商诉讼程序即作出了有罪或无罪的实体处理决定或裁判。对于这些实体处理决定或裁判结论，被告人、被害人、有关机关（如检察机关）有权向上一级机关或其他机关提出异议，请求复议或再次审理等①。

为了更好地保护各方利益，各刑事诉讼阶段均应建立有诉讼异议程序，通过各利益攸关方的多次博弈和层导救济，案件真相将愈来愈清楚，这有助于较好地消除犯罪构成固有缺陷可能带来的不良后果，最终实现刑法实体的相对正义。

3. 建立程序正义下的终局制

国家有权机关在侦查、审查起诉和审判各阶段均应在一定范围内作出刑法实体方面的处理决定或裁判，国家应建立程序正义下的终局制，以平息诉讼。

犯罪构成存在着固有缺陷，这些缺陷导致了刑法的空隙。刑法的空隙需要刑事政策来填充，人权保障和社会保护是重要的刑事政策，宽严相济、刑法的谦抑、无罪推定等也是重要的刑事政策。对于案件事实与犯罪构成固有缺陷相符的案件，国家有权机关在对国家利益、社会利益和个人利益（犯罪嫌疑人、被告人或被害人的利益）进行平衡后，应在刑事政策指导下作出实体的处理决定或裁判。具体而言，根据犯罪构成不同的固有缺陷，可作出以下五种处理决定或裁判：

（1）国家有权机关认为，在涉案的犯罪构成中，其“犯罪行为样态的内容不适当”，该种犯罪行为样态因社会变化发展，其社会危害性已不存在或大大减弱，而不宜定罪，这时，国家有权机关可按“情节显著轻微，危害不大”而以无罪处理。

（2）国家有权机关认为，在涉案犯罪构成中，其“犯罪行为样态不明确”，这时，该机关应基于理性以恰当解释作出合理的处理决定。当涉案行为具有明显的严重社会危害性且无法定免罪事由时，若按一般民众预测，该行为可解释在犯罪构成范围内（即具有国民预测可能性），那么，国家有权机关在考虑了刑法谦抑性政策后仍认为应定罪，这时，国家有权机关应依恰当解释作出有罪的处理决定或裁判。反之，若国家有权机关认为，涉案行为不符合涉案犯罪构成的行为样态，对该行为定罪将超越“国民预测可能性”，就应依罪刑法定原则作出无罪的处理决定或裁判。

（3）国家有权机关认为，在涉案犯罪的构成中，其“犯罪行为样态的字面规定与内容适当性冲突”，这时，该机关应依扩张解释或限制解释来处理，但是，

① 参见樊崇义等著：《刑事诉讼法再修改理性思考》，中国人民公安大学出版社，2007年10月第1版，第514页。

其扩张解释不能超越国民预测可能性。

(4) 国家有权机关认为，在涉案的犯罪构成中，其“综合社会危害性不明确”(即无立法具体规定也无具体司法解释的明确规定)，这时，国家有权机关应在遵循刑事政策的前提下，根据国民预测可能性，依常识、常情和常理作出有罪或无罪的处理决定或裁判。即：若认为涉案行为的社会危害性严重，则作出有罪的处理决定或裁判，反之，作出无罪的处理决定或裁判。

(5) 国家有权机关认为，在正在处理的案件中，涉案行为符合涉案犯罪构成的行为样态且具有严重社会危害性达到犯罪的程度，但是，该案“出现了超法规的免罪事由”，若对涉案行为以犯罪论处，将违反罪刑法定的内容适当性原则。在这一情况下，若行为符合刑法第 37 条规定，“犯罪情节轻微不需要判处刑罚的”，国家有权机关应根据各方协商的内容或综合分析后作出不立案、撤销案件、不起诉或判处免予刑事处罚的处理决定或裁判；若不符合刑法第 37 条规定，国家有权机关应依诉讼程序将案件起诉到人民法院，由人民法院最终作出决定。若依我国现行刑法规定在无各种从宽情节的情况下，人民法院只能作出缓刑、酌定减轻处罚等从宽处理决定。这种处理决定显然不合理，若从应然角度看，今后我国刑法应规定，在具有超法规免罪事由情况下，在经过特殊程序后，人民法院可作出免予事刑事处罚甚至无罪的决定。

对于已发生的事实与犯罪构成固有缺陷相符的案件，无论国家有权机关作出有罪或无罪的处理决定或裁判，自认为利益受损一方均会认为处理结果不公正。例如，当人民法院宣告被告人无罪时，检察机关或被害人会认为这一判决不公正，而当人民法院判决被告人有罪时，被告人也会认为判决不公正。但是，任何一个有争议的刑事案件均应有一个终局的处理结果，并平息诉讼过程，因此，应建立程序正义下的诉讼终局制。

在程序正义的前提下，当侦查、起诉、审判各阶段的各国家有权机关作出的实体处理决定或裁判后，若各利益相关方均无异议，并符合法律规定的诉讼终局规定，那么案件的处理结果即为终局结果。

但是，若有利益相关方提出异议，那么，在经过前文所述的立案侦查、审查起诉和审判的层层救济程序后，应有最终的终局结果。由于我国实行二审终审的审级制度，因此，在一般情况下，人民法院的二审终审裁判是最后的终局结果，但是，我国还规定了审判监督程序（再审）的特别程序，因此，在特别情况下，经过审判监督程序后的最终的有效裁判为最后的终局结果。对于程序正义下的实体终局结果，各利益相关方均应予以尊重。

(三) 犯罪构成固有缺陷与具体诉讼程序的救济

刑法是静态的，刑法所确立的实体内容需在诉讼运作中实现，犯罪构成固有缺陷在刑法实体法中无法彻底克服。犯罪构成固有缺陷可能导致的不良实体结局，需通过在刑事诉讼法中的立案、侦查、审查起诉讼、审判等阶段设立各种协商程序和异议程序，并通过层层救济进行最大限度的消除，从而实现实体的相对正义。在本部分，笔者将以我国现行刑事诉讼法为例，来探讨犯罪构成固有缺陷与具体诉讼程序救济的问题。

目前，我国现行刑事诉讼法已规定有各种协商程序和异议程序，这些程序可以较好地消解犯罪构成固有缺陷可能带来的不良实体结果，但是，我国现行刑事诉讼法还需不断完善，通过增加新的协商程序和异议程序和完善现有程序来消解不良的实体结果。

1. 犯罪构成固有缺陷与立案、侦查程序救济

（1）立案阶段的程序救济。

立案是刑事诉讼必经的开始阶段，立案为刑事诉讼的其他程序提供了依据。在立案阶段，法律赋予了公安机关、检察机关和人民法院重大权力。根据我国刑事诉讼法规定，公安机关和人民检察院具有刑事公诉案件的立案侦查权，人民法院对自诉案件有立案受理权。在立案阶段，公安机关、人民检察院和人民法院均在一定范围内具有实体处理权。对于已发生的事实与犯罪构成固有缺陷相符的案件，若公安机关、人民检察院或人民法院认为该涉案行为不是犯罪行为，并决定不予立案，这实际上是从实体上作出了无罪的决定。若上述机关作出立案决定，犯罪嫌疑人或被告人在实体上被判有罪的可能性增加。在立案阶段，我国现行刑事诉讼法规定的协商程序是刑事和解程序（刑事诉讼法第 288 条、第 289 条和第 290 条），异议程序有：控告人申请复议程序（刑事诉讼法第 112 条）、被害人请求人民检察院进行立案监督程序（刑事诉讼法第 113 条）以及被害人对公诉案异议而转自诉案的异议程序（第 210 条）。

对于已发生事实与犯罪构成固有缺陷相符的案件，犯罪构成固有缺陷在立案的协商程序和异议程序中可得以消解。

（2）侦查阶段的程序救济。

侦查是公安机关、人民检察院对已立案的案件，依照法律进行的专门调查工作和采取的有关强制措施。侦查是公诉案件立案后的必经诉讼程序，是连接立案和提起公诉两阶段的重要阶段。根据我国刑事诉讼法规定，公安机关和人民检察院各自在一定范围内对相应的公诉案件具有侦查权，并具有一定的实体处理决定权。对于已发生的事实与犯罪构成固有缺陷相符的案件，若侦查机关认为，涉案行为不符合相关犯罪构成的行为样态或情节显著轻微，危害不大，不构成犯罪，那么，侦查机关应作出撤销案件的决定。对于犯罪情节轻微，依照刑法规定不需

要判处刑罚或免除刑罚的人民检察院自侦案件，人民检察院应作出不起诉决定。侦查机关作出的撤销案件或不起诉的决定就是一种实体的处理决定。

在侦查阶段，我国刑事诉讼法规定的协商程序是刑事和解程序（刑事诉讼法第288条、第289条和第290条），异议程序有：被害人申诉异议程序（刑事诉讼法第180条）和被害人对公诉案异议而转自诉案的异议程序（第210条）。

侦查阶段的协议程序和异议程序同样起到消解犯罪构成固有缺陷可能带来不良后果的作用。例如，在因民间纠纷而发生的伤害（轻伤）案中，若被害人具有一定过错，而犯罪嫌疑人有送被害人到医院医治的情节，那么，犯罪嫌疑人的故意伤害行为是否达到犯罪构成所要求的“一定量（严重）综合社会危害性”呢？由于一定量的综合社会危害性具有不明确性，这是犯罪构成的一个固有缺陷，因此，公安机关主持被害人和犯罪嫌疑人协商和解后作出撤销案件的实体决定，将较好平息纠纷，这具有相对的实体正义。在协商不成的情况下，被害人则可以通过申诉或自诉的异议程序继续诉讼进程，以求得下一诉讼程序的正确处理。

2. 犯罪构成固有缺陷与审查起诉的程序救济

审查起诉是指人民检察院对公安机关侦查终结移送起诉的案件和自行侦查终结案件进行审查，依法决定是否对犯罪嫌疑人提起公诉的诉讼活动。审查起诉是公诉案件承前启后（即前承侦查，后启审判）的必经程序[①]。人民检察院对案件进行审查后，应当根据情况作出提起公诉的决定或作出不起诉的实体决定。对于涉及犯罪构成固有缺陷情形的案件来说，我国刑事诉讼法在审查起诉阶段规定了协商程序和异议程序，这些程序对于消解犯罪构成固有缺陷可能带来的不良后果（即不能合理平衡国家利益、社会利益和个人利益）将起到重要作用。

审查起诉阶段的协商程序是刑事和解程序（刑事诉讼法第288条、第289条和第290条规定），审查起诉阶段的异议程序有：公安机关的异议程序、被害人的异议程序和犯罪嫌疑人（被不起诉人）的异议程序（刑事诉讼法第179条、第180条和第181条）

对于涉及犯罪构成固有缺陷情形的案件，在审查起诉阶段，有关利益方可利用上述协商程序或异议程序消解犯罪构成固有缺陷可能带来的不良后果。例如，王某是成年男子刘某的母亲，刘某已30多岁（未婚）长期好吃懒做，王某长期劝告、责骂刘某要勤劳节俭，为此，两母子关系一直不好。一日，刘某盗窃了母亲王某放在保险柜里的8000元养老金，并挥霍了。王某发现现金被盗后，即向

① 参见卞建林主编：《刑事诉讼法学（第三版）》，中国政法大学出版社，2014年2月第3版，第253—254页。

公安机关报案，后公安机关破案，并将盗窃犯刘某抓获。在本案中，刘某盗窃8000元的行为已具备盗窃罪的犯罪构成中行为样态要求，且数量达到司法解释要求的定罪数额，但该案具有一个超法规的免罪事由，即该案被害人王某与犯罪嫌疑人刘某具有母子的近亲属关系。在具有超法规免罪事由的情况下，若依这一免罪事由来免罪，将违反我国刑法第3条前段规定的罪刑法定原则（即积极的罪刑法定），而若不考虑这一超法规免罪事由而直接以盗窃罪定罪量刑，则可能违反罪刑法定的内容适当性原则。对于犯罪构成这一固有缺陷可能带来的不良结果，可通过前述的当事人和解的公诉案件诉讼程序来解决，当事人和解不成的，由人民检察院作出不起诉（相对不起诉）决定，对不起诉决定不服的，有关利益方可通过诉讼异议程序将案件推进到下一阶段解决。

3. 犯罪构成固有缺陷与审判程序救济

在现代法治社会中，审判是法院运用国家权力解决社会冲突或纠纷的最终、最彻底的处理方式。而刑事审判是指人民法院在控辩双方及其他诉讼参与人参加下，根据法定的权限和程序，对涉嫌犯罪的刑事案件进行审理和裁判的诉讼活动①。刑事审判程序分为：第一审程序、第二审程序和审判监督程序（再审程序）等，并且一般实行二审终审制。在刑事审判中，法官经审理后依法有权作出被告人有罪或无罪的裁判。但是，对于涉及犯罪构成固有缺陷情形的案件来说，因其涉及适用的犯罪构成，或具有违反明确性原则的缺陷，或具有违反内容适当性原则的缺陷，因此，法官依有争议的犯罪构成作出裁判仅具有相对的正义，各利益方（被告人、被害人和检察机关等有关国家机关）在审判过程中同样可以通过协商程序（当事人和解程序、认罪协商程序等）和异议程序（上诉程序、抗诉程序、提起再审程序）的运作进行救济。

我国刑事诉讼法规定的审判阶段协商程序是刑事和解程序（刑事诉讼法第288条、第289条和第290条），这一和解程序是第一审程序、第二审程序和审判监督程序的有机组成部分。审判阶段的异议诉讼程序主要有：不服一审判决或裁定的上诉、抗诉程序（刑事诉讼法第227条）、公诉案件被害人请求人民检察院抗诉程序（刑事诉讼法第229条）、对已生效的判决或裁定依法提请再审的程序（刑事诉讼法第252至第258条）。

审判是法治社会下解决被告人行为是否构成犯罪的最主要、最终的方式。在审判阶段，法官在控辩双方及其参与下，基于正当的法律程序，在良心支配下能依法作出符合实体正义的判决或裁定。历经法定所有审级的生效裁判是终局的处

① 参见卞建林主编：《刑事诉讼法学（第三版）》中国政法大学出版社，2014年2月第3版，第266页。

理决定。在司法实践中，对于涉及犯罪构成固有缺陷情形的案件，在经过前述的协商程序或异议程序后，犯罪构成固有缺陷可能带来的不良结果将得到最大限度的消解。例如，王某向别人购买了一辆卡车，而该卡车长期没有缴养路费。某日，王某在运输途中被公路行政管理机关查获，该机关将王某的卡车扣押，并责令王某到该机关接受处罚。当晚，王某带上备用锁匙，偷偷地进入车辆停放处，将自己的卡车盗走并继续用于营运。该公路行政管理机关经分析后认为是王某所为，并将王某及卡车查获。经公安机关侦查终结后，人民检察院以王某构成盗窃罪提起公诉①。该案即属于涉及犯罪构成固有缺陷的案件。我国刑法第 264 条规定的盗窃罪在犯罪构成要件描述上是比较简单的，该条文没有明确规定盗窃罪侵犯的客体是他人的财产所有权或是财物所有权中的某一项权能（如其中的“占有”权能单独可否成为盗窃罪的客体），也没有明文规定“非法所有的目的”是否是该罪的主观必要要素，即盗窃罪犯罪构成中的行为样态具有不明确的缺陷。对于盗窃罪的具体客体是什么以及“非法所有的目的”是否盗窃罪的必要要素，在我国刑法学界及实务界均有激烈的争论。若认为，盗窃罪的具体客体为他人的财物所有权或占有，“非法所有的目的”不是盗窃罪的主观必要要素，“非法占有的目的”才是盗窃罪的主观必要要素，那么，王某盗回公路行政机关依法暂时占有的、属于自己（即王某）所有的卡车的行为，构成盗窃罪。反之，王某偷偷拿回自己所有的卡车的行为，不构成盗窃罪。对于这一涉及犯罪构成固有缺陷情形的案件，王某可以在一审的庭审上为自己辩护，也可以通过上诉、再审的提出，进入二审或再审程序，可见，王某可以通过各级审判救济程序消解犯罪构成固有缺陷可能带来的不良实体后果。

五、犯罪构成固有缺陷的程序救济之立法建议

对于已发生的事实与犯罪构成固有缺陷相符合的案件，经前述立案、侦查、审查起诉和审判阶段的救济程序的运行后，可在一定程序上消解犯罪构成固有缺陷可能带来的不良实体后果，但是，我国刑事诉讼法在立法上仍存在缺陷，需要进一步完善，以便更好地发挥程序救济作用。为此，笔者提出以下立法建议：

（一）扩大“当事人和解的公诉案件诉讼程序”的适用范围

我国现行刑事诉讼第 288 条规定的当事人和解的公诉案件诉讼程序适用条件较为严格，其适用的条件是：（1）犯罪嫌疑人或被告人应认罪（即真诚悔罪），

① 参见冯亚东、胡东飞、邓君韬：《中国犯罪构成体系完善研究》，法律出版社，2010 年 7 月第 1 版，第 277 页。

被害人谅解并自愿和解。(2)案件性质条件：因民间纠纷引起的涉嫌刑法分则第四章(即侵犯公民人身权利、民主权利罪)和第五章(即侵犯财产罪)规定的犯罪，且限于可能判处3年有期徒刑以下的刑罚，或者除渎职犯罪以外的可能判处7年有期徒刑以下刑罚的过失犯罪案件。

笔者认为，对于涉及犯罪构成固有缺陷的案件而言，因涉案的犯罪构成固有缺陷与罪刑法定原则有冲突，因而，这类案件应给予被害人和犯罪嫌疑人、被告人更多的和解机会，以便有一个双方均可接受的实体处理结果。对于这种类型的许多犯罪，也应适用“当事人和解的公诉案件诉讼程序”，为此，笔者建议扩大“当事人和解的公诉案件诉讼程序”的适用范围。具体而言，对于涉及犯罪构成固有缺陷的案件，其可适用该和解程序的条件宜确定为：(1)犯罪嫌疑人或被告人真诚认错(不一定要认罪，因有的案件罪与非罪界限不明确或不适当)，被害人谅解并自愿和解；(2)可能判处3年以下刑罚的(不限于因民间纠纷引起的案件，也不限于刑法分则的第四章和第五章规定的犯罪案件)，或者可能判处7年有期徒刑以下刑罚的过失犯罪案件。

(二)建立和完善认罪协商诉讼程序

为了更好地消解犯罪构成固有缺陷，笔者认为，在审判阶段，我国应建立认罪协商诉讼程序。

对于涉及犯罪构成固有缺陷情形的案件，不论判决被害人有罪或无罪，都有可能违背罪刑法定原则，因此，人民法院判决可能存在不确定性。在人民法院判决前，被告人不能确信人民法院是否会判其无罪，检察官也不能确定人民法院是否会判被告有罪，因此，若能建立一个认罪协商诉讼制度，那么，被告人和检察官在衡量案件的事实和证据后，可以通过协商达成双方均可接受的最佳和解条件(主要指刑期)[①]，从而避免或减少因犯罪构成固有缺陷而带来的判决不确定性。

协商程序可以在一定范围内实现刑法的相对正义，为此，我国刑事诉讼法规定了被告人和被害人之间协商的“当事人和解的诉讼程序”(包括公诉案件和自诉案两种和解制度)。对于被告人和检察官之间协商的诉讼程序，我国刑事诉讼法规定了速裁程序，这是在有限范围内允许被告人和检察官之间协商的诉讼程序。

“有罪答辩会获得比无罪答辩后定罪更轻的判决，是一条根基稳固的普通法原则”[②]，而认罪协商是以被告人作认罪答辩为基础进行的，因而，认罪协商后，人民法院应作出比无罪答辩后定罪更轻的判决。认罪协商能够有效地以快捷而简

① 参见王兆鹏：《美国刑事诉讼法(第二版)》，北京大学出版社，2014年10月第2版，第680页。

② [英]约翰·斯普莱克著：《英国刑事诉讼程序(第九版)》，徐美君、杨涛译，中国人民大学出版社，2006年12月第1版，第507页。

便的方式处理大量的案件。在美国，有很大一部分刑事案件就是通过认罪协商来判处的①。在意大利、加拿大、英国、德国、西班牙等国的立法或实践中，认罪协商也得到广泛认可和适用②。我国可以借鉴国外认罪协商制度的合理内容，在审判阶段，建立和完善适合我国的“认罪协商诉讼程序”，让涉及犯罪构成固有缺陷情形的案件和其他案件通过认罪协商来实现相对实体正义。

（三）建立具有中国特色的陪审团审判制

对于案件事实与犯罪构成固有缺陷情形相符的案件，法官在作出最终实体处理决定时，需对其犯罪构成的行为样态缺陷（即不明确、内容不适当或法律形式条文与实质内容冲突），一定量的社会危害性缺陷（不明确）以及应受有罪宣告性（即无免罪事由）的缺陷（明确性与内容适当性冲突）进行刑法解释。在解释中，对于其行为样态不明确的缺陷，要涉及解释的限度问题，对于内容适当与否的争议要涉及价值大小的判断问题，对于法律形式条文与实质内容冲突，要涉及扩张解释与类推解释的界限问题（一般认为，应允许扩张解释，而应禁止类推解释）等。而判断前述的解释限度和价值大小是否合理的标准是：国民预测可能性，即解释结论符合社会一般人的认识可能性的，属于具有国民预测可能性，该解释结论是合理的，反之，不符合国民预测可能性的解释结论是不合理的。

在我国现行刑事诉讼法里，作出最终刑法实体决定的主体是独任制的法官或合议庭中数量极少的法官和陪审员。因其主体的局限性，他（或他们）对涉及犯罪构成固有缺陷的相关刑法规定所作的解释，并不能认为符合国民预测可能性。笔者认为，英美法系国家的刑事陪审团所作出解释和处理决定更能体现其“符合国民预测可能性”。我国应借鉴英美法系国家的刑事陪审团的合理内容来建构适合我国的刑事陪审团审判制。

刑事陪审团审判制是指被告人是否有罪由陪审团作出决定而法官只有在陪审团作出有罪决定后才能量刑的审判制度。陪审团成员是从具备一定条件的普通注册选民中依一定程序抽选出来的，他们代表了社会一般人来审判案件，陪审团作出的有罪或无罪的决定结论应视为符合国民预测可能性。

陪审团审判的基本过程是：（1）召集一批人作为陪审员，之后依程序选择 6 人或 12 人作为陪审团成员。（2）主持审判的法官向所有陪审员说明适用于本案的基本法律和程序。（3）开庭陈述。检察官或原告以及被告向陪审团陈述。（4）直接询问、交叉询问及展示证据，即检察官或原告、被告对证人直接询问、交叉

① 参见王兆鹏：《美国刑事诉讼法（第二版）》，北京大学出版社，2014 年 10 月第 2 版，第 675 页。

② 参见樊崇义等著：《刑事诉讼法再修改理性思考》，中国人民公安大学出版社，2007 年 10 月第 1 版，第 369 页。

询问以及展示完证据。(5) 双方向陪审团作总结陈述。(6) 初审法官对陪审团就案件适用法律条款要点作指示说明。陪审员参照法官提到的法律，决定双方争议的重要事实，然后将法律应用于事实作出裁决。法官负责裁定的法律问题与陪审团负责解决的事实问题的界限有时并不清晰，但是，“指导陪审团作出裁定的法律原则是由法官来确定的”这个基本原则是明确的。它在法官对陪审团进行法律要点指示时完成。(7) 陪审团秘密商议并裁决。在法官对陪审团指示后，陪审团离开法庭到密室讨论和商议，商议时只有陪审员在场。裁定需一致同意或绝大多数成员同意。陪审团作出无罪或有罪裁决无需明确给出理由或逻辑推理①。(8) 法官量刑或被告人当场无罪释放。对陪审团裁定有罪的案件，由法官量刑。对于审判陪审团裁决无罪的案件，一般情况下，法官宣布释放被告人。从刑事陪审团审判运作看，刑事陪审团审判具有重大的价值。它体现了直接民主，可以防止司法贿赂，能够保障独立审判，能够增加司法公信力，还可以防止侵犯少数人自由，防止政府侵犯个人自由②。

在罪刑法定原则面前，涉及犯罪构成固有缺陷情形的案件让司法人员在作出有罪或无罪的裁判时实在左右为难，而程序严密且更利于被告人的陪审团审判体现司法民主，其裁决结论更能体现了国民预测可能性的要求。为此，我国可以考虑引进英美法系国家的陪审团审判制度。在经过本土化改造后，该制度将能较好地处理涉及犯罪构成固有缺陷情形的刑事案件。

综合本章前文所述，笔者认为，在现代法治社会，罪刑法定原则居于至高的地位。在罪刑法定原则制约下，现代犯罪构成是刑法规定的、构成某种犯罪的必要要件所组成的有机体。在一国刑法规定的范围内，每种犯罪的犯罪构成只有一个，尽管我国修正后的犯罪构成、德日犯罪三阶层构成和英美双层次犯罪构成所用词语、分析方法不同，但是，对同一种犯罪而言，其解构后的内部构成要素应是同一的，法官适用这三种形态的犯罪构成定罪时，得出的结论理应是同一的。我国修正后的犯罪构成包括犯罪行为样态（即四要件构成组成的行为样态）、一定量的社会危害性和应受有罪宣告性（即无免罪事由）三大要件。以此为例分析可知，现代犯罪构成存在着固有缺陷。由于立法者智力所限、语言的有限性和社会生活的变化发展，在罪刑法定原则明确性原则和内容的适当性原则制约下，犯罪构成存在的缺陷是不可避免的。犯罪构成固有缺陷主要体现在三个方面：

---

① 参见［美］伦道夫·乔纳凯特著：《美国陪审团制度》，屈文生、宋瑞峰、陆佳译，法律出版社，2013 年 12 月第 1 版，第 20—21 页。

② 参见高一飞著：《上帝的声音——陪审团法理》，中国民主法制出版社，2016 年 4 月第 1 版，第 27—43 页。

(1) 犯罪构成不能绝对地明确确定，其仅具相对明确性；(2) 犯罪构成的实质内容总会存在一定的不适当性；(3) 犯罪构成的字面规定与内容的适当性要求将会存在一定冲突。这些固有缺陷的存在将导致定罪的困惑。

对于犯罪构成缺陷，可以通过刑法立法完善和制定司法解释等措施来解决，但是，仅在刑法实体法范围内考虑其解决方案是不够的。刑法实体法与刑事程序法具有密不可分的关系，刑法规定的犯罪与刑罚需要通过刑事程序的运作来实现，不履行刑事程序不得定罪和处以刑罚①。犯罪构成固有缺陷不可能彻底克服，但是，可以在刑事一体化思想指导下，通过在刑事诉讼各阶段中设置和运作各种协商程序、异议程序、审理裁决程序等救济程序来最大限度地消解犯罪构成固有缺陷可能带来的不良实体结果，从而实现相对的实体正义。在经过立案、侦查、审查起诉和审判的层层救济程序后，基于程序正义而作出的最终实体处理结果应得到尊重。

我国现行刑事诉讼法在立案、侦查、审查起诉和审判各阶段均建立了相对合理的协商程序、异议程序或审理裁判程序，但是，也存在立法的不足。为了更好地消解犯罪构成固有缺陷可能带来的不良实体结果，我国刑事诉讼法在今后应作以下修改：(1) 扩大“当事人和解的公诉案案件诉讼程序”的适用范围；(2) 建立和完善认罪协商（即辩诉交易）程序；(3) 建立具有中国特色的陪审团审判制度。

犯罪构成具有相对明确性和内容相对适当性，因此，在司法实践中，司法机关在处理的大多数刑事案件时，其认定的犯罪构成不会产生异议。在实践中，涉及犯罪构成固有缺陷情形的案件很少，这些案件在经过刑事诉讼各阶段的层层救济后，犯罪构成固有缺陷可能导致的不良实体结果将得到不断消解，国家利益、社会和个人利益将得到平衡。在经过层层程序救济后作出终局实体裁判的案件中，可能仍有极少量的案件存在争议，但是，只要案件事实认定准确和程序正当，就应予以尊重。

---

① 参见［日］松尾浩也著：《日本刑事诉讼法（上卷、新版）》，丁相顺译，中国人民大学出版社，2005年8月第1版，第1—2页。

第六编

中国犯罪构成理论的发展走向及立法展望

第十五章　犯罪构成理论平民之道或精英之道的选择

犯罪构成理论的发展应在一定理念指导下展开。目前，我国刑法学界在犯罪构成理论发展的理念上在两个方面有较大的争论：一是中国犯罪构成理论是走精英之道，还是平民之道；二是中国犯罪构成理论在学术研究和司法实践上是走多元化的道路，还是走一元化之路。在本章中，笔者将论述中国犯罪构成理论是走精英之道还是平民之道的问题。在中国犯罪构成理论的未来发展中，我国犯罪构成理论是选择具有平民特性的犯罪构成理论，还是选择深奥、晦涩难懂的精英犯罪构成理论，这是中国犯罪构成理论发展的方向性问题，这是刑法学界应关注的重大问题。

笔者认为，刑事审判的民主性决定了犯罪构成理论应具有通俗化、大众化的特性。通俗化、大众化的犯罪构成理论深入浅出，通俗易懂，被告人和广大民众均可以明白其基本道理，通俗化、大众化犯罪构成理论体现了民主法治的精神。但是，对于复杂、深奥、晦涩难懂的犯罪构成理论而言，由于绝大多数被告人和广大民众对这一理论难以理解，因此，这种犯罪构成理论是与现代民主法治相违背的理论。现代民主法治呼唤大众化、平民化的犯罪构成理论。

一、犯罪构成的理论纷争

犯罪构成理论是指导刑事立法和司法的重要理论。我国犯罪构成四要件说是新中国成立以来，在借鉴苏俄犯罪构成理论的基础上改造而来的，迄今为止，这一理论一直在刑法学界居于通说地位。这些年来，我国刑法学界许多学者对这一理论的缺陷提出了批评，并提出了种种改造方案，其中不乏真知灼见。但是，在对犯罪构成四要件说的批判中，出现了一种激进的观点，持这种观点的学者主张对现行四要件犯罪构成理论“推倒重来”，并以德日犯罪三阶层论取而代之。“推倒重来”的理论主张可谓标新立异，目前，附和这种主张的学者日趋增多，“推倒重来”论已形成较大的声音，并基本形成一个学术阵营。现行犯罪构成四要件说和德日犯罪三阶层论的学术对垒，已成为目前我国刑法学界的主要争鸣态势。中国犯罪构成理论的未来发展是恪守现行犯罪构成理论，还是对其推倒重来，并以德日犯罪三阶层论取而代之，这是我国刑法学界必须严肃对待的重大问题。

二、犯罪构成理论的民主法治意蕴

中国刑事法治应体现现代民主法治的精神，现代民主法治的一个重要特征是：立法和司法应反映广大民众的意愿，广大民众是法治的重要参与主体。

在现代文明国家，刑法是国民的刑事大宪章，在立法内容和审议程序上应体现民主法治的精神。从性质上看，刑法规范首先是反映民意的、规制国民去自觉遵守的行为规范。其次它才是裁判规范。法官对刑法规范的理解和解释应以反映民意的立法原意，以广大国民的立场，以公平、正义的良知为基点来进行。刑法理论是指导刑法适用的理论，刑法理论的展开必须以刑法为根据。刑法理论的运用主体具有多元化特征，人民法院与法官、人民检察院与检察官、公安局与警察、监狱与监狱警察等单位和官员是刑法理论的运用主体，这是众所周知的。被告人、犯罪嫌疑人、罪犯和广大民众等同样也是刑法理论的运用主体，然而，被告人、犯罪嫌疑人、罪犯和广大民众等主体往往被学者遗忘。

犯罪构成是犯罪成立的标准和规格。犯罪构成理论则是阐明犯罪成立的标准和规格及其相关问题的理论。在刑事诉讼的立案、侦查、起诉、审判和刑事执行等环节，犯罪构成理论为各有关机关及其相关人员所运用，尤其是在法庭审理阶段，公诉人的指控、辩护人的辩护以及法官的判决，均会在法庭上公开运用犯罪构成理论阐述或论证被告人是否构成犯罪或构成何罪，其相关法律文书也会出现犯罪构成理论的内容。公开审判是现代民主法治的重要内容，被告人和广大民众有权知晓审判的来龙去脉，被告人也可运用犯罪构成理论为自己辩护，民众也可运用犯罪构成理论评价、监督审判的公正性。刑事审判的民主性决定了犯罪构成理论应具有通俗化、大众化的特性。假若犯罪构成理论深奥、晦涩，那么，被告人和广大民众将对法庭上公诉人、律师和法官的发言不知所云。若此，被告人无法较好地维护自身的权益，民众也无法行使民主监督的权利。可见，在实践中，运用深奥、晦涩的犯罪构成理论是违背民主法治精神的。

三、犯罪构成四要件说的简明特性

我国犯罪构成四要件说认为，犯罪构成由犯罪客体、犯罪客观要件、犯罪主观要件和犯罪主体四要件组成。四要件犯罪构成是对各种影响犯罪成立的因素进行高度归纳后而确立的犯罪成立的基本标准和规格。四要件犯罪构成理论可以清楚地确定行为的性质，它能较好地划清此罪与彼罪的界限，也能划清罪与非罪的区别，它体现了罪刑法定的理念，因此，其具有较强的科学性。犯罪构成四要件说简单易懂，操作容易，近 40 年的实践运用证明其具有较强的可操作性。

犯罪构成四要件说深入浅出，通俗易懂，只要稍加解释，被告人和广大民众均可以明白其基本道理，可以说，它体现了民主法治的精神。当然，我国现行的犯罪构成四要件说尚存在一些不足，其缺陷主要体现在两个方面：（1）对于已符合犯罪构成四要件，但其综合社会危害性尚未达到犯罪程度而不入罪的情形，还不能较科学地以这一理论予以解释。（2）对于已符合犯罪构成四要件且其综合社会危害性已达到犯罪程度的情形，在具有免罪事由的情况下，不能较好地以犯罪构成理论解释其为何不能定罪。但是，这些不足可以通过对其适度改造来予以克服。

四、德日犯罪阶层理论的深奥品质

德日犯罪成立理论和我国四要件犯罪构成理论均为定罪的理论，两者在确定犯罪成立的各种构成因素上具有许多相似之处，但是，这两套理论在概念术语、理论结构体系等方面均具有较大的不同。

现代德日犯罪成立理论是阶层式理论。一直以来，德日刑法学者在犯罪成立理论领域上的论争异常激烈。从其历史发展脉络看，有古典犯罪论体系理论、新古典犯罪论体系理论、目的论体系理论和现代古典犯罪论体系理论等。从阶层数量上分类，存在二层体系、三阶层体系、四阶层体系、五阶层体系、六阶层体系等理论。目前，德日犯罪成立理论的通说为现代新古典犯罪三阶层论。德日犯罪三阶层论认为，犯罪成立条件包括构成要件该当性、违法性和有责性三个次递推进的阶层。在德日犯罪三阶层论里，还包含了许许多多的子理论。例如，法益理论、行为理论、社会相当理论、客观归责理论、可罚的违法性理论、违法阻却事由理论、行为无价值和结果无价值理论、违法性认识理论、期待可能性理论，客观处罚条件理论，等等。德日犯罪三阶层论中存在着我国四要件犯罪构成理论中所不存在的概念术语。例如，该当性、形式违法性、实质违法性、违法阻却事由、有责性、超法规责任阻却事由、责难、法益、期待可能性、不法，等等。

德日犯罪成立理论力求精细，导致了理论的复杂性，并异化成象牙塔上法学家们的理论玩物。对广大民众而言，德日犯罪成立理论的种种理论术语生僻难懂，体系繁杂难以理解。由于德日犯罪成立理论有着复杂、深奥、晦涩难懂的品性，所以，这种理论只有真正的法律精英才可以掌握，绝大多数被告人和广大民众对这一理论难以理解。一种远离被告人和广大民众的犯罪成立理论与现代民主法治是格格不入的。其实，在中国当今的法律实务界，法律职业者的法学水平参差不齐，许多法律职业者（尤其是欠发达地区的基层法律职业者）的法学素养仍较欠缺，尚不能成为名副其实的法律精英，这部分法律职业者还不一定能真正地娴熟掌握德日犯罪阶层理论。可见，德日犯罪阶层理论不但与现代民主法治背道而驰，而且也不符合中国当前的国情。

五、犯罪构成四要件说与德日犯罪阶层理论的理性比对

我国犯罪构成四要件说与德日犯罪阶层理论各自自成体系并具有各自的自洽性，两者在犯罪成立的基本构成因素上有基本相同的东西，也有差异。其差异主要体现了出罪方面，德日犯罪阶层理论在出罪上存在着以超法规违法阻却事由和超法规责任阻却事由（如无期待可能性）出罪的情形，即法官在行为出罪上具有较大的权力，具有较大的随意性，法官可根据自己对超法规阻却事由的理解自行豁免犯罪。而我国通说犯罪构成四要件说在行为入罪上要求符合法律规定的犯罪构成四个要件，一旦行为具备这四个构成要件（这四个要件包含了社会危害性的价值内涵），其社会危害性达到犯罪程度，就不能由法官随意出罪，除非法律有特别的豁免规定。这两种理论体系差异产生的原因是对罪刑法定理念理解的不一致。我国犯罪构成四要件说体现的罪刑法定理念是定罪规格要由法律明文规定，法律无明文规定不为罪，但是，若行为符合了法律规定的某罪的全部要件则要定罪，除非法律有豁免犯罪的特别明文规定。也就是说，它体现的罪刑法定包括积极的罪刑法定和消极的罪刑法定。而德日犯罪阶层理论所体现的罪刑法定理念是法无明文规定者不为罪，它仅指消极的罪刑法定，当行为符合了法律规定的某罪的全部要件并不一定要定罪，法官可以根据超法规事由自行豁免犯罪。我国现行刑法规定的罪刑法定原则既包括积极的罪刑法定，也包括消极的罪刑法定，它禁止随意以超法规的无期待可能性等事由来豁免犯罪。而德日犯罪三阶层论是可以根据超法规的无期待可能性等事由来随意豁免犯罪的。因此，目前的德日犯罪三阶层论与我国刑法规定是不匹配的。如果这两种犯罪构成理论在罪刑法定理念上相同，那么，通过理论改造两者在定罪和出罪的规格上是可以相同的。与犯罪构成四要件说相比，德日犯罪阶层理论在解决实践问题上并无优势。在我国刑法典下，只要刑法基本理念、立场相同，凡德日犯罪阶层理论可以依法解决的问题，四要件犯罪构成理论同样也可以解决。

现代文明国家应有民主的特性，国家是人民的国家，国家法治活动应反映民意、关注民意，并应接受民众的监督，只有符合民主法治的犯罪构成理论，才是符合仁义的理论。如果某一犯罪构成理论，让民众无法理解其基本内容，那么，在公开审判之时，被告人和广大民众情况无法听懂法官、检察官、律师在法庭上关键的定罪量刑言论，被告人的合法权益就可能受到损害，广大民众将无法对法庭审判予以监督，这样的理论其实是愚民理论、精英霸道理论。在某种意义上说，中国犯罪

构成理论的未来发展之道的争论焦点是：走平民仁道，还是走精英霸道？

我国现行犯罪均成四要件说简单易懂，操作实用，且具有较强的科学性，法官、检察官、律师等法律精英，可以娴熟地正确运用这一理论，被告人和广大民众也较容易明白其中道理。这一理论体现了刑事民主法治的真谛。可以说，目前我国在犯罪构成理论上所走的实践之路是一条光明的平民仁道。在未来，我们也应沿着这条平民仁道在科学的改造中前进。

德日犯罪阶层理论深奥、晦涩，它是法官、检察官、律师等法律职业者中真正的法律精英的象牙塔上之玩物，它脱离了被告人，脱离了广大民众，脱离了现代民主法治的品质。在犯罪构成理论的未来改革上，如果我国对现行犯罪构成四要件说“推倒重来”，并以德日犯罪三阶层论取而代之，那么，我国将从一条坦荡的平民仁道走向了一条灰暗的精英霸道。

六、犯罪构成理论的实践检验

犯罪现象复杂多变，刑法在行为犯罪化立法上应综合考虑种种问题，确立若干个刑法制度，并需协调合理配置。由于涉及面广，刑法的内在规定不可避免地会出现冲突，因此，绝对合理的刑法是不存在的。犯罪构成理论是阐释犯罪成立的理论，因为犯罪概念的复杂性、模糊性、主观性，因此，绝对科学的犯罪构成理论也是不存在的。犯罪构成四要件说存在着自身的不足，德日各种犯罪阶层理论也不可避免地存在着缺陷。

为了克服我国犯罪构成四要件说的欠缺，我们在理论研究上提倡百花齐放、百家争鸣，通过争论可以更好地发现各种犯罪构成理论的优劣，通过借鉴其他犯罪构成理论的长处来克服我国犯罪构成四要件说的不足。犯罪构成理论的纵深研究主要是法学家和其他研究者之事，但是，应当指出，犯罪构成理论平民化是现代刑事民主法治实践的最终归宿。在法学研究上，我们主张犯罪构成理论研究多元化，但是，在刑事法律实践上，主张犯罪构成理论单一化和平民化，反对犯罪构成理论多元化，如果在刑事审判中允许运用多种犯罪构成理论断案，就可能让被告人和广大民众无所适从。

在当今社会里，有三种影响较大的犯罪构成理论，一是德日犯罪三阶层论；二是犯罪构成四要件说；三是英美双层次犯罪构成理论。此外，法国的“行为+行为人”犯罪构成理论也有一定影响。德日犯罪三阶层论力求精细，复杂、深奥而晦涩具有较强的理论性，是真正的法律精英才可掌握的理论。英美双层次犯罪构成理论粗犷、易懂，即使是作为普通民众的陪审团成员也可掌握此理论。犯罪构成四要件说具有一定的理论性，简单易懂，即便普通民众，也很容易理解其基本内容。法国的“行为+行为人”犯罪构成理论在理论难易程度上与我国犯罪构成四要件说相当。

刑事法治的好坏并不取决于犯罪构成理论是否深奥、精细。英美双层次犯罪构成理论与德国犯罪三阶层论相比，其理论性并不强，但是，美国和英国的刑事法治状况在总体上得到世界各国好评，它们良好的刑事法治状态甚至好于德国和日本。法国的“行为+行为人”犯罪构成理论在理论性上与我国犯罪构成四要件说相近，并没有像德日犯罪三阶层论那样繁杂、深奥，但是，法国的刑事法治在整体上享有世界盛誉。法国实现现代民主远早于德国和日本，现代民主法治的优良传统让法国刑事法治具有良好的状态，法国的刑事法治状态同样可能优于德国和日本。

七、犯罪构成理论改革的理性选择

我国犯罪构成四要件说和德日犯罪三阶层论均存在优点和缺陷，若对我国现行犯罪构成四要件说“推倒重来”并以德日犯罪三阶层论取而代之，我国刑事法治状态并不会有任何好的改观，相反，它可能会使我国刑事法治状况因刑法理论的复杂而脱离现代民主法治，并走上糟糕之路。理智的做法是，坚持犯罪构成四要件说的基本框架及基本内容，借鉴德日犯罪三阶层论和其他犯罪构成理论的一些合理成分，对现行犯罪构成四要件说进行适度改造，使其成为更为科学的理论。犯罪构成四要件反映了犯罪构成基本原型，确立了犯罪成立的指导形象；一定量的综合社会危害性可将犯罪行为与治安管理处罚行为区分开来；免罪事由存在与否会影响到行为是否被宣告有罪。因此，我国可建立具有中国特色的犯罪构成理论，这一犯罪构成体系包括三大要件：（1）犯罪构成基本模型（即四要件犯罪构成）；（2）一定量的综合社会危害性（即罪量要件）；（3）具有有罪宣告性（即无免罪事由）。这一理论的建构是以保留我国四要件犯罪构成理论的基本框架为基础来进行的，它的建构不会动摇我国现在的刑法学体系的根基，相反地，它的建构可以使我国刑法学体系更具科学性。

犯罪构成理论是关系到对人的生死予夺的重要理论，是具有高度民主实践品性的理论，它不应是象牙塔上法学家们的理论玩物，也不应是法律实践精英把玩的玄奥工具。现代民主法治呼唤大众化、平民化的犯罪构成理论，刑法正义应是人民看得见的正义，人民可以理解的正义。因此，中国犯罪构成理论的未来发展之路应走改良犯罪构成四要件说之平民仁道。

第十六章　犯罪构成理论多元化与一元化的抉择

犯罪构成理论是具有高度实践品位的应用理论，是关系到人权保障和社会保护的重大理论。在刑事司法实践各诉讼环节中，人们需要经常运用犯罪构成理论解决定罪问题。当前，我国犯罪构成理论的通说是犯罪构成四要件说，然而，我国有刑法学者对犯罪构成四要件说一统中国大陆刑法领域的状况进行了批评，他倡导在学术研究和司法实践上让犯罪构成理论多元化[①]。对此，笔者持有异议。笔者认为，在学术层面上倡导犯罪构成理论多元化是无可厚非的，但是，在刑事司法实践中，若让犯罪构成理论的运用出现“百花齐放”、“百家争鸣”的局面，就可能给中国刑事司法实践带来重大的危害。目前，我国犯罪构成理论在司法实践上是走多元化的道路，还是走一元化之路，这是关系到犯罪构成理论发展的重大理念问题。在笔者看来，犯罪构成理论在刑事司法实践中的多元化将破坏民主法治和导致定罪混乱，使刑法的人权保障和社会保护功能得不到实现。笔者认为，在刑事司法实践中，在一般情况下，我国应倡导犯罪构成理论一元化，即在刑事司法活动各诉讼环节中各诉讼主体（或参与人），均只运用同一种犯罪构成理论来分析、辩论、撰写法律文书和定罪等，以便更好地实现民主法治和司法统一。

一、犯罪构成理论多元化的基本主张

当前，世界上具有重大影响的犯罪构成理论主要有三种：（1）以俄罗斯、中国为代表的四要件犯罪构成理论；（2）以德国、日本为代表的犯罪成立三阶层论；（3）以英国、美国为代表的犯罪构成双层次理论。法国犯罪构成二元论（即“行为+行为人”二元理论）也具有一定影响。改革开放以来，我国刑法学者对犯罪构成理论进行了深入的研究，尤其是随着大量外国刑法学论著的翻译和出版，以及大量在外国留学的刑法学者学成归来，我国犯罪构成理论研究出现了百花齐放、百家争鸣的繁荣景象。一些刑法学者对我国居于通说地位的四要件犯罪构成理论进行了批判，提出了许许多多改革我国犯罪构成理论的主张和方案。有人提出对四要件犯罪构成理论“推倒重来”，并以德日犯罪三阶层论取而代

① 参见张明楷：《构建犯罪论体系的方法论》，《中外法学》2010年第1期，第32—37页。

之；有人主张引进英美犯罪构成双层论理论；有人推崇法国犯罪构成二元论；还有许多人创建了自己的犯罪构成理论。例如，周光权教授提出了“周氏三阶层论”[①]；曲新久教授等诸多专家学者也构建了各自的犯罪构成理论。在一些学者对四要件犯罪构成理论进行猛烈批判的同时，许多学者也在为四要件犯罪构成理论进行辩护。

在这一学术背景下，我国有刑法学者于2010年在《中外法学》（2010年第1期）发表了《构建犯罪论体系的方法论》一文。该学者在文中主张，我国应提倡犯罪构成理论多元化。这一理论主张引起了刑法学界的关注，并引起了人们的争论。该学者认为，在现代国家，多元的犯罪论体系并存，是一种很正常的现象，试图改变一元犯罪论体系独存局面的观点与做法，并不存在过错。学术自由的结局，必然导致一元犯罪论体系独存的局面不复存在。多元的犯罪论体系并存，是令人欣慰的现象。我们没有必要动辄要求在犯罪论体系上形成共识，动辄期待学者形成一致意见，多元的犯罪论体系并存，反而有利于学术的发展与繁荣[②]。在这里，该学者主张在学术研究上应提倡犯罪构成理论多元化。该学者也推崇在司法实践上提倡犯罪构成理论多元化。他认为，“多元的犯罪论体系并存反而有利于司法工作人员认定犯罪。在就同一问题出现了各种观点的场合，司法工作人员为了使自己办理的案件获得公平正义的结论，会权衡各种观点的利弊，从而对不同观点作出取舍。各位刑法学者的观点，如同超市里的商品，司法工作人员需要什么就取什么（而且是免费的）。‘在某些场合，以不同的体系看问题，还能够明确事物的不同侧面’。所以，多元的犯罪论体系并存，反而有利于刑事司法”[③]。综上所述，犯罪构成理论多元化的内涵主要包括两方面：（1）在学术研究上的犯罪构成理论多元化。（2）在司法实践上的犯罪构成理论多元化。

犯罪构成理论在理论上进行激烈的争论，这有助于深化犯罪构成理论的研究，为建构科学犯罪构成理论提供诸多可供参考的理论知识。因此，犯罪构成理论在理论研究上“百花齐放，百家争鸣”（即犯罪构成理论多元化）是一种可喜的现象。但是，目前我国刑法学界所提倡的数量众多的犯罪构成理论是否均可直接在刑事司法实践予以运用呢？法官、检察官、律师可否根据自己的需要在诉讼各个环节运用各种不同的犯罪构成理论来论述自己的定罪主张，甚至确定定罪与否呢？换言之，我国在司法实践上提倡犯罪构成理论多元化是否具有妥当性？

---

① 周光权：《犯罪论体系的改造》，中国法制出版社，2009年11月第1版，第281—293页。

② 参见张明楷：《构建犯罪论体系的方法论》，《中外法学》2010年第1期，第34—37页。

③ 张明楷：《构建犯罪论体系的方法论》，《中外法学》2010年第1期，第36—37页。

二、德日犯罪构成理论多元化与定罪结论差异所引发的思考

在德国和日本，刑法学者们非常重视对犯罪构成理论的研究，并建立了各种各样的犯罪构成理论，从而使刑法学领域出现了犯罪构成理论多元化的图景。德日犯罪构成理论（又称犯罪论体系理论）在世界上具有重大影响，并为我国一些刑法学者所推崇。我国刑法学界的学者提出犯罪构成理论多元化的主张，实际上是深受德日犯罪构成理论多元化的影响而提出的。德日犯罪构成理论多元化会导致许多情况下定罪结论的差异，使定罪出现不公。在这一部分里，笔者希望通过对域外德日犯罪构成理论多元化与定罪结论关系的研究，让人们知道，在刑事司法实践中提倡犯罪构成理论多元化可能会导致定罪结论的差异。同时，让人们对刑事司法实践中犯罪构成理论多元化危害性有深刻的认识，以便更科学地解决犯罪构成理论多元化和一元化的问题。

（一）德日犯罪构成理论多元化的格局

自从20世纪初德国刑法学家贝林（Ernst. Beiling）建立了系统的犯罪构成理论以来，德国刑法学者们创建了五花八门、琳琅满目的犯罪构成理论，而日本刑法理论师从于德国刑法理论。日本刑法学者在引进德国犯罪构成理论的同时，根据日本的国情对这些理论进行修改或创建出独具特色的犯罪构成理论。

目前，德日犯罪构成理论呈现百家争鸣的态势。尽管德日犯罪构成理论多种多样，但是，从其学术发展史看，每一时期均具有代表性理论。具体而言，德国犯罪构成理论历经了古典的犯罪构成理论［以贝林（Ernst. Beiling）和李斯特（Franzv. Liszt）为代表］、新古典犯罪构成理论［以梅茨格尔（E. Mezger）为代表］、目的的行为论犯罪构成理论［以韦尔策尔（H. Welzel）为代表］、现代新古典犯罪构成理论［以加拉斯（Wilhelm. Gllas）和耶赛克（Hans-Heinrich Jescheck）为代表］和目的理性的犯罪构成理论［以罗克辛（Verfasser. claus. Rouxin）为代表］的发展历程。在现在，上述这几种犯罪构成理论均有德日刑法学者支持，但是，德国犯罪构成理论现在的通说是现代新古典的犯罪构成理论[①]。而在日本，古典的犯罪构成理论和现代新古典的犯罪构成理论均是其有力的学说[②]。在犯罪构成的阶层划分上，二阶层体系、三阶层体系、四阶层体系和五阶层体系均有学者支持，但是，目前的通说是三阶层体系（即构成要件符合性——违法性——有责性），二阶层体系（即不法和责任）也是有力的学说[③]。

---

① 参见林东茂：《刑法综览（修订五版）》，中国人民大学出版社，2009年6月第1版，第43页。

② 黎宏：《日本刑法精义》，法律出版社，2008年3月第1版，第63—68页.

③ 许玉秀：《当代刑法思潮》，中国民主法制出版社，2005年11月第1版，第63—117页。

前述五种犯罪构成理论是德日犯罪构成理论的几个典型理论，实际上，德日犯罪构成理论远远不止前述五种理论形态。尽管德日犯罪构成理论呈多元化格局，但是，在司法实践中，对于大多数犯罪案件而言，不论法官运用哪一种犯罪构成理论来定罪，其所定的罪名是一致的。究其原因，是因为刑法所规定的每一种犯罪的犯罪类型是确定的，而每一种犯罪构成理论所描述的犯罪类型也当然是相同的。对于目的论犯罪构成体系、现代新古典犯罪构成体系和目的理论犯罪构成体系而言，在其构成要件符合性阶层里，其构成要件包括了客观构成要件和主观构成要件，其构成要件形态大致地体现了犯罪类型。以耶赛克的现代新古典体系为例，其构成要件中的客观构成要件包括行为、行为客体、法益（保护客体）、结果、因果关系、行为人、行为的外在情况等构成要素，其主观构成要件包括故意、过失和目的等主观的构成要件要素①。就各种犯罪构成体系中构成要件的下一层次的主要构成要素而言，刑法对其是有明文规定的（或者刑法规定中当然包含有这些构成要素），因而，该犯罪构成理论体系当然将这些构成要件要素包括在其中。这一构成要件体现的就是犯罪类型。

在古典犯罪构成理论和新古典犯罪构成理论里，其构成要件符合性阶层的构成要件仅是犯罪的指导形象，而不是犯罪类型，因为这两种理论将组成犯罪类型的重要构成要素“故意”和“过失”放在有责性阶层。对于这两种犯罪构成理论而言，犯罪类型由构成要件中的客观构成要件（以及新古典体系中的主观的构成要件要素的“目的”等），和有责性阶层的主观构成要素（故意和过失）构成。尽管古典犯罪构成理论和新古典犯罪构成理论将犯罪类型的构成要件要素分布在两个阶层，但是，其犯罪类型与目的论犯罪构成理论、现代新古典犯罪构成理论、目的理性犯罪构成理论所呈现的犯罪类型是一致的。

在大多数情况下，刑法规定的犯罪类型是明确的、唯一的，由于犯罪构成理论是以刑法规定为依据而建立的、阐明犯罪成立的理论体系，因此，在大多数情况下，德日各种犯罪构成理论所描述的犯罪类型理应是一致的，否则，该犯罪构成理论就可能是违反刑法规定的理论。在犯罪构成理论多元化的局势里，在大多数情况下，对于已构成犯罪的行为而言，犯罪类型的同一性决定了其定罪罪名应具有同一性。

犯罪类型是刑法分则规定的每一种犯罪的一般形态，但是，犯罪是非常复杂的，它会具有一些特殊情况。由于刑法没有明确规定一些特殊情形，因此，当特殊情况出现时，人们对其犯罪类型的判断将会出现分歧，从而会导致定罪罪名结

① ［德］汉斯·海因里希·耶赛克、托马斯·魏根特著：《德国刑法教科书（总论）》，徐久生译，中国法制出版社，2001 年 3 月第 1 版，第 314—706 页。

论的差异，或导致出罪或入罪结论的差异。对于这些导致定罪结论差异的特殊情况，德日犯罪构成理论一般都将其纳入其体系中来论述。

（二）德日犯罪构成理论多元化与定罪结论的差异

德日犯罪构成理论多元化可能会导致定罪结论差异，其定罪结论差异的情形可分为两类：一是定罪罪名结论的差异；二是出入罪结论的差异。前者是指在一些特殊情况下，运用不同犯罪构成理论分析时，其认定的罪名是不同的；而后者是指在一些特殊情况下，运用不同犯罪构成理论分析时，其认定的行为性质（罪或非罪）是不同的，即其结论或是有罪的，或是无罪的。下面，分而述之。

1. 德日犯罪构成理论多元化与定罪罪名结论的差异

在德日犯罪构成理论多元化的现实状况下，导致定罪罪名结论差异的常见情况是，不同犯罪构成理论对违法性认识错误理解的不同，导致定罪罪名结论的差异。

在德日各种犯罪构成理体系里，故意和过失在犯罪论体系的地位是有区别的，具体为：（1）有的体系将故意和过失放在有责性阶层；（2）有的体系则将其放在构成要件符合性阶层；（3）有的学者提出双重故意或过失的看法，将故意和过失分为构成要件的故意和过失以及责任故意和过失，并分别置于构成要件符合性和有责性两个阶层。在这些体系里，违法性认识错误的出现会使其定罪罪名产生差异。

在德日刑法理论著作中出现这样一个案件：深夜甲在一个经常出现抢劫案的巷子里行走，突然看到有一个人乙正急匆匆地向其跑过来，甲以为乙是抢劫犯，出于防卫的意图，甲从身上掏出刀来，向乙胸膛捅了一刀，乙倒地后不久即死亡。其实，乙是过路人，他向甲跑过来是想问路的。在本案中，甲存在违法性认识错误，他捅乙一刀的行为是违法行为，却误认为是正当防卫的合法行为，这是假想防卫①。对这种因违法性认识错误而产生犯罪案件，若以现在的德日各种犯罪构成体系分析，其定罪罪名将产生差异：

（1）古典犯罪构成体系的定罪罪名。现在仍有不少德日刑法学者继承古典犯罪构成体系的基本框架，他们将故意和过失放在有责性阶层，其故意的内容包括对犯罪事实的认识和违法性认识。由于违法性认识作为故意的要素，因此，这种理论学说被称为“严格故意说”。对于前文所说的假想防卫案件，若以该体系分析，甲的行为应构成过失致人死亡罪。因为在这种情况下，甲的行为符合“构成要件符合性”（即客观构成要件）和“违法性”（即他的行为不是正当防卫，

---

① 黎宏：《日本刑法精义》，法律出版社，2008 年 3 月第 1 版，第 66—68 页。

不具有违法阻却事由，在有责性阶层判断时，甲缺少违法性认识，他不成立故意杀人罪的故意。但是，甲在当时具有认识到自己的行为是犯罪的可能性，即具有违法认识的可能性，因疏忽大意而没有预见，因此，成立过失致人死亡罪。这是在有责性阶层里，对故意犯罪和过失犯罪的区分而得出的结论。

（2）目的论犯罪构成体系的定罪罪名。在该体系里，故意和过失置于构成要件之中，但是，它将违法性认识和违法性认识可能性置于有责性阶层，并作为独立的责任要素。因而，这一故意学说被称为“严格责任说”（即以构成要素中故意或过失来划分故意犯罪和过失犯罪。违法性认识和违法性认识可能性仅影响责任大小，不影响罪名的定性）。

在前述假想防卫案中，甲的行为具有杀死乙的故意，又杀死了乙，因此，符合了故意杀人罪的构成要件符合性阶层的要求（包括客观构成要件和主观的构成要件），其违法性认识错误并不能阻却违法性的成立（其无违法阻却事由），其违法性认识可能性的程度仅影响责任的大小，而不影响罪名的定性。因此，本案应以构成要件的故意来确定其罪名，即应定故意杀人罪。

（3）现代新古典犯罪构成体系的定罪罪名。在支持现代新古典犯罪构成体系的学者中，德国的耶赛克赞同双重故意的理论。他将故意分为构成要件的故意和责任故意，前者置于构成要件之中，后者置于有责性阶层。在责任故意里，违法性认识（以及违法性认识的可能性）是其构成内容。在一般情况下，以构成要件的故意认定行为是故意犯罪，但是，若行为人无违法性认识，则其责任故意不成立，这时可据此例外否定故意犯罪的成立。

在前述假想防卫案件中，甲具有了构成要件的故意，但是，在判断责任故意的有无时，由于甲存在违法性认识错误，他不具有违法性认识，因此，其责任故意不成立，从而否定其成立故意杀人罪，而可认定其成立过失致人死亡罪。

2. 犯罪构成理论多元化与出入罪结论的差异

德日刑法典并没有规定犯罪的概念，因此，在德日刑法理论里，犯罪概念并不是一个法定的、界限清晰的、封闭性概念。在理论上，学者们一般都认为，犯罪是指具有构成要件符合性、违法性和有责任行为。德日各种犯罪构成理论也普遍认为，犯罪构成体系由构成要件符合性、违法性和有责性等阶层组成。至于何谓“构成要件”，何谓“违法性”，何谓“有责性”，则众说纷纭。德日各种犯罪构成理论所界定的犯罪构成边界是存在差异的，其各阶层的构成要素在出入罪的功能上是有差别的，因此，德日各犯罪构成理论在定罪过程中所得出的出入罪结论可能存在区别。

德日各种犯罪构成理论在其犯罪构成体系的各阶层里均存在各种子理论，例如，社会相当性理论、因果关系理论、客观归责理论、客观处罚条件理论、可罚违法性理论、行为无价值与结果无价值理论、期待可能性理论、违法性认识理论、应罚性和需罚性理论，等等。对于这些子理论，德日各种犯罪构成理论或多或少都包括了一部分，但是，对于各种子理论，不同的犯罪构成理论可能存在不同的看法，甚至观点截然相反。例如，对于可罚违法性理论，有的学者所建构的犯罪构成理论就对其持否定的态度，而有的学者所建构的犯罪构成理论则持赞成态度。显而易见，对于这些子理论承认与否，以及如何理解，将影响到出罪或入罪的认定结论。下面，就德日犯罪构成理论中，几种子理论对出入罪结论差异的影响进行论述。

（1）社会相当性理论与出入罪结论的差异。

所谓社会相当性理论，是指对于某些在通常情形下本属于违法的法益侵害或危险行为，只要该行为符合历史形成的国民共同体的秩序而与社会生活相当，就应否定该行为成立犯罪的理论。对于这一理论，有的德日犯罪构成理论将其纳入自身理论体系之中，或作为阻却“构成要件符合性”的理论，或作为违法阻却的理论，或作为免责根据的理论。而有的学者的犯罪构成理论否定了社会相当性理论①。在司法实践中，在运用承认或不承认社会相当性理论的犯罪构成理论去认定犯罪时，可能会得出截然不同的认定结论（即出入罪结论），即使是两种犯罪构成理论均承认社会相当性理论，但是，若其所理解的社会相当性不同，也可能得出不同的出入罪结论。例如，对于婚内强奸问题，在有的承认社会相当性理论的犯罪构成理论里，其论者认为，这是社会相当性行为，不能定强奸罪，而在另有一些承认社会相当性理论的犯罪构成理论里，其论者则可能认为，该行为并不是社会相当性行为，不能以社会相当性理论来出罪，而在否定社会相当性理论的犯罪构成理论里，其论者则会认为，该行为符合了强奸罪的构成要件，且具有违法性和有责性，应以强奸罪认定。

（2）可罚违法性理论与出入罪结论的区别。

可罚的违法性，是指值得作为犯罪加以科处刑罚程度的违法性，它是只处理那些从全体法秩序的观点承认违法性的情形中，在量上具有一定程度以上的严重性、在质上予以刑罚制裁是适当的情形②。对于可罚的违法性理论，在德国，很

---

① 参见于改之：《社会相当性理论的体系地位及其在我国的适用》，《比较法研究》2007 年第 5 期，第 23—28 页；以及［德］克劳斯·罗克辛著：《德国刑法学总论（第 1 卷）》，王世洲译，法律出版社，2005 年 5 月第 1 版，第 192 页；以及陈璇：《社会相当性理论的源流、概念和基础》，《刑事法评论》第 27 卷，第 261—263 页。

② 于改之：《可罚的违法理论及其在我国的适用》，《刑法论丛》第 12 卷，第 19 页；以及［日］大塚仁著：《刑法概说（总论）》，冯军译，中国人民大学出版社，2003 年 1 月第 1 版，第 36 页。

少有学者支持。但是，在日本刑法学界，许多学者赞同这一理论。有的学者将可罚的违法性理论作为构成要件符合性阶层的理论，认为构成要件本身就是可罚行为的类型，构成要件中包含的违法性是已经达到可罚程度的违法性，没有达到可罚程度的轻微危害行为不是构成要件中预定的行为，如果欠缺可罚的违法性，就阻却行为的构成要件符合性。另有学者则认为，可罚的违法性理论属于违法性阶层的理论，其认为“欠缺可罚的违法性不阻却构成要件符合性，而是阻却违法性”①。

在实践中，日本实务界曾广泛运用可罚的违法性理论来处理轻微的不法行为，但是，从1973年以后，最高裁判所开始改采消极紧缩的态度，而陆续驳回下级法院采用可罚的违法性理论而为的无罪判决。批评可罚的违法性理论的学者指出，违法性系指行为与整体法律规范或法秩序的对立关系，只存在对立或不对立，而不存在轻重的程度问题，况且，在违法性判断中，只有合法与违法的二分价值判断，而无可罚的违法性与不可罚的违法性的区分，对于行为及其侵害法益均属轻微的微罪问题。其主张的解决问题的路径是：通过立法手段将其规定为告诉才处理的犯罪，或作为免刑的规定，或在刑事诉讼程序中规定微罪不举或停止程序的制度②。

综上可知，对可罚的违法性理论的支持与否会影响到行为的出入罪的结论。对于一些轻微的违法行为（如轻微的受贿行为）而言，若法官支持可罚的违法性理论，该行为可能被宣告无罪，但是，若法官不支持可罚的违法性理论，该行为则可能被宣告为有罪的行为，从而出现两种相反的处理结果：或者被定罪判刑，或者不被定罪判刑。

（3）需罚性条件属性之分歧与出入罪结论的差别。

在德日犯罪构成理论里，存在着当罚性（又称“应罚性”）与需罚性（又称“要罚性”，或“可罚性”）的范畴。当罚性是指行为具备了构成要件符合性、违法性和有责性的罪责属性，或者说，它是指行为具备了不法和有责的罪责属性。而需罚性是指行为在具备了当罚性条件之后而具有的影响犯罪成立或影响刑罚权启动的属性。需罚性条件有两大类：一是“预防必要性”条件。这一类需罚性条件是基于刑事政策的预防目的而归纳出来的条件③。二是其他刑事可罚性条件。这一类条件是处于刑事政策的刑罚目的以外的，从非刑法方面（例如，

① 刘士心：《论可罚的违法性》，《中国刑事法杂志》2009年第3期，第21页。

② 林山田：《刑法通论（上册）》（增订十版），北京大学出版社，2012年1月第1版，第194页。

③ ［德］克劳斯·罗克辛著：《刑事政策与刑法体系（第二版）》，蔡桂生译，中国人民大学出版社，2011年1月第1版，第76—79页。

政治性的或国家理论性的）的目标设定的、影响犯罪成立或处罚的条件[①]。其他刑事可罚性条件又可分两小类：一是客观的处罚条件；二是一身的处罚阻却事由。

对于需罚性条件属性，刑法学者们是存在分歧的，有的学者认为，需罚性条件属于犯罪成立的要素，对于具备不法和有责的行为，还应具备需罚性条件才成立犯罪，否则，犯罪不成立。而有的学者持相反的观点，认为需罚性条件不是犯罪成立的要素，它仅是阻却刑罚处罚的条件。在行为具备了不法和有责条件时，犯罪已成立，需罚性条件不是犯罪成立的必备条件。由此可见，对需罚性条件属性的立场不同，其犯罪构成体系必然不同，其出入罪结论就可能出现差异。

①“预防必要性”条件对定罪结论的影响。

德日的古典犯罪构成理论、新古典犯罪构成理论、目的论犯罪构成理论和现代新古典犯罪构成理论都普遍认为，犯罪的成立条件包括构成要件符合性、违法性和有责性（或者认为，它包括不法和有责条件），这几种理论并没有将“预防必要性”作为其犯罪成立的条件。根据这几种理论，行为具备不法和有责条件后即成立犯罪，“预防必要性”并不影响犯罪成立，而仅影响刑罚权启动。

但是，在罗克辛的目的理性犯罪构成理论里，“预防必要性”是影响犯罪成立的要素。在行为具备不法和罪责条件后，若无“预防必要性”，则行为仍不成立犯罪。

罗克辛在刑罚的特殊预防和一般预防的目的引导下来构建其体系的责任阶层。他认为，“责任”阶层包括“罪责”和“预防必要”两个同等重要部分组成，并将责任这一范畴，亦称为“答责性”[②]。在罪责部分，其罪责的条件主要指：罪责能力、不法认识的可能性等[③]。

责任阶层的另一重要部分是预防必要性。罗克辛认为，刑罚取决于两个因素，其一是用刑罚进行预防的必要性；其二是犯罪人罪责及其大小。刑罚受到双重的限制，刑罚之严厉性不能超过罪责的严重性，同时，也不能在没有预防之必要的情况下科处刑罚。如果有利于对犯罪人实行再社会化的话，那么，是可以科处比罪责之严重程度更为轻缓的刑罚的；如果没有预防必要的话，甚至可以完全

---

① ［德］克劳斯·罗克辛著：《德国刑法学总论（第1卷）》，王世洲译，法律出版社，2005年5月第1版，第136页。

② ［德］克劳斯·罗克辛著：《德国刑法学总论（第1卷）》，王世洲译，法律出版社，2005年5月第1版，第557—558页；以及［德］克劳斯·罗克辛著：《刑事政策与刑法体系（第二版）》，蔡桂生译，中国人民大学出版社，2011年1月第1版，第76—79页。

③ ［德］克劳斯·罗克辛著：《德国刑法学总论（第1卷）》，王世洲译，法律出版社，2005年5月第1版，第557页。

不科处刑罚。所以，责任阶层（即“答责性”范畴）包括“罪责”和“以预防为目的的处罚必要性”这两个同等重要范畴①。

罪责原则是德国刑法的基本原则之一，是保障人类尊严、保护法益的基础性制度中的重要原则，因此，还没有什么预防性刑罚化的需要，能够大得可以对一种与罪责原则相矛盾的刑罚加以正当化②。因此，在责任阶层里，罪责是首先考察的要素，之后，才是预防的必要性。罗克辛将“预防必要性”纳入犯罪构成体系的“责任”阶层后，打破了“应罚性”和“需罚性”的传统区分界限，让原本属于刑罚论范畴的“需罚性”内容纳入了犯罪论范畴，使其成为犯罪构成体系的内容。

在罗克辛体系的“责任”阶层里，其责任阻却事由的分类也发生了变化，其罪责阻却事由主要包括欠缺责任能力和不法意识的缺乏，而基于缺乏预防必要性而产生的责任阻却事由，包括法定责任阻却事由和超法规的责任阻却事由。基于缺乏预防必要性而产生的法定责任阻却事由有：紧急防卫超过限度（第33条）、免责性紧急状态（第35条）、对家属不作刑事告发、为了家庭而妨害刑事司法等③。对于超法规范的排除责任事由而言，它是在存在着罪责的情况下因缺乏预防必要性而排除其责任的事由。对于无期待可能性而言（在罗克辛的著作里，它被译为“不可过分要求性”或“非过分要求性”④）。如果根据规范性罪责理论，无期待可能性是超法规的罪责阻却事由。但是，罗克辛认为，无期待可能性不是罪责阻却事由，而是由于缺乏预防性的刑罚需要性而排除了刑法性责任的事由⑤。

综上所述，在罗克辛的目的理性犯罪构成理论里，“预防必要性”是犯罪成立的必要要素，当行为具备了不法和罪责条件时，行为还不能当然成立犯罪，若其缺乏“预防必要性”这一需罚性条件，就不成立犯罪。

---

① ［德］克劳斯·罗克辛著：《刑事政策与刑法体系（第二版）》，蔡桂生译，中国人民大学出版社，2011年1月第1版，第76—79页。

② ［德］克劳斯·罗克辛著：《德国刑法学总论（第1卷）》王世洲译，法律出版社，2005年5月第1版，第558页和第572页；以及［德］克劳斯·罗克辛著：《刑事政策与刑法体系（第二版）》蔡桂生译，中国人民大学出版社，2011年1月第1版，第77页。

③ ［德］克劳斯·罗克辛著：《德国刑法学总论（第1卷）》，王世洲译，法律出版社，2005年5月第1版，第573—574页、第635—666页，第676—678页。

④ ［德］克劳斯·罗克辛著：《德国刑法学总论（第1卷）》，王世洲译，法律出版社，2005年5月第1版，第680页、第741页、第651页；以及［德］克劳斯·罗克辛著：《刑事政策与刑法体系（第二版）》，蔡桂生译，中国人民大学出版社，2011年1月第1版，第56页注释第100的译者注。

⑤ ［德］克劳斯·罗克辛著：《德国刑法学总论（第1卷）》，王世洲译，法律出版社，2005年5月第1版，第680页、第741—第742页。

②其他刑事需罚性条件（或称“其他刑事可罚性条件”）与定罪结论的差异

其他刑事需罚性条件是指除了“预防必要性”以外的其他需罚性条件。这些需罚性条件并不是基于刑事政策的刑罚目的而设立的，而是基于政治性或国家理论性等非刑法方面的目标设定的、影响到犯罪成立或处罚的条件。这些需罚性条件包括客观处罚条件和个人排除刑罚的条件（又称“人身的处罚阻却条件”，或“客观的不处罚条件”）。下面，分而述之。

第一，客观处罚条件与出入罪结论的不同。

一般认为，客观处罚条件是指那些客观存在的、不需要行为人所认识的、存在于不法和责任以外的、决定行为具有可罚性的事实①。例如，诈欺破产罪（第283条）的“行为人停止支付，或就其财产宣告破产程序或宣告破产的申请因缺乏破产人财产而被驳回”、参与斗殴罪（第231条）的“其斗殴或攻击行为致他人死亡或重伤害”，即属于客观处罚条件。关于客观处罚条件在犯罪成立体系中居于何种地位，这是有争论的。其主要观点有三种：一是刑罚权发动的条件说。有学者认为，客观处罚条件既不属于不法，也不属于责任，它与犯罪成立无关，它仅仅是刑罚权发动的条件之一。二是犯罪实体要素说。贝林认为，客观处罚条件与其他犯罪成立条件一样，属于犯罪概念的实体要素②。三是在犯罪实体要素说中，又可分为：犯罪成立独立说和犯罪成立要件还原说。前者认为，客观处罚条件是在构成要件该当性、违法性和责任之后的第四个犯罪成立要件；而后者认为，客观处罚条件不是犯罪成立的独立要件，它可以还原到构成要件要素或违法性要素或责任要素之中，通过在构成要件符合性、违法性和责任这种传统的犯罪成立要件体系内部来论述其可罚性③。

归纳得出，在德日多种犯罪构成理论里，对客观处罚条件理解不同将会影响其出入罪的结论。在司法实践中，在涉及客观处罚条件的犯罪案件里，在行为符合构成要件符合性、违法性和有责性，但缺乏客观处罚条件的情况下，若某犯罪构成理论支持犯罪实体要素说，在运用该理论断案时，则行为不可能被认定为犯罪。但是，若该犯罪构成理论支持刑罚权发动的条件说，在运用该理论断案时，因行为已符合构成要件该当性、违法性和有责性的犯罪成立条件，因此，该行为

---

① 参见吴情树：《客观处罚条件研究——构成要件抑或处罚条件》，社会科学文献出版社，2015年11月第1版，第24页。

② 吴情树：《客观处罚条件研究——构成要件抑或处罚条件》，社会科学文献出版社，2015年11月第1版，第52页。

③ 冯军：《德日刑法中的可罚性理论》，《法学论坛》2000年第1期，第107—108页；以及吴情树：《客观处罚条件研究——构成要件抑或处罚条件》，社会科学文献出版社，2015年11月第1版，第61—80页。

可能被认定为犯罪，它只是因其缺乏客观处罚条件的刑罚权发动事由而不被处以刑罚。即该行为的性质属于犯罪，只是因缺乏客观处罚条件而不发动刑罚权罢了。

第二，个人排除刑罚的条件与定罪结论的差异。

个人的排除刑罚条件，是指与个人的特殊身份等有关的排除刑罚条件。例如，德国刑法典原247条第2款规定，家庭成员之间的盗窃犯罪不进行刑事处罚（现行的第247条已将此种行为改为告诉才处理的犯罪），在这里，基于家庭政策的理由，将家庭成员的身份作为这种犯罪的排除刑罚条件①。在日本刑法中，藏匿犯人罪（第157条）和隐灭证据罪（第104条）中行为人具有的亲属身份也是个人排除刑罚的条件。由于个人排除刑罚的条件呈现出与客观处罚条件相反的情形，即它是指与行为人相关的、从行为一开始就排除可罚性或者在事后取消可罚性的各种情况，因此，个人排除刑罚的条件，又被称为“客观的不处罚条件”。

在特殊种类的犯罪里，对于“个人排除刑罚的条件”的体系性地位，也存在以下三种观点：一是刑罚处罚阻却事由说。支持这一学说的学者认为，无“个人排除刑罚的条件”不是犯罪成立的条件，“个人排除刑罚的条件”仅是阻却刑罚启动的来由。二是犯罪成立要件还原说。支持这观点的学者认为，无“个人排除刑罚的条件”是犯罪成立的要素，可将它还原为构成要件符合性或违法性或有责性中的构成要素。三是犯罪成立独立要件。赞同这一观点的学者认为，犯罪是符合构成要件的、违法的、有责的，且具备可罚性的行为。无“个人排除刑罚的条件”是犯罪成立要素，应将无“个人排除刑罚的条件”和客观处罚条件一道作为一个独立要件，这个要件是放在构成要件符合性、违法性和有责性之后，作为第四个要件②。

在德日各种犯罪构成理论中，对于个人排除刑罚的条件理解的不同，其定罪结论将存在差异。如果某犯罪构成理论认为，无“个人排除刑罚的条件”属于犯罪成立要素，那么，个人排除刑罚的条件是行为的出罪要素。反之，若认为无“个人排除刑罚的条件”不是犯罪成立要素，那么，“个人排除刑罚的条件”不是行为的出罪要素，它不能影响犯罪成立与否，它仅是影响刑罚权启动的要素，在存在个人排除刑罚的条件的情况，若行为已具备构成要件符合性、违法性和有责性三要件，那么，该行为已成立犯罪，个人排除刑罚条件仅是阻却刑罚处罚的

① ［德］克劳斯·罗克辛著：《德国刑法学总论（第1卷）》，王世洲译，法律出版社，2005年5月第1版，第696页。

② 参见冯军：《德国刑法中的可罚性理论》，《法学论坛》2000年第1期，第107—108页。

要素。

由此可知，在德日犯罪构成理论中，学者们对社会相当性理论、可罚的违法性理论、客观处罚条件理论、应罚性与需罚性理论等子理论具有较大分歧，其理论立场的差别会使出入罪结论产生差异（如有的认为构成犯罪，有的认为不构成犯罪）。同样地，对于行为无价值与结果无价值理论、期待可能性理论和客观归责理论等子理论而言，德日学者们同样具有较大分歧，其理论立场的差别同样会使出入罪结论产生差异。因篇幅所限，在此不再一一分析。但是，应当指出，这里所说的“因对某一子理论的立场差异而导致对出入罪结论产生差异”的观点，是假定学者们在犯罪构成理论的其他方面的立场都相同的情况下而得出的观点。如果学者们对犯罪构成理论中的某一子理论产生分歧，在其他的子理论上也存在不同看法，那么，其最终的出入罪结论也有可能是相同的，也可能是不同的。例如，在刑法学研究中常提到的“哥哥让弟弟去坐飞机而发生空难案”里，富裕家庭中的哥哥甲为了能单独继承家里的全部财产，故意派弟弟去乘坐经常发生空难的航空公司的航班去出差，他希望该航班再次发生空难，弟弟死后，他就可继承全部家庭财产。果真，该航班发生空难，他弟弟死了。在本案中，人们运用不同的犯罪构成理论分析时，尽管他们运用各种犯罪构成理论的子理论存在不同，但是，其得出的结论一般都是无罪。例如，有的犯罪构成理论承认社会相当性理论，其认为，该哥哥的行为属于社会相当性行为，因此，不成立犯罪。而有的犯罪构成理论并不承认社会相当性理论，但是，它承认客观归责理论，它认为，该哥哥的行为并没有制造不允许的风险，因此，其弟弟的死亡结果不应归责于其行为。而有的犯罪构成理论可能既不承认社会相当性理论，也不承认客观归责理论，它可能以超法规违法阻却事由，或者以超法规责任阻却理论或其他子理论来论证该哥哥的行为无罪。可见，尽管各种犯罪构成理论形态各异，但是，在一些行为的定性上，其得出的出入罪结论是可能相同的。当然，也有犯罪构成理论可能会认为，该哥哥的行为已成立犯罪，但是，以其违法性或责任轻微为由不启动刑罚权。可见，在分析德日各种犯罪构成理论对出入罪结论的差异产生影响时，应注意其语境。当论述某一个犯罪构成理论中的某一子理论的分歧对出入罪结论产生差异影响时，是在预设各犯罪构成理论的其他方面相同的前提下进行的。

（三）德日犯罪构成理论多元化及其定罪结论差异的原因

德日犯罪构成理论多元化的现状可能会导致定罪结论的不同，从而使司法不统一，这将有损司法的权威。为了克服这一弊端，有必要探究导致德日犯罪构成理论多元化及其定罪结论差异的原因。

1. 刑法立法的重大缺失

德日刑法都没有明确规定犯罪的基本概念，也没有明确地规定犯罪构成概念及一些重要的构成要件要素的基本内涵，这是导致德日犯罪构成理论多元化及其定罪结论差异的重要原因，具体分析如下。

（1）犯罪概念的立法缺失。

犯罪概念是刑法中非常重要的基本概念，根据罪刑法定原则中“罪之法定”的要求，犯罪概念应在刑法上予以明确规定。一旦科学的犯罪概念在刑法上确立，人们就可以从宏观上将犯罪行为和非犯罪行为区分开来。

犯罪概念在刑法上的确立实际上是确定了犯罪概念的边界。犯罪概念和犯罪构成具有密不可分的关系。犯罪概念是通过对犯罪构成进行高度概括后总结出来的，而犯罪构成是犯罪概念的具体化。犯罪概念和犯罪构成的范围和边界具有同一性，犯罪概念在刑法上的规定实际上既确立了犯罪概念的边界，也确立了犯罪构成的边界。

但是，德日刑法均没有明文规定犯罪的概念，而是将犯罪概念交由刑法学者从法理上去确定。目前，德日刑法学者普遍认为，犯罪是符合构成要件的、违法的、有责的行为①。但是，也有学者（如日本的庄子邦雄）认为，“犯罪是符合构成要件的、违法和有责的行为，并且是具备可罚性的行为”②。而有的学者并不关心封闭的、完整的犯罪概念，而是仅关注实体性的犯罪概念，认为犯罪是侵害法益的行为③。

由于德日刑法并没有规定犯罪概念，因此，德日刑法学者对于何谓犯罪并无统一的认识，出现了犯罪概念多元化的局面。在犯罪概念多元化影响下出现了犯罪构成理论多元化的格局。在司法实践中，在运用不同犯罪构成理论分析案件时，就可能得出不同的定罪结论。例如，对于“预防必要性”是否是犯罪成立的必要要件，不同犯罪构成理论所反映的内容是有区别的。罗克辛的目的理性犯罪构成理论持肯定态度，而韦尔策尔的目的论犯罪构成理论则不包含这一要件。在一些案件审理中，若分别运用这两种犯罪构成理论分析，其得出的定罪结论可能是相反的。

（2）犯罪构成的概念、范围和一些重要构成要素的概念的立法缺失。

犯罪构成是犯罪的微观构造，是各构成要件要素所组成的有机整体，它是犯

---

① 赵秉志：《外国刑法原理（大陆法系）》，中国人民大学出版社，2000年8月第1版，第60—62页。

② 冯军：《德日刑法中的可罚性理论》，《法学论坛》2000年第1期，第108页。

③ 参见［德］克劳斯·罗克辛著：《德国刑法学总论（第1卷）》，王世洲译，法律出版社，2005年5月第1版，第12—30页。

罪概念的具体化。德日刑法并没有规定犯罪构成的完整概念，也没有明确规定犯罪构成由哪些基本构成要件要素组成，也没有对一些重要的构成要件要素的概念作出清晰而明确的规定，因此，在德国和日本，所有这些相关内容都交由刑法学者去阐说。而德日刑法学者对这些问题的理解是存在分歧的，因此，德日刑法学者创建了各种各样的犯罪构成理论，而这些犯罪构成理论所确定的犯罪构成的边界和对各构成要件要素的理解是存在着差异的。在司法实践中，对一些案件来说，运用不同犯罪构成理论去分析时，就可能得出不同的定罪结论。例如，对于可罚的违法性理论，有的犯罪构成理论持肯定态度，而有的持否定态度，因此，运用这两种截然相反理论去分析时，其出入罪的结论将可能是相反的。又例如，德日刑法对犯罪构成的重要构成要素“故意”，并没有明确地规定其概念的内涵和外延，也没有清晰地明确规定“违法性认识”是否是其包含的要素，因此，德日各种犯罪构成理论对这一构成要素及相关要素的认识存在着重大的分歧，其建构的体系也出现重大区别①。在对一些案件的分析中，若运用不同犯罪构成理论分析，就可能出现多种定罪结论。

根据前述分析，由于德日刑法没有明确规定犯罪概念、犯罪构成概念和范围以及一些重要构成要件要素的概念，因此，德日各种犯罪构成理论所建立的犯罪构成体系在结构上、在构成要件要素的数量上，以及在各构成要件要素的性质上均可能存在着差异，从而导致德日犯罪构成理论多元化的格局。德日犯罪构成理论多元化则可能导致定罪结论的差别，对此，唯物辩证法的“结构与功能”原理可以清楚地予以阐明。唯物辩证法认为，“结构与功能揭示着事物的联系与发展”。结构是事物内部各个要素的组合方式，而功能是事物作用于他物的能力，事物的功能取决三个方面：一是构成事物的各要素的性质；二是事物内部各要素的数量；三是事物的结构形式。如果改变事物结构里要素的素质，或减少（或增加）要素的数量，事物的结构就会改变，事物的功能就可能随之改变②。

在德日各种犯罪构成理论里，其所述的犯罪构成体系一般均包括以下构成要素：行为、结果、行为对象、保护客体（法益或法秩序）、时间、地点、方法、罪过（故意或过失）、目的、责任能力等，同时，也确立了各种违法阻却事由和责任阻却事由。此外，各种犯罪构成理论中的社会相当性理论、因果关系理论、

---

① ［日］松宫孝明著：《刑法总论讲义（第4版补正版）》，钱叶六译，王昭武审校，中国人民大学出版社，2013年3月第1版，第136—139页；以及黎宏：《日本刑法精义》，法律出版社，2008年3月第1版，第187—207页；以及马克昌：《比较刑法原理——外国刑法学总论》，武汉大学出版社，2002年10月第1版，第432—446页。

② 李秀林、王于、李淮春主编：《辩证唯物主义和历史唯物主义原理（第4版）》，中国人民大学出版社，1995年5月第4版，第229—230页。

客观归责理论、可罚的违法性理论、行为无价值与结果无价值理论、期待可能性理论、违法性认识理论和预防必要性理论等将使各种犯罪构成体系里的构成要素的素质呈现差异，或使其构成要素的数量增加（或减少），从而使各个犯罪构成体系的结构呈现不同形式，最终影响其定罪功能（包括出入罪功能和所定罪名性质差异的功能）。综上所述，根据唯物辩证法的“结构与功能”原理，德日犯罪构成理论多元化将使犯罪构成体系多元化，从而会导致定罪功能的差异（即定罪结论的差异）。

2. 文化国思想的深重影响

西方刑法思想领域曾发生过旧派与新派之争。刑法的旧派即刑法的古典学派，旧派的思想实质上是法治国的思想，这一学派的代表人物是贝卡利亚，这一学派是在反对西方封建专制的罪刑擅断主义中逐渐发展起来的。18 世纪末 19 世纪初，西方在旧派思想影响下，罪刑法定主义原则上升到隆盛时期，西方国家在这时所体现的刑法思想是法治国的思想。它倡导罪刑法定主义，主张完备的犯罪构成论，以具有自由意志的抽象“理性人”为前提，主张以自由意志的外部现实行为及其后果为着眼点来确定犯罪行为，赞成客观主义的行为论，并以客观行为为非难的核心，追究行为人责任。同时，强调罪刑相适应原则，主张刑法的限制机能（通过罪刑法定原则和犯罪构成来限制），限制刑罚权者肆意发动刑罚权以侵犯人民身体、自由，应依法定罪、判刑、行刑，以保护犯罪者的合法权益。在刑罚观念上，主要以既成的犯罪事实为据来定罪判刑，体现了回溯过去的清算旧账的观念。在刑法解释上主张形式解释，反对扩张解释和类推解释①。

旧派所体现的法治国刑法思想，在反封建专制斗争具有历史的进步意义，但是，当西方国家从自由资本主义发展到垄断资本主义阶段后，社会矛盾尖锐，犯罪率剧增。法治国的刑法理论（即旧派刑法理论）和制度在应对这些严重的社会现象时变得苍白无力。在新的历史条件下，刑法的新派（即近代派）应运而生。新派的思想即文化国思想，新派对法治国的罪刑法定主义和犯罪构成论兴趣不大。他们认为，现代国家对法治国的法制原则和法的强制意义不应过于强调，而应重视文化教育。文化国的特点是：法律应有创造文化、保护文化、发挥文化的感化和教育犯罪的机能，缩小法的压抑（镇压）机能。文化国的刑事法治重点应体现在对犯罪人的精神、道德教化和教育改造，强调对犯罪人的人文关怀和给予更多的灵活性。新派在犯罪问题上关注的重心不是犯罪行为，而是犯罪人，具体而言，其关注的重心是犯罪人的人身危险性（即社会危险性）。他们认为，

① 甘雨沛、何鹏：《外国刑法学（上册）》，北京大学出版社，1984 年 8 月第 1 版，第 132—143 页。

犯罪人是“经验人”，而非抽象的“理性人”，犯罪行为是犯罪人的人身危险性的“表征”，以犯罪行为为依据来定罪判刑是教育改造犯罪人的一个过程，最终目的是让犯罪人回归社会，其主张人格责任论和社会责任论。新派不赞成刑法以罪刑法定原则和犯罪构成限制其机能，相反，其主张刑法的促进机能，依文化国的精神对犯罪者尽可能地多采取文化教育（感化教育），尽量不用或少用刑罚惩罚犯罪人，主张采用保安处分等非刑罚方法来教育改造犯罪人。在刑罚观念上，不是着眼于对已发生的犯罪行为的惩罚，而是着眼犯罪人的未来，依据刑事政策将犯罪人进行有效改造，让其重归社会。在刑法解释上，新派主张实质解释，赞同类推适用和扩张解释①。

旧派和新派的刑法理论观点具有对立性，经过争论后两派的学术主张趋向于调和，并形成折中的观点。从目前各国的刑法立法观察，大多数国家的刑法仍然是以旧派的刑法理论为主要基调，同时吸收了新派的刑法理论主张而制定出来的。其坚持旧派的刑法理论主张愈多，其法治国的思想就愈多，反之，其吸收新派的刑法理论主张越多，其文化国的思想就越多。

在罪刑法定原则问题上，法治国强调“罪之法定”和“刑之法定”，而且其规定的内容应具有明确性。其“罪之法定”要求：犯罪概念要明确规定；犯罪的种类、范围应明确规定；每一种犯罪的犯罪构成应明确规定。但是，在现代各国刑法领域里，罪刑法定原则的阵地逐渐地让给了新派，许多国家容许类推适用和扩张解释，容许适用保安处分甚至将保安处分法典化、一元化，允许适用绝对不定期刑，允许适用缓刑、假释等。在德日刑法里，刑法立法者故意不规定犯罪概念，故意不明确犯罪构成的边界和范围，意在扩张法官的自由裁量权，让法官依据刑事政策实现文化国的感化和教育犯罪人的机能。但是，这是违反罪刑法定原则的“罪之法定”之要求的，这体现了德日刑法的立法者受到了文化国的刑法思想（新派思想）的深重影响。目前，文化国的一些刑法思想已得到德日刑法学者普遍认可。

综上所述，德日刑法的前述立法缺失是在文化国思想对罪刑法定原则冲击后，刑法立法者没有严格坚持罪刑法定原则所导致的结局，这是德日资本主义发展到一定阶段的刑法立法现象。文化国思想的影响实际上是德日犯罪构成理论多元化及其定罪差异的深层原因。

---

① 甘雨沛、何鹏：《外国刑法学（上册）》，北京大学出版社，1984年8月第1版，第135—150页。

三、犯罪构成理论多元化的实践迷思及其危害性分析

（一）犯罪构成理论多元化的实践迷思

犯罪构成理论一旦进入刑事司法实践领域，其运用问题就变成了一个非常严肃的重大事情了，因为犯罪构成理论在实践上的运用会影响到对行为的定罪与否，会影响到对人的生死予夺，会影响到人权保障和社会保护。从前面分析可知，德日犯罪构成理论多元化会导致许多情况下定罪结论的差异，从而使定罪出现不公。在我国刑事司法实践中，若鼓励、推动犯罪构成理论多元化将导致诸多实践迷思。

迷思之一是，每一个犯罪构成理论与我国刑法典均相匹配吗？均具有科学性吗？犯罪构成理论是以刑法典为根据来阐释犯罪成立与否的理论，因此，科学的犯罪构成理论应该符合罪刑法定原则，应与本国刑法典相匹配，且应具有逻辑性和易操作性。我国有的学者提倡犯罪构成理论多元化，但是，国外犯罪构成理论（包括前文论及的各种德日犯罪构成理论）以及自主创建的犯罪构成理论数不胜数，他们中的每一种犯罪构成理论是否均与我国刑法典相匹配，均具有科学性？谁才有权鉴定哪一犯罪构成理论的对与错、好与坏？

迷思之二是，在我国刑法学者主张的数不胜数的犯罪构成理论里，存在着对同一案件因适用不同犯罪构成理论而得出不同结论的情况，这时，应以哪一犯罪构成理论为准？例如，前文论述到的德日各种各样的犯罪构成理论，在运用时可能会出现定罪结论差异的情况，最终应该以哪一种犯罪构成理论为准呢？又例如，德日犯罪三阶层论存在着超法规的违法阻却事由和超法规的责任阻却事由（如无期待可能性），依这一理论，行为具有构成要件该当性且社会危害性较大也可以超法规事由对行为人出罪、免责，而犯罪构成四要件说在出罪上要严格遵循罪刑法定原则，在行为符合犯罪构成四要件且在社会危害性严重时，若法律无免罪免责的特别规定，行为是不能出罪、不能免责的。在这一情况下，应以哪一犯罪构成理论为标准来考虑定罪与否呢？

迷思之三是，在法庭审理中，每一诉讼主体运用截然不同的犯罪构成理论是否会引起思维的混乱？在法庭审理中，若鼓励犯罪构成理论多元化就可能出现这样的情形：检察官以犯罪构成四要件说指控，律师以英美犯罪构成双层次理论辩护，被害人的代理人以法国犯罪构成二元论控诉，而法官以德日犯罪三阶层论或四阶层论判决。在一个法庭审理中出现如此众多的犯罪构成理论，各诉讼主体在各种概念和各种理论转换中其思维难道均能清晰地泰然处之？

迷思之四是，法官、检察官或律师在办理不同案件时可否根据自身诉讼目的

的需要，分别选择有利于己方的犯罪构成理论？例如，由于有些犯罪构成理论对同一案件会得出不同结论，因此，法官在同一类基本一致的案件中，可否在这个案件中适用这种犯罪构成理论判决，而在另一个案件中则采用另一种犯罪构成理论判决，且结论也可不相同？若此，司法权威是否仍存在？

迷思之五是，法官、检察官和律师等法律职业者是否均有能力娴熟地掌握这数量繁多的犯罪构成理论？犯罪构成理论是在刑事司法实践中运用的理论，各法律职业者均应娴熟掌握这种理论，才能在控辩审过程中实现民主的法治对话，最终实现刑事审判的正义。然而，面对犯罪构成理论多元化的复杂局面，每一个法官、检察官和律师是否均具有超凡的智力和精力去娴熟地掌握这五花八门的犯罪构成理论呢？

迷思之六是，面对犯罪构成多元化的迷局，被告人无所适从，不知如何辩护，广大民众则无法进行民主监督，这是否会破坏现代民主法治精神呢？现代民主法治要求，被告人应有自我辩护的权利，让自己知道为何被定罪，现代民主法治还要求审判公开，让广大民众监督法庭审判是否正义。因智力以及专业所限，绝大多数被告人以及广大民众绝不可能掌握这数不胜数的犯罪构成理论。鼓吹在刑事司法实践中实行犯罪构成理论多元化，这无异于剥夺被告人的自我辩护权利，无异于剥夺广大民众监督的权利。这是否符合现代民主法治精神呢？

（二）犯罪构成理论多元化的多重危害

从前文论及到的德日犯罪构成理论多元化与定罪差异问题中可知，由于价值取向的不同、刑法典匹配性的不同以及其他特殊原因，致使一些犯罪构成理论在定罪上出现冲突（主要是定罪与不定罪的冲突）。因此，在刑事司法实践中，若推崇犯罪构成理论多元化将会导致定罪的困惑。犯罪构成理论多元化会在诉讼过程中对各诉讼主体产生负面影响，会使刑事诉讼受到重大冲击，其办案质量将大受影响。可以说，在刑事司法实践中，犯罪构成理论多元化必将带来严重的危害。

犯罪构成理论多元化违背了现代民主法治精神。现代民主法治强调，在刑事诉讼中，被告人应具有充分的辩护权利，其中包括自我辩护的权利。此外，被告人还应具有知悉自己的行为为何被定罪的权利。在现代民主法治里，广大民众有参与法治过程的权利，刑事审判公开原则的确立是民主法治的重要方面，广大民众在公开的刑事审判中，可以监督其诉讼程序和实体判决结果是否合法，是否正义。在刑事司法活动中，犯罪构成理论多元化会使法庭调查、辩论、判决等环节出现多种多样的概念、多种多样的理论、多种多样的分析论述方法。在概念理论的混乱迷局中，被告人无法实现自我辩护权和被定罪的知情权，广大民众也无法实现民主监督权，从而破坏了现代民主法治的诉讼制度。

犯罪构成理论多元化会导致定罪混乱，从而可能破坏法治的统一。由于在数量众多的犯罪构成理论里，存在着对同一案件可能得出不同定罪结论的两种或两种以上的犯罪构成理论，因此，在刑事司法实践中，对于情节基本相同的同一种案件，这个法官依这种犯罪构成理论认定有罪，那个法这官依那种犯罪构成理论不予定罪，定罪的混乱必将破坏司法统一性，从而削弱了司法的权威。

犯罪构成理论多元化会混淆视听，使控辩的针对性不强，最终导致审判质量不高。在法庭上一旦出现犯罪构成理论运用多元化的局面，势必引起多种多样的概念、理论的对撞，同词异义或同义异词的现象将时常出现，因理解的不同，必将出现诸多无谓的辩论。由于各诉讼主体未必均掌握各种犯罪构成的理论的内容，对于对方所言何物也未必清楚，甚至可能出现“驴唇不对马嘴”的荒唐辩论，若此，诉讼质量将大打折扣。

犯罪构成理论多元化会破坏司法权威，导致累讼的出现，同时，会影响罪犯的改造质量。由于不同犯罪构成理论对同一案件可能会得出截然相反的结论，由于被告人及其亲属在诉讼各环节各主体运用多种犯罪构成理论的混乱局面下无法懂得被定罪的道理，因此，即使判决公正，也会上诉以及申诉。在判决生效后，罪犯在劳动改造中也不会服判，从而影响改造质量。

四、犯罪构成理论一元化的提倡

（一）德日犯罪构成理论多元化对我国的启示

通过前文分析可知，德日犯罪构成多元化及其定罪结论差异的重要成因是：德国和日本深受文化国思想的影响，在一定范围内偏离了法治国的正确方向，没有严格坚守罪刑法定原则和犯罪构成限制权力滥用的宗旨，在刑法立法上没有明确规定刑法最基本概念“犯罪”“犯罪构成”及一些重要构成要素的基本内涵。在德国和日本，各种犯罪构成理论纷繁复杂，并可能导致定罪结论多样化，这是“人治”色彩浓郁的景象，这有损害法律权威，容易侵害人权（包括被告人和被害人的人权），也不利于社会保护。笔者认为，德日犯罪构成理论多元化的图景对我国有几个方面的启示。

1. 坚守法治国思想，维护司法统一

德日刑法在制定过程中深受文化国的思想（新派思想）影响。文化国对法治原则并不重视，对罪刑法定原则和犯罪构成并不感兴趣，它更关心的是文化教育，更重视以刑事政策处理犯罪问题。文化国的思想实质上是人治思想，由于刑事政策没有稳定性，极易朝令夕改，在以刑事政策为依据来治理的文化国里，人民对自己的行为是否犯罪，并不知晓，以致无所适从，人民的自由和其他权利极易被掌握权力者侵犯，所以，文化国的浓郁的人治思想是不值得称道的。法治国的思想是法治思想。法治的根本特征是法律至上，法治之治是良法之治，在现代民主自由国家里，法律具有至高的地位，国家通过制定明确的法律确立人民的各种权利和义务，合理地配置国家的权力和制约权力的实施，以最充分地保障人民的自由，实现人民的各种权利。法治是排斥专制的，法治的重要价值是以法律配置权力，以法律制约权力，防止权力的滥用。在法治社会里，法律应具有明确性、稳定性和权威性，在法治社会里，人民知道哪些行为是合法的，哪些行为是违法的，哪些行为是犯罪的，从而知晓自己该做什么，不该做什么，从而实现自己的最大自由。正因如此，法治国高举罪刑法定原则的旗帜，强调刑法立法的明确性。罪刑法定原则之“罪之法定”要求：犯罪概念要明确规定，犯罪构成概念和范围以及犯罪构成的重要构成要件要素要明确规定。但是，德日现行刑法对前述这些基本内容均没有明确规定，而是依文化国的思想赋予司法者巨大的自由裁量权，让他们有广阔的空间自由认定何谓犯罪、犯罪构成要件（犯罪成立要件）包括哪些，等等。自由裁量权过大是违背法治精神的，它会导致权力的滥用，走向人治社会。

目前，德日刑法深受文化国思想（新派思想）影响，它们没有明确规定犯罪的概念、犯罪构成的概念和范围，没有对一些重要的犯罪构成要件要素规定明确而清晰的概念，因此，导致犯罪构成理论多元化的复杂格局。在司法实践中，司法者运用不同犯罪构成理论来分析认定犯罪时，将可能出现定罪结论的差异，这种司法不统一的结局会损害刑法的权威，侵犯公民的人权或不利于社会保护。我国不应受文化国思想的过度影响，应坚守法治国的基本思想，遵循罪刑法定原则，维护国家的司法统一。

2. 刑法应明确规定犯罪和犯罪构成的概念及犯罪构成体系

法治国在刑法领域里的最基本原则是罪刑法定原则。罪之法定原则包括罪之法定和刑之法定，罪之法定的基本内容是：（1）犯罪概念应明确规定；（2）犯罪的种类（即犯罪圈的范围）应明确规定；（3）每一种犯罪的犯罪构成应明确规定。德日刑法并没有明文规定犯罪概念和犯罪成立意义上的犯罪构成概念，也没有明确规定犯罪成立应具备哪些构成要件，从其刑法规定上也无法推断出一个完整的、犯罪成立意义上的犯罪构成。正因如此，德日犯罪构成理论多元化所呈现的景象是五彩缤纷的，从而可能导致定罪结论的差异。有鉴于此，我国刑法应以犯罪概念为基础，以犯罪概念的边界为界来具体规定犯罪构成的概念、其构成要件要素的内容和范围，同时，对犯罪构成体系在立法上作出科学的安排，让人们有一个清晰明了的犯罪构成体系去指导司法实践，更好地实现司法的统一。

3. 正确认识犯罪构成理论多元化和一元化

晚近几十年来，德日各种犯罪构成理论在我国得到了广泛的传播，我国刑法学者对中国与德日的犯罪构成理论进行了比较研究，我国刑法学在德日犯罪构成理论的影响下取得了长足的发展。我国一些刑法学者赞叹、羡慕德日“精致”的、多元化的犯罪构成理论，主张我国犯罪构成理论也应多元化，并应运用多种犯罪构成理论去指导司法实践。但是，前文论述的德日犯罪构成理论多元化格局让人眼花缭乱，其各种犯罪构成理论的科学性均需要得到证明，其定罪结论具有差异性、多样性，容易导致司法不统一。因此，在司法实践上，这种犯罪构成理论多元化的主张是存在问题的。

笔者认为，在刑法理论研究上，应允许百家争鸣，应赞扬犯罪构成理论多元化。但在司法上，运用犯罪构成理论的目的是准确地定罪，保证司法的统一。如果在司法实践上赞同犯罪构成多元化，而犯罪构成理论多元化会产生定罪差异，那么，实际上就是赞成对同一案件的定罪可以有不同的结论，并支持司法的不统一，这显然是违反法治国精神的。因此，在司法上不应支持犯罪构成理论的多元化，在一般情况下，应支持犯罪构成理论的一元化。在司法实践中，这一种被选定的犯罪构成理论应是完全符合刑法规定的、能科学地准确分析判断行为的性质从而作出正确定罪结论的理论。

（二）犯罪构成理论一元化的基本立场

我国有的刑法学者之所以会提出犯罪构成理论在司法实践上也应多元化的错误主张，是因为其忽视了对犯罪构成理论建立和适用目的的深入思考。为了更好地破解犯罪构成理论多元化实践迷局，首先应明确建立和适用犯罪构成理论的目的。

犯罪构成理论是指认定某行为是否构成犯罪的理论体系，或者说它是阐明犯罪成立的标准和规格的理论体系。在刑事诉讼的侦查、起诉、审判和刑事执行等环节，犯罪构成理论为各有关机关及其相关人员所运用，被告人也可运用犯罪构成理论为自己辩护，民众也可运用犯罪构成理论评价、监督审判的公正性。刑事审判的民主性决定了犯罪构成理论应具有通俗化、大众化的特性。

基于上述，笔者认为，建立和适用犯罪构成理论的总目的是，确保对有罪的人准确地依法定罪以及确保无罪的人不被定罪，从而维护社会秩序和保障人权。具体而言，建立和适用犯罪构成理论的具体目的有三个：（1）为司法人员及其他法律工作者提供一个与刑法规定一致的、阐明犯罪成立的标准和规格的理论工具，保证对有罪的犯罪嫌疑人、被告人准确定罪，让无罪的犯罪嫌疑人、被告人不受到冤枉的判决。（2）为犯罪嫌疑人、被告人提供一个辩护自己无罪或构成轻罪或真正认知自己已构成犯罪的辩护理论工具，更好地维护犯罪嫌疑人、被告人的合法利益或让其认罪服法。（3）为广大民众监督审判是否具有公正性提供一个理论分析工具，实现真正的民主法治。

从建立和适用犯罪构成理论的目的可知，在司法实践中，犯罪构成理论并非多多益善，相反，犯罪构成理论多元化对刑事司法实践具有严重的危害，它不能实现前述建立和适用犯罪构成理论的目的。而在刑事司法实践中，一旦找到了一套科学的犯罪构成理论，并实行犯罪构成理论一元化，则可以克服犯罪构成理论多元化的种种弊端：它可以避免司法人员因运用不同犯罪构成理论而出现定罪的混乱，让司法人员更准确地适用刑法，实现司法的统一性，树立司法权威；它可以让被告人充分行使辩护权，让广大民众实现刑事审判的民主监督权；它可以使法庭上各诉讼主体运用同样的法言法语，提高控辩效果和审判质量；它还可以克服犯罪构成多元化所带来的累讼及罪犯改造质量问题。简而言之，在刑事司法实践中，犯罪构成理论一元化可以更好地实现前述的犯罪构成理论建立和适用的目的。为此，笔者认为，在一般情况下，我国刑事司法实践应提倡犯罪构成理论一元化，即在刑事司法实践各诉讼环节各诉讼主体均只能运用同一种犯罪构成理论分析、辩论或确定定罪问题。犯罪构成理论一元化是实现前述犯罪构成理论建立目的和破解犯罪构成理论多元化实践迷局的最佳选择。当然，我们所选定的这一犯罪构成理论必须是符合罪刑法定原则的、与我国刑法规定相匹配的、具有简单、易操作特性的科学犯罪构成理论，是符合前述的犯罪构成理论的建立和适用目的的。

（三）犯罪构成理论一元化的实现路径

在刑事司法实践中，犯罪构成理论多元化的危害是巨大的，而犯罪构成理论一元化是刑事司法实践的理性选择。然而，犯罪构成理论属于理论范畴，它对人们无法律约束力，从理论上说，人们可以根据自己的爱好在刑事司法实践中运用任何一种犯罪构成理论来阐释法律或定罪。为了减少或杜绝犯罪构成理论多元化对司法实践的负面影响，我国宜采取一定的方法让刑事司法实践走犯罪构成理论一元化之路。

犯罪构成是刑法规定的、构成某种犯罪所必需的各种要件的有机整体。每一种犯罪的犯罪构成是由刑法规定的，而所谓刑法规定包括刑法分则规定和刑法总则规定。由于每一种犯罪的犯罪构成是由刑法分则规定和刑法总则规定两部分组合而成，而刑法又没有明确规定一个完整的犯罪构成具体应包括哪些要素，也没有明确规定各个构成要素应按什么顺序排列组合，所以，导致犯罪构成理论众说纷纭，莫衷一是。简言之，犯罪构成理论多元化产生的主要原因是，刑法没有明确规定一个完整的犯罪构成具体应包括哪些要素，也没有明确规定各个构成要素应按什么顺序排列组合（即没有明文规定犯罪构成体系）。

罪刑法定原则要求犯罪概念明确化，犯罪构成概念及犯罪构成体系当然也应明确化。只有这样，司法人员、被告人和广大民众才可清晰地理解和预知犯罪的界限及定罪规矩。因此，在刑法典总则里明确规定犯罪构成的概念和犯罪构成体系，这是确保犯罪构成理论一元化的重要基础。

在刑法典总则里，明确规定了犯罪构成的概念和犯罪构成体系可以减少犯罪构成理论的纷争，并为犯罪构成理论一元化打下坚实的法律基础。但是，由于立法的简约性，前述立法还不足以确保犯罪构成理论一元化的全面实现。在刑事司法实践领域，犯罪构成理论具有巨大的作用，它甚至可以剥夺人的生命。因此，为了最终实现犯罪构成理论一元化，让最具科学性的犯罪构成理论成为我国刑事司法实践的基本选择，我国最高人民法院和最高人民检察院应以司法解释的形式让最佳的犯罪构成理论上升到具有法律效力的犯罪构成体系的地位。

目前，全国法律职业资格统一考试是普选法律职业工作者的必由之路。因此，全国法律职业资格统一考试已成为全国法律实务教育的指挥棒。为了保证犯罪构成理论一元化在刑事司法实践中的实现，全国法律职业资格统一考试的考试大纲及统编辅导用书，应明确确定居于通说地位的、最佳的犯罪构成理论的权威地位。

第十七章　犯罪构成体系视野下应罚性与需罚性的界限

应罚性与需罚性的界限问题是关系到犯罪构成体系边界划定的重大实践问题，也是关系到犯罪构成理论体系建构的重大理论问题。我国有刑法学者从应罚性与需罚性界限划分的角度，对我国通说四要件犯罪构成理论进行了批判，质疑通说四要件犯罪构成理论的科学性，为此，有必要对我国犯罪构成体系及其应罚性与需罚性界限问题予以研究。

在司法实践中，一旦行为已符合构成要件、侵犯了法益并具有严重的社会危害性，该行为就可能构成犯罪。但是，在具有特别事由的情况下，有的行为是否应定罪，或是否应免除刑罚，在刑法学界引起了争论。“庄某先强奸后恋爱案”即属于此种情况。

该案的案情是：2006 年的一天晚上，被告人庄某打电话给女青年李某，邀她出来唱歌。在吃饭时，庄某将李某灌醉，后将李某带至一旅馆房间内，使用暴力手段强奸了李某。几天后，庄某打电话给李某说要和她谈朋友，李某同意并多次自愿与庄某发生性关系。后来，基于其他原因而案发，上海市某人民法院对检察机关指控被告人庄某的行为构成强奸罪不予以认定①。

人民法院不认定被告人庄某的行为构成强奸罪的依据是：我国最高人民法院、最高人民检察院和公安部于 1984 年颁布的《关于当前办理强奸案件中具体应用法律的若干问题的解答》第 3 条第 2 款规定：“第一次性行为违背妇女的意志，但事后并未告发，后来女方又多次自愿与该男子发生性行为的，一般不宜以强奸罪论处。”对于这一司法解释，人们提出了质疑，既然第一次强奸行为已完全符合强奸罪的四个构成要件且社会危害性严重，为何因后来多次自愿发生性关系就可不定罪呢？面对人们的质疑，2013 年最高人民法院、最高人民检察院《关于废止 1980 年 1 月 1 日至 1997 年 6 月 30 日期间制发的部分司法解释和司法解释性质文件的决定》（法释〔2013〕1 号），废除了这一“先强奸后恋爱不宜认定为强奸罪的司法解释”。在废除这一司法解释后，对于“先强奸后恋爱”的行为将一律以强奸罪定罪处罚。而对于类似的情形，有的国家规定则按“不应处

① 秦晓：《“先强奸后自愿发生性行为”除罪化的困境及其出路》，《湖南公安高等专科学校学报》2009 第 2 期，第 73 页。

罚”处理（即确认该行为构成了强奸罪，但是免除处罚）。例如，《保加利亚刑法典》第 158 条规定，在行为人实施强奸行为后，判决执行之前，该男子同该女子结婚的，不应处罚，已判处刑罚的不应执行①。

在特别事由出现的情况下，还涉及许多类似的“有罪和无罪”的争议以及“无罪与免予处罚”的争议。例如，对于亲属之间的盗窃行为等身份的排除处罚事由或客观处罚条件，是按无罪处理，还是定罪而免予处罚呢？人们对此是存在争议的。

在特别事由出现后，之所以会出现前述的“有罪与无罪”的争议，或“无罪与免予刑罚处罚”的争议，其重要原因是因为人们对犯罪构成体系的边界有争议，对应罚性与需罚性的界限有争议。在犯罪构成体系视野下，应罚性一般是指行为具备犯罪成立所有条件后所具有的本应受刑罚处罚的属性，而需罚性一般是指行为已成立犯罪后需要给予具体刑罚处罚的属性。应罚性与需罚性的界限划分是关系到犯罪构成边界划定的重大实践问题，也是关系到犯罪构成理论体系建构的重大理论问题。在刑法立法上，应罚性与需罚性界限划分的不同，会影响到“罪与非罪界限”的认定和“定罪与免刑界限”的认定。应罚性与需罚性的界限划分在实践上和理论上具有重要作用，我国在犯罪构成体系研究时应关注这一问题。

一、犯罪构成体系视野下应罚性与需罚性界限的争议

在刑法理论领域，当前世界有三大犯罪构成理论：（1）中俄四要件犯罪构成理论。（2）德日犯罪阶层理论。（3）英美双层次犯罪构成理论。这三大犯罪构成理论体系之所以呈现出不同的理论形态，一个重要原因是，它们在应罚性与需罚性的界限划分上具有很大的不同。其实，在采用这三大犯罪构成理论的国家里，各自的刑法学者也创造了数不胜数的犯罪构成理论体系，这些犯罪构成理论体系形态多种多样，其重要成因之一也是在应罚性与需罚性界限划分上具有很大的纷争。

（一）中俄犯罪构成体系视野下应罚性与需罚性界限的基本主张

我国刑法理论是在学习苏俄刑法理论的基础上发展起来的，在应罚性与需罚性界限的问题上，具有基本相同的内容。在苏俄刑法学和现在的俄罗斯刑法学里，四要件犯罪构成理论是其刑法学的通说。苏俄刑法典和现在的俄罗斯刑法典都规定了免除处罚的制度。根据苏俄《纲要》第 43 条第 2 款（苏俄刑法典第 50

① 张雅译：《保加利亚刑法典》，北京大学出版社，2008 年 1 月第 1 版，第 60 页。

条第2款）的规定，实施了犯罪的人可以免除刑罚，但不能免除刑事责任。有刑事责任但不判刑表现在法院作出的宣告有罪而不判处刑罚的判决中①。现行《俄罗斯联邦刑法典》第81-1条和第81条等规定了因形势改变而免除刑罚和因疾病免除刑罚等内容②。在苏俄和现在的俄罗斯刑法规定和刑法理论里，免除处罚是在犯罪人有刑事责任前提下免除其刑罚。它们的这些规定和我国刑法第37条规定的免予刑事处罚和其他条文规定的免除处罚在意思上是一致的。它们将四要件犯罪构成体系放在犯罪论中，将其作为应罚性的范畴，而将免除刑罚放在刑罚论里，将其作为需罚性范畴。这与我国刑法学的内容是基本相同的。

在我国刑法学通说，应罚性和需罚性的内容首先是放在犯罪概念部分来论述的。根据我国刑法学通说，犯罪具有三个基本特征：（1）严重社会危害性；（2）刑事违法性；（3）应受刑罚惩罚性。应罚性和需罚性的问题往往是放在第三个特征里讨论。在这里，其所说的应罚性是指行为具有严重社会危害性且触犯了刑法理应受到刑罚处罚的属性。如果不应受刑罚处罚，就说明行为根本不构成犯罪，当然就不存在需要处以具体刑罚的问题。而其所称的需罚性是指行为已构成犯罪后确需受到刑罚处罚的属性。其所说的不需要受刑罚处罚特指行为人的行为已经构成犯罪本应受刑罚处罚，但考虑到具体情况而免予刑事处罚③。

犯罪概念是犯罪构成的基础，犯罪构成是犯罪概念的具体化，犯罪概念和犯罪构成的范围具有同一性。由于犯罪概念与犯罪构成具有密不可分的关系，因此，犯罪概念中涉及的应罚性与需罚性界限问题，也是犯罪构成理论体系中应讨论的内容。我国通说的犯罪构成理论是四要件犯罪构成理论，依据该理论，犯罪构成是由犯罪客体、犯罪客观要件、犯罪主体和犯罪主观要件组成的有机整体。这四要件犯罪构成是承担刑事责任的依据。换言之，行为具备了这四个构成要件即构成犯罪，并理应承担刑事责任。据此可知，在通说里，四要件犯罪构成即应罚性界限内的内容，它属于刑法学中犯罪论的范畴。我国刑法第37条规定的免予刑事处罚，以及第10条、第19条、第20条等条文规定的免除处罚，是在行为已构成犯罪的前提下，根据其情节较轻或其他特殊情况而免予刑事处罚。免予刑事处罚（或免除处罚）具有两个特征：（1）行为已构成犯罪；（2）不需要给

---

① ［苏］Н. А·别利亚耶夫和м·и科瓦廖夫主编：《苏维埃刑法总论》，马改秀，张广贤译，曹子丹校，群众出版社，1987年6月第1版，第25页。

② 黄道秀译：《俄罗斯联邦刑法典》，北京大学出版社，2008年3月第1版，第32—34页；以及л·в伊诺加莫娃——海格主编：《俄罗斯联邦刑法（总论）第二版》，黄芳、刘阳、冯坤译，中国人民大学出版社，2010年2月第1版，第239—241页。

③ 参见高铭暄、马克昌、赵秉志主编：《刑法学（第八版）》，北京大学出版社、高等教育出版社2017年8月第8版，第47页。

予具体刑罚。这里的免予刑事处罚（或免除处罚）即属于需罚性范畴，具体而言，在行为符合免予刑事处罚（或免除处罚）的情况下，行为不具有需罚性，反之，行为具有需罚性。在我国刑法学通说里，需罚性内容属于刑法学中的刑罚论内容，它不属于犯罪构成体系的内容。综上所述，在我国刑法学通说里，应罚性限于犯罪论范畴，更具体而言，它主要界定于四要件犯罪构成的范围，而需罚性限于刑罚论范畴，它不是犯罪构成体系的内容。

（二）德日刑法学里应罚性与需罚性界限的论争

从 20 世纪 50 年代开始，在德日刑法理论里[①]，应罚性和需罚性的概念被认为是确定犯罪和处罚的两大条件，应罚性是判断犯罪成立与否的依据，而需罚性是判断处罚与否的依据[②]。根据德日的传统刑法理论，犯罪是符合构成要件、违法且有责的行为。犯罪成立的条件（即犯罪构成要素）包括构成要件该当性、违法性和有责性的各种要件。当行为符合构成要件、违法性和有责性这些犯罪成立要件时即具有应罚性。

关于客观处罚条件（如日本刑法第 197 条第 2 款规定的“事前受贿罪中的成为公务员的事实”）是属于应罚性范畴（即犯罪论范畴），还是属于需罚性范畴（即刑罚论），德日刑法学界存在较大争议。例如，在贝林、李斯特、耶赛克、魏根特、西田典之、林山田等学者各自的犯罪构成体系（即犯罪论体系）里，客观处罚条件属于犯罪成立要件体系中的要素，属于应罚性范畴，而在施米德霍伊泽、大塚仁、大谷实、野村稔等学者的刑法著作里，客观处罚条件不是犯罪成立要件体系里的要素，而是刑罚启动的条件，它属于需罚性范畴[③]。

我国台湾地区刑法学者师从于德日刑法学，我国台湾地区刑法学者许玉秀认为，犯罪阶层体系包括两个阶层：应罚性和需罚性。她所称的应罚性阶层包括构成要件和违法性阶层，而其所称的需罚性阶层是指罪责阶层。罪责就是刑事责任，就是刑罚的意思[④]。

德国刑法学者罗克辛以刑法的任务和目标为导向，建构了目的理性犯罪构成体系，他以刑事政策的刑罚目的的理论作为体系的取向（即以预防的目的作为体系建构的指导原则）。我国台湾地区学者许玉秀指出，该体系要求同时具备应罚性和需罚性才成立犯罪，该体系的“应罚性”考虑的是主客观的可归责性，“需

① 我国台湾地区也采用德日刑法理论。

② 许玉秀：《当代刑法思潮》，中国民主法制出版社，2005 年 11 月第 1 版，第 89—90 页。

③ 吴情树：《客观处罚条件研究》，社会科学文献出版社，2015 年 11 月第 1 版，第 50—97 页。

④ 许玉秀：《当代刑法思潮》，中国民主法制出版社，2005 年 11 月第 1 版，第 117 页。

罚性”考虑的是预防必要性①。在罗克辛的目的理性犯罪构成体系里，其“责任”阶层包括“罪责”和“预防必要性”两部分，在有罪责的前提下，如果没有预防的必要，就完全可以不科处刑罚②。预防必要性原本属于刑罚目的的刑事政策内容，属于刑罚论的范畴，罗克辛将“预防必要性”纳入犯罪构成体系的“责任”阶层后，打破了“应罚性”和“需罚性”的传统区分界限。该体系将客观处罚条件和排除刑罚的条件作为“其他刑事可罚条件”阶层的内容，根据该体系，客观处罚条件是与不法责任无关的犯罪成立条件，而排除刑罚的条件是在具备了行为构成、违法、罪责和预防必要性的情况下而设定的排除犯罪成立和处罚的条件③。该目的理性体系共分五层：（1）行为；（2）行为构成；（3）违法性；（4）责任（包括罪责和预防必要性）；（5）其他刑事可罚性条件④。在该体系里，其第（1）至第（2）阶层，实际上是“不法”，属于应罚性范畴。其第（5）阶层“其他刑事可罚性条件”的实体内容实际上是犯罪成立体系的要素，也属于应罚性范畴，而第（4）“责任”阶层中的“罪责”属于犯罪成立体系的要素，而第（4）阶层“责任”中的“预防必要性”原本属于刑罚范畴，属于需罚性的内容，现在，该体系将其作为犯罪成立体系的构成要素。由于罗克辛体系将传统的需罚性内容纳入了犯罪成立体系，一旦行为成立犯罪，也就应同时受到刑罚处罚，这实际上让应罚性和需罚性混同了。所谓“应罚性和需罚性混同”，是指在将传统的需罚性因素纳入犯罪构成体系后，在行为符合该体系的全部构成要素的情况下，该体系体现的理应受到刑罚处罚、并同时需要处以刑罚的特性。具体而言，行为一旦符合该犯罪构成体系的全部要素，该行为理应受到刑罚处罚并同时需要处以刑罚。在1991年的科英布拉国际研讨会里，“值得刑事惩罚性（笔者注：即‘应罚性’）和需要刑事惩罚性（笔者注：即‘需罚性’）在刑法制度中的作用”是该次研讨会的重要议题。在这次大会中，许多学者主张应罚性和需罚性必须融合在犯罪行为的体系之中，它们应当对整个犯罪特征都发生影响，成为解释和说明具体犯罪构成的合理性的标准。这些观点与德国刑法学者罗

① 许玉秀：《当代刑法思潮》，中国民主法制出版社，2005年11月第1版，第89—90页。

② ［德］克劳斯·罗克辛著：《刑法政策与刑法体系（第二版）》，蔡桂生译，中国人民大学出版社，2011年1月第1版，第76—79页。

③ ［德］克劳斯·罗克辛著：《德国刑法学总论（第1卷）》，王世洲译，法律出版社，2005年5月第1版，第689页—705页。

④ ［德］克劳斯·罗克辛著：《德国刑法学总论（第1卷）》，王世洲译，法律出版社，2005年5月第1版，第145—705页。

克辛的观点是基本一致的[①]。

（三）英美刑法学里应罚性与需罚性界限的问题

在英美刑法里，并没有“犯罪构成”的用语，学者们往往用“犯罪要件”或“刑事责任要件”等词语来论述犯罪成立要件。在英美刑法学里，也没有“应罚性”和“需罚性”界限的论争。

当我们将犯罪成立构成称为“犯罪构成”时，英美刑法学者在犯罪构成构造上存在分歧，他们主要有两种学说：一是“犯罪行为和犯罪心理两要件说”。该说的观点是，犯罪的全部要素包括犯罪行为和犯意，“无辩护理由”（即“辩护理由不存在”）不是独立的犯罪构成要素，犯罪行为实际上已包含了“无辩护理由”的内容[②]。英国学者格兰威尔·威廉姆斯（Glanville Williams）即持这种观点。二是“双层次犯罪构成说”。该说的观点是，犯罪构成由犯罪本体要件（即犯罪行为和犯罪心理）和责任充足要件（即“无辩护理由”）组成[③]。例如，法官兰哈姆（Lanham）认为，犯罪由犯罪行为、犯意、（否定因素）缺乏有效辩护三部分组成[④]。

美国刑法学者保罗·H·罗宾逊认为，抗辩理由包括五种：（1）缺少要素抗辩理由；（2）犯罪修正抗辩理由；（3）正当性抗辩理由；（4）免责抗辩理由；（5）“非——无罪抗辩理由”。第（1）（2）种抗辩理由（即缺少要素的抗辩理由和犯罪修正抗辩理由）与具体的犯罪定义在理论上密切相关，是从反面角度说明“犯罪行为”或“犯意”的不存在，从而否定了犯罪的成立。但是，第（3）（4）（5）种抗辩理由（即正当性抗辩理由，免责抗辩理由“非——无罪抗辩理由”）与犯罪定义中的“犯罪行为”或“犯意”无关[⑤]。这样的抗辩理由不免除行为人之罪，它只免除责任和惩罚[⑥]。因此，他认为，犯罪定义有两要素组成：犯罪行为和犯罪心理。犯罪与抗辩理由是区分的，抗辩理由并不是犯罪成立的要素。笔者认为，根据保罗·H·罗宾逊的前述分析，在五种抗辩理由里，前

---

① ［德］克劳斯·罗克辛著：《德国刑法学总论（第1卷）》，王世洲译，法律出版社，2005年5月第1版，第700页。

② 赖早兴：《英美法系国家犯罪构成要件之辨正及其启示》，《法商研究》2007年第4期，第116页。

③ 储槐植：《美国刑法（第3版）》，北京大学出版社，2005年2月第3版，第35—66页。

④ ［英］J·C·史密斯、B·霍根：《英国刑法》，李贵方等译，法律出版社，2000年9月第1版，第40页。

⑤ ［美］保罗·H·罗宾逊著：《刑法的结构与功能》，何秉松、王桂萍译，张绍宗校，中国民主法制出版社，2006年6月第1版，第78—108页。

⑥ ［美］保罗·H·罗宾逊著：《刑法的结构与功能》，何秉松、王桂萍译，张绍宗校，中国民主法制出版社，2006年6月第1版，第79页。

两种抗辩理由是与犯罪成立相关的要素，它属于应罚性范畴，这是毫无疑义的。而后三种抗辩理由原本是与犯罪成立无关的责任和惩罚要素，它本应属于需罚性范畴，但是，在其双层次犯罪构成体系里，行为在具备了第一层次（犯罪行为和犯罪心理）后，若无抗辩理由即成立犯罪，反之，如果有上述任何一个抗辩理由，均不成立犯罪。可见，这一双层次犯罪构成体系实际上也混同了应罚性和需罚性。应当指出，在这一双层次的犯罪构成体系里，其抗辩理由中的“非——无罪抗辩理由”包括外交豁免、司法、立法和执法豁免、被迫作证，或者达成辩诉交易后的豁免，以及无诉讼能力①，还有证据不足等②，这里的许多抗辩理由是诉讼程序性的无罪辩护理由。

根据前述分析，笔者认为，英美犯罪构成体系在应罚性与需罚性界限问题上存在两种情形，而这两种情形均将应罚性与需罚性混同了。

1. “犯罪行为和犯罪心理两要件说”将应罚性与需罚性混同

“犯罪行为和犯罪心理两要件说”主张犯罪成立的全部要件仅包括犯罪行为和犯罪心理，认为“犯罪行为和犯罪心理”已包含了“无辩护理由”的全部内容。一旦某人的行为具备的犯罪行为和犯罪心理要件，即成立犯罪。这一主张将“犯罪行为、犯罪心理”和“无辩护理由”全部归于应罚性范畴，由于在英美司法实践中，行为在具备犯罪行为、犯罪心理后，若无辩护理由，则需要定罪并给予具体刑罚，这实际上已将应罚性和需罚性混同了。

2. 双层次犯罪构成体系下应罚性与需罚性的混同

这一理论将“犯罪行为和犯罪心理”划归第一层次本体要件范围，而将“无辩护理由”划归于第二层次“责任充足要件”范围。法官兰哈姆即持这种观点。由于其双层次犯罪构成体系将“犯罪行为和犯罪心理”和“无抗辩理由”都纳入其中，只要同时具备这两层次要件就应定罪，并且要处以刑罚，因此，这一体系也将应罚性和需罚性混同了，在这一体系的抗辩理由里，由于包括了诉讼性抗辩理由，因此，其应罚性与需罚性的内容延伸到了诉讼阶段的内容。

法官兰哈姆认为，犯罪成立的全部要件包括“犯罪行为、犯意和无辩护理由”，而保罗·H·罗宾逊将抗辩理由分为五种，并认为其中三种抗辩理由（即正当性抗辩理由、免责抗辩事由和“非——无罪抗辩理由”）与“犯罪行为和犯罪心理”的成立无关。但是，兰哈姆并没有如此细分，而是认为，“无辩护理

---

① ［美］保罗·H·罗宾逊著：《刑法的结构与功能》，何秉松、王桂萍译，张绍宗校，中国民主法制出版社，2006年6月第1版，第81页。

② ［美］约书亚·德雷斯勒著：《美国刑法精解（第10版）》，王秀梅译，北京大学出版社，2009年1月第1版，第75页。

由”与“犯罪行为、犯意”是划分的。保罗·H·罗宾逊双层次犯罪构成体系同样包括了犯罪行为、犯罪心理和无辩护理由，而“无辩护理由”中同样包括诉讼性抗辩理由。在英美国家的刑事司法实践中，一旦被告方的抗辩理由成立，被告人即得到无罪释放，反之，如果无抗辩理由，就成立犯罪，并且应该受到刑罚处罚，因此，这一双层次犯罪体系同样是混同了应罚性和需罚性。

二、犯罪构成体系视野下应罚性与需罚性界限争论之评析

在犯罪构成体系视野下，应罚性是指基于犯罪的成立而理应受到刑罚处罚的属性。而需罚性是指在行为已具备犯罪成立的全部要件后而需要给予具体刑罚的属性。在刑法学界里，学者们因对应罚性与需罚性界限理解的不同，其建构的犯罪构成体系及相关刑法理论呈现出多种形态。通过前述分析可知，关于应罚性与需罚性界限的观点可概括为两大类。

（一）应罚性与需罚性界分说

持这一主张的学者认为，应罚性与需罚性应予以界分，行为具备了应罚性（即具备犯罪成立全部要件）并不当然需要处以刑罚。它还必须具备需罚性才能定罪和处以刑罚。归类于这一主张的观点，又可以分为以下几种主要观点。

1. “构成要件和违法性”（应罚性）与罪责（需罚性）界分说

我国台湾地区学者许玉秀即持这一观点。她认为，犯罪阶层体系应该有两个阶层：应罚性与需罚性。应罚性要素为不法。不法则包含构成要件和违法性阶层。需罚性要素是罪责，罪责就是刑事责任，就是刑罚的意思。罪责不属于犯罪论，而应属于刑罚论，不属于应罚性的决定要素，而是需罚性的决定要素。罪责不可能成为另外一个独立的成立要件①。实际上许玉秀认为，犯罪成立要件包括构成要件和违法性。

按照许玉秀的说法，如果行为具备构成要件和违法性后即成立犯罪，那么，法官理应宣布该行为构成犯罪，但是，在该体系里，在行为具备构成要件和违法性后，若不具备罪责，那么，既不能定罪，也不能处以刑罚。在该体系里，罪责实际上也是定罪的要素。可见，许玉秀对应罚性与需罚性的界限划分是存在疑问的。

2. “构成要件、违法性和有责性”（应罚性）和“基于刑事政策而产生的需罚性要素”界分说

一般而言，根据德日犯罪论体系，犯罪成立的全部要件包括构成要件、违法

① 许玉秀：《当代刑法思潮》，中国民主法制出版社，2005年11月第1版，第112—117页。

性和有责性，一旦行为具备了这三大要件即成立犯罪。由于德日刑法在犯罪认定上是立法定性和司法定量，且立法有较大模糊性，法官有较大自由裁量权，因此，在犯罪成立后并不当然定罪处刑。在司法实践中，法官可基于刑事政策的需要对符合了前述三大要件的行为不启动刑罚权，其不启动刑罚权也意味着也不启动定罪权。在这里，它将构成要件、违法性和有责性的犯罪成立范畴归于应罚性范畴（即犯罪论范畴），将基于刑事政策而存在的需罚性理由归于需罚性范畴（刑罚范畴）。在这一主张里，客观处罚条件被还原到构成要件、违法性和有责性之中。

3. “构成要件、违法性、有责性和客观处罚条件”（应罚性）和“基于刑事政策而产生的需罚性要素”界分说

这一主张将构成要件、违法性、有责性和客观处罚条件的犯罪成立范畴归于应罚性范畴（犯罪论范畴），将基于刑事政策而存在的需罚性事由归于需罚性范畴（刑罚论范畴）。这一主张与第2种主张的区别在于：它将客观处罚条件作为犯罪成立体系中的一个独立要件，且作为应罚性的要件，而第2种主张将客观处罚条件还原于构成要件该当性、违法性和有责性之中。

这一主张与第2种主张都清晰地划分了犯罪成立体系的边界，界分了应罚性与需罚性，均具有清晰的说理性。

4. “构成要件、违法性和有责性”（应罚性）和“客观处罚条件、其他基于刑事政策的需罚性事由”（需罚性）界分说

在这一主张里，它将客观处罚条件作为需罚性的要件，作为刑罚权启动的要件，这一点是该主张与第2种主张区分的关键，这一主张在犯罪论与刑罚论划分上也是较清晰的，它也有一定的合理性。

5. “犯罪客体、犯罪客观要件、犯罪主体和犯罪主观要件”（应罚性）和“无免予刑事处罚事由或免除处罚事由”（需罚性）界分说

根据我国犯罪构成理论的通说，犯罪客体、犯罪客观要件、犯罪主体和犯罪主观要件是犯罪成立的全部要件，因此，四要件犯罪构成属于应罚性范畴，而我国刑法第37条规定了免予刑事处罚的内容（即犯罪成立但因犯罪情节轻微而不给予具体的刑罚）；第19条规定了又聋又哑的人或者盲人犯罪可以作为免除处罚的理由；第20条、第21条、第22条、第24条、第27条、第28条等条文分别规定了防卫过当、避险过当、犯罪预备、犯罪中止、从犯、胁从犯等情况可作为免除处罚的理由。免予刑事处罚（或免除处罚）意味着行为已成立犯罪而不给予具体的刑罚。在我国刑法理论里，免予刑事处罚（或免除处罚）属于需罚性范畴。我国刑法理论在应罚性和需罚性的关系上，与苏俄刑法理论和现在的俄罗

斯刑法理论基本相同，但是，与德日和英美的刑法理论有着不同。在我国刑法里，在行为具有应罚性（具有四要件犯罪构成）后，如果行为人因具有免予刑事处罚（或者免除处罚）的理由而不具有需罚性时，我国审判机关仍然可以对被告人单独作出有罪宣告，而在德日或英美刑法理论里，当行为具备了犯罪成立要件后，如果行为人具有不应启动刑罚权的事由，就不能单独作出被告人有罪的宣告。

（二）应罚性与需罚性混同说

持这种主张的学者认为，应罚性与需罚性不应予以严格界分，应将需罚性要素纳入犯罪成立体系之中，从而混同了应罚性和需罚性的范畴。由于其将需罚性要素纳入了犯罪成立体系，因此，一旦行为具备犯罪成立要件的行为即同时具备了传统的应罚性内容和需罚性（即无免除刑事处罚事由）的内容，据此，该行为既宣告有罪，同时也要判处具体的刑罚。反之，行为在缺乏需罚性要素（即无免除刑事处罚的事由）的时候，既不能宣告有罪，也不能判处具体的刑罚。

应罚性与需罚性混同说又可以分为两种主要情况：一是罗克辛的目的理性犯罪论体系；二是英美犯罪构成理论中“犯罪行为、犯罪心理”与“无抗辩理由”一体说。

1. “不法、罪责和其他刑事可罚性条件”（应罚性）和“预防必要性”（传统的需罚性）一体化之混同说

德国刑法学者罗克辛建立了目的理性犯罪成立体系，他打破了传统的应罚性与需罚性界限，将“预防必要性”这一传统的需罚性要素（即传统上归于刑罚论范畴）作为犯罪成立体系中“责任”阶层的要素，从而使这一犯罪成立体系同时包含了传统性的应罚性要素和传统的需罚性要素。这种一体化的做法使应罚性与需罚性混同了，一旦行为具备了这一犯罪成立体系的全部要件，即既要宣告行为构成犯罪，也要判处具体的刑罚。反之，只要缺乏其中一要件，就既不要宣告行为构成犯罪，也不能判处具体刑罚。

2. “犯罪行为、犯罪心理”和“无抗辩理由”体系的应罚性与需罚性混同说

英国学者格兰威尔·威廉姆斯认为，犯罪的全部要件包括犯罪行为和犯意，“无辩护理由”（即“辩护理由不存在”）不是独立的犯罪构成要素，犯罪行为实际上包含了“无辩护理由”。在这里，他将所有的“辩护理由的不存在”都归属于犯罪行为的范畴是不妥当的。辩护理由种类繁多，美国学者保罗·H·罗宾逊对这些辩护理由进行了分类，他认为，其中的正当性辩护理由、免责辩护理由和“非——无罪抗辩理由”就不能归类到犯罪行为范畴。保罗·H·罗宾逊的论

述具有合理性。英国法官兰哈姆认为，犯罪行为犯意和无抗辩理由三部分组成。法官兰哈姆将“无辩护理由”不进行细分，而是将全部抗辩理由都作为犯罪构成体系的第二层次，以减少纷争，这也有一定的合理性。尽管英美犯罪构成体系存在着前述争议，在英美司法实践里，由于行为具备犯罪行为、犯意之后，如果没有辩护理由（或者抗辩理由成立），就应对行为定罪并且处以刑罚。反之，若辩护理由成立，该行为就既不能定罪也不能处以刑罚。因此，英美“犯罪行为和犯罪心理两要件说”和“双层次犯罪构成说”所构建的犯罪构成体系实际上都将应罚性和需罚性混同了。由于英美法系国家的刑事实体法和刑事程序法并不像大陆法系国家一样进行清晰划分，因此，在英美法系犯罪成立体系中，在“无辩护理由”里存在诉讼性辩护理由，这使英美法的应罚性与需罚性内容延伸到了诉讼阶段，从而使它的犯罪构成体系包括了诉讼法的内容，使它的应罚性和需罚性内容独具特色。

（三）应罚性与需罚性“界分说”与“混同说”的法理

刑法理论可分为犯罪论和刑罚论两大部分，犯罪论部分主要研究犯罪概念、犯罪构成理论（即犯罪成立理论）及与之相关的犯罪原理、原则和具体犯罪规范问题，而刑罚论主要研究刑罚的本质、根据、目的、功能、种类、适用、执行和消灭等问题。一般来说，在犯罪构成（即犯罪成立）领域，传统的刑法理论主张，应罚性属于犯罪论的范畴，而需罚性属于刑罚论范畴。但是，有些学者认为，应罚性与需罚性的传统界限应打破，犯罪构成（犯罪成立）体系里应包括传统里的应罚性与需罚性的内容。通过前述分析可知，目前，刑法学界在应罚性与需罚性界限问题上，有学者主张应罚性与需罚性应予以划分，也有学者主张应罚性与需罚性应当混同。

1.“应罚性与需罚性界分说”的法理

在犯罪构成（即犯罪成立有机整体）理论建构时，人们希望把犯罪成立的所有要素组织起来，形成一个完整的知识体系，从而有利于清晰地揭露犯罪内部微观的构造，便于人们准确地认定犯罪。例如，德日传统犯罪成立体系就是以不法和罪责为支柱而确立的。犯罪与刑罚是刑法的两大范畴，犯罪成立之后应承担一定的法律后果，而刑罚即犯罪之法律后果。按照绝对报应刑的观点，犯罪一旦成立，必定应受到刑罚的报应，在这种绝对报应刑的观点下，刑法理论里不存在应罚性与需罚性的划分。

在刑罚目的理论里，存在三种主张：一是报应刑论；二是预防刑论；三是报应与预防并合论。报应刑论的主张是：犯罪是一种恶，是对社会基本道德秩序的否定，而刑罚是对犯罪的否定，是犯罪的必然结果①。而预防刑论认为，刑罚的目的是预防犯罪、保护社会法益，而预防犯罪包括一般预防和特殊预防。而报应和预防并合论主张，刑罚的目的是既包括报应也包括预防犯罪。它是以报应刑观点为基础，同时兼采功利主义的预防刑思想。在近现代，学者们一般不会坚持唯一的报应刑论。学者们往往是在预防刑论或者报应和预防并和论指导下建立其刑法理论体系。而坚持预防刑论或报应和预防并合论的刑法学者，一般都不会认为，在犯罪成立后就必定要给予刑罚的处罚。在具有功利主义的预防犯罪观里，犯罪成立后并不必然一定要处以刑罚，还要根据犯罪人的人格和社会情况等因素（即“预防必要性”要素），综合判断是否有必要给予具体刑罚。因此，在近现代刑法学界，许多学者建立的犯罪构成（犯罪成立）体系时，会划分应罚性与需罚性的界限，应罚性是犯罪论范畴，它是指犯罪成立体系完备时行为具备了理应受刑罚处罚的特性。一般而言，应罚性范畴体现了报应刑的正义观，即犯罪成立后理应承受刑罚处罚的法律后果；而需罚性是刑罚论范畴，它是指行为具备了犯罪成立体系后，还要具备了启动刑罚权的其他要素（比如，预防必要性或其他免刑事由）才给予具体刑罚的特性。需罚性范畴则体现了预防刑的功利主义观，即若无预防必要性，则无需给予具体刑罚。在刑法里，具备的应罚性和需罚性就必须给予具体的刑罚处罚。

在犯罪构成体系视野下，主张应罚性与需罚性应当界分的理由主要有两个方面：（1）在刑法理论里，让犯罪论与刑罚论两大范畴的界限划分更准确，使犯罪构成体系的说理性更强。（2）基于不同的理念，建立犯罪构成体系，对法官定罪量刑的自由裁量权予以不同的限制。

2. “应罚性与需罚性混同说”的法理

“应罚性与需罚性混同说”也是在现代刑罚目的理论“预防刑论”或者“报应和预防并和论”影响下产生的，刑法学者们之所以在犯罪构成体系里将应罚性与需罚性混同，其主要目的是想让法官具有更大的定罪免罪的自由裁量权。德国刑法学者罗克辛打破了传统刑法学应罚性与需罚性的界限划分，将“预防必要性”这一传统的需罚性要素纳入了犯罪成立体系（目的理性体系）“责任”阶层之中，使“责任”包括“罪责”和“预防必要性”两部分。“预防必要性”是基于刑事政策的刑罚目的而存在的要素，是法官一个自由裁量权的要素。在行为具备了不法、罪责和其他法定犯罪成立要素之后，只要不具备“预防必要性”，该行为也不成立犯罪，反之，该行为同时具备“预防必要性”要素后，即成立

① 参见贾宇主编：《刑法学（上册·总论）》，高等教育出版社，2019年7月第1版，第11页。

犯罪，并在刑法实体上必须给予具体刑罚。可见，将传统的需罚性要素“预防必要性”纳入犯罪成立体系后，应罚性与需罚性已经混同。应罚性与需罚性的混同意味着法官具有很大的定罪免罪的自由裁量权。综上，应罚性与需罚性混同的主要原因是，让法官具有更大的定罪免罪自由裁量权，以应对纷繁复杂的社会。

三、中国犯罪构成体系视野下应罚性与需罚性界限的理性思考

（一）我国处理应罚性与需罚性界限问题的原则

在中国犯罪构成体系视野下，应罚性与需罚性界限问题关系到罪与非罪的界限划分和刑罚处罚与否的问题，是关系到法官在定罪处刑中的自由裁量权的大小问题。在应罚性与需罚性界限的处理上，应坚持以下两个原则。

1. 应罚性与需罚性应当予以界分

刑法理论必须是说理性较强的理论，刑法理论中的犯罪论与刑罚论应予以适当的划分。在犯罪论里，犯罪构成理论是其核心理论，该理论是阐明犯罪成立的知识体系，它应属于应罚性范畴，而在刑罚论里，刑罚目的理论是刑罚的导向性理论，行为成立犯罪后，是否需要给予刑罚或给予何种刑罚，必须在刑罚目的理论指导下来确定。因此，犯罪行为需否给予刑罚的问题，属于需罚性范畴。传统刑法理论划分应罚性与需罚性界限的做法，使刑法理论中的犯罪论与刑罚论的界限相对明晰，说理性较强，因此，这一做法应予以坚持。但是，应当注意，现代社会纷繁复杂，为了社会整体利益或个案的正义，刑法立法不应过于机械，绝对明确的立法、绝对界限的划清也是不可取的。应罚性与需罚性的界限划分事关罪与非罪界限的划分和法官自由裁量权大小。刑法在应罚性与需罚性的界限立法上不宜（也无法）绝对明确划分，刑法应给予法官一定的自由裁量权，以适应复杂多变的社会。

2. 应罚性与需罚性的划分是刑法实体法内的划分

我国与德国、日本在法系上同属于大陆法系。在大陆法系的法律体系里，实体法和程序法是划分得较为清楚的，刑法属于实体法，而刑事诉讼法属于程序法。因此，我国、德国、日本在讨论应罚性与需罚性界限问题时，一般是在刑法实体法内进行的。但是，英国和美国同属于英美法系国家，在它们的法律体系里，实体法和程序法并不明确划分，因此，在英美法系国家里，其刑事法理论涉及的应罚性与需罚性界限划分包含诉讼性的因素。例如，有英美学者将“犯罪行为”和“犯意”作为犯罪成立的本体要件，而将“无抗辩理由”作为责任充足要件，建立双层次犯罪构成体系。在该体系里其抗辩理由既包含有刑法实体要素（如胁迫、情节轻微），也包含有诉讼性理由（如证据不足、双重追诉等）。我国

刑法在应罚性与需罚性界限划分时，应坚持实体法和程序法划分的传统，因为在实体法和程序法界分的法律体系里，其理论更加清晰，说理性更强。据此，在我国刑法理论的需罚性里应排除程序法的因素。只有在建构跨越刑法和刑事诉讼法的刑事法定罪处罚体系时，才可以将程序法因素纳入其中。

（二）两种视角下的应罚性与需罚性界限之划分

刑法规定的各种刑法规范，既可以看成是广大民众的行为规范，也可以看成是裁判者适用的裁判规范。关于何谓行为规范，何谓裁判规范，德日结果无价值论者认为，不法表现为评价规范，是针对广大民众的，它是行为规范，责任表现为决定规范，是针对个人责任的、有主观价值评价的规范，它是裁判规范。而行为无价值论者认为，评价规范（行为规范）和决定规范（裁判规范）是一体的，不法既表现为评价规范（行为规范），同时也表现了决定规范（裁判规范）（包括了罪过恶性、行为样态恶性），有责性同时也表现了评价规范（行为规范）和决定规范（裁判规范）①。对于德日刑法理论的行为规范和裁判规范的前述划分，笔者持有异议。笔者认为，刑法里规定的每一种犯罪的刑法规范均包括有行为规范和裁判规范。在刑法规定的每一种犯罪里，行为规范是指刑法规定的、禁止人们去实施该种行为的法律规范，它是引导人们行为的规范，人们必须遵守这种行为规范，否则，将受到刑罚处罚。行为规范是以广大公众的角度去理解的法律规范，而裁判规范是指刑法规定的、在行为人实施该种行为后，由裁判者定罪处罚的法律规范。这种规范是明确裁判者职责和权力范围的规范，裁判者必须在这种规范要求下对行为人进行定罪处罚，违反这种规范而作出的裁判就是违法的。这是从裁判者的角度来理解的法律规范。一个刑法规范可能由一条刑法条文规定，也可能由若干条刑法条文规定。就每一种犯罪成立的刑法规范而言，它是由若干个刑法条文的规定而形成的体系性规范。由于行为规范是从广大公众角度所确立的、行为的引导性规范，裁判规范是从裁判者角度所确立的定罪处罚规范，而根据现代刑罚目的的指导，在行为人违反了行为规范的情况下，裁判者并不当然一定要对其定罪或者处以刑罚。因此，行为规范和裁判规范视角下所确立的犯罪成立体系就可能有所不同，其应罚性与需罚性的界限也就有所不同。

基于上述分析，笔者认为，在行为规范和裁判规范两种语境下，我国犯罪成立体系（犯罪构成体系）可分为两种：一是行为规范语境下的犯罪成立体系。二是裁判规范语境下的犯罪成立体系。而其应罚性与需罚性界限相应地也应分为

① 参见张明楷：《行为无价值论的疑问——兼与周光权教授商榷》，《中国社会科学》2009 年第 1 期，第 115 页；以及周光权：《违法性判断的基准与行为无价值论》，《中国社会科学》2008 年第 4 期，第 127—129 页。

两种情况。

1. 行为规范语境下的犯罪成立体系及其应罚性与需罚性的界限

在我国通说的四要件犯罪构成理论里，四要件犯罪构成是根据刑法分则中的罪状和刑法总则的普遍性规定而确立的。四要件犯罪构成是行为人成立犯罪的标准，但是，由于刑法第 13 条犯罪概念规定，严重的社会危害性是犯罪的基本特征。因此，严格来说，在行为规范语境下，只要行为符合四要件犯罪构成，并具有严重社会危害性（综合判断），行为就成立犯罪。换言之，在行为规范语境下，犯罪构成体系包括四要件犯罪构成和严重社会危害性两大部分组成的体系。行为符合这一犯罪成立体系就体现了其客观危害和主观恶性达到了相当的程度。这一行为规范表明，国家在刑法上禁止人们实施符合四要件犯罪构成并具有严重社会危害性的行为。

在行为规范语境下，应罚性范畴包括四要件犯罪构成和严重的社会危害性。至于各种例外的免除事由（例如，人民代表在召开人民代表大会期间的发言得以刑事责任豁免；无实际损害犯罪中止免罚等）都应属于需罚性范畴。这是在实体法的行为规范语境下得出的结论。

2. 裁判规范语境下的犯罪成立体系及其应罚性与需罚性界限

在行为规范语境下，一旦行为符合四要件犯罪构成和具有严重社会危害性，即表明其构成犯罪。这一行为规范下的犯罪成立体系表明了国家对广大民众的行为导向。但是，根据现代刑罚目的理论和其他国家政策需要，对于具备了客观危害和主观恶性的行为，裁判者也可能例外地对其不定罪不处罚。我国刑法第 13 条规定的犯罪概念包括严重社会危害性、刑事违法性和应受刑罚处罚性三个特征。而由于刑法第 37 条规定了免予刑事处罚的制度，因此，我国刑法规定的犯罪概念的三个基本特征是：严重的社会危害性、刑事违法性和应受有罪宣告性。由于我国刑法将“应受有罪宣告性”作为犯罪概念的基本特征，因此，对于刑法规定的例外免罪事由（例如，人民代表法规定的人民代表在人民代表大会开会期间的发言得以刑事责任豁免）的情形出现后，该行为也不成立犯罪。

在我国刑法规定的犯罪概念三个特征里，其严重社会危害性和刑事违法性等特征而形成的体系，是行为规范语境下的犯罪成立体系（即四要件犯罪构成和严重的社会危害性）。而其严重社会危害性、刑事违法性和应受有罪宣告性三个特征而形成的体系实际上是裁判规范语境下的犯罪成立体系［四要件犯罪构成、严重社会危害性、应受有罪宣告性（即无免罪事由）］。

我国刑法规定的犯罪概念是裁判规范语境下的犯罪概念，因此，我国犯罪成立体系研究的重心应该是裁判规范语境下的犯罪构成体系，在这一语境下，其应罚性范畴是四要件犯罪构成、严重的社会危害性和应受有罪宣告性。而其需罚性范畴涉及“无免予刑事处罚事由或无免除处罚事由”的内容，具体情形有：（1）刑法第37条规定的“犯罪后因情节轻微而免予刑事处罚”；（2）第8条规定的“外国人在中国领域外对中华人民共和国国家或者公民犯罪后的免罚情形”；（3）第10条规定的“中国公民在外国犯罪的免罚情形”；（4）第19条规定的“又聋又哑的人或盲人犯罪的免罚情形”，等等。

我国裁判规范语境下的应罚性（犯罪构成体系）与需罚性界限划分受到有的学者批判。有学者提出，我国刑法规定的免除处罚（或免予刑事处罚）使我国刑法中应罚性与需罚性界限划分不合理。在我国刑法里，免除处罚意味着行为已成立犯罪但是不给予具体刑罚，这是一种定罪免刑的刑事责任方式。定罪免刑的规定存在以下弊端：（1）定罪免刑往往导致司法机关“和稀泥”；（2）定罪免刑会带来法律体系上的矛盾（比如，犯罪行为比治安违法行为重，但是在惩罚上较轻）；（3）免刑定罪并不具有犯罪论意义，且其隐性惩罚不利于罪犯改造；（4）定罪免刑无助于刑罚目的之实现。据此，该学者认为，免除处罚意味着行为人的行为并无预防必要性，定罪免刑并不具有正当性。为此，他主张我国刑法在应罚性与需罚性界限问题上，根据以刑制罪的观念采取免刑免罪的方式，即凡是行为不需要处以刑罚的，一律属于无罪。他主张，将“预防必要性”纳入犯罪论体系。行为即使具备构成要件符合性、违法性和有责性，只要其不具有预防必要性就是无罪的①。其观点与德国刑法学者罗克辛的主张是一致的。

笔者认为，在这种免刑免罪方式下，由于其将预防必要性纳入犯罪成立体系之中，因此，在这一情况下，其应罚性与需罚性已被混同，这时，无刑则无罪、免刑则免罪、有罪则必有刑。在这一犯罪成立体系里，预防必要性是一个随意性较强的概念。它让裁判者具有很大的自由裁量权，甚至容易产生司法擅断，这种不具有明确性的“预防必要性”要件是违反罪刑法定原则的。因此，笔者反对将“预防必要性”这一笼统概念作为犯罪成立体系的必要要件，也反对免刑免罪或无刑无罪的刑事责任处理方式。

笔者认为，我国现行的定罪免刑的刑事责任承担方式具有一定的合理性，基于这种刑事责任方式下的应罚性与需罚性界限划分也存在着妥当性。

首先，定罪免刑可以让司法机关灵活处理一部分具有特别情节的犯罪。基于犯罪而出现的社会现象是纷繁复杂的。在有些刑事案件里，采取定罪处刑的方式或者免刑免罪的方式来处理刑事责任问题，有可能不能较好地协调被告方、被害

① 参见姜涛：《从定罪免刑到免刑免罪：论刑罚对犯罪认定的制约》，《政治与法律》2019年第4期，第18—30页。

方、第三方或社会公众等方面的问题，而若用定罪免刑方式，则可能取得比较好的效果。

其次，定罪免刑是法律体系中一个特殊设置的制度。在我国刑法规定里，并没有规定所有构成犯罪的行为一律都要定罪处罚，相反，它规定了犯罪后可免予追究刑事责任的特殊制度。例如，赦免、追诉时效等制度。在这些制度下，行为构成了犯罪却既不定罪也不处刑，而违反治安处罚法的行政违法行为却需要受到行政处罚。能否认为这些制度带来了法律体系的矛盾呢，显然不能这么理解。

再次，定罪免刑可以较为明晰地划分应罚性与需罚性界限，具有犯罪论的意义。定罪免刑可以将定罪界定在应罚性范畴，让其犯罪构成体系限定在传统刑法理论的犯罪论范畴，而免刑则限定在刑罚论范畴。

最后，定罪免刑也可以实现刑罚的目的。在定罪免刑的刑事责任承担方式下，对犯罪人作出了有罪宣告，但是不给予具体刑罚。对犯罪人仅作出有罪宣告，这实质上也是一种处罚，因为犯罪人在被作出有罪宣告后，将会影响到其社会评价，影响到其在一定领域的就业等利益。因此，单纯的有罪宣告也是有震慑力的。在司法实践中。被定罪免刑的犯罪人，一般都是人身危险性较小的人，这些人犯了罪本应受到刑罚处罚，而国家却仅对其定罪免刑，这是国家对其给予的恩典，因此，在回归社会后，他们往往能改恶从善。可见，定罪免刑也是可以实现一般预防和特殊预防的刑罚目的的。

我国基于定罪免刑方式而划分的应罚性与需罚性界限具有一定的合理性。但是，也存在一些值得关注的问题。

在我国定罪免刑模式下，刑法中的应罚性范畴的犯罪构成体系为：四要件犯罪构成、综合的严重社会危害性和应受有罪宣告性（即无免罪事由）。而其需罚性表现为：在一般情况下，具备了犯罪构成体系的要件后，也就具有了需罚性，但是，如果具有免除处罚事由，就不具有需罚性。换言之，需罚性即无免除处罚事由。在这种模式下的应罚性与需罚性的界限研究中，我们应该关注一个问题：哪些事由归于免罪事由，而哪些事由归于免罚事由（免予处罚事由）。

目前，我国刑法或其他相关法律规定的主要免罪事由和免罚事由有：

第一，刑法或其他法律规定的免罪事由。

在我国刑法或其他法律里，免罪事由一般用“不予追究刑事责任”这样的词语表示，“不追究刑事责任”包括不宣告有罪。具体包括以下这些情形：

（1）税务机关下达追缴通知后，补缴应纳税款或滞纳金并已受行政处罚。刑法第201条第4款（逃税罪的条文）规定，“经税务机关依法下达追缴通知后，补缴应纳税款，缴纳滞纳金，已受行政处罚的，不予追究刑事责任”。

（2）人民代表在人民代表大会期间的发言。我国宪法第75条、全国人民代表大会组织法第48条和全国人民代表大会和地方各级人民代表大会代表法第31条都规定，人民代表在人民代表大会期间发言，不受法律追究。据此，对于以言论方式出现的犯罪（例如，侮辱罪，诽谤罪等），在符合上述情况下，不得追究行为人刑事责任。

（3）在境外受胁迫或者受诱骗而实施间谍犯罪，及时向中华人民共和国驻外机构如实说明情况，或者入境后直接或者通过所在单位及时向国家安全机关、公安机关如实说明情况，并有悔改表现的。中华人民共和国反间谍法第28条规定："在境外受胁迫或者受诱骗参加敌对组织、间谍组织，从事危害中华人民共和国国家安全的活动，及时向中华人民共和国驻外机构如实说明情况，或者入境后直接或者通过所在单位及时向国家安全机关、公安机关如实说明情况，并有悔改表现的，可以不予追究。"

（4）第一次性行为违背妇女意志，但事后并没告发，之后女方又多次自愿与该男子发生性行为。最高人民法院、最高人民检察院和公安部曾于1984年颁布的《关于当前办理强奸案件中具体应用法律中的若干问题的解答》（注：该司法解释已于2013年被废除）第3条第2款规定，对于符合这一情形的，一般不宜以强奸罪论处。这一情形实际上是一个免罪事由。

第二，刑法和其他法律规定的免罚事由。

（1）犯罪情节轻微。刑法第37条规定了免予刑事处罚，即在犯罪情节轻微的情况下，可以免予刑事处罚。

（2）在中国领域外犯罪并在外国受过刑罚处罚。刑法第10条对此作出了可以免除处罚的规定。

（3）又聋又哑的人或者盲人犯罪。刑法第19条规定，对这两种人犯罪可以免除处罚。

（4）防卫过当。刑法第20条规定，防卫过当的，应当减轻处罚或免除处罚。

（5）避险过当。第21条规定，避险过当的，应当减轻或免除处罚。

（6）预备犯。刑法第22条规定，对于预备犯，可以免除处罚。

（7）中止犯罪并没有造成损害。刑法第24条规定，对于中止犯，没有造成损害的，应当免除处罚。

（8）从犯。刑法第27条规定，对于从犯，应当从轻、减轻处罚或者免除处罚。

（9）胁从犯。刑法第28条规定，对于胁从犯，应当按照它的犯罪情节减轻处罚或者免除处罚。

（10）犯罪较轻并自首。刑法第 67 条规定，犯罪较轻并自首的，可以免除处罚。

（11）重大立功。刑法第 68 条规定，有重大立功表现的，可以免除处罚。

（12）行贿人在被追诉前主动交代行贿行为。我国刑法第 164 条规定的对非国家工作人员行贿罪、第 390 条规定的行贿罪和第 392 条规定的介绍贿赂罪都规定有相关的内容。

（13）非法种植罂粟或者其他毒品原植物，在收获前自动铲除。刑法第 351 条规定，对于有这一情形的，可以免除处罚。

免罪事由和免罚事由的划分可以让我国裁判规范视野下犯罪构成体系的内在逻辑更为科学，应罚性与需罚性的界限划分更合理。

根据我国犯罪概念以及免予刑事处罚规定而划定的界限，我国犯罪构成体系包括四要件犯罪构成、综合的严重社会危害性和应受有罪宣告性。一般情况下，行为具备了四要件、犯罪构成和综合的严重社会危害性即可推定其具有应受有罪宣告性，除非其具有免罪事由，可见，“应受有罪宣告性”是从反面的“免罪事由”之有无来判断的。换言之，无免罪事由即具有应受有罪宣告性。在这犯罪构成体系里，四要件犯罪构成和综合的严重社会危害性两部分形成的体系实际上是行为的罪责体系，是行为规范视野下的犯罪构成体系。免罪事由是在行为已具备罪责的前提下，基于刑事政策或者国家的特别目的而确立的豁免其有罪宣告的事由，我国现行刑法规定的犯罪构成体系将“应受有罪宣告性”（即无免罪事由）纳入其中，明显地体现了这一体系是我国裁判规范视野下的犯罪构成体系。

在我国应罚性和需罚性界限的划分里，应受有罪宣告性（即无免罪事由）属于应罚性范畴。免罪事由问题自然归于应罚性范畴，而免罚事由则属于需罚性范畴。由于免罪事由和免罚事由都是行为具备罪责前提下而判断的事由，因此，免罪事由和免罚事由划分的依据是应该予以关注的问题。

免罪事由和免罚事由的依据具有基本相同的方面，具体而言，免罪事由和免罚事由的确定依据是刑事政策和国家的家庭政策、外交政策、议会政策等①。免罪和免罚在概念和特征上是不同的。免罪是指在行为已具备罪责的前提下因具备特别的事由而免除有罪宣告。免罪具有两个特征：一是行为已具备罪责；二是因具备特别事由而被免除有罪宣告。免罪意味着其行为的性质不被认为是犯罪。

免罚是指行为已成立犯罪的前提下因具有特别的事由而被免除具体的刑罚。免罚具有两个特征：一是行为已成立犯罪；二是因具有特别的事由而被免除具体

① ［德］克劳斯·罗克辛著：《德国刑法学总论（第 1 卷）》，王世洲译，法律出版社，2005 年 5 月第 1 版，第 696 页。

的刑罚。免罚意味着其行为性质是犯罪，只不过是不给其以具体刑罚而已。

基于免罪和免罚性质的不同，免罪事由和免罚事由则具有不同。免罪事由是在行为具有罪责的前提下的豁免其犯罪性质的事由，免罚事由是行为已成立犯罪的前提下，免除其具体刑罚的事由。

免罪事由和免罚事由确立的依据都是刑事政策、家庭政策、外交政策、议会政策等。至于哪些事由应确立为免罪事由，哪些事由应确立为免罚事由，这是重要的问题。

笔者认为，免罪事由的确立应格外谨慎，它应限于非常特殊的情形。其确立应由刑法明文规定，其数量应限定在狭小的范围，具体范围由国家进行宏观考量后来确定。例如，为了防止破坏家庭和婚姻，对一定范围内亲属之间的盗窃行为予以免罪；对第一次行为是强奸，但后来行为人与被害人结婚的可予以免罪。又例如，出于人民代表大会政策的原因，对人民代表在人民代表大会期间的诽谤、侮辱等言论性行为予以免罪。

对于免罚事由，其确立的范围应较大，其确立的规范依据既可由刑法明文规定，也可由司法解释来确定，通过免罚事由的确定，让司法者具有较大的自由裁量权，更好地适应纷繁复杂的社会，实现司法公正。

第十八章 中国犯罪构成理论的未来发展及立法实践的展开

犯罪构成理论是刑法学中非常重要的理论，在未来的中国犯罪构成理论研究中，我国刑法学者应对中外各种犯罪构成理论进行全面而深入的研究，创新研究中国犯罪构成理论，从而促进中国刑法学和刑事立法、司法实践的进一步发展。

犯罪构成是认定犯罪的规格和标准，但是，我国刑法并未明文规定或描述犯罪构成的概念、犯罪构成的所有构成要素的内容及排列组合体系，这导致了犯罪界限不够明确，从而可能引发形形色色的犯罪构成理论在刑事司法实践中大行其道，让犯罪认定的不确定性大增。犯罪构成立法的不明确性违反了法治、平等、人权等宪法理念和原则，为此，我国应在宪法理念引导下，以我国犯罪构成理论研究成果为基础，加强对犯罪构成立法的研究，建立科学的犯罪构成制度。

一、中国犯罪构成理论的未来发展

（一）中国犯罪构成理论未来发展的基本理念

1. 坚持犯罪构成理论一元化的发展方向

我国有学者对四要件犯罪构成理论一统中国大陆刑法领域的状况进行了批评，并倡导在学术研究和司法实践上让犯罪构成理论多元化。笔者认为，我国在学术层面上应倡导犯罪构成理论多元化，但是，在司法实践上不应赞同犯罪构成理论多元化。因为犯罪构成理论多元化将会产生定罪差异，如果在司法实践上支持犯罪构成理论多元化，那么，实际上就是赞成对同一案件的定罪可以有不同的结论，支持司法的不统一。在司法上，运用犯罪构成理论的目的是准确地定罪，保证司法的统一，在司法上主张犯罪构成理论多元化显然是违反法治精神的。由于在刑事司法实践主张犯罪构成理论多元化将破坏民主法治和导致定罪混乱，使刑法的人权保障和社会保护功能得不到实现，而在刑事司法实践中实行犯罪构成理论一元化则可以克服犯罪构成理论多元化的种种弊端。为此，笔者认为，在一般情况下，我国刑事司法实践应提倡犯罪构成理论一元化。在司法实践中，这一种被选定的犯罪构成理论应是完全符合刑法规定的、能科学地准确分析判断行为的性质从而作出正确定罪结论的理论。

2. 坚持犯罪构成理论平民化发展方向

公平正义是现代法治的灵魂，而公平正义的实现需要建立在民主法治的基础上。中国刑事法治必须体现现代民主法治的精神，为此，中国刑事立法和司法应反映人民大众的意愿，并让广大民众成为法治的重要参与主体。在刑事司法活动中，刑法理论的运用主体具有多元化的特点，人民法院与法官、人民检察院与检察官、公安局与警察、监狱与监狱警察等单位和官员是刑法理论的运用主体，而被告人、犯罪嫌疑人、罪犯和广大民众也是刑法理论的运用主体。

刑事司法的民主性决定了犯罪构成理论应具有通俗化、大众化的特性，四要件犯罪构成理论深入浅出，通俗易懂，它是平民化的犯罪构成理论，体现了民主法治的精神。德日犯罪成立理论比较复杂、深奥、晦涩难懂，犯罪嫌疑人、被告人和广大民众对这一理论往往难以理解，这是一种与现代民主法治相违背的理论。笔者认为，现代民主法治社会需要的犯罪构成理论应该是大众化、平民化的犯罪构成理论。

3. 发展裁判规范视野下的犯罪构成理论

在行为规范和裁判规范两种语境下，我国犯罪构成体系（犯罪成立体系）可分为两种：一是行为规范语境下的犯罪构成体系。二是裁判规范语境下的犯罪构成体系。在行为规范语境下，犯罪构成体系是包括四要件犯罪构成和严重社会危害性两大部分组成的体系。在这一语境下，一旦行为符合四要件犯罪构成和具有严重社会危害性，即表明其构成犯罪。这一行为规范下的犯罪构成体系表明了国家对广大民众的行为导向，这一体系体现了报应刑论的刑罚目的思想，然而，在现代法治社会里，科学的刑罚目的理论应是报应和预防并合论。根据现代刑罚目的理论指导和其他国家政策需要，对于一些具备了客观危害和主观恶性的严重危害行为，国家可作出规定，裁判者可例外地对其不定罪不处罚。我国刑法规定的犯罪概念是裁判规范语境下的犯罪概念，因此，我国犯罪构成体系研究的重心应该是裁判规范语境下的犯罪构成体系，在这一语境下，其应罚性范畴是四要件犯罪构成、严重的社会危害性和应受有罪宣告性，而其需罚性范畴则涉及“无免予刑事处罚事由或无免除处罚事由”等内容。裁判规范语境下的犯罪构成体系是完整的犯罪构成体系，中国未来研究和发展的犯罪构成理论主要是裁判规范视野下的犯罪构成理论。

（二）中国犯罪构成理论的未来展望

1. 坚持四要件犯罪构成理论的基本框架

目前，我国刑法学者主张引进的或创建的犯罪构成理论多种多样。由于在刑事司法实践中犯罪构成理论多元化具有多重危害，因此，在一般情况下，我国刑事司法实践应提倡犯罪构成理论一元化，并选择一个最佳的犯罪构成理论作为司法实践中基本选择的理论。笔者认为，犯罪构成理论是判定犯罪是否成立的理论，因此，这一最佳犯罪构成理论应具备以下条件：（1）这一犯罪构成理论已将所有构成犯罪的要素囊括其中。（2）这一犯罪构成理论将所有构成犯罪的要素根据定罪的思维和按一定逻辑进行排列组合，形成了一个合理的体系。（3）这一犯罪构成理论简单易学，且具有较强的操作性。它是一种平民化的犯罪构成理论，它体现了现代民主法治精神。（4）这一犯罪构成理论与我国刑法规定相匹配。

我国四要件犯罪构成理论是在20世纪50年代继承苏俄四要件犯罪构成理论的基础上发展起来的。自我国1979年刑法典颁布实施后至今，四要件犯罪构成理论一直在我国刑事司法实践中居主导地位。我国以四要件犯罪构成理论为核心而形成的中国刑法学已成为中国刑法教义学。这么多年的刑事司法实践证明，我国犯罪构成理论简单易学，具有较强操作性，且具有较强科学性，并与我国刑法规定基本匹配。从总体上看，我国四要件犯罪构成理论基本符合上述最佳犯罪构成理论应具备的条件，但是，它也存在着一些欠缺，尚需进一步完善。为此，笔者认为，我国刑事司法实践所提倡的一元化犯罪构成理论应是完善后的四要件犯罪构成理论。具体而言，中国犯罪构成理论的未来发展应坚持我国四要件犯罪构成理论基本框架，明确犯罪构成体系的基本构成是由犯罪客体、犯罪客观要件、犯罪主观要件和犯罪主体四要件组成的有机体，同时对其存在的不足予以完善。

2. 对四要件犯罪构成理论的改良

正如前文所述，我国通说的犯罪构成理论是具有一定的优越性的，但是，它也存在缺陷。犯罪构成的四个基本要件（犯罪客体、犯罪客观要件、犯罪主体和犯罪主观要件）所形成的有机整体是犯罪构成的基本模型，是犯罪的类型化，它有利于正确地将此罪与彼罪区分开来。四要件平面化体系符合认定犯罪的司法逻辑，具有思维的经济性，它是既有实质判断又有形式判断的体系，其以主客观为支柱而建立的平面化体系具有简单、易懂、操作性强的特点，它是一种平民化的犯罪构成理论，体现了现代民主法治精神。可见，通说犯罪构成四要件体系的优点是显而易见的。但是，它没有将我国法定的犯罪概念中所体现的“一定量的综合社会危害性”（即罪量要件）和“应受有罪宣告性”（即无免罪事由）纳入其体系，因此，该体系缺乏完整性。笔者认为，我国犯罪构成理论在未来的发展中应以通说的四要件犯罪构成理论为基础，通过对通说的改良让我国四要件犯罪构成理论更具科学性。笔者认为，在我国修订后的犯罪构成理论里，犯罪构成体系应包括三大要件：一是犯罪构成基本模型（原犯罪构成四要件所组成的有机整体）；二是一定量的综合社会危害性（即罪量要件）；三是应受有罪宣告性（即无免罪事由）。

（1）犯罪构成基本原型。

四要件犯罪构成反映了犯罪构成基本原型，确立了犯罪成立的类型形象，因此，它具有一定科学性。犯罪构成基本原型由犯罪客体、犯罪客观要件、犯罪主观要件和犯罪主体四个要件组成。这四个要件的排列顺序并不会最终影响定性，但是，在司法实践中，对这四个要件中的每一个要件均应进行考察判断，否则，其定性可能有误，虽然这四个要件的排列顺序并不会影响定性，但是，其排列还是应按一定的目的和逻辑来进行。笔者认为，通说四要件犯罪构成理论所确立的四个要件的排列顺序为：犯罪客体、犯罪客观要件、犯罪主体和犯罪主观要件。通说中的四个构成要件的排列顺序是符合司法实践认定犯罪的思维习惯的，具有一定的科学性。为此，笔者认为，犯罪构成基本原型中四个构成要件的排列顺序仍应坚持通说的排列顺序。

（2）一定量的综合社会危害性（即罪量要件）。

一定量的综合社会危害性之所以是犯罪构成模型中的一个构成要件，是因为在行为具备了犯罪构成基本原型（即犯罪客体、犯罪客观要件、犯罪主观要件和犯罪主体）后并不当然构成犯罪。我国刑法第 13 条规定的犯罪概念要求犯罪必须是达到一定量（即严重的）的社会危害性才可构成，而有的行为虽然符合了犯罪构成基本原型，但是，由于其社会危害性显著轻微，危害不大，因此，不构成犯罪。如果犯罪构成模型不将“一定量的综合社会危害性”作为其必要的构成要件，就不能将犯罪行为与一般违法行为区别开来。例如，我国刑法第 359 条规定：“引诱、容留、介绍他人卖淫的，处五年以下有期徒刑……”而我国的《治安管理处罚法》第 67 条规定：“引诱、容留、介绍他人卖淫的，处十五日以下拘留……”在这里，引诱、容留、介绍他人卖淫罪与其相应的治安违法行为在行为原型的规定上是完全一致的。如果不将一定量的综合社会危害性作为犯罪构成模型的构成要件，就难以将犯罪行为与治安违法行为区分开来。又如，有些行为虽然符合某罪的犯罪构成基本原型，但是，因为被害人的严重过错或其他因素影响使行为的综合社会危害性未达到犯罪程度而不能认定为犯罪。

符合了犯罪构成四要件的行为，为何在综合社会危害性上还可能不达到犯罪的严重程度呢？

我们知道，犯罪构成是指我国刑法规定的、决定某一种具体行为的社会危害性及其程度而为该种行为构成犯罪所必需的一切必要要件的有机整体。犯罪构成由刑法分则罪状规定的具体要素和刑法总则规定的相关共性要素共同组成。

在现实生活中，在每一种犯罪的各个具体案件里，其案情是千差万别的，每一具体案件均包含有危害行为、危害结果、犯罪对象、时间、地点、方法、心态、责任能力等要素，但是，其表现各不相同。在立法时，立法者并不是将所有这些要素均规定在法律条文中，只有对行为的社会危害性及其危害程度具有决定意义并表明该种犯罪独特性的要素，才被立法者规定为该种犯罪的犯罪构成要件。

这样，在有的罪种的犯罪构成四要件中，刑法在条文上并未明文规定其危害结果、犯罪对象、时间、地点、方法等因素，这时，这些没有被罪状规定的因素不是该种犯罪的犯罪构成四要件的法定构成要素。但是，就现实上发生的某种犯罪的具体案件而言，在案情上，犯罪时间、地点、方法、对象和危害结果等因素往往都是存在的，而这些因素是会影响到行为的社会危害性大小的，有的因素会减弱行为的社会危害性，而有的因素会增大行为的社会危害性。由此可见，四要件犯罪构成（基本模型）和案情是两个不同的概念，四要件犯罪构成具有法定性，而案情具有现实性、复杂多样性。一般而言，某行为具备某种犯罪的四要件犯罪构成即可认定成立犯罪，但是，一旦案情（犯罪时）在犯罪构成四要件（法定的）之外出现异常因素，该因素可能会大大减弱该行为的社会危害性，从而不宜认定该行为成立犯罪。例如，在故意伤害（轻伤）案中，行为已符合故意伤害罪的四要件犯罪构成，但是，被害人的重大过错可能会大大地减弱故意伤害行为的社会危害性，因而，不宜认定其行为构成故意伤害罪。正因如此，我国刑法第 13 条规定刑事违法性和严重社会危害性（综合）都是犯罪的基本特征。由于一定量的综合社会危害性（即罪量要件）具有无法在刑法条文中完全明确规定的特征，因此，这一罪量要件是否违反罪刑法定原则的派生原则——明确性原则呢？笔者认为，由于法律的简约性、文字的局限性、立法者的智力所限以及社会的变化发展等原因，刑法规定的绝对明确是做不到的，它只能做到相对明确。对于一定量的综合社会危害性这一罪量要件而言，我国最高人民法院和最高人民检察院往往通过制定司法解释的方式，对大多数常见的犯罪种类规定了犯罪起点的具体情节要求，从而保证了综合的社会危害性（即罪量要件）的相对明确性。对于其他犯罪，司法人员在一般情况下依常识、常情和常理是可以判断行为的社会危害性是否达到严重程度的。由于判断某一行为是否构成犯罪的第一步骤是判断该行为是否符合犯罪构成四要件基本原型，第二步骤才是判断行为是否达到一定量的综合社会危害性，而犯罪构成四要件基本原型是由刑法明确规定的，一定量的社会危害性的罪量要件是判断出罪的要件。因此，从整个完整的犯罪构成来看，一定量的社会危害性的罪量要件并没有违反罪刑法定原则。

(3) 具有应受有罪宣告性（即无免罪事由）。

我国法律已明文规定有免罪事由，而免罪事由存在与否会影响到行为是否被宣告有罪，因此，具有应受有罪宣告性（即无免罪事由）是行为人被宣告有罪的必要要素，是犯罪构成体系中必不可少的要件。

人民法院在定罪过程中不但要判断行为是否符合犯罪构成基本原型和综合的社会危害性（即罪量要件），而且要判断是否具有应受有罪宣告性（即无免罪事由）。当行为符合犯罪构成基本原型要件和综合的社会危害性（即罪量要件）后，只有在没有免罪事由的情况下，才能对该行为作出有罪宣告。若出现了免罪事由，就不能对该行为作出有罪宣告。

二、中国犯罪构成立法实践之思考

犯罪构成是刑法规定的、犯罪的规格和标准。犯罪构成是由刑法总则规定的构成要素和分则规定的构成要素组成的有机整体。但是，我国刑法在总则中并未明文规定犯罪构成的确切概念，也未明文规定或描述完整的犯罪构成应具备的全部构成要素及其体系。我国犯罪构成立法具有不明确性，这是违背法治的宪法理念的。

由于我国犯罪构成立法具有不明确性，因此，这些年来，我国刑法学界对犯罪构成理论进行了异常激烈的争论，有的学者甚至提出了犯罪构成理论在刑事司法实践中多元化的观点①。在数不胜数的犯罪构成理论中，有些犯罪构成理论在定罪上存在着结论迥异的情形，因此，若在司法实践中允许犯罪构成理论多元化，就可能出现同案异判的状况，导致刑事法治的不统一，从而违背人权保障和平等的宪法理念。

为了全面实现宪法的法治、平等、人权等理念，笔者认为，我国刑法应建立一个系统的、科学的犯罪构成制度。

（一）宪法理念与犯罪构成立法的关系

宪法是国家的根本大法，刑法不得与宪法相抵触。宪法理念是宪法的理性信念，是宪法的灵魂。我国宪法中蕴含了民主、法治、平等、人权等宪法理念，为此，我国刑法立法需要在这些宪法理念指导下开展工作，犯罪构成的立法是刑法立法中的重要内容，它同样应在宪法理念引导下进行。

近40年来，中国政治、经济和社会的变化发展促进了宪法的修改和完善，

① 参见张明楷：《构建犯罪论体系的方法论》，《中外法学》2010年第1期，第34—37页。

现代宪法理念得到了彰显，并在实践中得到了广泛实现。我国宪法体现了民主、法治、平等和人权等基本理念。这些理念也是引导我国刑事立法、司法以及理论研究的重要信念。

犯罪构成问题是一个涉及犯罪圈划定的重大立法问题。宪法理念是指导犯罪构成立法的理性信念，也是验证犯罪构成立法是否正当的依据。凡违背宪法理念的犯罪构成立法均不具有正当性，凡未充分反映宪法理念的犯罪构成立法均须进一步完善。

我国刑法虽然没有规定犯罪构成的概念，也没有明文系统地归纳犯罪构成的要素，但是，我国刑法在分则中规定了各种犯罪的罪状，在总则中规定了犯罪的概念、犯罪故意与过失、刑事责任年龄与责任能力等内容，因此，从立法现实看，每一种犯罪的犯罪构成可以从刑法分则和刑法总则的相关规定中归纳出来，可见，我国犯罪构成立法是客观存在的。但是，我国犯罪构成立法与宪法理念的实现依然存在较大差距，亟待在宪法理念引导下进行科学立法。

1. 法治理念与犯罪构成立法

法治原则是一项重要宪法原则，法治理念是宪法理念之一。我国现行宪法第5条规定，“中华人民共和国实行依法治国，建设社会主义法治国家。”“国家维护社会主义法制的统一和尊严”。由此可见，法治原则是一项重要的宪法原则，法治理念是宪法理念的重要部分。

法治原则在宪法中的确立意味着任何权力的来源和行使都应在法律规定之下，它体现了对权力的制约。定罪权和刑罚权是国家权力的有机组成部分，在法治原则和理念下，这两种权力同样应受制约。

我国刑法明文规定了罪刑法定原则，而罪刑法定原则是宪法中的法治原则在刑法立法中的体现。“罪刑法定原则的精髓在于法的限制性，也就是对国家刑罚权的限制，也包括对国家立法权的限制、对司法权的限制”。“从某种意义上说，罪刑法定原则体现了宪法对刑法的限制，因而是刑法的宪政基础”①。罪刑法定原则的“罪之法定”要求：犯罪概念要在刑法中明确规定；有多少种犯罪要在刑法中明文规定；每一种犯罪的犯罪构成要明确规定。这样的规定有利于限制刑罚权的行使，从而更好地保护人权。然而，在刑法简约性之下，刑法分则规定的每一种犯罪的罪状仅是该种犯罪构成的一部分。每一种犯罪的完整犯罪构成还需找寻刑法总则相关规定来配齐。换言之，每一种犯罪的完整犯罪构成是由刑法分则规定和刑法总则规定两部分组成的。但是，由于我国刑法并未明文规定犯罪构

① 陈兴良：《宪政视野中的刑法》，《华东刑事司法评论》第2卷，法律出版社，2002年8月第1版，第214页。

成的概念，也未明文规定一个完整的犯罪构成的构成要素应包括哪些，未明文规定一个完整的犯罪构成体系的明确范围，因此，对于“每一种犯罪的完整犯罪构成是什么”的问题，只能完全通过理论阐释来解决。由于犯罪构成理论林林总总，五花八门，在数不胜数的犯罪构成理论下，定罪的不确定日益突现。

罪刑法定原则的派生原则之一是明确性原则。明确性原则要求：立法者制定的刑法条文必须明确，行为犯罪化的范围和边界应该是清晰的，法定刑幅度应该是确定的。不明确的刑法意味着有意或无意地抹杀民意，不明确的刑法不具有预测可能性的功能，从而限制了国民的自由，不明确的刑法还为国家机关肆意侵犯国民自由找到了形式上的法律根据①。所以，不明确的刑法违反法治原则。就我国现在的犯罪构成立法而言，每一种犯罪的完整犯罪构成在刑法上是不够明确的，其边界是不够清楚的，因而，它违反了罪刑法定的明确性原则，违反了法治的宪法理念。

2. 人权保障理念与犯罪构成立法

人权保障是宪法的核心理念和原则。2004 年 3 月，我国将“国家尊重和保障人权”写入了宪法（第 33 条）。我国宪法在公民基本权利保护方面不但强调对传统的政治权利、人身自由、财产权等权利的保障，而且强调对劳动权、受教育权、获得物质帮助权等社会经济权利的保障②。

法治是宪制的重要保证，人权保障是宪制的目的。我国犯罪构成立法与当前世界各国的犯罪构成立法一样，具有不明确性，这是违反罪刑法定原则的，是违背法治的宪法理念和原则的。我国刑法没有明确规定刑法分则的罪状和刑法总则的相关规定是如何有机地组成一个完整的犯罪构成的，使每一犯罪的范围和边界是不明晰的，而数不胜数的犯罪构成理论对罪与非罪的边界划定是存在区别的，有的甚至相去甚远。在这种情况下，极易出现司法专横，使人权受到侵犯。可见，犯罪构成立法的不明确性也违背了人权保障的宪法理念。

3. 平等理念与犯罪构成立法

平等理念是宪法理念中的重要内容。我国宪法第 33 条规定了法律面前人人平等的原则，“法律面前人人平等”意味着人人生而平等，任何人都不能凌驾于法律之上，应平等地适用法律。我国刑法明文规定了适用刑法平等原则，这就要求对任何人犯罪，在适用法律上一律平等。然而，我国犯罪构成立法存在着不明确性，对犯罪边界尚未明确规定，这就会导致在同一种案件审理中，有的案件被

① 参见张明楷：《刑法学（第四版）》，法律出版社，2011 年 7 月第 4 版，第 59 页。

② 参见刘国利、安生和：《改革开放三十年我国宪法理念的转变》，《北方经贸》2008 年第 12 期，第 12 页。

认定为犯罪，而有的案件不被认定为犯罪，这种同案不同判的现象显然违背了宪法中的平等理念。

4. 民主理念与犯罪构成立法

民主是宪法的基本价值，是宪制的基础。宪法是民主制度的法律化。我国宪法确立了人民民主制度，确认了公民广泛的民主权利。因此，民主是宪法的原则和理念。民主宪制强调人民广泛的政治参与。刑事法治是政治的组成部分。一切权力都是从人民而来的，法之所以有效力，是因为必须经由人民参与的政治活动而授予各级立法机关以权力，所有国家法的制定都必须归诸政治上有组织的人民①。因此，刑法立法和司法应体现民主的理念，应反映广大人民的意愿，广大人民是刑事法治的重要参与主体。

刑法是犯罪人的大宪章，也是人民的大宪章。刑法条文规定的法律规范既是人民的行为规范，也是法官的裁判规范。因此，对于“什么是犯罪”“一个犯罪由多少个要素组成”“犯罪构成体系是什么”等问题，刑法应向广大人民明确、清楚地交代，而且应让人民群众看得懂、容易理解。为此，在犯罪构成立法上，刑法应用通俗易懂的语言文字描述，同时，用以解释犯罪构成的理论也应是平民化的通俗犯罪构成理论。若在犯罪构成立法上使用文言文，或其他晦涩难懂的语言文字描述，或者运用深奥的、精英化的犯罪构成理论解释，就会远离广大人民群众，从而违背宪法中的民主理念。因此，在犯罪构成进行系统性立法时，应遵循宪法中的民主理念。

（二）中国犯罪构成立法的基本原则

目前，我国犯罪构成立法的不明确性有违宪法的法治理念、平等理念和人权保障理念。因此，犯罪构成立法的明确化是我国刑法立法应追求的一个基本目标。在犯罪构成立法化中，我们应坚持以下几个基本原则。

1. 明确性和简约性原则

犯罪构成立法的明确性要求：在犯罪构成立法中应明确犯罪构成的概念，明确犯罪构成的全部构成要素包括哪些，此外，还应明确犯罪构成体系，让犯罪与非犯罪的边界是明晰的。但是，由于刑法立法具有简约性，因此，犯罪构成立法也不可避免地具有简约性。这样，我们需要用简洁的文字达到犯罪构成立法的明确化。如何处理好犯罪构成立法的明确性和简约性的关系是较为重要的。笔者认为，犯罪构成立法的明确化既包括刑法总则中犯罪构成的普遍概念、普遍构成要

① 参见胡肖华、江国华：《民主、宪政民主与宪法诉讼》，《湘潭大学社会科学学报》2001 年第 5 期，第 125 页。

素、普遍的犯罪构成体系的明确化，也包括刑法分则各罪罪状的明确化。而本章主要讨论刑法总则中的犯罪构成立法的明确性问题，通过刑法总则中犯罪构成的普遍性立法的明确化，解决犯罪构成立法简约性问题。

2. 创新性原则

在当今世界各国刑法典中，尚未发现哪一部刑法典在总则中系统而明确地对犯罪构成概念、犯罪构成的全部构成要素及犯罪构成体系进行了规定。我国一些刑法学者十分推崇德国和日本的刑法和刑法理论，但是，德日刑法典非常简约，在总则中并没有明确的犯罪构成概念，更没有系统的犯罪构成的体系性立法。俄罗斯刑法典已明确采取了“犯罪构成”的用语①。但是，它没有对犯罪构成立法进行体系性的规定。

我国刑法立法不能时刻跟从德日刑法或俄罗斯刑法，或其他国家或地区刑法，尤其不能对他国刑法立法亦步亦趋。我国的刑法立法应有自主性和创新性，我们应在宪法理念的指导下科学地进行犯罪构成的明确性立法。我们知道，刑法典原本并没有总则和分则之分，但是，随着刑法科学的发展，18 世纪的刑法典出现了刑法总则和分则的划分②，从而使刑法立法的科学性又向前迈进了一大步。近 100 多年来，世界各国犯罪构成理论研究繁荣昌盛，我国的犯罪构成理论研究也取得了丰富多彩的研究成果，这为犯罪构成在刑法总则的明确性和体系性的立法提供了可资借鉴的理论成果。

3. 以科学的犯罪构成理论指导的原则

科学的立法需要科学的理论来指导。就犯罪构成立法而言，我们要以科学的犯罪构成理论来指导。当今世界影响较大的犯罪构成理论有三个：（1）德日犯罪三阶层理论；（2）英美犯罪构成双层次理论；（3）中俄四要件犯罪构成理论。德日犯罪三阶层理论是指导司法实践的、犯罪认定过程的理论，该理论的建立主要是为了较好地指导司法实践的，该理论在犯罪成立要件体系中既有正面的积极构成要件，也有反面的消极构成要件（即阻却事由），各种消极构成要件（即阻却事由）穿插于积极构成要件之间。德日各种犯罪论体系孰优孰劣，仍争论不休，可见，重在司法实践的德日犯罪三阶层理论不应作为我国犯罪构成立法的指导理论。英美双层次犯罪构成理论也是旨在指导司法实践的理论，其第一层次为本体要件，包括犯罪行为和犯罪心态，其第二层次为责任充足要件，即合法抗辩

① 例如，《俄罗斯联邦刑法典》第 8 条，第 29 条等条文即采用了“犯罪构成”一词。参见黄道秀译：《俄罗斯联邦刑法》，北京大学出版社，2008 年 3 月第 1 版，第 2 页，第 11 页。

② 参见高铭暄主编：《刑法学》，法律出版社，1982 年 5 月第 1 版，第 44 页。1791 年法国刑法典分为总则和分则，1810 年法国刑法典也分为总则与分则。

(免责理由)。正当防卫、紧急避险、未成年、精神病、警察圈套、安乐死、认识错误等均为合法抗辩事由。由于该理论的责任充足要件中的合法抗辩事由非常广泛、庞大，分类不合理，因此，该理论也不能较好地指导犯罪构成的立法化。我国四要件犯罪构成理论从正面回答了犯罪构成应具备的构成要素，它认为，犯罪构成包括四个方面的具体构成要素：（1）犯罪客体，即法益或法秩序。（2）犯罪客观方面的构成要素，即危害行为、危害结果、因果关系等。（3）犯罪主体方面的构成要素，即刑事责任年龄、刑事责任能力、身份（身份犯）等。（4）犯罪主观方面的构成要素。即故意及违法性认识或过失及违法可能性意识、目的(目的犯)。这一理论基本上已将所有构成犯罪类型的要素囊括其中，并将这些构成要素根据定罪的思维和一定逻辑排列，形成一个基本合理的体系，而且基本与我国刑法规定的罪刑法定原则等相关规定相匹配。我国四要件犯罪构成理论既是刑法立法的指导理论，也是刑法司法的指导理论，且具有一定科学性，因此，我国犯罪构成的立法仍应以这一理论作为其立法指导理论。但是，在四要件犯罪构成理论里，其犯罪构成体系存在两个不足：一是没有将“一定量的综合社会危害性”（即罪量要件）纳入其体系；二是没有将应受有罪宣告性（即无免罪事由）纳入其体系。为此，四要件犯罪构成理论应适度改造才能更好地指导犯罪构成立法。笔者认为，在我国修订后的犯罪构成理论里，其犯罪构成体系应包括三大要件：（1）犯罪构成基本原型（即四要件犯罪构成）；（2）一定量的综合社会危害性（即罪量要件）；（3）应受有罪宣告性（即无免罪事由）。

4. 立法协调原则

立法协调原则是指犯罪构成立法应与刑法规定的罪刑法定原则、犯罪概念等立法内容相符合的原则。各国刑法规定的罪刑法定原则、犯罪概念及出罪方式等是有区别的，因此，在犯罪构成立法上应正视这一问题。

罪刑法定原则要求犯罪构成立法明确化，犯罪构成立法不能与罪刑法定原则相抵触。但是，我国刑法规定的罪刑法定原则与德、日的罪刑法定原则是不完全一致的。我国刑法第3条对罪刑法定原则是这样规定的：“法律明文规定为犯罪行为的，依照法律定罪处刑；法律没有规定为犯罪行为的，不得定罪处刑。”这一规定的前一段是关于积极罪刑法定的规定，后一段是关于消极罪刑法定的规定。积极罪刑法定的规定体现了刑法社会保护（或法益保护）的机能，也有利防止法官随意出罪。消极罪刑法定的规定体现了刑法人权保障的机能，有利于防止刑罚权的扩张和滥用。这种兼顾社会保护和人权保障的罪刑法定原则是符合我国法治状况的，是值得坚持的。

德国刑法典第1条规定了罪刑法定原则，即“本法只处罚行为前法律已明文规定予以处罚的行为”。一般认为，该原则为消极的罪刑法定原则，它体现了“法无明文规定者不定罪，法无明文规定者不处罚”的思想。日本现行刑法典并没有规定罪刑法定原则，但是，日本刑法界和德国刑法界一样普遍认为，罪刑法定原则仅指消极的罪刑法定。他们认为，在犯罪成立三阶层论里，“构成要件该当性”对应于罪刑法定原则，“违法性”对应于法益保护原则，“有责性”对应于“责任”原则。

由于我国刑法规定的罪刑法定原则与德日的罪刑法定原则不是完全相同的，所以，我国与德日两国在犯罪概念和犯罪构成的范围上是不同的。根据我国罪刑法定原则和犯罪概念规定，当行为具备了犯罪构成四要件且社会危害性达到严重程度，一般可推定构成犯罪，若有法定免罪事由，则该行为也不构成犯罪。但是，在德日刑法界的消极罪刑法定原则下，若行为符合我国犯罪构成四要件，且社会危害性达严重程度的内容时，他们可以根据超法规违法阻却事由或超法规责任阻却事由来认定这一行为不构成犯罪。例如，他们可以根据无期待可能性的责任阻却事由认定其无“有责性”，从而根本不以犯罪处理。由于期待可能性无明确标准，具有较大的随意性，因此，德日犯罪概念具有较大的模糊性、伸缩性。可见，德日刑法界所说的犯罪概念和完整犯罪构成在边界上是非常不明确的、不清晰的。

相比之下，我国罪刑法定原则之下的犯罪概念，和我国犯罪构成理论所说的犯罪构成，其边界具有相对明确性。因此，在我国犯罪构成立法中应让其与我国罪刑法定原则和犯罪概念相协调。

（三）我国犯罪构成立法化的设想

我国犯罪构成立法应在法治、人权、平等、民主等宪法理念和原则引导下进行全面的考虑。犯罪构成立法应在科学的犯罪构成理论指导下进行。我国四要件犯罪构成理论是平民化的犯罪构成理论，它具有一定科学性，也存在一些欠缺。在犯罪构成立法中，我们应在经改良后的四要件犯罪构成理论指导下进行建构。

犯罪构成是犯罪的微观构造，是犯罪概念的具体化。我国刑法不应仿效德日刑法在犯罪构成立法上的消极态度，我国刑法应明确规定犯罪成立意义上的犯罪构成概念，明确其犯罪构成要件要素的内容，并划定相对明确又具有一定弹性的边界，贯彻罪刑法定原则，以确保司法的统一，维护刑法的权威和更好地保障人权和保护社会。目前，我国刑法并没有明确规定犯罪构成概念，也没有明确地、完整地规定犯罪构成要件要素的内容及范围，这是违背罪刑法定原则的明确性要求的。随着刑法学发展，犯罪构成理论取得了丰硕的成果，人们对犯罪构成的概念、内容及其他相关问题已进行了充分的研究，因此，适合各国刑法发展的科学的犯罪构成概念及其构成要件要素的内容和范围，是可以在立法上明确地、充分地描述出来的，因此，对犯罪构成的概念、内容和范围进行立法规定是具有可行性的。

笔者认为，我国现行刑法规定的犯罪概念具有科学性，我国刑法应以这一犯罪概念为基础，以犯罪概念的边界为界来具体规定犯罪构成的概念以及其构成要件要素的内容和范围。在犯罪构成立法中，笔者认为，犯罪构成制度的建构应从以下几方面着手。

1. 犯罪构成概念法定化

前文论及，犯罪构成概念具有多义性，而我国通说四要件犯罪构成理论是以犯罪构成法定说为基础而建构的，因此，我国犯罪构成的立法概念应采用法定说的犯罪构成概念。

犯罪构成由哪些要件构成，这是一个有争论的问题，也是影响犯罪构成概念认定的问题。“二要件说”认为，犯罪构成仅包括犯罪客观要件和犯罪主观要件，犯罪客体与犯罪主体均不是犯罪构成的要件。“三要件说”有二种，一种“三要件说”认为，犯罪构成由犯罪客观要件、犯罪主观要件和犯罪主体组成，犯罪客体不是犯罪构成的要件。另一种“三要件说”认为，犯罪构成由犯罪客体、犯罪客观要件和犯罪主观要件组成，犯罪主体不是犯罪构成要件。而居于通说地位的四要件犯罪构成理论则认为，犯罪构成由犯罪客体、犯罪客观要件、犯罪主体和犯罪主观要件组成。由于对犯罪构成由哪些构成要素组成的认识不同，因此，对犯罪构成概念认识也会有区别。在犯罪认定过程中，搞清一个完整的犯罪构成的界限是准确认定犯罪的关键。因此，笔者认为，犯罪构成概念应是表明构成一个犯罪所必需的、全部的构成要素的概念。犯罪构成应是刑法规定的、构成犯罪的规格和标准。前文论述到，我国通说四要件犯罪构成理论中所述的犯罪构成体系是有缺陷的，它没有将“一定量的综合社会危害性”（即罪量要件）和“应受有罪宣告性”（即无免罪事由）纳入其体系。完善后的完整犯罪构成体系应包括三大要件：（1）犯罪构成基本原型（即四要件犯罪构成）；（2）一定量的综合社会危害性（即罪量要件）；（3）应受有罪宣告性（即无免罪事由）。由于通说的犯罪构成体系存在缺陷，因而，导致我国通说四要件犯罪构成理论中所述犯罪构成概念也存在缺陷，为此，我国应对通说的犯罪构成概念予以完善。根据本书第三章的研究结论，完善后的犯罪构成概念应如此表述：犯罪构成是依照我国刑法规定或包含的，决定某种具体行为的社会危害性及其程度而为该种行为构成犯罪所必需的各种要件的有机整体。这一概念就是从完整的犯罪构成角度给犯罪构成所作的概念，是一个科学的理论概念，在犯罪构成概念立法化时，可以这一理论概念为基础，从立法明确性、简约性、文字大众化等方面斟酌用词用语。

2. 刑法应科学地明确规定犯罪构成的重要构成要素及犯罪构成体系

（1）科学地明确规定犯罪构成的重要构成要素。

在犯罪构成中，有的构成要素对区分此罪和彼罪，或区分罪与非罪具有重要的作用，若这种构成要素不在刑法上予以科学的明确规定，那么，将产生重大的定罪差异。例如，故意是犯罪构成中非常重要的构成要素，但是，德日刑法并没有明确而清晰地规定故意的概念，也没有明文划分其种类，因此，在德日犯罪构成理论里，刑法学者们对故意的概念和种类是存在较大分歧的。有学者认为，故意应指心理事实的故意，违法性认识不是故意的成立要素，它是责任要素，在行为的定性中，若行为时具有了构成要件符合性中的故意（即心理事实的故意），就定故意犯罪。但是，有的学者认为，违法性认识是故意成立的要素，故意是由心理事实的故意和违法性认识所形成的具有价值内容的故意。如果在行为时仅具心理事实故意，而不具有违法性认识，该行为不是故意犯罪，甚至不构成犯罪。在假想防卫的情形下，就存在因对故意和违法性认识的不同理解，而导致定罪结论差异的情况。对于故意的种类，德日刑法都没有明文予以划分，但是，刑法学者一般将故意分为三种：犯罪目的（无条件故意第一级）、直接故意（无条件故意第二级）和有条件故意（间接故意）。各学者在使用的概念和阐述相关内容上是存在一定差异的①。这种分类也可能会导致定罪结论的差异。对于犯罪构成中的“过失”要素，德日刑法同样没有明文规定其概念和种类，这也是可能导致定罪结论差异的重要方面。

我国刑法明文地具体规定了犯罪构成中重要构成要素“故意”和“过失”的概念，这两个概念是具有价值评价因素（内含社会危害性内容）的概念，此外，还对“故意”和“过失”进行了分类。从40年司法实践（从1979年刑法和1997年刑法实施至今）看，我国刑法规定的“故意”和“过失”概念和种类在司法实践中能科学地划清罪与非罪界限和此罪与彼罪的界限，它具有基本合理性，因此，我国应坚持现行刑法的立法立场，在今后，应对“故意”和“过失”的概念及其种类划分进行全面评估，适时予以完善。对于犯罪构成中的另一重要构成要素“行为”（或危害行为），我国刑法也需考虑在刑法中对其予以明确规定。如果能在刑法中明确界定犯罪构成要件中“行为要素”，就可以在客观要件判断阶段早早地将具有社会相当性的行为和其他无危害性行为排除出构成要件的

① ［德］克劳斯·罗克辛著：《德国刑法学总论（第1卷）》，王世洲译，法律出版社，2005年5月第1版，第283—350页；以及［德］汉斯·海因里希·耶赛克和托马斯·魏根特著：《德国刑法教科书（总论）》，徐久生译，中国法制出版社，2001年3月第1版，第358—380页。

“行为”之外，以便更好地保障人权。

（2）科学地明确规定犯罪构成体系。

犯罪构成是刑法规定的、构成某种犯罪所必需的所有构成要件的有机整体。每一种犯罪的犯罪构成均由刑法分则规定的构成要素和刑法总则规定的构成要素两部分组成。刑法分则规定的构成要素是该罪的特有要素，而刑法总则规定的构成要素是各种犯罪构成的共同构成要素。例如，我国刑法分则第232条对故意杀人罪的规定是：“故意杀人的，处……”根据刑法分则第232条和刑法总则有关刑事责任年龄和责任能力的条文规定，故意杀人罪的犯罪构成包括三大要件：第一大要件是犯罪构成基本原型（即四要件犯罪构成）。它包括两部分内容：一是刑法分则第232条规定构成要素，即：①客观上的杀人行为；②主观上的故意；③被侵害的生命权。二是刑法总则规定的普遍要素，即达到的刑事责任年龄、具有刑事责任能力等。第二大要件是一定量的综合社会危害性（即罪量要件）。刑法第13条（犯罪概念）规定，严重的社会危害性是犯罪的基本特征，综合的社会危害性（即罪量要件）是犯罪构成的必要要件。第三大要件是应受有罪宣告性（即无免罪事由）。根据刑法第13条（犯罪概念）规定和第37条（免予刑事处罚制度）规定，应受有罪宣告性（即无免罪事由）也是犯罪构成的必要要件。由于每一种犯罪的犯罪构成均由刑法分则规定的构成要素和刑法总则规定的普遍构成要素组成，而对这两大方面的构成要素如何排列组合，一个完整的犯罪构成的所有构成要素包括哪些，现行刑法均未作出明确的具体规定，因此，在现在，这些问题只能完全交给理论去解释。由于对犯罪构成界限理解的分歧较大，出现了数不胜数的犯罪构成理论，在这些犯罪构成理论里，对于犯罪界限的认定是存在差别的，有的结论甚至迥然不同。可见，犯罪构成的所有构成要素及其排列组合问题不明确化是会导致破坏法治的统一性的，是违背法治、平等、人权等宪法理论的。

根据罪刑法定原则之明确性原则要求，犯罪构成概念应明确规定，犯罪构成所包含的所有构成要素和犯罪构成体系也要明确规定，这些内容的明确规定将有利于职业的司法人员、人民陪审员、被告人和广大民众明白地理解和预知犯罪的界限。此外，为了减少理解的分歧，对犯罪构成所包含的构成要素的排列和组合，也应根据一定的逻辑和司法实践操作简易性的要求作出规定。

犯罪构成是由各种基本的构成要素组成的，根据一定的逻辑和司法实践的要求，在对这些基本构成要素进行合理的组合和排列后即可形成一个科学的犯罪构成体系。根据修订后四要件犯罪构成理论，可将犯罪构成第一大要件“犯罪构成基本原理”（四要件犯罪构成）、第二大要件“一定量的综合社会危害性”（罪量要件）和第三大要件“应受有罪宣告”（无免罪事由）规定于刑法总则中。具体而言，犯罪客体中所体现的“法益”要素（或“法秩序”要素），犯罪客观要件中的“危害行为”等构成要素，犯罪主观要件中的“故意”“违法性认识”或“过失”“违法可能性意识”构成要素，犯罪主体中的“刑事责任年龄”“过失”“刑事责任能力”构成要素，以及“综合社会危害性”“应受有罪宣告性”（即无免罪事由）等犯罪构成必要要素，可在刑法总则中进行体系性的规定，从而形成一个明确的犯罪构成体系。

3. 刑法在确立了犯罪构成相对封闭的体系时应建立例外的出入罪制度

在立法时，国家的刑事政策是刑法的灵魂，立法时的刑事政策体现在刑法之中。社会形势是会变化发展的，因此，立法时的刑事政策与司法时的刑事政策可能会有所不同。在法治国里，刑法是司法时的刑事政策不可逾越的屏障①，司法者不能为了实施司法时已变动的刑事政策而突破现行刑法规定。当现行刑法规定不合理时，立法者需将司法时的刑事政策上升为立法的刑事政策，并由立法者对现行刑法进行修改。为了保证刑法的稳定性，立法者在刑法里应尽量预留够司法时刑事政策贯彻的空间。因此，刑法确立的犯罪构成体系不应是绝对明确的、绝对封闭的体系，该体系应是相对明确、相对封闭的体系。

德日犯罪构成理论中的社会相当性、客观归责、可罚的违法性、行为无价值与结果无价值、期待可能性、预防必要性以及其他相关的违法阻却事由、责任阻却事由等理论领域所希冀解决的问题，是关于灵活地处理特殊的出入罪的问题。

根据我国刑法规定，我国修改后的犯罪构成体系，可包括三大要件：（1）犯罪构成基本原型（即四要件犯罪构成，它体现了犯罪类型）；（2）一定量的综合社会危害性（即罪量要件）；（3）应受有罪宣告性（即无免罪事由）。在该体系里，前述德日犯罪构成理论所希望解决的一些特殊出入罪问题可在该体系立法中予以体现，其主要在“一定量的综合社会危害性”（即罪量要件）和“应受有罪宣告性”（即无免罪事由）这两大要件中得到体现。另外，还可通过建立严格的类推制度（如仿效《唐律》的比附援引制度）和严格的扩张解释制度来解决特殊的出入罪问题②，使刑法立法体现原则性和灵活性相结合的精神。刑法应明确规定犯罪类型的内容，这种立法上的限制有利于防止刑罚权的随意发动，防止司法专横，从而更好地保障人权，而刑法作出的出入罪灵活规定，可以让法官有一定的自由裁量权，这有利于司法时的刑事政策的贯彻，有利个案正义，从而更

---

① “刑法是刑事政策不可逾越的屏障”是德国刑法学家费朗茨·冯·李斯特的名言。笔者认为，这里所称的“刑事政策”应是司法时的刑事政策。

② 欧锦雄：《刑法的辩护与批判》，中国检察出版社，2008年12月第1版，第27—37页，第45—52页。

好地保护社会和保障人权。

（四）中国犯罪构成的立法条文设计

目前，犯罪构成法定性之所以受到人们质疑，是因为我国刑法没有明文规定有“犯罪构成”的词语概念，更没有在刑法规定中明确规定犯罪构成完整的体系。我国犯罪构成理论争论不休，而且分歧很大，也是因为我国刑法没有明确地用刑法条文明文规定犯罪构成的内容。现代犯罪构成理论经过历代刑法学者近百年的不断争论，已取得了令人瞩目的理论成果，将犯罪构成的内容明文地、系统地规定在刑法典的时机已经成熟。犯罪构成理论早已成为我国司法实践中的核心理论，并已长期运用于司法实践，但是，我国刑法并无“犯罪构成”的表述，我国应在刑法典里给予犯罪构成正式的重要名分，这是立法科学化的必然要求，也是刑事司法实践的迫切需要。

犯罪概念与犯罪构成具有密不可分的关系，犯罪概念是犯罪构成的基础，它在宏观上对犯罪进行了高度概括，犯罪概念制约着犯罪构成，犯罪概念和犯罪构成的边界是一致的；而犯罪构成是犯罪概念的具体化，它体现了犯罪的微观构成，可见，两者是宏观与微观的关系。在犯罪构成立法中，应正视犯罪概念与犯罪构成的关系，在犯罪构成体系里应展现犯罪概念的完整特征，使犯罪构成的边界与犯罪概念的边界一致。目前，我国刑法规定的犯罪概念具有较强的科学性，它将犯罪的实质内容和法律形式特征均规定于其中，我国犯罪构成的立法应以此为基础进行明确的体系化立法。

我国刑法应在刑法总则“第二章犯罪”中以专门的一节规定犯罪构成的概念和犯罪构成体系。具体立法设想如下：

第二节　犯罪构成

第x条，任何一种犯罪均有一个犯罪构成。

犯罪构成是刑法规定的、为犯罪成立所必需的、全部的构成要件要素所组成的有机整体。

第x条，犯罪构成的构成要件体系包括三大构成要件：

（一）犯罪类型的构成要件。犯罪类型的构成要件是划分各种犯罪类型的基本构成要件。它包括以下四方面的构成要素：

1. 犯罪客体。犯罪客体是刑法保护的而被犯罪行为所侵害或威胁的利益或秩序。

2. 犯罪客观方面。犯罪客观方面是刑法规定的犯罪活动所呈现的行为（或不作为）等客观事实要素。

没有危害行为（或不作为）就不能成立犯罪。

3. 犯罪主体。犯罪主体是刑法规定的、符合犯罪成立要求的自然人和单位组织体。犯罪主体构成要素包括刑事责任年龄和刑事责任能力等自然人的构成要素，或者是刑法规定的、符合犯罪成立要求的单位组织体。

自然人没有达到刑事责任年龄或不具有刑事责任能力，其行为不构成犯罪。不符合刑法规定的单位组织体，不能成为单位犯罪主体。

4. 犯罪主观方面。犯罪主观方面是刑法规定的、犯罪主体对自己的危害行为及其危害结果所抱的心理态度。犯罪主观方面中的构成要素包括刑法规定的故意或过失，以及动机、目的等要素。

没有故意或过失的行为，不成立犯罪。

（二）综合社会危害性的罪量要件。综合社会危害性的罪量要件是刑法规定的、根据全案情节对社会危害性程度大小进行全面评估的价值要件。综合社会危害性达到严重程度，行为才可成立犯罪。

（三）依法应受有罪宣告性的要件。行为具备犯罪类型的构成要件和综合社会危害性罪量要件后，原则上就可认定行为具备依法应受有罪宣告性的要件，但是，在法律特别规定免罪事由的情况下，行为不具备依法应受有罪宣告性的要件，不成立犯罪。

参考文献

一、哲学社会科学著作

1. 肖前、李秀林、汪永祥主编：《辩证唯物主义原理（修订本）》，人民出版社，1991年9月第1版。

2. 李秀林、王于、李淮春主编：《辩证唯物主义和历史唯物主义原理（第4版）》，中国人民大学出版社，1995年5月第4版。

3. 欧阳康、冯卓然主编：《马克思主义哲学原理》，高等教育出版社，1999年7月第1版。

4. 刘放桐等：《现代西方哲学（上下册）》，人民出版社，1990年8月第2版。

5. 张志伟主编：《西方哲学史（第2版）》，中国人民大学出版社，2010年6月第2版。

6. 赵敦华：《现代西方哲学新编》，北京大学出版社，2014年7月第2版。

7. 杨祖陶：《康德黑格尔哲学研究》，武汉大学出版社，2001年10月第1版。

8. 袁贵仁：《价值观的理论与实践——价值观若干问题的思考》，北京师范大学出版社，2013年第1版。

9. 夏保华、赵磊著：《哲学学术规范与方法论研究》，东南大学出版社、南京大学出版社，2016年12月第1版。

10. 陈嘉明：《建构与范导——康德哲学方法论》，上海人民出版社，2013年9月第1版。

11. 陈嘉明：《现代西方哲学方法论讲演录》，广西师范大学出版社，2009年7月第1版。

12. 陶立霞：《康德目的论思想研究》，黑龙江大学出版社，2012年3月第1版。

13. 孙伟平：《价值哲学方法论》，中国社会科学出版社，2008年5月第1版。

14. 张卫明：《罗尔斯正义论方法论研究》，中国出版集团、世界图书出版公司，2013年5月第2版。

15. ［德］文德尔班著：《文德尔班哲学导论》，施璇译，北京联合出版公司，2016年9月第1版。

16. ［德］康德著：《实践理性批判》，邓晓芒译，杨祖陶校，人民出版社，2016年9月第2版。

17. ［英］约翰·穆勒著：《功利主义》，徐大建译，商务印书馆，2014年5月第1版。

18. ［美］约翰·罗尔斯著：《正义论》，何怀宏、何包钢、廖申白译，中国社会科学出版社，1988年3月第1版。

19. ［英］蒂姆·莫尔根著：《理解功利主义》，谭志福译、唐冉校，山东大学出版社，2012年2月第1版。

20. ［英］怀特海著：《过程与实在》，李步楼译，商务印书馆，2012年11月第1版。

21. ［美］威廉·詹姆士著：《实用主义》，李步楼译，商务印书馆，2012年10月第1版。

22. ［奥］维特根斯坦著：《哲学研究》，韩林合译，商务印书馆，2013年8月第1版。

23. ［奥］维特根斯坦著：《逻辑哲学论》，韩林合译，商务印书馆，2013年9月第1版。

24. ［瑞士］费尔迪南·德·索绪尔著：《普通语言学教程》，高名凯译，商务印书馆，1980年11月第1版。

25. ［美］希拉里·普特南著：《事实与价值二分法的崩溃》，应奇译，东方出版社，2006年1月第1版。

26. 吴家麟主编：《法律逻辑学》，群众出版社，1983年5月第1版。

27. 陈慕泽、孙中原等：《逻辑学》，中国人民大学出版社，2008年5月第2版。

28. 张绵厘：《实用逻辑学》，中国人民大学出版社，2010年6月第3版。

29. 李纯武、寿纪瑜等著：《简明世界通史（上册）》，人民教育出版社，1981年12月第1版。

30. 李纯武、严志梁等：《简明世界通史（下册）》，人民教育出版社，1983年5月第1版。

31. 乔明顺主编：《世界近代史》，中央广播电视大学出版社，1985年5月第1版。

二、刑法学和其他法学著作

1. 何秉松主编：《新时代曙光下刑法理论体系的反思与重构——全球性的考察》，中国人民公安大学出版社，2008 年 10 月第 1 版。

2. 何秉松：《犯罪构成系统论》，中国法制出版社，1995 年 5 月第 1 版。

3. 陈兴良主编：《犯罪论体系研究》，清华大学出版社，2005 年 3 月第 1 版。

4. 张明楷：《犯罪构成体系与构成要件要素》，北京大学出版社，2010 年 6 月第 1 版。

5. 冯亚东、胡东飞、邓君韬：《中国犯罪构成体系完善研究》，法律出版社，2010 年 7 月第 1 版。

6. 周光权：《犯罪论体系的改造》，中国法制出版社，2009 年 11 月第 1 版。

7. 肖中华：《犯罪构成及其关系论》，中国人民大学出版社，2000 年 11 月第 1 版。

8. 杨兴培：《犯罪构成原论（修订版）》，北京大学出版社，2014 年 11 月第 1 版。

9. 刘艳红：《开放的犯罪构成要件理论研究》，中国政法大学出版社，2002 年 7 月第 1 版。

10. 梁根林主编：《犯罪论体系》，北京大学出版社，2007 年 5 月第 1 版。

11. 梁根林主编：《刑法体系与犯罪构造》，北京大学出版社，2016 年 10 月第 1 版。

12. 樊凤林主编：《犯罪构成论》，法律出版社，1987 年 8 月第 1 版。

13. 夏勇：《定罪与犯罪构成》，中国人民公安大学出版社，2009 年 2 月第 1 版。

14. 童伟华：《犯罪构成原理》，知识产权出版社，2006 年 5 月第 1 版。

15. 王政勋：《犯罪论比较研究》，法律出版社，2009 年 6 月第 1 版。

16. 付立庆：《犯罪构成理论——比较研究与路径选择》，法律出版社，2010 年 11 月第 1 版。

17. 彭文华：《犯罪构成本原论及其本土化研究》，中国人民公安大学出版社，2010 年 6 月第 1 版。

18. 蔡桂生：《构成要件论》，中国人民大学出版社，2015 年 6 月第 1 版。

19. 赖早兴：《证据法视野中的犯罪构成研究》，湘潭大学出版社，2010 年 9 月第 1 版。

20. 李立众：《犯罪成立理论研究》，法律出版社，2006 年 9 月第 1 版。

21. 刘生荣：《犯罪构成原理》，法律出版社，1997 年 12 月第 1 版。

22. 王志远：《犯罪成立理论原理》，中国方正出版社，2005 年 6 月第 1 版。

23. 刘源：《犯罪论体系比较研究与路径选择》，华东理工大学出版社，2017 年 1 月第 1 版。

24. 胡江：《文化视野下的犯罪论体系研究》，法律出版社，2014 年 6 月第 1 版。

25. 叶建勋：《新康德主义价值哲学对犯罪论的影响》，人民日报出版社，2013 年 8 月第 1 版。

26. 蔡鹤：《犯罪概念制约下的犯罪构成体系研究》，法律出版社，2013 年 10 月第 1 版。

27. 方泉：《犯罪论体系的演变》，中国人民公安大学出版社，2008 年 1 月第 1 版。

28. 王昭振：《犯罪构成视野下规范的构成要件要素基础理论研究》，中国检察出版社，2008 年 10 月第 1 版。

29. 邵维国：《犯罪论体系——司法评价犯罪的标准、步骤和方法》，中国法制出版社，2010 年 1 月第 1 版。

30. 米铁男：《特拉伊宁的犯罪论体系》，北京大学出版社，2014 年 6 月第 1 版。

31. 王俊：《犯罪论的核心问题》，北京大学出版社，2012 年 4 月第 1 版。

32. 文海林：《犯罪论的基本体系》，中国政法大学出版社，2011 年 9 月第 1 版。

33. 包雯：《犯罪构成若干问题研究》，知识产权出版社，2006 年 3 月第 1 版。

34. 张小虎：《犯罪论的比较与建构》，北京大学出版社，2006 年 6 月第 1 版。

35. 何秉松，[俄] 科米萨罗夫、科罗别耶夫主编：《中国与俄罗斯犯罪构成理论比较研究（中文版）》，法律出版社，2008 年 10 月第 1 版。

36. 庞冬梅：《俄罗斯犯罪构成理论研究》，中国人民大学出版社，2013 年 10 月第 1 版。

37. 贾凌：《中美犯罪成立体系比较研究》，人民出版社，2014 年版。

38. 黄丽勤、周铭川：《“有罪—免责”双层犯罪构成体系研究》，法律出版社，2014 年 3 月第 1 版。

39. 陈自强、高扬：《犯罪构成理论——在刑事审判中的运用实证研究》，四川大学出版社，2017 年 10 月第 1 版。

40. 高铭暄、马克昌、赵秉志主编：《刑法学》，北京大学出版社、高等教育出版社，2000 年 10 月第 1 版。

41. 高铭暄：《中华人民共和国刑法的孕育和诞生》，法律出版社，1981 年 7 月第 1 版。

42. 高铭暄主编：《刑法学》，法律出版社，1982 年 5 月第 1 版。

43. 高铭暄主编：《刑法学原理（第一卷）》，中国人民大学出版社，1993 年 12 月第 1 版。

44. 高铭暄主编：《刑法学原理（第二卷）》，中国人民大学出版社，1993 年 12 月第 1 版

45. 马克昌：《比较刑法原理——外国刑法学总论》，武汉大学出版社，2002 年 10 月第 1 版。

46. 马克昌主编：《外国刑法学总论（大陆法系）》，中国人民大学出版社，2009 年 4 月第 1 版。

47. 马克昌主编：《犯罪通论》，武汉大学出版社，2003 年 1 月第 3 版。

48. 马克昌主编：《近代西方刑法学说史》，中国人民公安大学出版社，2008 年 1 月第 1 版。

49. 储槐植：《美国刑法（第三版）》，北京大学出版社，2005 年版。

50. 甘雨沛、何鹏：《外国刑法学（上册）》，北京大学出版社，1984 年 8 月第 1 版。

51. 甘雨沛、何鹏：《外国刑法学（下册）》，北京大学出版社，1985 年 8 月第 1 版。

52. 赵秉志：《犯罪主体论》，中国人民大学出版社，1989 年 9 月第 1 版。

53. 赵秉志主编：《英美刑法学》，中国人民大学出版社，2004 年 11 月第 1 版。

54. 赵秉志主编：《外国刑法原理（大陆法系）》，中国人民大学出版社，2000 年 8 月第 1 版。

55. 陈兴良主编：《刑法学》，复旦大学出版社，2005 年 3 月第 1 版。

56. 陈兴良、周光权：《刑法学的现代展开》，中国人民大学出版社，2006 年 5 月第 1 版。

57. 陈兴良：《刑法知识论》，中国人民大学出版社，2007 年 9 月第 1 版。

58. 陈兴良：《刑法的知识转型（学术史）》，中国人民大学出版社，2012 年 10 月第 1 版。

59. 陈兴良主编：《刑法总论精释》，人民法院出版社，2010 年 4 月第 1 版。

60. 张明楷：《刑法的基本立场》，中国法制出版社，2002 年 3 月第 1 版。

61. 张明楷：《法益初论》，中国政法大学出版社，2009 年 5 月第 1 版。

62. 张明楷：《刑法学（第四版）》，法律出版社，2011 年 7 月第 4 版。

63. 张明楷：《刑法学（第五版）（上下册）》，法律出版社，2016 年 7 月第 5 版。

64. 张明楷：《外国刑法纲要（第二版）》，清华大学出版社，2007 年 2 月第 2 版。

65. 陈泽宪主编：《犯罪定义与刑事法治》，中国社会科学出版社，2008 年 8 月第 1 版。

66. 陈家林：《外国刑法通论》，中国人民公安大学出版社，2009 年 9 月第 1 版。

67. 李海东：《刑法原理入门（犯罪论部分）》，法律出版社，1998 年 5 月第 1 版。

68. 刘艳红：《实质刑法观》，中国人民大学出版社，2009 年 8 月第 1 版。

69. 李国如：《罪刑法定原则视野中的刑法解释》，中国方正出版社，2001 年 6 月第 1 版。

70. 刘仁文：《严格责任论》，中国政法大学出版社，2000 年 5 月第 1 版。

71. 吴情树：《客观处罚条件研究——构成要件抑或处罚条件》，社会科学文献出版社，2015 年 11 月第 1 版。

72. 熊永明、胡祥福著：《刑法谦抑性研究》，群众出版社，2007 年 8 月第 1 版。

73. 李晓明：《行政刑法学导论》，法律出版社，2003 年 11 月第 1 版。

74. 王政勋：《正当行为论》，法律出版社，2000 年 6 月第 1 版。

75. 王政勋：《刑法的正当性》，北京大学出版社，2008 年 6 月第 1 版。

76. 梅传强：《犯罪心理生成机制研究》，中国检察出版社，2008 年 10 月第 2 版。

77. 陈璇：《刑法中社会相当性理论研究》，法律出版社，2010 年 9 月第 1 版

78. 张德友：《不能犯——刑事上的法外空间》，吉林人民出版社，2002 年 10 月第 1 版

79. 路军：《中国刑法犯罪量化要件研究》，法律出版社，2010 年 4 月第 1 版。

80. 方鹏：《出罪事由的体系和理论》，中国人民公安大学出版社，2011 年 8

月第 1 版。

81. 周折：《宽恕的理性——免责一般理论研究》，法律出版社，2011 年 10 月第 1 版。

82. 杨明：《程序法出罪功能研究》，法律出版社，2011 年 12 月第 1 版。

83. 陈新宇：《从比附援引到罪刑法定》，北京大学出版社，2007 年 5 月第 1 版。

84. 聂立泽：《刑法中主客观相统一原则研究》，法律出版社，2004 年 1 月第 1 版。

85. 魏东著：《保守的实质刑法观与现代形势政策立场》，中国民主法制出版社，2011 年 9 月第 1 版。

86. 劳东燕：《刑法中的学派之争与问题研究》，法律出版社，2015 年 8 月第 1 版。

87. 劳东燕：《风险社会中的刑法——社会转型与刑法理论的变迁》，北京大学出版社，2015 年 10 月第 1 版。

88. 陈忠林主编：《违法性认识》，北京大学出版社，2006 年 9 月第 1 版。

89. 付立庆：《主观违法要素理论——以目的犯为中心的展开,》，中国人民大学出版社，2008 年 10 月第 1 版。

90. 梁根林、[德] 埃里克·希尔根多夫主编：《刑法体系与客观归责——中德刑法学者对话（二）》，北京大学出版社，2015 年 12 月第 1 版。

91. 贾宇主编：《刑法学（上册·总论）》，高等教育出版社，2019 年 7 月第 1 版，第 11 页。

92. 徐文宗：《论刑法的原因自由行为》，北京大学出版社，2006 年 2 月第 1 版。

93. 童德华：《刑法中的期待可能性论（修订版）》，法律出版社，2015 年 9 月第 1 版。

94. 童德华：《刑法中客观归属论的合理性研究》，法律出版社，2012 年 11 月第 1 版。

95. 刘远主编：《期待可能性》，北京大学出版社，2009 年 12 月第 1 版。

96. 林东茂：《刑法综览》，中国人民大学出版社，2009 年 6 月第 1 版。

97. 黄荣坚：《基础刑法学（上下册）》，中国人民大学出版社，2009 年 1 月第 1 版。

98. 许玉秀：《当代刑法思潮》，中国民主法制出版社，2005 年 11 月第 1 版。

99. 林山田：《刑法通论（上下册）（增订十版）》，北京大学出版社，2012

年 1 月第 1 版。

100. 韩忠谟：《刑法原理》，北京大学出版社，2009 年 10 月第 1 版。

101. 陈子平：《刑法总论（2008 年增修版）》，中国人民大学出版社，2009 年 3 月第 1 版。

102. 林玉雄：《新刑法总则》，中国人民大学出版社，2009 年 12 月第 1 版。

103. ［德］恩施特·贝林著：《构成要件理论》，王安异译，中国人民公安大学出版社，2006 年 9 月第 1 版。

104. ［德］汉斯·韦尔策尔（Hans Welzel）著：《目的行为论导论（增补第 4 版）》，陈璇译，中国人民大学出版社，2015 年 7 月第 1 版。

105. ［德］李斯特著：《德国刑法教科书（修订译本）》，施密特修订，徐久生译，何秉松校订，法律出版社，2006 年 5 月第 1 版。

106. ［德］克劳斯·罗克辛著：《德国刑法学总论（第 1 卷）》，王世洲译，法律出版社，2005 年 5 月第 1 版。

107. ［德］克劳斯·罗克辛著：《德国刑法学总论（第 2 卷）》，王世洲主译与校订，王锴、劳东燕、王莹、李婧、徐晓辉译，法律出版社，2013 年 5 月第 1 版。

108. ［德］克劳斯·罗克辛著：《刑事政策与刑法体系（第二版）》，蔡桂生译，中国人民大学出版社，2011 年 1 月第 1 版。

109. ［德］汉斯·海因里希·耶赛克和托马斯·魏根特：《德国刑法教科书》，徐久生译，中国法制出版社，2001 年 3 月第 1 版。

110. ［德］克劳斯·金德霍伊泽尔著：《刑法总论教科书（第六版）》，蔡桂生译，北京大学出版社，2015 年 6 月第 1 版。

111. ［德］约翰内斯·韦塞尔斯著：《德国刑法学总论》，李昌珂译，法律出版社，2008 年 11 月第 1 版。

112. ［德］冈特·施特拉腾韦特、洛塔尔·库伦著：《刑法学总论 I——犯罪论（2004 年第 5 版）》，杨萌译，法律出版社，2006 年 2 月第 1 版。

113. ［德］安塞尔姆·里特尔·冯·费尔巴哈著：《德国刑法教科书（第十四版）》，C. J. A·米特迈尔出版，徐久生译，中国方正出版社，2010 年 7 月第 1 版。

114. ［德］埃里克·希尔根多夫（Eric Hilgendorf）著：《德国刑法学——从传统到现代》，江溯、黄笑岩等译，北京大学出版社，2015 年 8 月第 1 版。

115. 徐久生、庄敬华译：《德国刑法典》，中国法制出版社，2000 年 1 月第 1 版。

116. ［日］小野清一郎著：《犯罪构成要件理论》，王泰译，中国人民公安大学出版社，2004 年 1 月第 1 版。

117. ［日］宗冈嗣郎著：《犯罪论与法哲学》，陈劲阳，吴丽君译，华中科技大学出版社，2012 年 3 月第 1 版。

118. ［日］大谷实著：《刑法总论》，黎宏译，中国人民大学出版社，2008 年 1 月第 1 版。

119. ［日］大谷实著：《刑法各论》，黎宏译，中国人民大学出版社，2008 年 1 月第 1 版。

120. ［日］川端博著：《刑法总论二十五》，甘添贵、余振华译，中国政法大学出版社，2003 年 5 月第 1 版。

121. ［日］大塚仁著：《刑法概说（总论）（第三版）》，冯军译，中国人民大学出版社，2003 年 1 月第 1 版。

122. ［日］大塚仁著：《刑法概说（各论）》，冯军译，中国人民大学出版社，2003 年 10 月第 1 版。

123. ［日］西田典之著：《日本刑法总论》，刘明祥、王昭武译，中国人民大学出版社，2007 年 3 月第 1 版。

124. ［日］西田典之著：《日本刑法各论》，刘明祥、王昭武译，武汉大学出版社，2005 年 5 月第 1 版。

125. ［日］松宫孝明著：《刑法总论讲义（第 4 版补正版）》，钱叶六译，王昭武审校，中国人民大学出版社，2013 年 3 月第 1 版。

126. ［日］前田雅英著：《刑法总论讲义（第 6 版）》，曾文科译，北京大学出版社，2017 年 12 月第 1 版。

127. ［日］野村稔著：《刑法总论》，全其理、何力译，邓又天审校，法律出版社，2001 年 3 月第 1 版。

128. ［日］山口厚著：《刑法总论（第 2 版）》，付立庆译，中国人民大学出版社，2011 年 9 月第 1 版。

129. ［日］山口厚著：《刑法各论（第 2 版）》，王昭武译，中国人民大学出版社，2011 年 10 月第 1 版。

130. ［日］日高义博著：《违法性的基础理论》，张光云译，法律出版社，2015 年 5 月第 1 版。

131. ［日］松原芳博著：《刑法总论重要问题》，王昭武译，中国政法大学出版社，2014 年 12 月第 1 版。

132. ［日］佐伯仁志著：《刑法总论的思之道，乐之道》，于佳佳译，中国政法大学出版社，2017 年 6 月第 1 版。

133. 黎宏：《日本刑法精义》，法律出版社，2008 年 3 月第 1 版。

134. ［日］西原春夫著：《刑法的根基与哲学》，顾肖荣等译，法律出版社，2004 年 1 月第 1 版。

135. ［日］伊东研祐著：《法益概念史研究》，秦一禾译，中国人民大学出版社，2014 年 6 月第 1 版。

136. 张明楷译：《日本刑法典（2006 年版）》，法律出版社，2006 年 3 月第 2 版。

137. ［英］威廉姆·威尔逊著：《刑法理论的核心问题》，谢望原、罗灿、王波译，中国人民大学出版社，2015 年 1 月第 1 版。

138. ［英］鲁珀特·克罗斯、菲利普·A·琼斯著：《英国刑法导论》，理查德·卡德修订，赵秉志等译，中国人民大学出版社，1991 年 8 月第 1 版。

139. ［美］保罗·H·罗宾逊著：《刑法的结构与功能》，何秉松、王桂萍译，张绍宗校，中国民主法制出版社，2005 年 6 月第 1 版。

140. ［美］道格拉斯·胡萨克著：《过罪化及刑法的限制》，姜敏译，中国法制出版社，2015 年 3 月第 1 版。

141. ［美］约书亚·德雷斯勒著：《美国刑法精解（第四版）》，王秀梅译，北京大学出版社，2009 年 1 月第 1 版。

142. ［美］约书亚·德雷斯勒著：《美国刑法纲要》，姜敏译，中国法制出版社，2016 年 8 月第 1 版。

143. ［英］吉米·边沁著：《立法理论——刑法典原理》，孙力等译，中国人民公安大学出版社，1993 年 8 月第 1 版。

144. ［英］边沁著：《道德与立法原理导论》，时殷弘译，商务印书馆，2000 年 12 月第 1 版。

145. ［英］J·C·史密斯、B·霍根：《英国刑法》，李贵方等译，法律出版社，2000 年 9 月第 1 版。

146. ［美］道格拉斯·N·胡萨克著：《刑法哲学》，谢望原等译，中国人民公安大学出版社，1994 年 3 月第 1 版。

147. ［英］J·W·塞西尔·特纳著：《肯尼刑法原理》，王国庆、李启家等译，华夏出版社，1989 年 7 月第 1 版。

148. ［美］乔治·弗莱彻（George P · Fletcher）：《反思刑法》，邓子滨译，华夏出版社，2008 年 4 月第 1 版。

149. 刘仁文、王祎：《美国模范刑法典及其评注》，法律出版社，2005 年 11

月第 1 版。

150. 张旭主编：《英美刑法论要》，清华大学出版社，2006 年 6 月第 1 版。

151. 钱弘道：《英美法讲座》，清华大学出版社，2004 年 10 月第 1 版。

152. ［苏联］A. H · 特拉依宁著：《犯罪构成的一般学说》，薛秉忠、卢佑先、王作富、沈其昌译，中国人民大学出版社，1958 年 7 月第 1 版。

153. ［苏联］B. M · 契希克瓦节主编：《苏联刑法总则》，中央人民政府法制委员会编译室和中国人民大学刑法教研室译，法律出版社，1955 年 12 月第 1 版。

154. 苏联司法部全苏联法律科学研究所编：《苏维埃刑法分则》，中国人民大学刑法教研室译，法律出版社，1956 年 3 月第 1 版。

155. ［苏联］B. H · 库德里亚采夫著：《定罪通论》，李益前译，中国展望出版社，1989 年 4 月第 1 版。

156. 苏联司法部全苏法学研究所主编：《苏联刑法总论（上下册）》，B · Д · 孟沙金总编辑，彭仲文译，大东书局印行，1950 年 12 月再版。

157. ［苏联］H · A 别利亚耶夫：《苏维埃刑法总论》，M. И · 科瓦廖夫主编，马改秀、张广贤译，群众出版社，1987 年 6 月第 1 版。

158. ［苏联］H · Φ · 库兹涅佐娃、И · M · 佳日科娃主编：《俄罗斯刑法教程（总论）上、下卷 · 犯罪论》，黄道秀译，中国法制出版社，2002 年 5 月第 1 版。

159. 俄罗斯联邦总检察院编：《俄罗斯联邦刑法典释义（上册）》，黄道秀译，中国政法大学出版社，2000 年 1 月第 1 版。

160. 黄道秀译：《俄罗斯联邦刑法典》，北京大学出版社，2008 年 3 月第 1 版。

161. ［俄］л · в 伊诺加莫娃——海格主编：《俄罗斯联邦刑法（总论）第二版》，黄芳、刘阳、冯坤译，中国人民大学出版社，2010 年 2 月第 1 版。

162. ［法］卡斯东 · 斯特法尼等著：《法国刑法总论精义》，罗结珍译，中国政法大学出版社，1998 年 6 月第 1 版。

163. ［法］雅克 · 博理康著：《法国二元论体系的形成和演变：犯罪——刑事责任人》，朱琳译，中国民主法制出版社，2011 年 8 月第 1 版。

164. 罗结珍译：《法国新刑法典》，中国法制出版社，2003 年 12 月第 1 版。

165. ［意］杜里奥 · 帕多瓦尼著：《意大利刑法学原理》，陈忠林译，中国人民大学出版社，2004 年 8 月第 1 版。

166. 陈忠林：《意大利刑法纲要》，中国人民大学出版社，1999 年 10 月第

1 版。

167. ［韩］李在祥著：《韩国刑法总论》，韩相敦译，中国人民大学出版社，2005 年 8 月第 1 版。

168. 樊崇义等：《刑事诉讼法再修改理性思考》，中国人民公安大学出版社，2007 年 10 月第 1 版。

169. 王兆鹏：《美国刑事诉讼法（第二版）》，北京大学出版社，2014 年 10 月第 2 版。

170. ［美］伟恩 · R · 拉费弗、杰罗德 · H · 伊斯雷尔、南西 · J · 金著：《刑事诉讼法（下册）》，卞建林、沙丽金译，中国政法大学出版社，2003 年 12 月第 1 版。

171. 卞建林主编：《刑事诉讼法学（第三版）》，中国政法大学出版社，2014 年 2 月第 3 版。

172. ［英］约翰 · 斯普莱克著：《英国刑事诉讼程序（第九版）》，徐美君、杨涛译，中国人民大学出版社，2006 年 12 月第 1 版。

173. 高一飞：《上帝的声音——陪审团法理》，中国民主法制出版社，2016 年 4 月第 1 版。

174. ［美］伯尔曼著：《法律与宗教》，梁治平译，中国政法大学出版社，2003 年 8 月第 1 版。

三、论文

1. 高铭暄：《论四要件犯罪构成理论的合理性暨对中国刑法学体系的坚持》，《中国法学》2009 年第 2 期。

2. 高铭暄：《对主张以三阶层犯罪成立体系取代我国通行犯罪构成理论者的回应》，《刑法论丛》2009 年第 3 卷，法律出版社，2009 年 8 月第 1 版。

3. 马克昌：《简评三阶层犯罪论体系》，《刑法论丛》2009 年第 3 卷，法律出版社，2009 年 8 月第 1 版。

4. 赵秉志和王志祥：《中国犯罪构成理论的发展历程和未来走向》，《刑法论丛》2009 年第 3 卷，法律出版社，2009 年 8 月第 1 版。

5. 赵秉志：《论犯罪构成要件的逻辑顺序》，《政法论坛》2003 年第 6 期。

6. 陈兴良：《转型中的中国犯罪论体系》，《现代法学》2010 年第 1 期。

7. 陈兴良：《犯罪论体系的位阶性研究》，《法学研究》2010 年第 4 期。

8. 陈兴良：《四要件犯罪构成的结构缺失及其颠覆——从正当行为切入的学术史考察》，《现代法学》2009 年第 6 期。

9. 陈兴良：《构成要件论：从贝林到特拉伊宁》，《比较法研究》2011年第4期。

10. 陈兴良：《犯罪构成的体系性思考》，《法制与社会发展》2000年3期。

11. 陈兴良、刘树德：《犯罪概念的形式化与实质化辨正》，《法律科学》1999年第6期。

12. 陈兴良：《社会危害性理论——一个反思性检讨》，《法学研究》2000年1期。

13. 张明楷：《以违法与责任为支柱构成犯罪论体系》，《现代法学》2009年第6期。

14. 张明楷：《构建犯罪论体系的方法论》，《中外法学》2010年第1期。

15. 张明楷：《行为结构与犯罪构成体系——兼谈行为科学与刑法科学的区别》，《法商研究》1998年第2期。

16. 张明楷：《行为无价值论的疑问——兼与周光权教授商榷》，《中国社会科学》2009年第1期，第115页。

17. 冯亚东、胡东飞：《犯罪构成模型论》，《法学研究》2004年第1期。

18. 周光权：《违法性判断的基准与行为无价值论》，《中国社会科学》2008年第4期。

19. 黎宏：《我国犯罪构成体系不必重构》，《法学研究》2006年第1期。

20. 陈家林：《犯罪论体系的演变》，《刑法论丛》2009年第3卷，法律出版社，2009年8月第1版。

21. 龙长海：《德日、俄中犯罪构成理论哲学基础研究》，《求是学刊》2010年第6期。

22. 龙长海：《期待可能性之否定》，《北方法学》2010年第2期。

23. 刘艳红：《实质的犯罪论体系之提倡》，《政法论坛》2010年第4期。

24. 董玉庭、龙长海：《俄罗斯犯罪构成理论的发展新论—兼论中俄犯罪构成理论的差异》，《求是学刊》2008年第4期。

25. 魏东：《我国传统犯罪构成理论的实质合理性与逻辑自洽性》，《人民检察》2011年第11期。

26. 王勇：《犯罪构成本体论研究》，吉林大学博士学位论文（DF611），2007年4月，中国知网。

27. 王勇、金圣春：《犯罪构成理论的当下图景与可能走向——21世纪第一个十年犯罪构成理论研究的初步考察》，《当代法学》2011年第5期。

28. 牛忠志、曲伶俐：《犯罪构成四要件的“立体化”修正》，《政法论丛》

2019 年第 1 期。

29. 牛忠志：《犯罪构成之共同要件研究》，《山东科技大学学报（社会科学版）》2007 年第 4 期。

30. 牛忠志：《完善犯罪成立条件体系的宏观问题分析》，《山东社会科学》2019 年第 4 期。

31. 欧阳本祺：《犯罪构成的价值评价：从存在论走向规范论》，《法学研究》2011 年第 11 期。

32. 李洁：《中国通说犯罪构成理论体系评判》，《法律科学》，2008 年第 2 期。

33. 贾济东：《大陆法系犯罪论体系及其机能述评》，《理论月刊》2005 年第 6 期。

34. 贾济东、谈绪军：《德日犯罪论体系转型的启示与借鉴》，《江汉论坛》2014 年第 9 期。

35. 贾济东、赵秉志：《我国犯罪构成理论体系之完善》，《法商研究》2014 年第 3 期。

36. 柳忠卫：《刑事政策视野中的犯罪构成模式改革》，《山东大学学报（哲学社会科学版）》2011 年第 4 期。

37. 陈劲阳：《新康德主义与新古典犯罪论体系》，《当代法学》2004 年第 6 期。

38. 徐凯：《德国犯罪论的流变及其对我国犯罪构成理论的启示》，《四川警察学院学报》2009 第 5 期。

39. 王充：《从理论向实践的回归——论我国犯罪构成中构成要件的排列排序》，《法制与社会发展》2003 年第 3 期。

40. 王充：《犯罪构成理论与犯罪事实认定关系考察》，《法律科学》2020 年第 1 期。

41. 于改之：《社会相当性理论的体系地位及其在我国的适用》，《比较法研究》2007 年第 5 期。

42. 于改之、温登平：《比较、反思与重塑：犯罪构成理论再探》，《法学评论》2002 年第 3 期。

43. 于改之：《可罚的违法理论及其在我国的适用》，《刑法论丛》第 12 卷，法律出版社，2007 年 9 月第 1 版。

44. 温登平：《阶层区分与犯罪论体系的建构》，《山东警察学院学报》2012 年第 5 期。

45. 黄晓亮：《主客观相统一原则与犯罪构成关系论要》，《山东科技大学学报（社会科学版）》2010 年第 4 期。

46. 陈璇：《社会相当性理论的源流、概念和基础》，《刑事法评论》第 27 卷，北京大学出版社，2010 年版。

47. 杨兴培：《犯罪客体——一个巨大而空洞的价值符号》，《中国刑事法杂志》2006 年第 6 期。

48. 杨兴培：《期待可能性的刑法实践批判》，《东方法学》2008 年第 4 期。

49. 刘士心：《论可罚的违法性》，《中国刑事法杂志》2009 年第 3 期。

50. 冯军：《德日刑法中的可罚性理论》，《法学论坛》2000 年第 1 期。

51. 彭新林：《可罚的违法性理论探究》，《甘肃联合大学学报（社会科学版）》2006 年第 3 期。

52. 赖早兴：《英美法系国家犯罪构成要件之辨正及其启示》，《法商研究》2007 年第 4 期。

53. 赖早兴：《美国犯罪成立要件与证明责任分配》，《法学家》2007 年第 3 期。

54. 赖早兴：《美国刑法中的辩护事由及其启示》，《刑法论丛》2015 年第 3 卷。

55. 白雪峰：《犯罪客体不是犯罪构成要件》，《延安大学学报（社会科学版）》，2005 年第 4 期。

56. 朱建华：《犯罪客体不是犯罪构成要件》，《广东社会科学》2005 年第 3 期。

57. 唐世月：《犯罪客体不应作为犯罪构成要件》，《法学杂志》1998 年第 6 期。

58. 邵维国：《犯罪客体是刑事违法的最高价值标准》，《河北法学》2010 年 12 期。

59. 傅家绪：《犯罪主体不应是犯罪构成的一个要件》，《法学评论》1984 年第 2 期。

60. 胡学相：《要件挑送原则与犯罪主体》，《政治与法律》1988 年第 4 期。

61. 李守芹：《论犯罪构成的要件》，《河北学刑》1983 年第 3 期。

62. 陈泽杰：《主、客观要件相统一是我国犯罪构成理论的核心》，《法学研究》1986 年第 4 期。

63. 刘之雄：《犯罪概念多元论：一个虚幻的功能诉求——关于犯罪概念理论的系统反思》，《法商研究》2008 年第 4 期。

64. 樊文：《罪刑法定与社会危害性的冲突——兼析新刑法第 13 条关于犯罪的概念》，《法律科学》1998 年第 1 期。

65. 沈海平：《犯罪定量模式检讨》，《法学家》2015 年第 1 期。

66. 姜涛：《从定罪免刑到免刑免罪：论刑罚对犯罪认定的制约》，《政治与法律》2019 年第 4 期。

67. 薛瑞麟：《对话〈刑法知识去苏俄化〉的作者》，《政法论坛》2008 年第 6 期。

68. 王全宝：《中国刑法学被变性引争议》，《东方早报》2009 年 6 月 4 日第 A19 版。

69. 刘卉、刘金林：《不同犯罪论体系会不会影响司法统一》，《检察日报》2009 年 12 月第 11 版观点栏目。

后　　记

人类需要探索的知识是无穷无尽的，而一个人的生命是有限的。任何一个人在其短暂的人生中所探究到的知识都只能止于有限的范围之内，在其有限知识的边界之外依然是无穷无尽的未知世界。学术人都在脚踏大地，仰望星空，思考着各种各样的问题。人们研究问题后所得出的结论是对还是错，只能置于有限的世界范围内来评判。刑法学的知识浩瀚无边，每个刑法学人在有生之年也只能选择有限的问题来探究。

自1987年至今，我一直从事着刑法学的研究工作。犯罪构成理论是刑法学中非常重要的理论，因此，在这33年时间里，我一直关注着犯罪构成理论的研究动态，并思考着犯罪构成理论的各种问题。每一年，我也都向学生们传授犯罪构成理论知识，但是，我觉得自己对这一问题的思考还不够成熟，因此，在相当长的时间里，我没有将犯罪构成理论作为自己的研究重点。2009年，我国国家司法考试的大纲和统编辅导用书直接采用德日犯罪三阶层理论，而弃用我国通说四要件犯罪构成理论，这引发了我国刑法学界对犯罪构成理论的大讨论。这一次大讨论在我国刑法学界产生了巨大的影响，并促使我国犯罪构成理论的研究朝纵深方向发展，它在新中国刑法学发展史上具有重要的意义。这一次大讨论的主旋律是：我国犯罪构成理论的未来发展方向是坚持我国通说四要件犯罪构成理论，还是要采用德日犯罪阶层理论。这一讨论经历了很长一段时间，至今人们仍在讨论着这一重大问题。我积极参加了这一次犯罪构成理论的大讨论活动，并撰写了一系列论文。从2009年至今，我共发表了10多篇犯罪构成理论方面的论文，本书就是以这10多篇论文为基础，并经后续研究而得出的成果。

学术研究一定要追根问底。10余年来，我在刑法学领域的研究重心是犯罪构成理论。为了深入理解德日犯罪阶层理论，我阅读了大量的涉及德日犯罪阶层理论的论文和各种德日刑法学专著。在反复阅读、钻研这些论著后，我对德日犯罪阶层理论已有了深刻的理解。为了准确把握我国通说四要件犯罪构成理论，我尽可能地搜集所有批判四要件犯罪构成理论的论文和著作，尽可能地搜集、购买国内已出版的苏联的刑法学专著和现在俄罗斯的刑法学专著，以及我国支持通说四要件犯罪构成理论的刑法学论著。通过比较研究，我对我国通说四要件犯罪构成理论有了更深入的认识。

在研究犯罪构成理论哲学导向的问题时，我花了两年的时间进行哲学知识的储备，我阅读了大量的马克思主义哲学、西方哲学的著作和论文，观看了大量的哲学讲课视频。通过学习和研究，我获得了研究犯罪构成理论哲学导向的哲学知识和思维方法。这一段哲学学习的经历，使我在思维方式和研究方法上有了新的视野。

当今世界有三大犯罪构成理论：中俄四要件犯罪构成理论、德日犯罪阶层理论和英美双层次犯罪构成理论。在犯罪构成理论的研究中，我也在关注英美犯罪构成理论，我对中国和英美的犯罪构成理论进行了比较研究。为了撰写这一部分内容，我阅读了大量的英美刑法学著作和论文，历经 1 年多的时间完成了这一方面的研究工作。

经过近 10 余年的研究，我对中俄四要件犯罪构成理论、德日犯罪阶层理论和英美犯罪构成理论有了较全面而深刻的认识，通过深入的比较研究，我已贯通了这三大犯罪构成理论的内在关联知识，这些研究工作为本专著的最后完成奠定了坚实的基础。

犯罪构成理论是刑法学中非常重要的理论，是实践性较强的理论。犯罪构成理论涉及的领域非常庞大，尽管我花了 10 余年时间完成了本专著的撰写工作，但是，该专著仅涉及犯罪构成理论的重大基础部分，有关犯罪构成理论的其他领域还有待于进一步的深入研究。犯罪构成理论是刑法学研究的永恒主题，今后，我还应继续关注犯罪构成理论的研究动向，并开展进一步的研究工作。

在 2009 年和 2010 年的两年时间里，我在正义网“法律博客”上与许多网友就犯罪构成理论的问题进行了热烈的争论。网友们提出的许多问题引发了我的深思，并激发我去研究这些问题。网友们所提出的各种真知灼见使我受益匪浅，在此，我表示由衷的感谢！

在研究犯罪构成理论过程中，我阅读了大量的著作和论文。从这些著作和论文里，我学到了很多的知识，在完成本书的写作工作的同时，我在学术上又得到了进一步的发展。在这里，我向这些著作和论文的作者表示衷心的感谢！

广西警察学院对本学术专著的出版给予了资助，我对学校表示诚挚的谢意！同时，对学校领导和科研处的同事们表示衷心的感谢！

本书的写作历经了10余年时间，其间，我的妻子在生活上和工作上给予我很大的帮助和支持，对此，我表示深深的谢意！在我写作该书的过程中，我的儿子给我打印了部分文稿，在此表示感谢！

欧锦雄

2021年2月